노희진 저

헤지펀드의 이론과 실제

Hedge Fund Theory and Practice

박영사

머리말

우리나라에서도 한국형 헤지펀드라는 이름으로 실제적으로 헤지펀드의 설립 및 운용이 허용되었습니다. 국제적으로 헤지펀드 산업은 지속적으로 성장되고 있는데, 특히 기관투자자의 참여가 확대되고 있는바, 이러한 현상의 주요한 배경은 헤지펀드가 투자자에게 위험대비 높은 수익률을 제공하고, 금융시장의 유동성 및 효율성을 제고하며 금융산업의 주요한 사업기반의 제공에 있습니다.

우리나라의 경우 적격투자자 사모펀드 제도를 통하여 헤지펀드를 설계할 수 있었지만, 모은 자금의 반 이상을 구조조정 목적으로 투자해야 하는 등의 운용상의 규제 때문에 과거의 규율체계로는 시장에서 헤지펀드가 설정되지 않았고, 이번에 자본시장법의 시행령 개정을 통하여 이러한 불합리한 규제를 완화하여 헤지펀드의 설립 및 운용이 실제적으로 이루어지게 되었습니다.

헤지펀드는 전 세계적으로 운용자산 규모, 펀드 수의 측면에서 지속적 성장을 하고 있고, 헤지펀드 산업은 여전히 미국이 주류를 이루고 있으나, 전 세계적으로 확산되고 있습니다. 또한 최근 들어 연기금 등 기관투자자의 투자 비중이 증대하고 있으며, 펀드 오브 헤지펀드를 통하여 일반투자자가 참여하기 시작하였습니다.

헤지펀드의 이러한 성장은 헤지펀드가 뮤추얼펀드에 비하여 위험 대비 높은 수익률을 제공하고 포트폴리오에 편입시 위험·수익률 프로파일이 개선되며, 자산운용 및 위험관리 기법의 향상, 투자자의 needs에 부응하는 전략 개발, 창의적 금융 인력의 육성, 금융업에서의 고용 기회 확대 등을 통하여 금융 산업의 발전에 이바지할 수 있기 때문입니다. 또한 금융시장의 유동성과 효율성이 높아지고 기업활동을 투명하게 만드는 긍정적 효과도 있습니다.

그러나 헤지펀드는 시장 전체의 안정성을 저해하는 시스템리스크의 발생과 투자자 보호 및 의결권 행사 등에 있어 논란이 제기되는데, 시스템리스크는 시장의 안정성을 저해할 수 있으며, 금융시장의 위험이 실물경제에까지 전이될 수 있으며, 또한 일반적인 간접투자기구에 비하여 규제가 상당 부분 완화되는 헤지펀드의 경우 금융감독의 사각지대에 놓일 우려가 있고, 규제회피수단으로 악용되며 투자자 보호가 충분히 이루어지지 않을 수 있습니다.

이러한 긍정적 효과와 잠재적 부정적 효과가 헤지펀드에 내재하고 있기 때문에 헤지펀드에 관해서는 상호 배타적인 시각이 존재하고 있습니다. 특히 아시아 국가들에 있어서 헤지펀드에 대한 부정적 인식이 존재하고 있음을 부인할 수 없습니다.

한편에서는 헤지펀드의 긍정적 효과 때문에 가급적 헤지펀드 설립과 운용에 관한 규율을 완화하여 헤지펀드의 활성화를 추진하기를 원하고 다른 한편에서는 우리나라의 금융감독 능력이 미흡하여 헤지펀드 투자자를 적절히 보호하기 어렵고, 글로벌 금융위기시에도 보았듯이 헤지펀드로 인해 금융시스템 위기를 초래할 우려도 있으므로 우리나라의 헤지펀드 도입은 시기상조라고 주장하기도 합니다.

헤지펀드를 실체적으로 허용하면서, 운용상의 규제는 완화하면서 운용업자와 투자자에 대한 규제를 엄격히 함으로써 이러한 시각들이 균형적으로 반영된 것으로 보입니다.

국제금융시장에서 경쟁력을 확보하는 것은 한 나라의 발전을 위하여 중요합니다. 금융산업에서 우리나라의 경쟁상대국인 거의 모든 나라가 헤지펀드를 완화된 규율로 허용하고 있는데 우리만 엄격한 규율을 적용한다면 경쟁상 불리한 요인으로 작용할 것입니다.

글로벌 금융위기를 겪으면서 운영역량과 투명성이 떨어지던 많은 헤지펀드들이 해체되고 새로운 헤지펀드들이 나타나 규모면에서 금융위기 이전의 수준을 거의 회복한 것으로 보이며, 세계적으로 헤지펀드 산업은 한 단계 더 도약할 것으로 예상됩니다. 이러한 시점에서 한국형 헤지펀드가 도입되어 우리나라의 금융산업과 경제에 활력을 불어넣을 수 있으리라 생각됩니다.

그렇게 되기 위해서는 헤지펀드의 3대요소라 할 수 있는 헤지펀드 투자자,

헤지펀드 운영자, 헤지펀드 지원기관에 대한 규제를 국제적 정합성과 우리나라의 금융환경을 고려하여 합리적이고 효율적으로 설계할 필요가 있습니다.

즉, 헤지펀드의 순기능을 극대화하면서 역기능을 최소화하는 장치를 마련하고 헤지펀드 운용의 자율성을 최대한 보장하면서 시스템리스크의 예방, 투자자 보호를 위한 장치의 마련이 필요합니다.

금융산업의 국가간 경쟁은 총칼 없는 전쟁터와 같다고 할 수 있습니다. 헤지펀드는 금융산업에서 다른 나라와 경쟁하기 위한 주요 무기라고 할 수 있는데, 헤지펀드의 허용시 내재하는 우려 사항에 대한 충분한 대비책과 더불어 헤지펀드가 경제에 미치는 긍정적인 측면을 극대화해 나가야 될 것입니다.

현재 설계되어 있는 규제장치는 운용, 운영회사, 투자자의 측면에서 다른 나라에 비해 엄격하다고 할 수 있습니다. 한국형 헤지펀드가 도입되어 발전되는 과정에서 이러한 규율체계도 국제적 정합성을 고려하여 합리적으로 완화되어야 할 것입니다. 한국형 헤지펀드의 성공을 기원하면서, 본서의 출판을 맡아주신 박영사에 감사드립니다.

2011년 11월

노희진

서 평

〈국 내〉

| 고승덕 국회의원 |

한국형 헤지펀드는 금융산업의 발전에 중요한 역할을 할 것입니다. 도입이후 진행상황을 보아 가면서 보다 쉽게 헤지펀드를 설립하고 창의성이 발휘될 수 있도록 지속적으로 헤지펀드 제도의 틀이 개선되어 나가야 될 것입니다. 한국형 헤지펀드의 성공적 발전을 기대합니다. 본서는 이러한 헤지펀드 산업의 발전에 중요한 지침서가 될 것입니다.

| 권성철 파이낸셜뉴스 사장 |

시장이 심하게 출렁거릴 때는 헤지펀드의 잠재적인 위험(또는 해악)을 부풀려 말하기 쉽지만 그 혜택을 결코 간과해서는 안된다. 자동차가 위험하다고 걸어다닐 수 없는 것과 같은 이치다. 투자자가 원하는 것을 더 효과적으로 얻을 수 있게 해주는 또 하나의 자산群(asset class)이 분명하다. 국내 아직 생소한 분야에서 몇 안되는 전문가에 속하는 노희진 박사가 풀어가는 이론과 실무는 이 분야를 처음 접하는 이들에게 훌륭한 길라잡이가 될 것이다.

| 김기환 서울파이낸셜포럼 회장 |

한국에도 헤지펀드 시대가 오고 있다. 헤지펀드시장의 개방은 자산운용을 포함한 한국 자본시장 발전에 획기적인 계기가 될 것으로 기대된다. 이런 시점에 오랫동안 헤지펀드와 헤지펀드 도입방안을 연구해 온 노희진 박사의 '헤지펀드의 이론과 실제'는 헤지펀드의 기본 개념뿐 아니라 운용전략과 리스크 관리 등을 총 망라하는 헤지펀드에 대한 매우 훌륭한 지침서라 할 수 있다. 특히 헤지펀드에 관심 있는 모든 사람과 정책당국자라면 반드시 읽어야 할 필독서다.

▌박진우 한국증권학회 회장▐

국내 자본시장에서 본격적인 헤지펀드 시장의 서막이 열리는 현 시점에서 이 책은 헤지펀드에 관한 명확한 이해와 실무적 활용방안을 제시하여 펀드 운영자와 투자자에게 유용한 정보를 제공할 뿐 아니라 올바른 정책적 방향을 제시함으로써 건전한 헤지펀드 시장 정착에 크게 기여할 것으로 기대된다.

▌박현주 미래에셋 금융그룹 회장▐

새로 출범하는 헤지펀드 산업에서 무엇보다 중요한 것은 첫 단추를 잘 끼우고 기본을 잘 닦아 놓는 것입니다. 이것이 헤지펀드의 리스크는 줄이면서 그 과실을 향유할 수 있는 길입니다. 헤지펀드의 이론과 실제를 망라한 본서는 유용한 지침서가 될 것을 믿습니다.

▌황건호 금융투자협회 회장▐

그 동안 여러 해 동안의 노력을 통하여 마침내 한국형 헤지펀드가 도입되게 되었습니다. 한국형 헤지펀드의 도입은 자본시장과 투자자에게 큰 기회를 제공할 뿐만 아니라 금융산업의 발전에도 크게 도움이 될 것입니다. 금융투자협회에서도 헤지펀드를 운영하는 전문인력의 육성 및 헤지펀드 관련 자율규율의 확립 등을 통하여 헤지펀드 산업이 발전할 수 있도록 지원을 아끼지 않을 것입니다. 본서가 이러한 헤지펀드 산업의 발전을 위해 유용한 지침서가 될 것이라 믿습니다.

(가나다 순, 직책은 서평 접수일자 기준)

〈국 외〉

Jame DiBiasio, Editor, AsianInvestor, Hong Kong

For the past several years, Noh Hee-jin has been at the vanguard of Korea's efforts to establish an onshore hedge-fund industry. It is important for Korea's advancement as a sophisticated financial market that it create an appropriate regulatory structure, and encourage both domestic and international players to take part. Alternative investments will provide liquidity to the Korean markets, and broaden the investment choices for managers of Korean wealth. It is for this work that in 2010 AsianInvestor magazine named Dr. Noh as one of the 25 most influential people in Asian hedge funds.

Jame DiBiasio, 아시아인베스터 편집인, 홍콩

과거 여러 해 동안 노희진은 국내 헤지펀드 설립을 위한 한국의 노력에 선도적 역할을 하였다. 한국이 적절한 규제체계를 설정하여 선진화된 금융시장으로 발전하고 국내와 국제 금융인들의 참여를 촉진하는 것은 중요하다. 대체투자는 한국시장에 유동성을 공급하고 한국 자산운용자들의 투자 선택의 폭을 넓힐 것이다. 2010년에 Asian Investor지가 노박사를 아시아 헤지펀드의 가장 영향력 있는 25인에 선정한 것은 이러한 노력 때문이다.

Mark St Giles, Chairman Cadogan Financial Ltd. England

www.cadoganfinancial.co.uk

Hedge funds are often regarded as a mystery. But this book will offer useful guidance for those who want a clear explanation of the elements of hedge funds and their place on the investment scene.

▌Mark St Giles, 캐도건 금융회사 회장, 영국 ▌

헤지펀드는 종종 수수께끼로 여겨진다. 하지만 이 책은 헤지펀드의 요소와 투자에 있어 명확한 설명을 원하는 사람들에게 유용한 지침을 제공할 것이다.

▌William T. Mills ▌

Managing Partner, Highland Good Steward Management, LLC. USA

Dr. Hee Jin Noh has authored an excellent book on hedge funds. Typically, hedge funds as a topic, do not lend themselves to concise explanation. The term is to general and covers a multitude and wide variety of actual strategies rendering complete description very challenging. Dr. Noh's writing style overcomes this challenge. His work is well organized and the detail very effectively presented. As a consequence this book represents valuable reading to the beginner as well as the more experienced practitioner.

▌William T. Mills ▌

Highland Good Steward Management 금융회사 운용파트너, 미국

노희진 박사가 헤지펀드에 관한 훌륭한 책을 저술하였다. 일반적으로 헤지펀드의 주제로 간명한 설명을 하기는 쉽지 않다. 그 용어가 일반적이고 수많은 다양한 실제적 전략을 구사하여 완전한 설명을 하기에는 매우 도전적인 일이다. 노박사는 이러한 어려움을 극복하였다. 그의 책은 잘 구성되고 세부 내용이 매우 효과적으로 설명되어 있다. 결과적으로 이 책은 초보자뿐만 아니라 경험이 있는 실무자들에게도 읽을 만한 가치를 제공한다.

(알파벳 순, 직책은 서평 접수일자 기준)

차 례

헤지펀드의 이론과 실제

제 1 장
서 론

1 서 론

헤지펀드는 일반적으로 투자대상에 제한이 없고, 다양한 전략을 통하여 높은 위험을 감수하면서 고수익을 추구하는 사모펀드로 인식되나, 법적인 구조, 투자전략 등에 근거하여 다양한 정의가 존재한다.

각국 규제당국으로 구성된 국제증권감독기구(International Organization of Securities Commissions: IOSCO), SEC(2003) 및 Stulz(2007) 등의 정의를 종합적으로 고려하여 헤지펀드의 특성을 살펴보면 헤지펀드는 ① 원칙적으로 제한 없이 자산을 운용하며, ② 차입 및 공매도(short sale)를 사용하며, ③ 실적 수수료를 허용하고, ④ 펀드 운용자의 자기자금 투자를 허용하며, ⑤ 정기적인 환매가 가능하고, ⑥ 사모로 발매되는 특징적 요소를 가진 펀드로 정의될 수 있다.

헤지펀드는 전세계적으로 운용자산 규모, 펀드 수의 측면에서 지속적 성장을 하고 있고, 헤지펀드 산업은 여전히 미국이 주류를 이루고 있으나, 전세계적으로 확산되고 있다. 또한 최근 들어 연기금 등 기관투자자의 투자 비중이 증대하고 있으며, 펀드 오브 헤지펀드를 통하여 일반투자자가 참여하기 시작하였다.

헤지펀드의 이러한 성장은 헤지펀드가 뮤추얼펀드에 비하여 위험 대비 높은 수익률을 제공하고 포트폴리오에 편입시 위험 · 수익률 프로파일이 개선되며, 자산운용 및 위험관리 기법의 향상, 투자자의 needs에 부응하는 전략 개발, 창의적 금융 인력의 육성, 금융업에서의 고용기회 확대 등을 통하여 금융산업의 발전에 이바지할 수 있기 때문이다. 또한 금융시장의 유동성과 효율성이 높아지고 기업 활동을 투명하게 만드는 긍정적 효과도 있다.

그러나 헤지펀드는 시장 전체의 안정성을 저해하는 시스템리스크의 발생과 투자자 보호 및 의결권 행사 등에 있어 논란이 제기된다. 시스템리스크는 시장의 안정성을 저해할 수 있으며, 금융시장의 위험이 실물경제에까지 전이될 수 있다. 또한 일반적인 간접투자기구에 비하여 규제가 상당 부분 완화되는 헤지펀드의 경우 금융감독의 사각지대에 놓일 우려가 있고, 규제회피수단으로 악용되며 투자자 보호가 충분히 이루어지지 않을 수 있다.

이러한 긍정적 효과와 잠재적 부정적 효과가 헤지펀드에 내재하고 있기 때문에 헤지펀드에 관해서는 상호 배타적인 시각이 존재하고 있다.

한편에서는 투자자의 위험대비 수익률을 제고시키고, 금융시장의 유동성을 제고하여 자원배분 및 금융시장의 효율성을 증진시키며 새로운 업무를 가능하게 하여 금융산업의 활성화에 기여할 수 있고, 전문금융인력을 효과적으로 육성할 수 있다는 측면에서 가급적 빠른 시일 내에 도입될 수 있기를 지지한다. 더욱이 금융산업에서 우리나라의 경쟁상대국인 거의 모든 나라가 이를 허용하고 있어 금융산업의 경쟁력 제고를 위해서도 필요하다고 주장한다.

다른 한편에서는 우리나라의 금융감독 능력이 미흡하여 헤지펀드 투자자를 적절히 보호하기 어렵고, 글로벌 금융위기시에도 보았듯이 헤지펀드로 인해 금융시스템 위기를 초래할 우려도 있으므로 우리나라의 헤지펀드 도입은 시기상조라고 주장하기도 한다.

먼저 헤지펀드 허용의 필요성에 대해 적절한 비유가 될지 모르겠지만 헤지펀드를 자동차에 비유해 보고자 한다. 만약에 우리나라에 자동차가 없고 자전거와 같은 안전한 이동수단만 있다고 하자. 편리함과 효율성을 위해 다른 나라에 다 있는 자동차를 도입하자고 주장했을 때, 외국에서의 자동차 사고의 위험과 그 사고로 인한 개인의 아픔을 알고 있는 사람은 자동차는 사고 위험이 높기 때문에 자동차의 안전이 보장될 때까지는 자동차의 도입이 연기되어야 된다고 주장할 수도 있을 것이다.

헤지펀드를 사기적으로 운영하여 투자자들에게 큰 손실을 끼친 메이도프 헤지펀드나 헤지펀드의 운영상 가정을 잘못하여 엄청난 레버리지를 사용하고 파산위기에 몰려 구제금융을 받은 롱텀캐피탈매니지먼트, 글로벌 금융위기의 단초를 제공한 베어스턴즈 헤지펀드 등 실패한 개별 헤지펀드의 사례를 보면 왜 우리가 그러한 헤지펀드를 도입하느냐에 따른 의문이 생길 것이다. 외국에서의 큰 자동차 사고의 피해를 보면서 자동차 도입을 망설이게 되는 이치와 비유될 수 있을 것이다. 하지만 헤지펀드의 편익과 비용을 고려하여, 편익이 그러한 잠재적 비용보다도 크기 때문에 외국에서는 그러한 헤지펀드의 실패사례 이후에도 헤지펀드 제도를 유지하는 것으로 여겨진다.

또한 헤지펀드라는 상품의 특성에 대해서도 상이한 의견이 존재한다. 헤지펀드는 변동성이 굉장히 큰 위험상품이라는 설명도 있고, 그 반대로 시장의 변동성과 상관없이 절대수익률을 추구하는 그야말로 위험을 헤지하는 안정적인 상품이라는 설명도 있다. 어떠한 설명이 맞는 설명일까?

여기에 대하여 헤지펀드는 코끼리에 비유될 수 있다. 즉 코끼리의 몸통을 보는 사람과 꼬리를 보는 사람은 헤지펀드를 다르게 설명할 것이다. 절대수익률을 추구하기 위해 롱숏 전략을 추구하는 헤지펀드도 있고, 미래의 경제 상황을 가정한 매크로 전략을 취하여 가정이 맞으면 대박이고 그렇지 않으면 쪽박을 찰 수 있는 전략을 추구하는 헤지펀드도 있다. 해외에서는 금융위기 이후 롱숏 전략의 헤지펀드가 제일 많은 자금을 모으고 있다.

글로벌 금융위기를 겪으면서 운영역량과 투명성이 떨어지던 많은 헤지펀드들이 해체되고 새로운 헤지펀드들이 나타나 규모면에서 금융위기 이전의 수준을 거의 회복한 것으로 보이며, 세계적으로 헤지펀드 산업은 한 단계 더 도약할 것으로 예상된다. 이러한 시점에서 한국형 헤지펀드가 도입되어 우리나라의 금융 산업과 경제에 활력을 불어넣을 필요가 있다.

그렇게 되기 위해서는 헤지펀드의 3대요소라 할 수 있는 헤지펀드 투자자, 헤지펀드 운영자, 헤지펀드 지원기관에 대한 규제를 국제적 정합성과 우리나라의 금융환경을 고려하여 합리적이고 효율적으로 설계할 필요가 있다.

헤지펀드 도입시, 헤지펀드의 순기능을 극대화하면서 역기능을 최소화하는 장치를 마련하여야 될 것이다.

즉, 헤지펀드 운용의 자율성을 최대한 보장하면서 시스템리스크의 예방, 투자자 보호를 위한 장치의 마련이 필요하다. 미국의 서브프라임 모기지 사태 이후,

국회에서 헤지펀드 허용을 위한 입법 개정시 헤지펀드의 기능에 관한 많은 논란이 예상된다. 금융산업의 국가간 경쟁은 총칼 없는 전쟁터와 같다. 헤지펀드는 금융산업에서 다른 나라와 경쟁하기 위한 주요 무기라고 할 수 있다. 헤지펀드의 허용시 내재하는 우려 사항에 대한 충분한 대비책과 더불어 헤지펀드가 경제에 미치는 긍정적인 측면을 극대화해 나가야 될 것이다.

제 2 장
헤지펀드의 개념과 특성

2 헤지펀드의 개념과 특성

헤지펀드는 1949년 호주 출신인 Alfred Winslow Jones가 최초로 설립·운용한 펀드로 미국 증권거래위원회(Securities and Exchange Commission: SEC)의 규제를 회피할 목적으로 자신의 자금도 투자하면서 소수의 투자자로부터 자금을 모집하여 합자회사 형태로 시작하여 포트폴리오 구성의 유연성과 자율성을 활용한 펀드이다. 헤지펀드는 수년 동안 시장수익률을 초과하는 수익률을 창출하면서 그 투자방법이 주목받으며 새로운 투자모델로 발전하였고 그 성격이 시장 상황에 따라 변화되어 왔다.[1] 이하에서는 헤지펀드의 정의 및 특성에 대해 고찰해 보고자 한다.

1. 헤지펀드의 정의

헤지펀드는 일반적으로 제한된 숫자의 부유한 투자자들로부터 사모방식으로 투자자금을 모집하며, 월등한 실적을 내세워 이익에 대하여 고율의 인센티브 수수료를 부과하고 고수익을 추구하는 사모펀드(private-placed fund)로 인식되고 있다.

여기서 사모펀드란 규제이론의 관점에서 볼 때 투자자 그룹의 특성상 특정 소수 또는 금융지식이 충분한 주체로 펀드의 투자자가 구성되어 투자자 스스로 자기보호가 상대적으로 가능한 집합투자제도의 펀드를 통칭하는 개념으로 정의할 수 있다.[2] 이러한 사모펀드는 미국 금융시장을 중심으로 성장하여 왔으며, 이들

1) 노희진(1998).

펀드의 운용행태를 기초로 하여 크게 사모투자전문회사(Private Equity Fund: PEF)와 헤지펀드 두 그룹으로 대별되어 발전되어 왔다. 전자는 주로 유동성이 낮은 비상장주식(private equity)에 투자한다는 특성을 반영하여 'PEF'로 지칭되며, 후자의 경우 유동성이 높은 다양한 자산에 투자하면서 공매도, 차입 등을 활용하여 투자자의 수익제고를 추구하는 운용방식으로, 동 운용방식으로 성공한 초기 펀드를 '헤지펀드'로 부르면서 이후 실무적 개념으로 정착되어 왔다.[3)]

따라서 헤지펀드는 법적으로 통용되거나 국제적으로 통일된 정의가 있는 것은 아니며, 법적인 구조, 투자 전략, 투자 위험 및 헤지전략 등에 근거하여 다양한 정의가 존재하는 실정이다.[4)]

각국 규제당국으로 구성된 국제증권감독기구(International Organization of Securities Commissions: IOSCO)는 2003년 2월에 발표한 보고서에서 헤지펀드는 법적으로 명확히 정의를 내리기 곤란한 측면을 가지고 있으며, ① 통상적인 집합투자기구에 부과되는 차입(leverage) 규제를 받지 않아 높은 수준의 차입을 활용할 수 있으며, ② 운용보수 및 성과보수를 부과하고, ③ 분기, 반기 또는 연별로 정기적 펀드의 환매가 인정되고, ④ 헤지펀드 운용자 자신이 고액의 자기 자금을 투자할 수 있으며, ⑤ 투기적 목적으로 파생상품을 활용할 뿐만 아니라 공매도(short-selling)가 가능하며, ⑥ 다양한 리스크 또는 복잡한 구조의 상품에 투자하는 요소를 지닌다고 보고하고 있다.[5)]

SEC(2003)는 1940년 투자회사법(Investment Company Act of 1940: ICA)에서 투자회사로 등록되지 않고 공모의 형태로 판매되지 않는 증권이나 기타 자산을 포함하는 실체에 대하여 규제의 예외 조항을 두어왔는데, 이 조항을 이용하여 규제

2) 집합투자제도에서는 전형적인 대리인 문제가 발생하므로 투자자 보호를 위한 규제 개입의 필요성이 인정되는데, 펀드 투자자가 불특정 다수로 구성되는지 아니면 특정 소수 또는 비교적 금융지식이 있는 투자자로 구성되는지의 여부에 따라 대리인 문제를 투자자 스스로 해소할 수 있는 여지에 차이가 있게 됨. 투자자의 자기보호가 상대적으로 가능한 특정 소수의 구체적인 수준, 금융지식이 충분한 주체의 정의는 시장환경과 역사를 반영하여 나라마다 차이가 있을 수 있으며, 규제정책 상 결정될 문제임.

3) Carol Loomis가 1966년 Fortune誌에서 Jones의 운용방식을 설명하며 '헤지펀드'라는 용어를 최초로 사용한 것으로 알려져 있음.

4) IOSCO(2006), Lhabitant(2002).

5) IOSCO(2003).

의 틀을 벗어나 펀드 운용을 자유롭게 함으로써 실적을 향상시켜 온 사모펀드가 헤지펀드의 주류를 이루고 있다. Stulz(2007)에 의하면 헤지펀드는 상당한 유연성을 지닌 투자자문업자나 헤지펀드 운용자에 의해 운영되는 규제받지 않는 집합적 투자 자산이다. 특히 헤지펀드 운용자는 전형적으로 공매도, 차입, 광범한 파생상품을 이용할 권리를 갖고, ICA에 의해 뮤추얼펀드에 적용되는 규제를 회피하기 위해 투자자 수를 제한하고 공모를 하지 않는다.

전통적으로 헤지펀드는 규제의 대상으로부터 벗어나기 위해 소수의 자산가들만을 대상으로 주식을 사모로 발행하여 투자자를 모집하였고, 세금이전혜택(pass-through taxation)을 향유하기 위해 유한책임조합(limited partnership) 또는 유한책임회사(limited liability company)의 형태로 설립되었다. 그러나 최근 헤지펀드는 일반적으로 투자전략의 비밀성, 투자대상의 다각화와 유연화, 시장변동에 따른 투자위험을 감소시키기 위한 매입·매도(long and short position) 전략의 병행, 높은 차입 비율 이용, 정기적 환매의 허용 등의 특성을 지니는 것으로 인식되고 있다.

2. 헤지펀드와 다른 집합투자기구와의 비교

헤지펀드는 뮤추얼펀드, PEF, 벤처캐피탈 등의 집합투자기구와 유사한 성격을 갖기도 하지만 차이점을 지니고 있다.

우선 헤지펀드를 뮤추얼펀드와 비교하면, 뮤추얼펀드는 사모펀드인 헤지펀드, 벤처캐피탈펀드, PEF와는 달리 공모펀드에 해당하며 공모방식에 의하여 불특정 다수로부터 공모 방식으로 자금을 조달하기 때문에 SEC와 같은 감독기구에 등록하는 것을 원칙으로 한다. 이에 따라 뮤추얼펀드는 운용 전문가로부터 독립한 이사회의 구성, 자산관리의 남용방지를 위한 엄격한 자산운용규제(순자산가치의 산정과 이해충돌방지를 위한 규제 및 차입한도 등) 및 주주보고 의무, 증권모집과 관련한 감독기관 신고와 공시규제, 투자자문과 관련한 등록규제를 받게 된다.

반면, 헤지펀드와 같은 사모펀드는 위험을 부담할 수 있으며 스스로를 보호할 수 있는 기관투자자 또는 고액순자산보유개인(High Net Worth Individual: HNW)

들을 상대로 사모로 설립되어 미국의 경우 규제체계상의 등록면제조항을 이용하여 감독 당국에 대한 등록 의무가 면제될 수 있으며, 규제의 적용대상에서 제외된다. 헤지펀드 발행자는 보통 투자자에게 헤지펀드 투자 전략과 운용개요를 사적 판매 정관(memorandum) 형식으로 제공하며, 헤지펀드 투자자들은 일반적으로 헤지펀드 실적 정보, 리스크 분석과 포트폴리오 내용을 헤지펀드 발행자로부터 제공받는다.

뮤추얼펀드의 경우 중장기 수익을 중시하며, 주로 주식, 채권 등에 투자하되 감독 당국으로부터 차입 및 공매도에 대한 규제를 받고, 자기 자금의 출자가 제한된다. 또한 뮤추얼펀드는 S&P500 등과 같은 기준 수익률을 비교하여 평가하여 상대수익률을 측정한다. 반면 헤지펀드는 주식, 채권, 파생상품 등 투자대상의 제한이 없고 투자 기간에 대하여도 제한을 받지 않는다. 일반적으로 공매도와 차입 등을 자유롭게 이용하여 절대수익률을 추구하며, 자기 자금을 자신이 관리하는 펀드에 투자하여 운용할 수 있다.

뮤추얼펀드는 통상 유동성이 많은 주식이나 채권에 투자하므로 매일 시장가격에 따라 그 가치를 산정하여야 하며, 투자자들은 언제든지 자신의 지분에 대한 환매를 요구할 수 있다. 그러나 헤지펀드는 주식, 채권, 파생상품 등 투자대상에 제한이 없으며 단기적인 투자에 중점을 두는 경향이 있고, 가치산정에 대한 규제는 없고 환매나 지분 양도 등이 제한되므로, 투자자들은 원하는 때에 자본을 회수하지 못할 가능성이 있다.

보상체계에 있어서 통상적으로 뮤추얼펀드는 S&P500 등과 같은 시장 대표 수익률과 비교하는 상대 수익률을 추구하고 순자산가치에 의거하여 펀드운용자가 일정 비율의 관리보수를 받는 반면, 헤지펀드는 절대 수익률을 추구하고 관리보수에 더하여 총수익률에 의거하여 성과보수를 받는 것이 보통이며 일반적으로 헤지펀드 수익률은 이러한 보수를 차감하여 산출한다.

헤지펀드를 PEF와 비교시, PEF는 헤지펀드와 같이 투자자들이 증권투자를 위하여 집합적으로 자금을 출자하는 비등록펀드로 헤지펀드와 그 조직형태는 유사하고, 일반적인 권유나 광고 또는 공모를 거치지 아니하고 직접 또는 등록 증권회사를 통하여 간접적으로 투자를 권유하고, 투자의 주체도 주로 자금력이 풍부한 개인 또는 가족, 연금기금, 기부금단체, 은행 및 보험회사 등이라는 점에서 유사하다. 그러나 PEF는 그 존속기간 동안 투자자들이 일정금액을 투자하기로 약정하고 업무집행파트너(General Partner: GP)의 투자요청이 있을 때에 출자하는 것이 일반적이며, 비공개회사의 지분이나 지분연계증권(equity)을 주요 투자대상으로 헤지펀드에 보다 중장기 투자를 지향하되 투자자에게 중도상환의 기회는 거의 부여하지 않는 폐쇄형 펀드의 성격이 강하다.

벤처캐피탈펀드(Venture Capital Fund: VCF) 역시 헤지펀드와 구조가 비슷한 비등록투자기구로 회사의 설립 또는 초기 단계의 벤처기업에 창업자와 함께 위험을 부담하면서 자본참여를 하여 기업이 성장한 후 자본이득을 통하여 일반적인 금융상품보다 높은 수익을 실현하고자 설립되는 것이 일반적이다. VCF는 통상 5~10년의 투자 기간에 걸쳐 자본을 출자하며, 단기적 이익 배당보다는 장기적 기업가치 증대를 추구하며, 헤지펀드와는 달리 펀드의 업무집행파트너가 투자대상 회사의 이사회 구성원이 되거나 일상의 경영에 관여하는 등 적극적인 역할을 수행하여 투자대상회사의 가치를 높이는데 일조하여 투자대상회사의 가치가 투자가치를 상회하면 투자를 청산하는 것이 일반적이다. 일반적으로 투자자와 창업자간의 계약에 기초하여 관리보수(조합 결성액의 2~3% 수준)와 성과보수(투자수익의 20%, hurdle rate가 있는 경우가 많음)를 받게 되고, 주식의 매각을 통하여 수익을 실현한다.

3. 헤지펀드의 특성

(1) 원칙적으로 제한 없는 자산 운용

헤지펀드는 절대적인 수익 창출을 지향하기 때문에 시장여건의 변화를 이용할 수 있는 유연성(flexibility)을 가져야 하므로 투자대상은 증권, 파생상품, 일반상품, 부동산 등 제한이 없으며, 투자 지역 및 투자 자산의 구성 등에 대하여 원칙적으로 제한이 없다.

표 2-1 펀드별 특성 비교

	뮤추얼펀드	헤지펀드	PEF	벤처캐피탈
투자자 모집방식	공모 (투자자=주주)	사모		
공시	공시	비공시		
정보공개	공개	비공개		
경영참여 정도	참여안함	참여가능	적극적	
투자기간	중장기	제한 없음 (통상 단기)	중장기 (통상 10~12년)	중장기 (통상 5~10년)
주요 투자대상	주식, 채권, MMF	주식, 채권, 파생상품, 1차상품	구조조정 기업	벤처기업
자기 자금 출자	불가	가능		
차입	규제	일반적으로 비규제		
공매도	규제	일반적으로 비규제		
통제	감독기관	주주자율규제		
투자자 유동성	개방형 펀드 (매일 인출 가능) 폐쇄형 펀드 (시장상장)	개방형 펀드 (주기적 인출 가능)	폐쇄형 펀드	
성과측정	상대수익률	절대수익률	절대수익률 (실현된 투자에 연동된 수익)	절대수익률
운용보수	순자산가치 (Net Asset Value: NAV)에 기초		자본 계약(capital commitment)에 기초	
성과보수	–	실현 및 미실현 수익으로부터 연간 발생	실현 투자에 연동된 수익으로부터 발생	실현 수익으로 부터 발생

자료: 노희진(2005), IFSL(2007).

(2) 차입 및 공매도의 사용

1) 차 입

헤지펀드는 투자 전략에서 차입 또는 레버리지(leverage)를 통하여 투자금액을 증가시키지 않고 투자가치 및 수익을 증대시킬 수 있다. 즉, 자기자본수익률(return on equity: ROE)을 증가시키기 위해서 차입자금, 부채 등을 활용하는 것을 의미하는데, 전통적으로는 직접적으로 금전을 차입하는 재무적 레버리지(financial leverage)가 사용되었으나, 최근에는 선물, 옵션 등 기타 파생상품을 이용하여 레버리지 효과를 추구하기도 한다.

재무적 레버리지(financial leverage)는 대출금이나 부채 등의 형태로 자본금을 마련하여 이자비용보다 더 큰 수익을 얻기 위해서 재투자하는 것을 의미하며, 투자에 있어서는 신용매수(margin buying 또는 buying on margin)[6]가 대표적인 예이다.

반면 파생상품 거래는 실질적인 차입금 없이 레버리지를 가능하게 하는데, 선물(futures), 옵션, 구조화상품(structured product) 등의 거래는 작은 비용으로 미래 수익 변동에 대한 노출을 확대시키는 효과를 초래한다.

투자에 있어서 레버리지는 ① 외부자금을 차입하여 투자하거나 또는 공매하거나, ② 브로커회사에 있는 신용거래계좌를 통하여 자금을 차입하거나, ③ 주식 매입시 액면가액 전액을 지불하는 대신, 증거금만 예치함으로써 주식매입이 가능하도록 주로 환매계약, 선물 및 선도계약, 기타 파생상품 등과 같은 금융수단을 활용하는 방식을 취한다.[7]

신용매수, 파생상품의 사용 및 금융기관으로부터의 차입 등을 사용하여 자기자금 규모 이상으로 증권을 매수하는 경우 차입이 발생하고, 자기 증권이 없음에도 매도하는 경우 공매도가 발생한다. 신용매수와 공매도는 주요 신용거래로서 일반적인 주식거래에서 양 당사자인 매도자와 매수자뿐만 아니라 주식대여자라는

---

6) 신용매수(margin buying 또는 buying on margin)는 다른 증권을 담보로 활용하여 브로커로부터 현금을 빌려서 주식을 매수하는 것을 의미하는데, 이때 담보를 증거금(margin)이라고 하며, 신용매수를 통해서 투자자는 수익 혹은 손실이 확대되는 효과를 누리게 됨. 거래상대방의 신용위험을 제거하기 위해서, 투자자는 증거금을 브로커회사에 예치해야 하며, 브로커는 고객이 예치한 증거금의 일부를 다시 청산회사에 예치해야 하므로, 증거금은 계약이행의 보증금으로 사용될 뿐만 아니라, 매일 매일의 정산에도 사용됨. 증거금은 투자자가 브로커회사에 예치하는 위탁증거금(customer margin)과 브로커회사가 청산회사에 예치하는 매매증거금(member's margin)으로 구분되며, 위탁증거금에는 개시증거금(initial margin), 유지증거금(maintenance margin), 추가증거금(additional margin) 등이 있음.

7) 이종철 · 서정두(2005), Lhabitant(2002, 2006) 참조.

제 3 자가 관여한다. 이러한 거래는 모두 자산의 차입을 수반하는데, 신용매수를 하는 헤지펀드는 현금을 보유하고 있지 않지만, 미래에 가격이 상승할 것으로 예상되는 주식을 매입하고자 함에 따라 브로커에게 담보를 제공하고 현금을 차입하여 주식을 매수한다. 이후 충분한 현금이 생기면 이자와 함께 대출을 상환하고 담보를 돌려받는다. 신용거래를 하게 되면 현금을 통해 주식을 매수하는 경우보다 더 많은 주식을 매수할 수 있게 됨으로써 차입 효과가 있을 수 있고, 신용거래는 단기자금을 조달하는 데 있어 비교적 저리의 금리가 적용된다.

이러한 레버리지의 이용은 투자수익을 확대하기도 하지만, 투자손실을 증폭시키는 등 투자성과에 큰 영향을 미치는데, 레버리지는 유동성이 없거나 신속한 매각을 하지 못해 그 자산의 완전한 가치(full value)를 실현할 수 없는 자산을 보유함으로써 초래되는 위험을 증대시킬 수 있다.[8)] 최근, 차입을 위한 프라임 브로커의 역할이 중요해지며, 레포(Repurchaser Agreement: repo)가 많이 활용된다.

헤지펀드의 레버리지는 차입 또는 파생상품 거래를 통해 기초자산의 익스포져가 증가된 것을 포함하므로 헤지펀드가 차입할 수 있는 경로는 다양하며, 헤지펀드는 PBA(prime broker agreement)에 따른 담보를 통한 차입, 레포(repo), TRS (total return swaps) 등을 이용한 합성 차입 등을 통해 차입을 하게 된다. 프라임브로커는 레버리지에 대한 규제 및 포트폴리오 기준으로 스트레스 테스트(stress test)와 Var을 통해 헤지펀드의 레버리지 수준을 결정하며, 헤지펀드의 차입은 시장경로와 신용경로를 통한 금융안정성에 헤지펀드가 미치는 영향력이 크기 때문에 헤지펀드 차입의 원천과 규모는 매우 중요한 요소가 된다.

FSA(2011)에 따르면 2010년 9월 헤지펀드는 전체 차입의 53%를 레포를 통해 차입을 하며, PB를 통한 차입은 17%인 것으로 보고하고 있다. 레포를 통한 차입은 2010년 4월 60%에 비해서는 다소 감소한 수치인데, 회사와 헤지펀드 거래상대방 사이에 cash-out reverse repo의 77%가 G-10 국채를 담보물로 구성하고 있으며, 합성 차입의 채권 준거자산(reference asset)의 대부분이 대출(loans)인 반면, 주식합성스왑(equity synthetic swaps)에 대한 준거자산 대부분이 G-10의 주식으로 구성되어 있다고 밝혔다.

8) Department of The Treasury et. al.(1999).

▌그림 2-1 헤지펀드 차입 원천

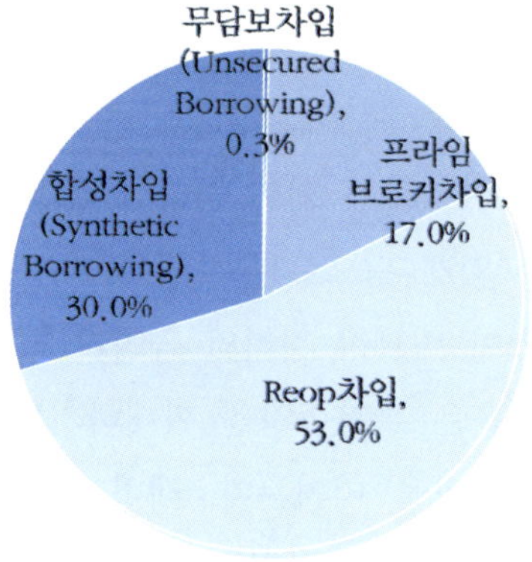

자료: FSA(2011).

▌표 2-2 전세계 헤지펀드의 차입 사용(2004년 말 기준)

헤지펀드 전략	차입 미사용	차입 사용	
		2배 이하	2배 이상
적극성장(aggressive growth)	20%	60%	20%
이머징마켓(emerging markets)	20%	50%	30%
주식시장중립(equity market neutral)	15%	50%	35%
상황투자(event driven)	15%	60%	25%
채권차익(fixed income)	35%	30%	35%
매크로(macro)	10%	30%	60%
시장중립차익거래(market neutral arbitrage)	10%	25%	65%
시장타이밍(market timing)	55%	35%	10%
멀티스트레티지(multi-strategy)	10%	50%	40%
기회발굴(opportunistic)	10%	60%	30%
공매도	30%	40%	30%
가치(value)	20%	60%	20%
총계	20%	50%	30%

주 : 2004년 말 기준.
자료: Hennessee Group(2006).

그림 2-2 헤지펀드의 레버리지 사용

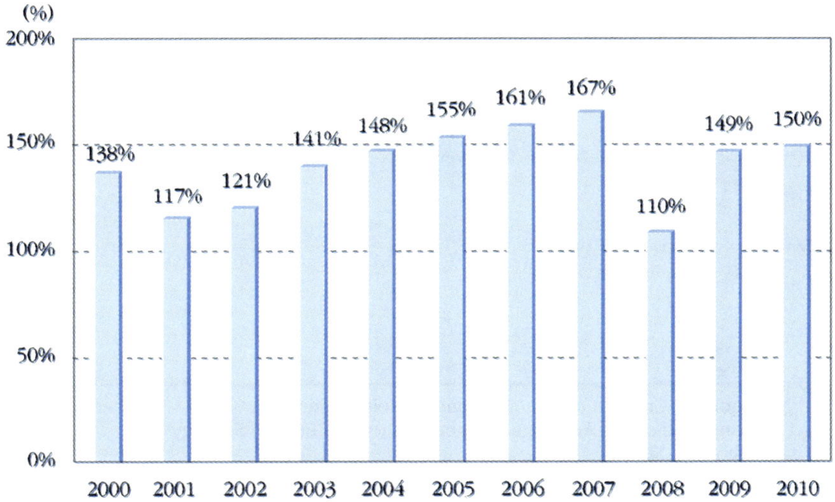

주 : 운용자산에 대한 비율로서 순시장익스포져(Gross market exposure)임.
자료: TheCityUK(2011).

헤지펀드 레버리지를 측정하는 방법으로 순자산가치(Net Asset Value: NAV)의 비율로서 표현되는 총차입액을 측정할 수 있는데, 헤지펀드별 레버리지 수준은 매우 다양하며 심지어 동일한 투자 전략을 보유한 경우에도 레버리지 수준은 상당한 차이가 있다. Hennessee Group(2006)에 따르면 2004년도 전세계 헤지펀드 전체의 80%가 차입을 사용한 것으로 나타났다. 헤지펀드 중 50%는 2배 이하의 차입을 사용하였고, 30%는 2배 이상의 차입을 사용한 것으로 나타났으며, 매크로와 시장중립 차익거래 전략은 다른 투자 전략보다 차입을 많이 사용한 것으로 나타난다.

또한 IFSL(2011)에 따르면 전세계 운용자산의 약 2/3가 차입을 사용하며, 최근 10년 사이 전세계 헤지펀드의 연도별 레버리지는 110%~167% 수준이되, 시장 상황에 따라 상이한 것으로 보고하고 있다.

시장 상황에 따라 레버리지 비율은 변동적이지만, 채권 차익거래(Fixed-Income Arbitrage: FI Arbitrage)와 멀티전략(Multi-strategy)의 경우 다른 전략에 비하여 차입 비율이 높은 것으로 나타난다.

▌그림 2-3 헤지펀드 전략별 레버리지 추이

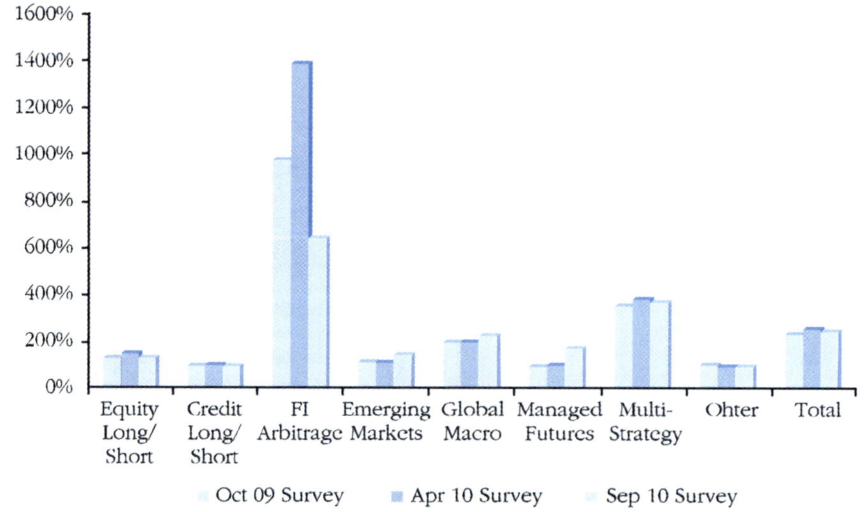

주 : 현금 차입과 합성차입의 NAV에 대한 비율임.
자료: FSA(2011).

헤지펀드가 이용하는 레버리지의 한도는 운용상 규제를 통하여 제한하지는 않지만, 신용 공여기관이나 증권회사가 부과한 증거금이나 담보 필요조건에 의해 규정되고 있다. 미국의 경우 공매도와 관련하여 증권회사에 신용을 제공하는 증권회사는 FRB(Federal Reserve Bank)의 Regulation T 규정을 지켜야 되며, 필요시 추가 유지증거금을 부과한다.

등록투자회사도 차입과 공매도를 이용할 수 있지만, 헤지펀드에 비하여 규제가 강하다. ICA 규정에 의하면, 일반적으로 개방형 투자회사는 은행에서만 차입가능하고, 300%가 최대 차입한도이다.[9] 폐쇄형 투자회사는 덜 엄격한 한도를 갖고 있고, 등록투자회사의 이사회가 회사의 차입 사용과 관련한 책임이 있는데,[10] 허용된 차입 거래의 특성과 위험에 관한 정보가 펀드의 투자의향서에서 투자자들에게 공지되어야 한다.[11]

---

9) ICA Section (18)(f)(1)과 (18)(g).
10) SEC(2003).

▌그림 2-4 공매도의 개시과정

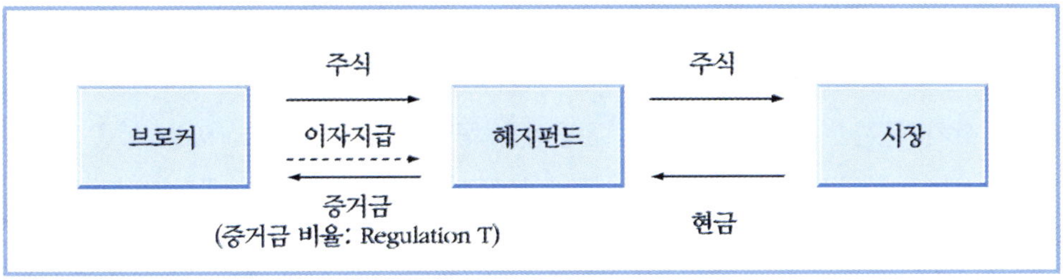

2) 공 매 도

공매도(short selling)는 매도인이 주식을 보유하고 있지 않은 상태에서 증권을 매도하여 매도인이 차용한 증권의 교부에 의하여 청산되는 매도를 말한다.

일반적으로 공매도는 주가의 하락을 예상하는 상황에서 공매도자(투자자)는 주식을 나중에 낮은 가격에 되살 생각으로 주식을 거래 증권회사(브로커)로부터 빌린다. 그 후 투자자는 빌린 주식을 주식시장에 매도하고, 판매대금은 거래증권회사의 계정에 입금하게 되는데, 투자자는 거래증권회사에 현금, 다른 유가증권, 은행발행 신용장 등의 형태로 개시증거금(initial margin)을 담보로 맡겨야 하며, 거래증권회사는 증거금에 대한 이자를 지급하고 공매도에 대한 담보를 필요로 하는 구조이다.

공매도 거래를 청산할 시, 투자자는 공개시장에서 같은 양의 주식을 매수하여 대여자에게 주식을 돌려주는데, 매입가격이 최초 공매가격보다 낮으면 이익이고, 반대이면 투자자는 손실을 보게 된다. 거래를 청산하면서 주식대차에 대한 수

▌그림 2-5 공매도의 청산과정

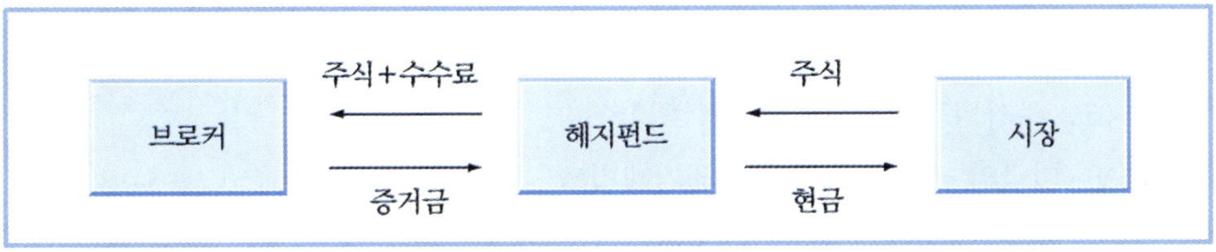

11) ICA Section (18)(a)-(e).

수료를 거래증권회사에 지급하며, 거래증권회사는 투자자에게 증거금을 돌려주게 된다.

일반적으로 공매도는 가격하락이 예상되는 추세에서 이득을 획득하고자 하거나, 예상치 못한 수요에 대응하여 유동성을 공급하고자 하거나, 또는 동종증권의 매입보유에 따른 위험을 분산시키기 위하여 이용되므로 시장 유동성과 가격결정의 효율성에 기여하는 이점이 있다.

그러나 공매도 포지션의 경우 잠재적으로 무한한 하방 위험에 노출될 수 있다. 공매도한 투자자의 가치 상승기회는 공매도한 주가가 하락하는 경우 발생하게 되는데, 주가 하락은 최악의 경우 영(0)으로서 제한적이다. 반면, 공매도 포지션의 가치하락은 주가의 상승시기에 발생하게 되는데, 주가상승은 무제한적이다. 따라서 만기시 주식의 가격이 무한 상승하게 되면, 공매도자는 무한 상승된 가격으로 주식을 구입해서 브로커에게 되돌려 주어야 하는 상황이 발생할 수 있다.

또한 공매도는 브로커가 대여해준 주식을 급히 반환하라고 요구하는 경우 반환압력(short squeeze)의 위험에 노출될 수 있으며, 기업합병이나 의결권행사 등과 같은 예측하지 못한 상황에서, 투자자가 대차한 주식의 반환청구를 받게 되면, 투자자는 공매도 반환압력에 처하게 될 위험이 증가하게 된다.

이에 따라 공매도의 남용으로부터 증권 발행회사와 투자자 신뢰를 보호할 목적으로 시세조작적 행위를 예방하기 위한 규칙을 두고 있으며, 자율규제기관도 부가적인 규칙을 가하는 국가도 있다.

대부분의 나라에서는 공매도로 인한 주식시장의 추가적인 하락을 방지하기 위해서 업-틱규칙(up-tick rule)을 도입하고 있는데, 공매도는 거래가격이 바로 직전의 거래된 가격보다 높게(plus-tick) 거래되거나, 직전에 상승된 거래가격과 동일한 가격(zero-plus-tick)으로 거래되는 상황에서만 시행되도록 규제하고 있다. 이는 주가가 하락하는 주식의 공매는 추가적인 주가하락요인으로 작용하여 주가폭락사태를 막고, 주가의 변동성을 줄이기 위함이다.

또한 미국의 경우 1934년 증권거래법(Securities Exchange Act of 1934)의 Rule 10a-1에서 공매도를 규제하고 있는데, 상장 증권의 경우 공매도를 할 수 있는 조건을 명시하고 있으며 업-틱규칙(up-tick rule)을 따르도록 규정하고 있으며, ICA에 의해 규제를 받게 되어 공매도를 하는 등록투자회사는 투자설명서와 기타 공시를 통하여 공매도와 관련된 위험을 밝혀야 된다.[12] 또한 뮤추얼펀드와 연기금 같은 많은 기관투자자는 공매를 할 수 없도록 규정하고 있다.

특히, Regulation T는 증권브로커와 딜러의 신용확대에 관한 규제로 주식의 신용매수에 대한 증거금 요구에 관해서 규제하고 있는데, 공매도한 주식의 판매대금 100%와 공매도 주식가치의 50%의 증거금 납입을 요구하고 있으며, FRB에게 이 비율을 변경할 수 있는 권한을 부여하고 있다. 증거금 요구비율을 증가시키면, 투자자의 잠재적 레버리지와 구매력을 감소시킴으로써 금융시스템의 위험을 감소하게 되고, 반대로, 증거금 요구비율을 낮추면, 투자자들의 레버리지와 구매력을 확대시켜 금융시스템의 위험은 증가하게 된다.

(3) 실적보수 허용

헤지펀드는 투자 실적을 내세워 특정 소수의 투자자로부터 투자 자금을 모으고 투자 이익에 대하여 고율의 성과보수를 취득한다. 전통적인 펀드 운용자는 운용보수만 부과하는 데 비하여 헤지펀드 운용자는 운용보수와 성과보수를 동시에 부과한다.

운용보수는 일반적으로 운용중인 자산의 일정 비율로 표시되며 매년 또는 분기마다 부과하게 된다. 통상 운용보수는 1~2%이며, 이는 운용에 필요한 비용을 조달하기 위해서 부과된다. 성과보수는 최대한의 수익을 올릴 수 있도록 운용자를 독려하기 위한 목적으로 부과되며, 일반적으로 연간 실현된 수익의 15~25% 수준이다. 펀드 오브 펀드의 경우 운용보수 1%와 기준수익률 이상의 수익에 대한 실적수익률 10%가 부과되는 것이 보통이다.

운용보수 및 성과보수를 사모투자전문회사와 비교시 헤지펀드의 운용보수는 순자산가치(NAV)에 기초하는 반면, 사모투자전문회사의 운용보수는 자본 계약(capital commitment)에 기초한다. 헤지펀드는 발생한 수익에 대하여 매년 성과보수를 산정하는 것에 비하여 PEF는 실현된 투자에 연동된 이익을 기초로 성과보수가

12) 등록투자회사는 연간보고서와 반기보고서 등 재무보고서에서 공매도 상황을 밝히도록 요구됨.

산정된다. 또한 투자설명서에 하이 워터 마크(high water mark) 조항이 삽입되어 있는데, 이는 운용자가 과도한 위험을 취하는 것을 방지하기 위하여 달성해야 하는 최소 수익률을 정하고, 기존에 손실을 만회한 이후 성과보수를 지불하도록 하는 조항이다.

아시아 헤지펀드의 실적보수 구조를 살펴보면, 운용보수의 경우 지난 10년간 1.5% 내외 수준을 유지하고 있으며, 성과보수의 경우 대부분의 기간 동안 29% 이상의 성과보수를 지불할 것으로 나타나고 있다. 다만, 성과보수의 경우 2008년 18.86%, 2009년 17.94%로 이전 기간에 비하여 감소하였는데, 이는 동 기간 금융위기로 인하여 아시아 헤지펀드의 성과가 이전 기간에 비하여 다소 낮았기에 이와 연동되어 낮은 실적 수수료를 부과하였기 때문이다. 그러나 아시아 헤지펀드의 경우 2010년에 들어 산업 및 수익률 회복과 더불어 평균 성과보수가 19%대로 회복되었다.

Absolute Return의 Rich List에 따르면 2010년 헤지펀드 매니저 상위 25명의 연봉 총액이 220억 700만 달러로 2009년 상위 25명의 연봉 총액 253억 3천만 달

▌표 2-3 아시아 헤지펀드 실적보수 추이

연도	성과보수(performance fees)	운용 보수(management fees)
2000	19.48%	1.49%
2001	19.75%	1.47%
2002	19.82%	1.54%
2003	18.61%	1.47%
2004	19.75%	1.58%
2005	19.42%	1.73%
2006	18.78%	1.62%
2007	19.08%	1.84%
2008	18.86%	1.68%
2009	17.94%	1.66%
2010	19.22%	1.56%

자료: Eurekahedge(2010).

▌표 2-4 2010년 Top 10 헤지펀드 매니저

순위	이름	회사	2010년 연봉(10억 달러)
1	John Paulson	Paulson & Co	4.9
2	Ray Daloi	Bridgewater Associates	3.1
3	Jim Simons	Renaissance Technologies	2.5
4	David Tepper	Appaloosa Management	2.2
5	Steve Cohen	SAC Capital	1.3
6	Eddie Lampert	ESL Investment	1.1
7	Carl Icahn	Icahn Management LP	0.9
8	Bruce Kovner	Caxton Associates	0.64
9	George Soros	Soros Fund Management	0.45
10	Paul Tudor Jones	Tudor Investment Corp	0.44

자료: AR Rich List(2011).

러에 비하여 약 13% 감소한 것으로 보고하고 있다. 10억 달러 이상의 연봉을 받은 매니저는 총 6명으로 Paulson & Co.의 John Paulson이 49억 달러로 가장 많은 연봉을 받았으며, Bridgewater Associate의 Ray Dalio가 31억 달러로 2위이며, Renaissance Technologies의 Jim Simons가 25억 달러로 3위인 것으로 조사되었다.

(4) 펀드 운용자의 펀드 참여 허용

일반적으로 헤지펀드 운용자는 개인적으로 펀드에 상당한 금액을 투자하기 때문에 투자자와 함께 위험을 공유한다.[13] 일반적으로 헤지펀드 운용자는 운용자산의 약 2% 수준을 자신의 자금을 투자하는 것으로 알려져 있는데, 이러한 운용자의 개인자금 투자는 운용자가 위험을 적절히 통제하면서 수익을 달성할 유인을 제공한다.

최근 조지 소로스가 운용하는 헤지펀드는 고객투자분을 모두 돌려주고 자기

13) Alfred Winslow Jone가 설립한 최초의 헤지펀드의 경우 총 10만 달러의 투자금액 중 4만 달러를 운용자가 투자하였음.

투자금액만 운용한다는 발표가 있었는데, 이는 헤지펀드의 규제를 회피하기 위한 목적으로 보인다.

(5) 정기적 펀드의 환매 인정

헤지펀드는 일반적으로 운용기간에 제한이 없고, 보통 분기별로 환매를 허용하고 최초의 매각제한(lock-up) 기간에는 환매가 금지된다. 뮤추얼펀드의 경우 일별로 투자와 환매가 가능하고, 이를 위하여 일정 수준 이상의 현금을 보유하여 유동성을 유지한다. 그러나 이러한 현금 보유는 투자기회 상실을 의미하고, 일별 단위로 시장의 등락에 따라 투자자들이 신규 투자나 환매시 이에 따른 거래비용이 발생하기 때문에 수익률 저하의 한 원인이 될 수 있다.

하지만 헤지펀드는 가입 조건에 투자자가 헤지펀드에 투자할 수 있는 날짜를 명시하고, 최초의 매각금지 기간을 설정하며, 환매조건을 명시함으로써 투자와 환매를 어렵게 한다.[14] 이는 투자자 입장에서 제한 조건으로 보이지만, 이러한 제한으로 인해 펀드운용자들은 시장 등락에 따른 환매 요청에 대비하기보다 투자에 집중할 수 있어, 펀드 운용자들이 유동성에 관계없이 장기투자를 가능하게 한다.

헤지펀드의 투자자는 개인부자들이 주류를 이루었으나 기관투자자들이 점차 증가하고 있다. FSA(2011)는 은행 등의 금융기관, 연기금, 기금 또는 기부단체, 정부 및 정부관련기관 등이 헤지펀드 자산의 46%를 투자하고 있으며, 기타 투자펀드가 28%를 투자하고 있는 것으로 보고하고 있다. 약 90%의 헤지펀드는 유동성 프로파일(liquidity profile)이 갑작스럽게 변하는 자산을 운용하기 위하여 별도 계정

---

14) 폐쇄형 헤지펀드의 경우 최초 발행기간 동안만 투자가 가능하며, 개방형 헤지펀드의 경우 분기 또는 월 단위 등 정기적으로 투자를 할 수 있는 기간을 설정하여 이 기간을 제외하고는 개방형 펀드에 투자하는 것이 불가함. 보통의 매각금지기간은 1년이지만, 유명한 펀드의 경우 환매 기간이 더 긴 경우도 있음. LTCM(Long Term Capital Management)의 경우 1998년 붕괴 이전까지 매각금지 기간은 3년이었음. 환매조건은 언제 어떤 기간에 환매가 가능한지를 명시하고 있는데, 현재 시장 표준은 분기 말임. 유동성이 낮은 시장이나 자산에 투자하는 경우에 더 긴 환매 기간을 요구하기도 하며, 많은 펀드들이 환매 기간을 연장할 수 있는 조항을 넣거나 환매를 억제하기 위하여 기간에 따른 패널티 수수료를 부과하거나, 일정한 날짜에 환매할 수 있는 금액을 제한하는 경우도 있으며, 환매를 원할 경우 사전에 알리도록 요구하기도 함.

(side pocket)[15]을 통해 투자자의 환매에 대비하는 것으로 조사되었다. 투자자 구성의 다양화와 기관투자자 비중 증대는 투자 자산의 회수 리스크를 축소시켜 줄 수 있으며, 펀드의 급작스런 환매를 방지하고자 하는 대책에도 불구하고 시장 상황이 악화되는 경우 헤지펀드는 헐값으로 자산이 매각될 위험성을 가지고 있다. 따라서 시장 상황에 따른 헤지펀드 투자자 및 환매와 관련된 정보에 대한 모니터링이 필요하며, 투자자 구성은 시장 악화시 헤지펀드 위험이 금융산업의 다른 부문 또는 실물 경제에 전이되는 채널을 보여주므로 투자자 구성에 대한 파악이 중요하다.

그림 2-6 헤지펀드 투자자

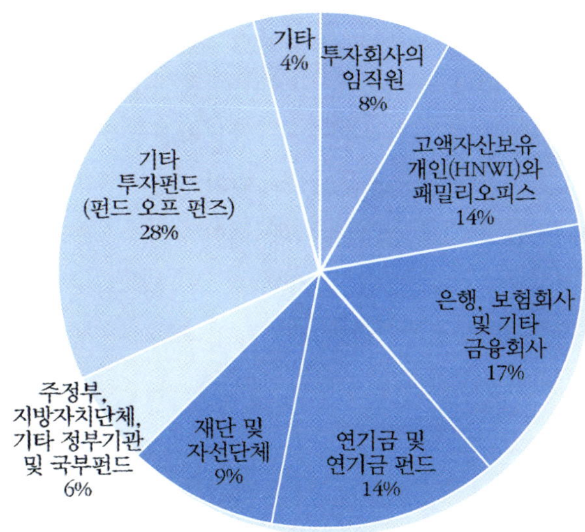

자료: FSA(2011).

---

15) 별도 계정은 특별한 가격 하락이 발생하지 않는 한, 주펀드(main fund)의 다른 자산과 같은 속도로 매각되지 않는 비유동자산을 관리하는데 사용되는데, 이는 비유동자산에 대해 분리·신설된 펀드임. 주펀드로부터 이전되어 별도 계정에 예치되는 비유동자산에 대하여 투자자는 비례적으로 지분을 얻게 되고, 일반적으로 펀드의 주요 주식에 비하여 상대적으로 긴 투자 기간에 있어서 서서히 축소되는 경향이 있음.

(6) 사모발행

헤지펀드는 원칙적으로 사모로 발생된다. 미국의 1933년 증권법(Securities Act)과 1940년 투자회사법이 적용되는 펀드를 '공모펀드(public investment company)'라고 할 때 이에 대칭되는 개념으로서 '사모펀드' 개념이 형성되었으며, 사모로 발행되는 펀드는 공적 규제가 적용되지 않고 완전한 시장자율의 영역에서 존재하는 집합투자제도를 지칭하는 개념으로 사용되고 있다. 따라서 사모펀드의 경우 스스로를 보호할 수 있는 기관투자자 및 고액자산가에 대해 제한적으로 발매되며,[16)]공모펀드에 적용되는 규정을 예외적으로 받지 않게 된다.

이에 따라 헤지펀드는 사모투자설명서(Private Placement Memoranda: PPM)를 투자자에게 제공하여 투자를 권유하는 것이 보통이며, PPM에 의한 정보의 개시에는 증권거래법상 공시요건이 적용되지 않는다. 일반적으로 PPM에는 펀드의 투자전략과 관행, 유동성이 없고 가치산정이 어려운 증권에의 투자 가능성, 증권가치평가의 재량권 부여, 명시되지 않은 전략에 의한 자산투자의 재량권 행사 등에 관한 사항이 포함되고, 유한책임 파트너(LP)가 되기 위한 투자자의 자격과 절차, 펀드의 비용, 이득과 손실의 분배, 투자수익에 대한 세금, 펀드의 재무서류 등 펀드의 운용에 관한 정보, 신규투자자가 지켜야 할 투자기간, 투자액의 상환에 관한 세부내용 및 투자자에 대한 잠재적인 이해충돌에 관한 사항도 기재된다.

4. 헤지펀드의 구조

헤지펀드는 비용축소를 위해 조직을 효율적으로 구성할 뿐만 아니라 각종 세제, 다른 법적 근거에 따른 운용 및 투자자의 요구에 따라 다양한 조직구조를 활용할 수 있다. 대표적으로 단일펀드구조(single entity)와 모자펀드구조(master feeder)

16) 최근 고수익을 향유하기 위한 개인 투자자를 위해 펀드 오브 헤지펀드 전략을 사용하는 공모 형태의 펀드가 출현하고 있는데, 이 경우 투자자산으로 편입하는 펀드는 원칙적으로 공모시의 규제를 적용받기 때문에 헤지펀드가 이용하는 전략 사용에 제한이 있을 수 있음.

로 나눌 수 있는데, 단일펀드구조에서 헤지펀드는 이사(director) 또는 이사회(board of directors)의 통제를 받는다.

이때 이사 또는 이사회는 매니저·여타 서비스제공자(아웃소싱) 및 각종 마찰 사항에 대한 감독 등 펀드의 전반적 운영을 감시하고, 매일의 펀드자산 배분과 매니저 활동을 감시하지만, 책임은 집행위원회에 위임하게 된다.

단일 펀드 구조에서는 투자자가 헤지펀드에 직접 투자하고, 합자회사(Limited partnership)의 credit 또는 지분을 받으며 일반적으로 헤지펀드가 투자운용자, 수탁관리회사 및 프라임 브로커 등 서비스 제공자와 직접 계약을 체결하는 구조를 지닌다.

반면 모자펀드구조(master-feeder fund)는 다양한 역외 지역의 투자자들을 상대로 하기 때문에 보다 일반적인 구조라고 할 수 있다. 모자펀드구조는 각기 다른 지역의 투자자들의 규제 요건을 충족시키기 위하여 설립되며 일반적으로 많은 헤지펀드가 역내 또는 역외펀드를 모두 가지고 있다. 따라서 역외펀드는 역외 투자자로부터, 역내 펀드는 역내 투자자로부터 각 분리하여 자산을 모아, 이를 모자펀드(master fund)인 헤지펀드에 투자한다. 이때 펀드매니저가 모든 펀드 자산을 한

그림 2-7 단일 펀드 구조의 헤지펀드(single entity hedge fund)

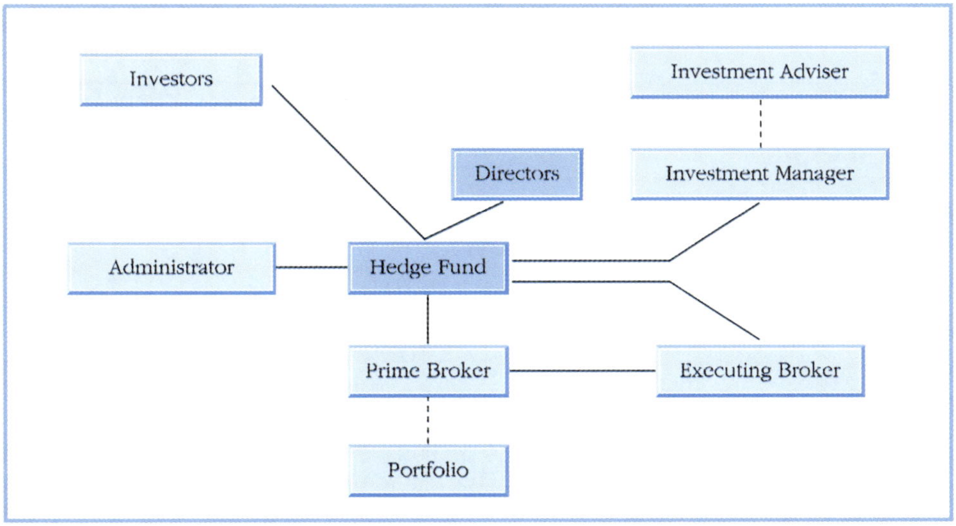

군데로 모을 수 있도록 해주며, 역내 및 역외펀드의 파트너들이 자산 규모에 따라 수익을 배분한다.

▌그림 2-8 **모자펀드구조의 헤지펀드(Master-Feeder Hedge Fund)**

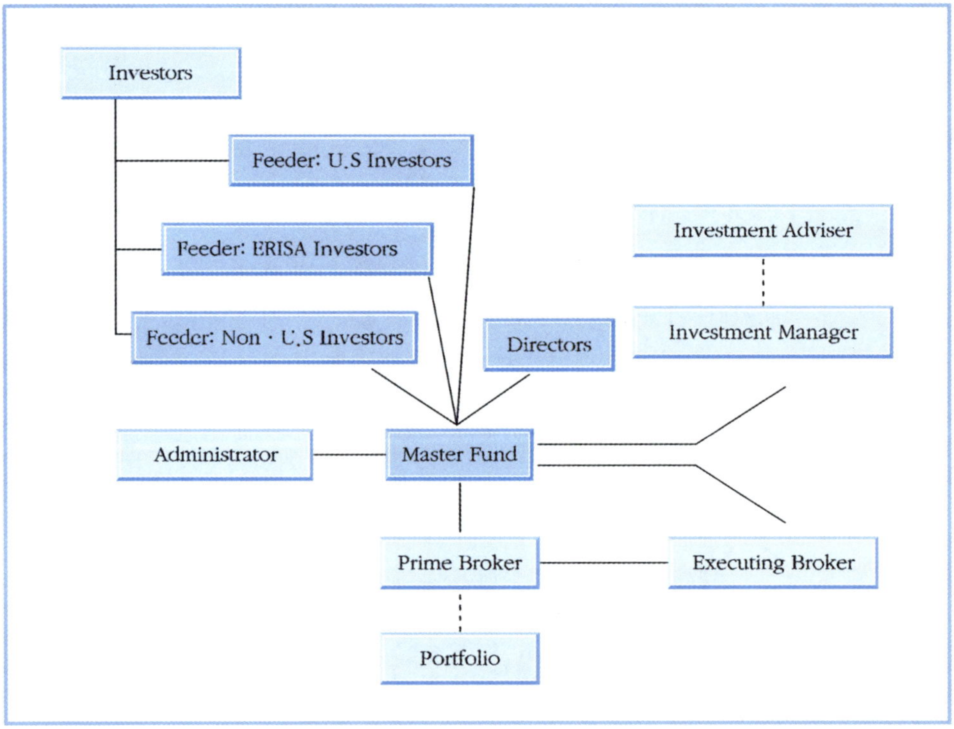

제 3 장 헤지펀드의 운용전략

01 _ Long/Short Equity 전략

02 _Global Macro 전략

03 _Event Driven 전략

04 _Multi Strategy 전략

05 _기타 전략

3 헤지펀드의 운용전략[1)]

헤지펀드의 운용 전략은 매우 다양하며 체계적인 분류가 쉽지 않다. 왜냐하면 헤지펀드의 운용 전략은 펀드 매니저 개인의 경험과 창의성에 기인하는 경우가 많으며, 시장 상황에 따라 유연히 변동할 수 있으므로 끊임없이 변화하고 새로운 전략이 출현할 수 있기 때문이다.[2)]

헤지펀드의 전략에 관한 정형화된 분류 방법은 없지만, 유사한 전략으로 구분짓는 경우 크게 Long/Short Equity 전략, Global Macro 전략, Event Driven 전략, Relative Value 전략, Multi Strategy 전략 및 기타 전략으로 구분할 수 있다.

Long/Short Equity 전략은 주가방향에 대한 예측을 기초로 매수(Long) 또는 매도(Short)를 취하여 수익을 추구하는 전략이며, Global Macro 전략은 특정국의 거시변수에 초점을 두고 운용하는 헤지펀드로 해당국의 거시경제 움직임에 대한 견해를 기초로 환, 주식, 채권 등 해당국 금융자산에 대한 long-short 포트폴리오를 구축하여 운용하는 헤지펀드 전략이다.

Event Driven 전략은 기업가치에 큰 영향을 줄 수 있는 인수합병, 구조조정, 청산, 부도 등의 사건에 따른 주가변동에서 이익을 취할 수 있도록 포트폴리오를 구축하는 전략이며, Relative Value 전략은 차익거래로서 일반적인 시장방향보다는 두 증권 간의 가격차이 또는 시장가치와 내재가치의 차이로부터 차익을 추구하는

1) 노희진 외(2008), 김영민 외(2007), 김상수 외 (2008), 곽승주 외(2008)를 참고.

2) 헤지펀드의 성장을 바탕으로 헤지펀드 운용실적 자료를 데이터베이스로 구축하여 상업적 목적으로 제공하는 회사들이 미국에서 등장하였으며, 이들 회사들이 제각기 운용방식을 정의하고 유형을 구분하고 있으며, 대표적인 예로는 AltVest, CISDM, HedgeFund.net, Hedge Fund Research, TASS 등이 있음.

전략으로 Merger 차익거래, Convertible Bond 차익거래, 고정수익증권 차익거래, Mortgage-backed 차익거래, 자본구조 차익거래 등이 이에 속한다. Multi-Strategy 전략은 상기 전략을 포함한 다양한 운용전략을 사용하는 헤지펀드에 상황에 따라 자금을 옮기며 투자하는 전략이다.

경제이론의 관점에서 볼 때 헤지펀드의 운용전략은 기본적으로 ① 가격변수의 미래 움직임에 대한 운용자의 독자적 견해를 기초로 해서 ② 매입 또는 매도를 통하여 공격적인 포지션을 구축하여 적극적으로 수익을 추구한다는 점에서 공통점을 가진다. 가격상승이 예상되는 자산에 대하여 매수(long)하고, 하락이 예상되는 자산에 대하여 매도(short)포지션을 취하여 수익을 극대화하며, 나아가 투자자금의 수익률을 최대화하기 위하여 차입도 적극적으로 활용한다. 이러한 전략을 사용하여 수익을 창출하기 위해서는 단기매매가 가능한 유동성 높은 자산이 투자대상이 될 수밖에 없으며 이 점에서 유동성이 낮은 비상장주식에 주로 투자하는 PEF와 근본적으로 구분된다고 할 수 있다.

1. Long/Short Equity 전략

Long/Short Equity 전략은 기본적으로 시장에서 저평가된 주식을 사고(long position), 고평가된 주식을 팔아(short position) 포트폴리오를 구성하고 운용하는 전략이다. 초기 헤지펀드의 대부분이 Long/Short Equity 전략을 취했던 것으로 알려져 있으며, 포지션 구축시에 매도포지션 구축을 위해 직접 매도 대상 주식을 구해서 매도하는 대신에 주식파생상품이나 주가지수파생상품을 이용하기도 한다.

대부분의 Long/Short Equity 매니저들은 주식 선택 능력(stock selection)에 일방적으로 기대하거나 스스로 시장 추세의 방향을 예측하는 것은 힘들다는 가정을 하고 있는데, 초기 헤지펀드가 취한 Long/Short Equity 전략들은 각각의 분리 포지션들이 상당히 투기적이었던 것으로 알려져 있지만, 이를 적절하게 합성시킨 전체 포트폴리오의 리스크는 상대적으로 감소되며, 결과적으로 시장노출 익스포저가 작은 보수적인 포트폴리오를 구성할 수 있었다. 즉, Long/Short Equity 전략의 기본적인 투자 형태는 선호 주식 매수와 비선호 주식의 매도를 합성하고 이에 적절하게 레버리지를 감안하여 구성하는 방식을 택해왔다.

Long/Short Equity 전략은 매수, 매도 포지션을 동시에 취함으로서 방향성에 기인한 전통적인 투자전략과 차별성을 갖고 있다. Long/Short Equity 전략을 취하는 매니저들은 매수포지션에서 얻는 수익과 매도포지션에서 얻는 수익을 동시에 획득하여 적정하게 조절함으로써 원하는 수익을 향유하게 되는데, Long/Short Equity 매니저들도 전통적인 주식매니저와 똑같이 기본적, 기술적 분석 및 다양한 통계적인 분석 기법들을 사용하지만, 헤지펀드의 근본적인 특성에 기인한 공매도, 레버리지 및 인센티브 시스템 등에서 전통적인 뮤추얼펀드와 차별성을 보인다.

Long/Short Equity 전략의 벤치마크는 여타 펀드의 벤치마크와 비교하여 차이를 보인다. Long/Short Equity 전략을 취한 포트폴리오는 준거 벤치마크와 연계되어 있는 어떠한 펀드의 포트폴리오도 매수포지션의 합과 매도포지션의 합으로 나누어 비교가능한 상태로 활용할 수 있다. Long/Short Equity 매니저들의 경우에는 이 전략을 취함으로써 전체 포트폴리오와 직접 비교가능한 여타 펀드와 벤치마크의 수가 작기 때문에 특정 벤치마크에 따른 투자포트폴리오의 과매도, 과매수 상태에 따른 반발에 봉착하지 않아도 되는 장점이 있다. 실제적으로, Long/Short Equity 전략은 해당 포트폴리오에 연계된 각각의 벤치마크를 따르기보다 절대적인 관리조건에 따라 판단되어지는 것이 일반적이다.

Long/Short Equity 전략에서 사용되는 주요 포지션들은 3가지 정도로 구분해 볼 수 있는데, Straight Long은 매니저가 선호하는 기업의 주식에 대한 매수 포지션을 취하는 것이며, Straight Short은 매니저가 싫어하는 기업의 주식에 대하여 매도 포지션을 취하는 것이고, Relative value position 또는 Pair trade position은 동종 산업별, 동 기업별 주식간의 상대적인 가치 차이에 의한 차익거래가 가능한 포지션을 취하는 방식이다. Long/Short Equity 전략에서의 매도포지션은 매도포지션 자체에서의 수익성을 제고하면서도 매수포지션을 헤지하는 의미를 가지게 되는데, 매도포지션으로 인해 시장에서 과대평가된 증권의 음(−)의 익스포저를 취함으로써 체계적 위험을 일부 헤지하게 되며, 포트폴리오의 시장익스포저를 감소시켜 주는 장점이 있으며, 이러한 전략은 투자자로 하여금 매수 및 매도포지션을 모두 사용하게 함으로써 투자대안을 확대시켜 주며, 두 주식의 상대적인 성과(Relative performance)로부터 나오는 수익을 향유할 수 있게 된다.

Long/Short Equity 투자전략에서 사용되는 포지션과 전통적인 투자전략에서 취하는 포지션을 비교하면, 전통적인 투자전략에서는 주식 매수포지션만을 취하므로 총익스포저와 순익스포저가 일치하며, 포지션을 취하는 만큼 모두 익스포저 개념으로 산출되어 증분만큼 모두 시장에 노출된다. 반면, Long/Short Equity 투자전략에서는 다음 표에서 보는 바와 같이 매도포지션(Short Position)을 취하여 총익스포저는 200%가 되더라도 순익스포저는 매도포지션만큼 상쇄되어 40% 수준으로 시장 노출 수준을 낮출 수 있다.

▌표 3-1 Long/Short Equity 전략의 포지션 비교

Exposure	Traditional Equity Manager	Long/Short Equity Hedge Fund Manager
Long	100%	120%
Short	0%	80%
Gross Exposure	100%	200%
Net Exposure	100%	40%

위에서 제시된 포지션을 기준으로 시장 변화시 두 투자전략의 성과를 각각 산정하게 되면, 전통적인 투자전략의 경우 매수포지션만을 취하므로 예를 들어, 시장 상승시에는 +16%의 수익을 내는 반면에 시장 하락시에는 −4%의 손실이 발생한다. 반면 Long/Short Equity 투자전략의 경우 매수포지션과 매도포지션을 적절히 혼합하고 있으므로 시장 상승시 +16%의 수익을, 시장 하락시에는 +8%

▌표 3-2 Long/Short Equity 전략의 성과 비교

Market Moves	Performance(Traditional)	Performance(Long/Short Equity)
+10%	+16%	+16%
0	+6%	+12%
−10%	−4%	+8%

의 수익을 내는 포트폴리오를 구성할 수 있다.

실제적으로 (표 3-2)와 같이 시장 상승/하락에 관계없이 상당한 수준의 성과를 거두기 위해서는 해당 매수포지션과 매도포지션의 설계 능력, 대상 포지션 선정 능력 및 거래 실행의 타이밍 능력 등을 포함하는 매니저의 능력과 시스템 등이 뒷받침되어야 한다.

Long/Short Equity 전략의 구조를 분석하는데 있어, Long/Short Equity 전략의 익스포저는 크게 시장 익스포저(Market Exposure), 순익스포저와 총익스포저 및 베타조정 익스포저로 구별해 볼 수 있으며, 익스포저의 변화를 통해 다양한 투자포트폴리오를 구성할 수 있다. Long/Short Equity 펀드매니저는 일반적인 시장 강세기간의 이득을 취하기 위해 양(+)의 시장익스포저(순매수)를 취하거나, 반대로 음(−)의 시장 익스포저를 취하기도 하는데, 이러한 익스포저의 구성을 통해 Long/Short Equity 펀드도 방향성 전략을 구사할 수 있다. 실제로, Long/Short Equity 펀드는 일부 매니저가 강력한 거시경제전망에 따라 순매도 익스포저를 취하는 경우를 제외하고는 일반적으로 순시장익스포저가 양(+)으로 매수에 치우쳐져 있다.

이 결과로, Long/Short Equity 펀드 성과는 준거 주식시장의 성과와 양의 상관관계를 나타내는 경향이 있으며, 약세시장일 경우, 일반적으로 음의 상관관계를 가지는 경우가 많은데, 순시장익스포저가 양(+)인 이유는 ① 시장지수가 +10% 성과를 내고, 헤지펀드가 매도포지션으로 인해 +5% 성과를 냈다면, 투자자들이 매니저를 비난하며 환매요구를 할 수도 있고, 심한 경우에는 펀드 청산에 직면할 수도 있기 때문에 이를 피하기 위해 시장 성과를 따라갈 수 있는 익스포저를 취하려는 경향이 있기 때문이며, ② 펀드매니저들은 종종 전통적인 투자 전략을 따르며, 기초자산 상승시 수익률을 향유하는데 익숙하므로, 매도포지션을 취할 때의 심리적인 장벽을 극복해야 하기 때문이다. Long/Short Equity 헤지펀드는 매수, 매도 포지션을 동시에 취하고, 순시장익스포저가 양(+)에 치우쳐져 있으므로 성과에 대한 기대도 일반 뮤추얼펀드보다 높은 편인데, 투자자들은 이상적인 헤지펀드는 시장이 괜찮을 때 시장수익률의 2/3 정도의 수익을 거둘 수 있어야 하고, 시장이 나쁠 때는 시장수익률의 1/3 정도만을 손실보아야 한다고 생각하는 경향이 있

그림 3-1 이상적인 헤지펀드 누적 성과

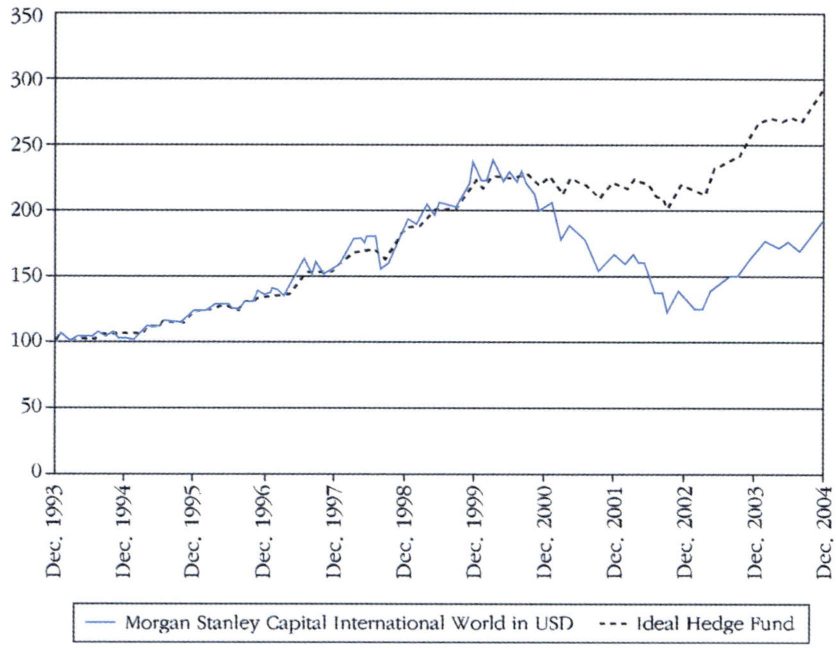

주 : 1994년~2004년 기준.
자료: Bloomberg L.P.

다. 역사적 시뮬레이션 결과에 기준하여 이론적으로 생각해보면, 1994~2004년 간의 MSCI 세계지수와 이상적인 헤지펀드 성과분석 결과는 MSCI 세계지수가 상승시에 2/3를 거두고, 하락시에 1/3만큼의 손실을 낸다면, 이를 누적한 결과는 헤지펀드가 MSCI 세계지수의 성과를 능가(Outperform)하게 됨을 알 수 있으며, 이러한 기대와 시뮬레이션 결과들을 보면, 장기적으로 강세시장에서의 수익 향유 못지않게 약세시장에서의 투자원금보장 유지도 중요하다는 것을 반증하는 것이다.

이러한 기대와 시뮬레이션 결과들을 보면, 장기적으로 강세시장에 순익스포저와 총익스포저와 관련되어 순시장익스포저는 매수포지션의 가중합에서 매도포지션의 가중합의 절대치를 뺀 것으로 헤지펀드의 순시장익스포저가 영(0)이라는 점을 기준으로 포지션 헤지의 개념을 논하는 경우가 있으나 이러한 경우 손실가능성도 배제할 수 없다.[3] 총시장익스포저는 매수포지션의 가중합에 매도포지션의 가중합의 절대치를 합한 것으로 총시장익스포저는 매니저가 얼마나 많은 투자금액을 실제로 리스크에 노출시켰는지를 나타낸다.[4] 순익스포저와 총익스포저를 이용하여 포트폴리오를 파악하면 헤지펀드의 레버리지 정도를 추정해낼 수 있는데, 두 개의 주식으로만 구성된 포트폴리오를 가진 Long/Short Equity 펀드의 경우 펀드 순자산의 80%가 매수포지션, 순자산의 40%가 매도포지션이라면 순익스포저는 40%, 총익스포저는 120%가 된다. 이러한 두 익스포저의 차이를 통해 이 헤지펀드가 레버리지를 사용하고 있음을 알 수 있으며, 통상적으로, Long/Short Equity 헤지펀드의 매수포지션의 100%, 매도포지션의 100% 수준을 고려하면 최대 레버리지는 자본의 두 배 정도까지이다.

실제적으로 포트폴리오는 시장변화에 강하게 반응하는 고베타(High beta) 포지션과 그렇지 않은 시장변화에 방어적인 저베타(Low beta) 포지션 등으로 구성되므로 베타조정 순시장익스포저(beta adjusted exposure) 개념을 사용할 수 있는데,[5] 모든 포지션에 동일한 가중치를 부여함으로써 시장변화에 대한 각각의 민감도를 반영하지 않은 점으로 말미암아 순익스포저만으로 포트폴리오 익스포저의 체계적 위험을 분석하는 데 충분치 않으므로 베타조정 익스포저가 이를 보완하는 데 사용되어진다. 순익스포저가 영(0)이 될지라도 베타조정 익스포저는 달라질 수 있으며, 순익스포저는 고정 측정치(Static Statistics)인 반면에 베타조정 익스포저는 시장변화에 따라 달라지는 민감도를 고려한 익스포저 개념이라고 생각할 수 있다. 베타조정 익스포저 개념을 순익스포저 설명시 사용했던 Long/Short Equity 포트폴리오에 적용해보면, 베타조정 익스포저의 보완적인 역할을 하는 것을 알 수 있다. 포트폴리오 순자산의 80%가 매수포지션, 순자산의 40%가 매도포지션이고, 매수포지션의 베타가 0.5, 매도포지션의 베타가 1.5라면 이 포트폴리오의 베타조정 순익

---

3) 순익스포저(Net exposure) $= \sum_{i=1}^{L} w_i - \left| \sum_{i=1}^{S} w_i \right|$로 정의됨. 단. w_i : 포트폴리오의 주식비중(펀드 순자산가치의 %)이며, 주식 매도포지션의 경우 w_i는 음(−)이고, L : 매수포지션의 개수, S : 매도포지션의 개수임.

4) 총익스포저(Gross exposure) $= \sum_{i=1}^{L} w_i - \left| \sum_{i=1}^{S} w_i \right|$

5) 베타조정 익스포저(Beta adjusted exposure) $= \sum_{i=1}^{L+S} w_i \cdot \beta_i$

스포저는 −20%로 순익스포저는 +40%이지만, 베타조정 익스포저는 −20%가 된다. 이는 외형적으로 이 포트폴리오가 순매수포지션으로 보이지만, 증권별로 다른 시장 변화에 따른 민감도를 고려하면, 순익스포저가 음(−)인 것으로 나타날 수도 있음을 의미하며, 이러한 시장변화에 따른 각각의 민감도를 고려함으로써 많은 Small cap 주식을 포함하거나 유동성이 작은 주식을 포함하는 경우에 섹터별로 중립이 안되는 경우를 배제시킬 수도 있으며, 이를 위해 포트폴리오에 포함된 각각의 단일 섹터별 베타조정 익스포저 및 포트폴리오의 유동성[6]을 모니터링하여 반영해야 한다.

또한 Long/Short Equity 헤지펀드의 성과는 해당 포트폴리오의 매수포지션과 매도포지션에서 일어나는 여러 가지 수치들을 확인하여 측정할 수 있는데, 실제로 포지션 재조정(Rebalancing) 과정에 대한 고려도 반영되어야 한다. 포트폴리오의 매수포지션의 가치가 증가하고 매도포지션의 가치가 감소하는 경우에는 매수 비중이 상대적으로 점점 커지고, 매도 비중이 점점 작아져서 헤지펀드의 순익스포저가 변하여 매니저는 손절매(Stop loss)를 하거나 포지션을 재조정하게 되며, 포트폴리오의 매수포지션의 가치가 감소하고 매도포지션의 가치가 증가하는 경우에는 매수 비중이 상대적으로 점점 작아지고, 매도 비중이 점점 커져서 헤지펀드의 순익스포저가 증가하게 되어도 매니저는 포지션을 재조정하게 된다. 이러한 포지션 재조정과 같은 변화는 Long/Short Equity 헤지펀드의 관리 및 성과분석이 즉각적으로 이루어지지는 않는다는 것을 반증한다.

Long/Short Equity 헤지펀드는 ① 순매수 또는 순매도, ② Bottom up, Top down 또는 Stereoscopic, ③ 가치형(Value) 또는 성장형(Growth), ④ 대형주 또는 소형주, ⑤ 단기투자형 또는 장기투자형, ⑥ 분산투자형 또는 집중형, ⑦ 추세추종형(Prevailing trend) 또는 추세역행형(Counter trend), ⑧ 글로벌형, 특정지형투자형 또는 국내형, ⑨ 시장분석형 또는 산업분석형과 같은 여러 가지 투자 스타일별로 분류하여 구분하기도 한다.

Long/Short Equity 헤지펀드 매니저는 순매수포지션을 따르는 경향이 있는데,

---

6) 유동성은 주식의 현재가격에 충격을 주지 않고 평균적인 수량을 필요시에 청산할 수 있을 정도의 유동성을 말하며, 주식의 일일평균거래량에 근거하여 주가에 부정적인 영향을 주지 않고 포지션을 청산할 수 있는 평균시간 등을 반영함.

이러한 헤지펀드 매니저는 Bottom-up(주식 선택에 집중), Top-down(경기 사이클에 의존한 시장 변화에 집중), 및 Strereoscopic(두 방식을 적절히 혼합)의 접근방법을 선택적으로 따르는 경우가 많다.

가치형 투자스타일은 상장회사에 대한 기본적 분석(Fundamental Analysis)에 의존하지만, 투자 타이밍을 결정하기 위해 기술적 분석(Technical Analysis)을 병행하며, 가치형 투자 매니저는 시장에서 커버되지 않는 회사의 내재가치를 찾으려는 시도를 계속적으로 추진하며, 이를 위해 P/E, EV/EBITDA 등의 재무지표를 활용하기도 한다. 많은 헤지펀드 매니저들은 재무제표 외에도 현금유동성 등의 측정치를 선호하는 경향이 있는데, 이는 '현금은 속이지 않는다(Cash does not lie)'라는 생각에 기반한 것으로 기업의 현금흐름은 배당 또는 주식재매입이나 이익잉여 또는 재투자 등에 따라 확정되어진다는 것에 집중하는 것이다. 특히, 기업의 성장이 재투자되는 유동성에 따른 이익을 나타내는 현재의 자기자본이익률(ROE)의 지속성에 따라 달라진다는 것에 주목하는 경우도 많아지고 있다. 만약 투자자본이익률(ROI)이 자기자본이익률(ROE)보다 높다면 해당 기업의 이익은 지속적으로 성장가능한 것으로 판단하여 매수 대상에 포함시키거나 매수포지션을 늘리게 된다.

소형주가 대형주에 비해 상대적으로 좋은 성과를 낸다거나, 고베타(High beta) 주식이 저베타(Low beta) 주식보다 더 나은 성과를 낸다고 단정지을 수 없는데, 경기사이클이나 어떤 투자스타일을 선택하는지에 따라 성과가 달라질 수 있다. 대다수의 Long/Short Equity 매니저들이 시장을 특성화할 수 있는 자신들만의 지표를 사용하고 있는데, 국채금리 수익률곡선, 금리 상승과 하락, 기업부도율, P/E ratio, 콜옵션과 풋옵션의 비율, ROE의 추이 및 경기사이클 선행지수에 따른 주식성과 등이 이에 속하며, Long/Short Equity 헤지펀드는 이를 위해 자신들만의 독립적인 리서치 기능을 통해 성과를 창출하고 체계화된 투자 프로세스, 투자 아이디어를 지속적으로 만들어 낸다.

운용자에 따라 단기 트레이딩을 선택하기도 하고, 회전율이 낮은 장기 투자에 집중하기도 하는 등 차이가 존재하며, 포트폴리오의 분산투자는 Long/Short Equity 헤지펀드의 경우에는 다소 이질적인 개념으로 주식의 사이즈별로 분류를 한다면 30~40종목에 집중하기도 하고, 200~300종목에 분산하기도 하므로, 결국 운용자의 포트폴리오에 대한 생각과 비중에 따라 다양하게 나타날 수 있다. Long/Short Equity 전략의 경우 매수포지션과 매도포지션을 동시에 가져가려는 욕구가 강하기 때문에 이를 위해 포지션을 선택하는 것 자체가 분산형이나 집중형 분류 자체를 뛰어넘는 경우도 많이 있다.

결론적으로 Long/Short Equity 헤지펀드의 스타일별 특징을 보면, 각 헤지펀드 매니저들의 선택의 문제에 귀결되며, Long/Short Equity 헤지펀드 매니저는 특정 시장이나, 특정 섹터에 특화하기도 하며, 자신이 특히 강점으로 하는 부문에 특화시켜 다른 트레이더와 차별화된 전략과 성과를 창출하려고 노력하고 있다.

2. Global Macro 전략

글로벌 매크로 펀드매니저는 여러 유형의 헤지펀드 중 가장 광범위한 투자범위를 가지는데, GDP, 무역수지, 공공적자, 인구통계, 국고채수익률, 주식시장수익률, 원자재가격, 환율 등 거시경제변수의 통계적 분석을 통한 계량모델에 의해 예측하여 투자를 수행하므로 전형적인 탑다운 방식의 투자 접근을 취하는 전략이다. 모든 자산(국고채, 환율, 회사채, 귀금속, 상품)을 거래하며 모든 투자수단(증권, 지수, 옵션, 현물, 선물과 선도계약, 스왑등)을 공매도와 레버리지를 사용하여 투자한다. 일반적으로 G7국가에서 개도국까지 투자지역 제약을 두지 않으며, 매크로 펀드매니저는 자본시장의 가격변동을 예측하고자 하며 방향성 투자를 주로 한다. 이에 따라 방향성에 대한 노출이 중요하므로 투명성이 낮아 펀드성과에 대한 공개는 잘 이루어지지 않으며, 공개된 성과마저 몇 개월 이전의 성과인 경우가 많다. 다른 전략을 구사하는 헤지펀드에 비해 유동성이 풍부한 상품, 국고채, 환율 등에 투자하므로 비유동성에 의한 손실을 보지 않을 수 있다는 장점이 있다. 즉, 글로벌 매크로 펀드의 경우 여타 헤지펀드와 달리 방향성에 투자하며 유동성이 풍부한 다양한 투자수단 및 광범위한 투자지역을 가지고 규모가 큰 전략을 구사하는 헤지펀드 전략이라고 할 수 있다.

이탈리아의 Lira와 영국의 파운드에 대규모로 투자한 George Soro's Quantum

Fund(1992)에 의해 동 전략이 주목받기 시작하였는데 1990년대 초반은 매크로 펀드의 황금기로 Rovertson, Soros and Steinhardt는 롱/숏 펀드에서 매크로 펀드로 스타일을 바꾸게 되었다. LIPPER TASS 통계치에 따르면 글로벌 매크로 펀드는 1990년 전체 헤지펀드산업의 71%를 차지했으나 2004년에 10%로 하락하였고 여타 헤지펀드보다 운용자의 직관과 운용능력에 의존하는 영향이 큰 편에 속한다.

일반적으로 매크로 펀드매니저는 그들의 롱/숏 포지션을 여러 거래상대방과 구축하기 때문에 브로커들은 펀드매니저가 구축한 규모와 방향을 알지 못한다. 펀드매니저와 거래하는 브로커 또는 거래상대방에 의해 포지션이 노출되어 펀드매니저의 진짜 의도가 알려지거나 이를 이용하여 자신을 코너에 몰아넣게 될 가능성으로부터 자신을 보호하고자 하기 때문이다. 예로서 파운드화에 숏포지션 구축이 반드시 부정적인 의견을 의미하는 건 아니며, 기존의 롱포지션 중 일부에 대해 현금화를 시켰을 수도 있다. 따라서 헤지펀드 포트폴리오 분석이 용이하지 않으며, 펀드매니저의 진정한 의도를 이해하기 위해서는 포지션들을 결합해서 볼 필요가 있으며 이는 펀드매니저의 도움이 있을 때만이 가능하다.

글로벌 매크로 전략의 경우 조지소로스 투자 사례 분석을 통해서 전략을 살펴볼 수 있는데, 이유는 글로벌 매크로 전략의 경우 펀드매니저의 직관과 운용전략에 의존하는 바가 크게 때문이다.

1990년 영국은 유럽단일통화안 이전에 유럽국가간 환율을 유지시키고자 도입된 EMS(European Monetary System)에 가입하였고, EMS는 회원국간 2.25%, 달러대비 4.5% 환율변동으로 제한하였다. 하지만 1992년에 유럽국가들의 경제상황의 차이는 각국간의 환율변동제한을 지키기 위한 이자율과 자국내 경제상황에 적합한 이자율간에 괴리를 가져오고, 독일의 통일은 강한 성장과 인플레이션 압력을 수반하여 이자율의 상승을 야기하였다. 하지만 영국은 침체국면에서 이제 막 탈출하여 저성장 국면에서 인플레이션율은 낮았고, 파운드화를 EMS 내에서 유지하기 위해 영국중앙은행은 금리인하를 단행할 수밖에 없었으며, 이는 파운드화의 고평가를 초래하였다. 조지 소로소는 이같은 이유로 영국의 파운드화는 평가절하가 될 것으로 판단하였고, 환율방어를 할 수 없을 것으로 판단한 소로소는 레버리지를 이용하여 10억 달러 파운드화의 공매 포지션을 취하였다. 다른 투자자와 함께 취한

▮그림 3-2 The devaluation of the British proud

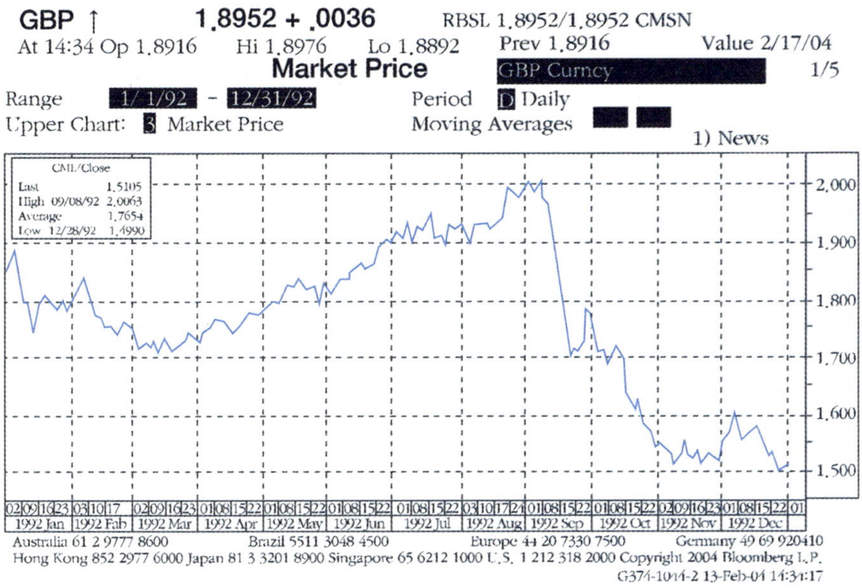

주 : 1) exchange rate British pound/USD
2) 1992년 9월 기준.
자료: Bloomberg L.P.

매도포지션은 영국중앙은행이 EMS를 탈퇴하도록 압력을 행사하였고, 달러화 대비 파운드화는 몇 일만에 15% 절하되었으며 다음달까지도 하락을 보였다. 거시경제 상황은 영국파운드화의 하락압력을 야기했으며 9월 16일에 영국의 EMS 탈퇴와 함께 정점에 이르렀으며, Soro's Quantum Fund와 투자자들은 이 하나의 거래로 10억 달러의 이익을 얻을 수 있었다.

또한 1992년 이탈리아 공공적자가 치솟았던 시기 무역적자규모, 이자율, 인플레이션, 실업률은 높은 상태였다. 공공지출은 통제범위를 넘어 있고 높은 이자율은 공공적자에 짐이 되었으며 증가하는 할부상환금액에 악영향을 주고, 이는 또 재정적자에 악영향을 미치는 악순환이 계속되었다. 높은 인플레이션과 높은 이자율에도 불구하고 고정환율제도 때문에 환율을 하락시킬 수는 없었던 이탈리아의 불안정한 거시경제상황을 분석한 조지 소로스는 리라에 대해 공매도를 하였다.

▌그림 3-3 The devaluation of the Italian lira

주 : 1) exchange rate Italian lira/USD
2) 1992년 9월 기준.

자료: Bloomberg L.P.

1992년 9월 10일부터 16일까지 이탈리아 리라는 달러대비 14.2% 절하되었으며, 동년 9월부터 10월 2달간 조지 소로소는 공매 포지션으로 20억 달러라는 경이적인 이익을 얻게 되었다.

정률적인 포트폴리오 분석이 어려운 글로벌 매크로 투자 전략의 경우 펀드매니저에 의해 투자와 성과가 좌우되기 때문에 무엇보다 펀드매니저의 역량이 중요하다. 동 전략을 통해 높은 수익을 얻은 펀드매니저의 경우 공통적 특징은 감정이 펀드에 영향을 미치지 않도록 노력한다는 점, 투자 성과와 관련하여 탐욕스럽지도 두려움에 사로잡히지도 않는 성향이 있는 것으로 보인다. 성공적인 트레이더는 다른 사람이 보지 못한 것을 보고 다른 사람과는 다른 순환적인 사고를 하며 자신의 실수를 인정할 줄 알고 따라서 위험을 최소화 할 수 있는 능력을 가지고 있다. 금융시장의 승자의 심리를 연구한 Van K. Tharp 에 따르면 성공적인 투자가는 ① 돈은 중요하지 않고, ② 트레이딩은 게임이며, ③ 손실을 받아들일 수 있어야 하며, ④ 자신의 아이디어를 시험하는 것이 중요하다고 지적하고 있다.

3. Event Driven 전략

Event Driven 전략은 기업가치에 큰 영향을 줄 수 있는 인수합병, 구조조정, 청산, 부도 등의 사건에 따른 주가변동에서 이익을 취할 수 있도록 포트폴리오를 구축하는 전략으로 대표적인 예로 합병차익거래(merger arbitrage) 전략을 들 수 있다. 이는 M&A와 레버리지 바이아웃(Leveraged Buy-Out: LBO)과 같은 이례적인 사건에 관련된 기업의 주식을 거래하는 전략으로 일반적으로 이러한 거래는 관련기업의 보통주를 현금, 다른 보통주 또는 현금과 주식 등으로 매매하며, 위험차익(risk arbitrage)이라고 불리기도 한다. 합병차익거래의 결과가 deal에 내재된 위험에 의존하기 때문이며, 동 전략의 성공은 M&A의 실행여부에 전적으로 의존하기 때문이다.

헤지펀드 매니저는 스프레드에 있어 방향성 포지션(directional position)을 취하게 되는데, 인수(acquisition)의 경우, 인수를 위해 제시되는 가격과 인수대상 기업의 현재 시장가치 사이, 합병(merger)의 경우, 합병 실체간 이론적 주식 교환비율과 시장에서 현재 제시되는 교환비율로 방향성을 예측한다.

모든 인수합병은 초기 공표된 대로 거래가 종료되지 않는 리스크에 노출되고, 거래 실패시 일반적으로 대상기업(target company)의 주가는 급격히 하락하기 때문에 거래의 실패 위험이 크면 클수록, 스프레드는 커지게 된다. 헤지펀드 매니저는 현재 시장 스프레드가 제시가에 수렴된다고 예상되는 인수합병에 있어 차익거래 포지션(arbitrage position)을 설정하는데, 스프레드가 작아지면 이익이 나고, 스프레드가 커지면 손실을 입게 된다. 인수의 경우, 인수기업은 일반적으로 대상기업을 인수하기 위해서 프리미엄을 지불해야 하므로, 인수가 공표되기 이전에 인수제시가는 대상기업의 시장가치에 프리미엄이 더해지지만, 여건에 따라 인수기업을 매수하고, 대상기업을 매도하는 반대의 거래를 할 수도 있다.

M&A 차익거래 매니저는 거래가 공표된 후 포지션을 취하거나, 공표 이전 인수 M&A를 예상하여 포지션을 취하는데, 일반적으로 헤지펀드 매니저는 deal이 공표된 후에 거래한다. M&A를 예상하고 투자하는 것은 루머나 내부자 거래와 같은 비밀 정보에 의존하여 투자하는 것을 의미하며 M&A 차익거래를 행하는 펀드 매니저로 인하여 이례적 기업거래의 공표시 거래량이 증가하게 되는 것이다.

합병이나 인수는 단순한 이원적 사건이 아니며, 거래의 완료성 여부로 판단할 수 없고 매우 복잡하며, 이익을 창출하기 위해서는 금융공학과 리스크관리의 기술, 전문성과 능력이 필요한다. 따라서 헤지펀드 매니저는 거래가 전략적이고 금융적인 양 측면에서 합리적인지, 대상기업에 대해 더 높은 가격제시를 할 잠재적 구매자가 존재하는지, 거래 실패시 손실 규모 및 거래완료 가능성과 완료 시점까지의 예상 소요시간 등에 대한 충분한 검토를 해야 하며, 가치창출, 비용절감, 시너지, 규모의 결제, 잉여인력, 재무의미, 통합과정에 수반되는 비용, 시간, 어려움 등, 피인수기업 경영층의 반대, 최대의 손실과 완료까지의 예상 소요시간과 관련된 위험(risk)에 따른 포지션 등에 합병과 인수에 내재하는 경제적 합리성과 전문성을 보유할 필요가 있다.

M&A는 현금 합병과 공개매수(tender offer), 주식 스왑 합병 또는 주식대주식 합병(stock-for-stock merger), stock swap merger with a collar, multiple bidder situation, LBO와 적대적 takeover(hospitle takeovers) 및 스핀오프(spin off) 등 여러 가지 형태로 이루어진다.

현금합병과 공개매수의 경우 매수기업은 대상기업의 주식에 대하여 일정규모의 현금을 제시하는데, 일반적으로 주식에 대해 제시되는 가격은 그 제시 이전 주식의 시장가격에 프리미엄이 포함되며, 공표에 따라 대상기업의 주가는 자연적으로 상승할 것이지만, 인수기업에 의해 제안된 가격에 즉시 도달하는 것은 아니다. 제시된 초기가격과 인수발표 시점 다음날 대상기업주식의 종가간 퍼센티지 차이가 인수차익 스프레드(merger arbitrage spread)인데, 이 스프레드는 거래가 실패할 경우의 위험에 따라 상이하며, 현금 합병(cash merger)의 경우 헤지펀드 매니저는 일반적으로 매수 기업에 대한 공매도를 하지 않고 대상기업의 주식을 매수하게 된다.

주식스왑 합병 또는 주식대주식 합병의 경우 인수기업은 대상기업의 주식에 교환비율에 의거하여 대상기업의 주식과 교환하는데, 현금합병과는 달리 대상기업에 제시되는 가격이 고정되지 않고 두 기업 사이의 가격비율에 의존한다. 이윤을 창출하기 위하여 대상기업의 주식을 매수하여 인수기업의 주식으로 전환하는 것은 충분하지 않은데, 제시의 결과 매수기업의 주가는 상당히 하락할 수 있으며 전환된 주식은 초기 매수가격보다 더 떨어질 수 있기 때문이다. 펀드매니저는 주식가격의 절대적 변화에 관심이 있는 것이 아니라 상대적 가격변화에 초점을 둠으로 이론적 교환비율을 지향하는 시장가치로 나타나는 실제 교환비율로 나타내는 포지션을 설정한다. 포지션은 시장 성과에 의존하는 것이 아니므로 시장중립적이지만, 강세주식시장은 매수기업의 주식가치에 기초한 거래를 위험스럽게 할 수 있다. 최근 합병 스프레드는 매우 낮아지고 있지만, 합병차익은 일반적으로 단기투자이며, 레버리지를 사용하여 낮은 단기 수익을 확대시킬 수 있다.

stock swap merger with a collar 또는 고정비율 주식 스왑합병(fixed rate stock swap merger)은 교환비율이 완료일의 인수기업의 가격에 기초하는 복잡한 합병인 바, 거래 완료일에 입찰기업(bidding company)의 주식가치가 collor라 불리는 가격이하로 떨어진다면, 대상기업이 합병취소할 권리를 갖게 된다. 합병의 결과는 매수기업의 주식가격에 의존하므로 이러한 유형의 deal은 주가의 병동성에 매우 민감해진다. 헤지펀드 운용자는 옵션(option)처럼 collar를 분석하는데, 합병의 결과가 복잡할수록 불확실성이 높아지므로 일반적으로 스프레드는 더욱 확대된다.

multiple bidder situation은 M&A 웹에서 많은 기업을 포함하는 복잡한 시나리오로 1993년 3월 Global Crossing사는 Frontier Corporatop사의 인수 발표, 1999년 5월 US WEST Inc. 사는 Global Crossing사와의 합병을 발표하였으며, 이어 1999년 6월 14일 Global Crossing사의 경쟁사인 Qwest사는 Frontier Corporation사와 US WEST사에 대하여 적대적 인수의향(bid)을 발표하였다. 이러한 다단계 거래는 일반적 인수합병 상황보다 스프레드가 더욱 커지게 된다.

LBO는 차입을 통하여 기업의 경영권을 장악하는 방법으로 자본의 지출을 최소화시키기 위하여 차입을 광범위하게 사용하는 금융공학적 거래이다. 자금은 대상기업의 자산을 담보로 차입하고, 차입금은 현금흐름 또는 자산의 일부를 매각함으로써 갚게 된다.

일반적으로 현금합병(cash merger)에서 인수를 위한 특수목적법인(Special Purpose Vehicle: SPC)이 일시적으로 설립되는데, 공격자(raider)는 대상기업의 매수대금을 차입하는데, 이러한 거래에 참여하는 은행은 bridge loan을 대여하거나 SPC에 의해 발행되는 정크 본드의 일부를 인수한다. 인수기업은 대상기업의 주식을 차입금에 대한 담보로 제공하는데, 이러한 거래의 특성은 대상기업이 적은 부채, 안정적이며 충분한 현금흐름 및 단기와 중기투자 불필요라는 조건을 충족시켜야 한다. LBO는 대상기업의 소유권의 변환이며, 부채가 피인수기업에서 인수기업으로 이전되는 것에 비하여 MBO(Management Buyout)는 기업 경영층에 의한 인수인데, 경영층은 피인수 기업의 주식을 담보로 제공하여 자금을 차입함으로써 기업 지배권을 획득하게 된다.

스핀오프는 신규 독립기업이 설립되는 기업분할로 모기업의 부서가 독립된 실체가 되며, 신규 기업의 주식은 모회사의 주주에게 주수에 비례하여 배분되거나 IPO로 신규 주주에게 판매된다. 일반적으로 스핀오프 주식은 스핀오프 직후 가격이 하락하는 경향이 있는데, 첫째, 배분 비율이 예를 들어 기존 20주에 대하여 신규 주식 1주와 같이 될 수 있으므로, 많은 기관이 이를 유동화시키려고 하고, 둘째, 신규 기업과 기존 기업 사이의 경상비용과 관리비용의 배분에 관해 거의 알려져 있지 않으므로 스핀오프의 수익성을 정확히 측정할 수 없기 때문이다.

M&A 차익거래는 반세기 이상 행해진 고전적 차익거래 전략으로 1940년대 중반 Goldman Sachs의 파트너인 Gustav Levy에 의해 시도되었으며, Brealey & Myers는 미국 기업 합병의 역사는 순환한다는 것을 관찰하였다. 새로운 산업구조로의 전환으로부터 시작하여 경기후퇴 기간이 끝나는 5개의 주요 합병파동을 확인하였는데, 그는 주요 합병파동을 1898년~1903년 사이의 미국 산업의 트러스트화(trustification), 1923년~2929년 사이의 일관 라인(assembly line)의 등장, 1960년대의 거대복합기업, 1980년대의 제2차 주요 구조조정, 1990년대의 탈규제로 인한 통합 시기로 구분하였다. 이러한 많은 M&A는 기술 변화, 탈규제, 원자재 가격의 변화와 세계화와 같은 변화로 인하여 발생되어 왔다.

헤지펀드 매니저는 각각 가능한 결과에 대한 주어진 확률을 할당하기 위하여 발표된 M&A deal의 핵심 연구를 수행하는데, 정보의 원천은 기업의 공식 문서,

기업 보고서, 인터넷 웹사이트, 애널리스트 보고서 및 정부 제출 보고서 및 IB 분석가, 관련 기업, 관련 섹터의 자문가, 동일 영역에 속한 기업 법률회사 등 영역 내에 형성된 헤지펀드 매니저의 접촉 네트워크이다.

펀드매니저 업무의 많은 부분은 거래 실패와 같은 최악의 시나리오 분석과 헤지펀드가 부담하는 잠재적 손실을 분석하는 것으로 펀드매니저는 이례적인 사건과 관련된 기업의 주식가치를 계산하고 두 기업의 주식 교환비율의 적정성을 증명해야 한다. 그렇지 않은 경우, 펀드매니저는 인수자가 그의 제시가격을 높일 수 있는 인수합병을 시도하여 헤지펀드는 결국 인수조건의 재협상 과정에서 가장 중요한 역할을 담당하게 된다. M&A 과정은 ① 예비계약, ② 거래가 형성되는 구체적 조건과 각자의 철회 조건을 구체화하는 최종계약, ③ 피인수기업의 재무보고서에 대한 감사 또는 합병의 경우 양 기업의 재무보고서 감사, ④ 합병의 경우 양 기업의 주주 승인 또는 인수의 경우 피인수기업 주주의 승인, ⑤ 규제 당국과 독점금지 당국의 승인, ⑥ deal의 법률적 결과 수용의 절차를 따르는 것이 일반적이며, 위험의 다른 원천은 거래 종료가 연기되는 것이다. 즉, 헤지펀드 매니저는 투자자본이 거래가 종료되기 이전 얼마나 묶이는지를 결정하는 것이 매우 중요하며, 법률적 문제 때문에 거래 지연에 대한 평가 등이 요구되며, 거래 종료를 늦출 수 있는 예외적 사건에 대한 위험을 평가하는 것은 매우 복잡하다.

M&A 차익에 내재하는 주요 위험은 deal이 실패하거나 연기될 수 있다는 것인데, 헤지펀드 매니저가 위험을 통제하는 가장 효율적인 방법은 다각화이다. 많은 M&A에 포트폴리오 범위를 넓히는 것은 단일 deal과 관련된 위험을 분산시킨다. 또한 많은 펀드매니저가 deal에 포함된 증권간 스프레드가 작고 수익이 제한되므로 레버리지를 사용하는데, 이는 펀드매니저가 최적시점을 지나 포지션을 청산해야 하는 위험을 증가시킬 수 있다. 펀드매니저는 공매도에 대한 충분한 유동성을 확보하기 위하여 대기업간 합병을 거래하는 경향이 있다.

거래가 완료되기까지 두 기업의 주식가격은 deal 결과에 관해 시장의 불확실성을 내포하는만큼, 이러한 불확실성의 결과로 대상기업의 주식은 거래 종료까지는 할인(discount)되어서 거래된다. 합병차익 매니저는 거래 실패와 관련된 위험의 분석에 높은 전문성을 지니고 있으나 주주가 deal을 승인하지 않거나 거래 조건이 주주나 대상기업 경영층에 의한 압력 때문에 재협상될 수 있으며, 독점금지당국과 시장규제 당국이 허가하지 않거나 재무상 또는 규제상의 이슈 또는 피대상 기업의 현 경영층에게 보다 우호적 조건을 제시하는 새로운 매수인의 개입, 해고나 경영구조의 심각한 변화를 두려워하여, 대상기업의 경영층에 의한 방어적 행위 등으로 거래가 실패 또는 연기될 수 있다.

특히 적대적 매수가 시도될 때, 대상기업의 최고경영층은 그 기업이 법적 규율을 받는 국가에서 인수 제시를 규율하는 규제를 받는데 이러한 규제에 따라서 대상기업의 최고경영층은 활동을 정상적 영업에 한정해야 되고, 그럼으로써 적대적 매수에 대항하는 방어조치를 취하는 것이 방지된다. 기업은 독약조항(poison pill), 임기분산 이사회(staggered board)와 특수 의결권 주식(special share class)을 통해 적대적 매수에 도전할 수 있는데, 독약조항(poison pill)은 매수대상기업에 의하여 현재 주주에게 배당전환 우선주의 무상공급을 적어도 현재 보통주 수만큼 행해지며, 인수의 경우를 제외하고는 배당의 이익을 위해 전환하는 권한을 행사하기를 원하지 않게 된다. 임기분산이사회는 매년 이사의 일부를 이사회로 선임하여 비우호적 인수 시도를 저지하는 것으로, 잠재적 인수자는 기업의 이사회를 완전 장악하는데 최소 1년을 기다려야 한다.

따라서 기업매수는 두 개의 상이한 주총에서 승인을 받아야 되며, 특수의결권주식(special share class)을 발행하는 기업은 예를 들어 A종류 주식과 B종류 주식은 서로 다른 투표권을 갖게 된다. 이러한 방법은 주요 주주가 통제권을 확보하기 위해 사용된다. 발표된 교환비율과 시장의 교환비율 사이의 스프레드는 deal이 실패할 높은 위험이 있으면 적대적 인수의 경우 더욱 커지며, 합병차익 매니저가 deal 개입시, 거래의 타이밍이 불확실해진다. deal 결과에 대한 불확실성이 커지면, 합병차익 스프레드는 더욱 커지게 되는데, 이러한 확대는 이미 차익거래를 실행한 펀드매니저에게는 손실을 가져오고 만약, 거래가 완료되지 않으면 펀드매니저는 공매도를 cover 해야 하고, 시장이 어렵다면 상황이 더욱 악화될 것이다. 일반적으로 펀드매니저는 긍정적으로 종결될수록 조금씩 포지션을 확대시키는 경향이 있으며, 인수와 합병차익의 리스크리턴 프로파일은 유사하며, 낮은 스프레드를 얻을 가능성이 높고 많은 돈을 잃을 가능성이 낮다.

M&A차익 전략의 성과는 M&A의 수와 deal 성공시 제시되는 프리미엄(합병 스프레드)이라는 두 가지 요소에 좌우되는데, 공표된 deal은 순환적이며 경제순환 주기에 영향을 받는다. 거래 지불대금은 주식가치인바, 따라서 약세 주식시장에서는 M&A가 침체되며, 시장강세 기간은 주식 스왑합병(stock-swap merger)에 유리하며, 반대로 저금리는 LBO에 유리하게 된다. 또한 이러한 전략의 성공은 펀드매니저들이 분산된 포트폴리오를 구성할 수 있는 충분한 M&A 건수와 실패한 deal을 상쇄할 수 있는 성공 deal의 스프레드 크기에 의존하는데, 스프레드 크기는 deal이 실패할 수 있는 위험에 비례한다.

4. Multi Strategy 전략

Multi Strategy(다중 전략) 펀드의 전략은 일반적으로 전환채권 차익거래, 고정소득차익거래, 부실증권, 이벤트활용 전략, 합병차익거래 등에 투자하며, 롱/숏전략, 통계적 차익거래 등의 전략을 구사하는 펀드도 존재한다. 다중전략 펀드에서의 펀드매니저는 시장 상황하에서 각각의 전략에 대한 투자비율을 결정하는 역할을 가지고 있으므로 위의 전략을 이용하여, 위험을 분산시킬 수 있으며, 주어진 시장 상황하에서 선호되지 않는 단일 전략에 대한 투자를 피하기가 용이하다.

다중 전략을 구사하는 헤지펀드는 일반적으로 각각의 단일 전략을 구사하는 매니저와, 각 전략의 투자비중을 결정하는 대표매니저에 의해 운용되며, 다중 전략 펀드는 다양한 전략에 대한 자산배분을 한다는 측면에서는 글로벌자산 배분펀드와 유사하나 방향성에 대한 노출의 정도가 작은 편이다.

펀드매니저는 특정 이자율곡선의 다양한 영역의 기울기가 변할 것으로 기대하여 수익률곡선 차익거래를 할 수 있다. 일례로 소위 버터플라이 거래로서 6년과 8년 두 국채에 비해 비싼 7년 국채 사이 상대가치를 가지는 포지션을 취할 수도 있으며, 펀드매니저는 이종 통화의 두 수익률곡선 사이의 스프레드를 예측하여 수익을 추구하는 시장간 스프레드 거래를 할 수도 있다. 선물계약의 가격과 계약만기에 인도되는 증권가격 사이 불일치를 이용하기 위해 선물베이시스 거래(베이

시스 거래)를 할 수도 있고, 시장참가자들이 이자율스왑에서 거래상대방에게 지불할 용의가 있는 고정수익률과 비슷한 만기를 가진 국채의 수익률 사이 차이인 특정 스왑스프레드의 변화, 지방채와 국채 사이 스프레드 같은 다른 유형의 스프레드 거래, 연관된 금융상품의 가격 사이 관찰되는 관계와 그들 사이 존재하는 이론적 관계의 일시적인 이격을 이용하는 스왑스프레드 거래를 할 수 있다. 또한 주택저당대출상품, 주택저당대출파생상품 그리고 연관된 금융상품 사이 명백한 가격평가오류로부터 이익을 추구하는 주택저당대출 거래도 가능하다.

보편적으로 이용되는 채권 차익거래, 발행주도 차익거래, 수익률곡선 차익거래에 대해 보다 상세하게 설명하면 다음과 같다. 채권 차익거래의 경우, 채권 차익거래자는 롱과 쇼트 포지션을 취하여 포지션을 상쇄하고, 연관된 증권 사이 일시적인 불일치를 이용할 수 있다. 일반적으로 불일치의 미미함을 감안하여 레버리지가 사용되며, 포트폴리오는 이자율 변화와 무관하도록 구성되어, 포트폴리오의 잔존기간이 영이 되거나 적어도 최소화되도록 한다. 채권 차익거래는, 이자율변화위험에 대해 헤지하면서 작은 가격불일치로부터 발생하는 기회를 잡으려고 하므로 대부분 펀드매니저는 가격이 수리적 또는 역사적으로 연관되고 외부사건으로 인해 가격이 왜곡된 증권에 대한 차익거래 포지션을 취하게 된다. 그리고 이때 펀드매니저는 국채, 회사채, 공채, 지방채 그리고 신흥국가의 국채를 이용할 수 있다. 채권시장은, 연기금, 보험사와 중앙은행 같은 대형 기관투자가들이 일반적으로 다른 투자목적과 제약을 가지기 때문에, 분할되어 있으며, 헤지펀드 매니저는 전 세계 채권시장에서 구조적 이상현상과 분할효과를 이용하고자 한다. 펀드매니저는 숏세일하는 채권에서 발생하는 이자를 대주거래상대방에게 지불하여야 하며, 이는 채권의 숏세일이 음(−)의 보유, 즉 포지션을 보유할수록 손해를 보는 효과를 가지게 된다.

발행주도 차익거래의 경우 만기가 인접한 증권에 대한 거래성과는 발행주기와 연관된 요인들에 좌우된다. 이러한 차익거래는 수익률곡선의 기울기로부터 보다는 수익률곡선의 비정상적 움직임으로부터 이익을 취할 수 있고, 거래성과가 발행에 좌우되는 거래의 고전적 예는 30년 만기의 국채 당월발행물과 비당월발행물 사이 차익거래이다.

수익률곡선 차익거래의 경우 만기가 다른 채권들이 포함된 거래가 존재하는데, 이들 관계는 단순한 가격불일치보다는 거시경제요인에 의존하는 경향이 강하다. 수익률곡선은 각각 다른 만기일을 갖는 나라들이 발행한 국채 수익률에서 나온 곡선으로 수익률곡선의 모양과 기울기는 당시 정부가 처해 있는 경제상황 내에서 발행한 정부의 대외신용도, 중앙은행의 정책, 새로 발행되는 국채, 수요와 공급의 교차점으로 구성된 함수에 의해 결정된다. 수익률곡선 차익거래는 거래자가 대상국가의 국채 수익률곡선위의 다른 점들에서 가격 불일치에 따른 이익을 얻고자, 롱이나 숏포지션을 취하는 것으로 이런 가격불일치가 수익률곡선의 왜곡을 불러일으켜 차익거래자들에게 이익을 볼 수 있는 기회를 제공해준다.

5. 기타 전략

(1) Managed Futures

1970~1980년대부터 Managed Futures 전략을 채택한 헤지펀드 매니저들은 그 전략의 범위를 넓히고 전세계적으로 상품, 원자재, 귀금속, 주식지수, 이자율과 채권에 대한 파생상품을 매매하기 시작하면서 본 전략이 각광을 받기 시작하였다. 선물 계약은 특정 양의 상품이나 금융 대상을 특정 가격과 계약서에 명기된 특정일에 사고 파는, 쌍방간의 표준화된 계약이지만, 실제 쌍방간에 오고가는 금액은 선물 계약상의 기초자산 금액이 아니라 그 차이이다. 선물 계약상의 증거금은 헤지펀드가 매매하기전과 오픈 포지션을 유지하기 위해 예치하는 금액이며 초기 증거금은 기초자산의 가격에 따라 변하며 헤지펀드들은 증거금 요건을 유지하기 위해 추가 증거금을 요청받을 수도 있다. 증거금은 상대적으로 낮아 보통 5~10%이며 이것이 아주 높은 레버리지를 가능케 하고, 결과적으로 작은 선물가격의 움직임이 상당한 손해와 수익을 낳을 수 있는 구조를 지닌다. 또한 Managed Futures는 아주 한정된 포지션에 집중될 수 있고 통화, 이자율, 주식지수, 채권지수, 에너지, 비/귀금속, 농업선물 등 다양한 선물시장에 분산화 될 수도 있다.

Managed Futures전략은 매크로 전략과 유사한데, 둘다 전 세계적으로 상장된 선물에 폭넓은 투자하는 방향성에 의존하는 전략이라는 공통점을 지닌다. 그러나 Managed Futures 전략에서 자동적으로 매매 결정을 하도록 하는 컴퓨터화된 모델을 사용함으로써 펀드매니저들의 감정이 배제되며, 펀드매니저들은 단지 주기적으로 트레이딩모델의 변수를 재조정해 준다.

실제로 선물 트레이딩 조언자(Commodity Trading Advisors: CTA)들은 100개가 넘는 다양한 선물시장과 다른 시차에서 유익한 흐름을 끄집어내기 위해 실시간으로 컴퓨터에 의해 움직여지는 많은 모델을 개발하고 있는데, 먼저 과거 데이터로 백테스팅을 하고 다음에 테스트 포트폴리오로 운용을 해보고 마지막으로 실시간으로 실제 데이터로 운용을 해보면서 추세가 완전히 사라질 때까지 추세를 따라가는 방식을 취한다. 좋은 트레이딩 시스템은 펀드에서 브로커에게 나가는 수수료를 최소화하고 변동성을 최소화하며 손실의 정도를 최소화해야 한다. 이러한 요소는 전략의 수익성을 저해하는 요소이기 때문이다. 사실상 빈번한 매매는 수익에 악영향을 미치는 높은 브로커리지 수수료를 유발하며, 리스크관리가 매우 중요하므로 복잡한 리스크관리 시스템을 설치한다. 예를 들어 손실은 스탑로스 기법에 의해 최소화하고 시장노출도 한정되고 펀드매니저는 손실 포지션과 반대 상관관계에 있는 포지션을 늘리며, 경우에 따라 일부 펀드매니저들은 포지션의 변동성에 따라 포지션의 규모를 결정하기도 한다.

패턴인식 시스템은 다른 단위기간별로 시장 추세를 확인하는 시스템으로 예를 들어 주간 트렌드가 콩 선물에 형성이 되고 있는지 원유 선물에 2주간의 트렌드, 나스닥선물에 3시간 트렌드가 형성되고 있는지를 확인한다. 트레이딩 시스템 모델을 적용하는 데 있어 가장 중요한 가정은 선물은 정확히 과거와 같이 움직인다는 것인데 걸프전 발발과 2001년 9월 11일의 테러리스트 공격과 같은 이벤트를 고려할 때 동 가정의 문제점이 드러난다고 할 수 있다. 이때 추세가 없이 레인지에서 움직이거나 이탈된 경우 장기적인 흐름을 쫓는 Managed Futures는 수익을 얻을 추세가 없기에 불리하며, 고전적인 추세추종 모델은 장기 추세가 방향을 바꾸게 되는 경우 그것이 일정 시간이 지난후에야 추세가 바뀐 것을 인지할 수 있기 때문에 또한 불리하게 된다.

Managed Futures의 유용성을 평가하기 위해 자본대비 증거금을 확인하는 것이 중요한데, 자본대비 증거금이라는 것은 선물 계약을 보증하는 증거금과 헤지펀드의 순자본 사이의 비율이다. 일반적으로 높은 레버리지가 이용된다.

CTA들은 지금까지 분석되어 오고 있는 헤지펀드 매니저들과 비교시 펀더멘탈 분석을 고려하지 않고 대신에 오로지 기술적 분석만을 행한다는 특징을 지니는데, 많은 선물 펀드매니저들은 그들이 복잡한 리스크관리 시스템을 통해 적용하는 아주 기술적인 트레이딩 시스템을 운영하기 때문이다. Managed Futures는 또한 단지 선물에만 투자하고 높은 레버리지를 이용하고 투자자들에게 높은 투명성이 보장된다는 면에서 다른 전략을 사용하는 헤지펀드들과 다르며 규모에 따른 문제를 일으키지 않으며 높은 유동성과 낮은 상관관계와 낮은 변동성을 지닌다.

Managed Futures를 분류하는 데 있어서 임의적 방식과 시스템적 방식으로 CTA를 구분할 수 있다. 임의적 방식은 정성적인 접근법을 사용함는 것으로 투자결정은 매니저의 주관적 의견에 의해 결정되는 반면, 시스템적 방식은 수학적 모델에 의해 매매 결정을 하며 매매는 시스템의 적용과 정량적인 매매 원칙에 의존하는 방식이다. 이는 매수와 매도 신호는 컴퓨터에 의해 발생하고 리스크 관리가 자동적으로 행해지며, 시스템적 전략은 경험과 경험적 리서치를 통해 펀드 매니저가 개발한 정량적, 컴퓨터의 투자기법에 근거를 두고 있다. 매매 방법론에 의거하여 추세추종과 반대 추세추종으로 나눌 수 있는데, 추세추종은 매매가 추세와 같은 방향으로 오픈되어 있으며 추세가 반대로 갈 때 매매를 그만두는 것이고, 반대 추세추종은 추세를 반대로 만들거나 반대로 예상하며 추세와 반대 포지션을 잡는 것이다.

표 3-3 managed futures 전략의 분류

Reseach	Technical		Fundamental
Trading Approach	Systematic		Discretionary
Trading Methodology	Trend following		Counter trend
Trading Frdquency	Short Term	Medium Term	Long Term
Markets Traded	Diversified		Non－Diversified

시스템적인 CTA들은 전세계 100개 이상의 다른 시장들에 대해 실시간으로 24시간 운용할 수 있는데, 샘플이 신호를 입력하고 그 신호들이 백그라운드 노이즈를 제거하고 시장 신호들을 탐지해내며 매수, 보유, 매도 결정을 자동적으로 발생시키는 신호들을 분석하고 해석하는 수학적 모델에 의해 매매가 자동적으로 이루어진다. 입력하는 신호들은 가격, 수량과 오픈된 계약수(주어진 시간에 여전히 오픈되어 있는 옵션 시장에서의 총 선물 계약수)에 대한 시계열값으로 이러한 헤지펀드의 매니저들은 소프트웨어 엔지니어들이다. 이들은 매매 로직을 디자인하고 시장에서 자동적으로 움직이는 프로그램을 실행하며, CTA들은 자바와 같은 프로그래밍언어로 회사 자체적으로 개발되고 전산적으로 브로커에게나 시장에 직접 매수 매도 주문을 보내는 적절한 소프트웨어 프로그램을 가지고 매매하게 된다.

일단 매매 수학적 모델들이 디자인되면 과거 시계열 자료를 가지고 모델에 의해 테스트를 하는데, 모델이 성공적이라 판단되면 실제로 동 모델로 투자가 이루어진다. 이러한 모형은 과거의 시장 변화가 미래와 유사할 것이라 가정에 근거하기 때문에 시장 상황이 변화하면 모형의 변화가 필수적이다.

대부분의 CTA들은 많은 투자기회를 잡기 위해 많은 선물시장에서 매매를 하려고 하는데, 프로그램이 자동적인 매수-매도를 가능하게 한다고 해도 개별 시장에서의 노출은 시간에 따라 상이하게 된다. CTA 투자기법은 사실상 변동성 매수로 시장 변동성이 커질수록 헤지펀드 매니저의 기회가 커진다고 할 수 있다. 정량적 모델에 근거한 트레이딩 전략의 수익성을 결정하는 중요한 요소는 매매비용으로 더 큰 금액을 매매하는 CTA 헤지펀드는 브로커들에 대해 더 큰 교섭력을 지니며 그들로 하여금 더 많은 기회를 이용할 수 있게 함으로써 그들에게 경쟁적 우위를 준다.

Managed Futures는 유동성이 풍부한 대상을 매매하며 롱/숏 포지션은 선물을 사고 팜으로써 구축될 수 있는데, 포트폴리오를 평가하는 것은 실질적으로 시장가격을 포트폴리오에 있는 선물에 대해 매기기 때문에 상대적으로 매우 간단하며, 각각의 시장에 투자되는 비중은 그 기회에 따라 상이하다. 선물은 높은 유동성을 지니므로 투자자들에 대한 환매가 용이하며 보통 가입자에게 일별, 주별, 2주별로 환매를 제공한다.

(2) 지주회사 전략

지주회사 전략(holding company arbitrage)은 지주회사와 자회사 간의 주가 움직임을 이용하는 전략으로 시장에서 지주회사는 보유한 주식지분의 순자산가치(NAV)와 비교하여 고평가(할증) 또는 저평가(할인)된 상태로 거래된다. 일반적으로 펀드매니저는 지주회사의 주가가 저평가된 상태라면(할인) 지주회사를 매수하고 자회사를 매도할 것이므로 할인의 크기가 작아지면, 저평가된 지주회사의 주가가 제대로 평가되어 할인폭이 줄어들게 되어 이익을 얻을 수 있다.

(3) 폐쇄형 펀드 차익거래 전략

폐쇄형 펀드 차익거래 전략은 상장된 폐쇄형 펀드를 이용한 차익거래는 펀드의 순자산가치와 그 주식의 시장가격간의 프리미엄 또는 디스카운트의 움직임을 이용하는 것이다. 한 예로서 2002년 한 헤지펀드가 그리스 거래소에 상장된 몇몇 폐쇄형 펀드에 투자하였는데, 16개월 후 헤지펀드는 순자산가치에 비해 낮은 시장가격으로 펀드의 주식을 매집하고, 이후 잔여 미매집 주식에 대해 공개매입(tender offer)를 선언하여 시장의 관심을 불러일으켰고 펀드의 자산재평가를 이끌어 냈고 이 과정에서 헤지펀드는 많은 이익을 취한 사례가 있다.

그리스의 유럽연합 가입에 대한 기대감으로 많은 투자자들은 그리스의 주식과 채권에 투자하였고, 이러한 투자수요에 맞추기 위해 은행과 보험회사들은 폐쇄형 펀드들을 만들었다. 1999년 주식시장의 활황시기에 펀드의 시장가격은 순자산가치에 비해 20~30% 프리미엄이 붙었으나, 2002년 시장지수는 99년 대비 60% 수준으로 떨어졌고 펀드의 시장가격은 순자산가치 대비 25~35% 할인된 가격으로 하락하였다.

많은 그리스회사들이 폐쇄형 펀드를 높은 가격에 매집하였고. 헤지펀드는 폐쇄형 펀드의 자산위험은 아테네주식시장의 선물과 지수스왑과 개별 주식의 매도 포지션을 결합하여 헤지할 수 있음을 파악하였다. 헤지펀드들은 펀드의 투자설명서를 분석하여 펀드의 시장가격 할인폭을 줄이기 위해 펀드운용에 참여할 수 있는 가능성을 발견하고, 16개월 후인 2003년 5월 펀드매니저는 New Millennium펀드의 모든 잔여주식에 대해 순자산가치 대비 16% 할인된 가격으로 공개매수를 선언하였다. 이로써 다른 투자자들의 관심을 불러일으켜 재평가가 이루어지도록 하여 모든 폐쇄형 펀드의 시장가격을 5~10% 상승시켰고 New Millennium펀드의 경우 12%가 상승하여 이익을 실현하였다.

(4) 통계적 차익거래 전략

통계적 차익거래 전략은 금융상품가격의 기대값과 시장중립적인 가치간의 불균형을 이용한 전략으로 거래기회를 포착하는 과정은 수 천개의 금융상품의 이론가격을 추정하는 것부터 시작된다. 이는 현재가격의 흐름과 과거가격에 대한 데이터베이스를 이용하여 계량분석과정을 거쳐 이론가격과 시장가격 간의 차이를 분석한다. 특정 주식을 고려하는 경우 비정상적인 가격추정 가능성은 과거데이터나 비슷한 금융상품의 경우와 배치될 수 있고 이론가격과 시장가격 간의 차이가 미래가격움직임을 예측하는 것은 아니므로 차익실현의 기회를 의미하지는 않는다. 즉, 차익거래기회는 계량적인 필터링 과정과 질적 평가과정의 결과이다.

펀드매니저는 비정상적인 시장평가 가능성을 찾아 나름의 수학적인 과정을 이용하여 폭넓은 자산군과 국가의 수 천개의 금융상품을 분석해야 하므로 데이터베이스를 구축하여 다양한 종류의 금융 데이터를 계속 업데이트하고 모든 직원이 이를 열람가능토록 할 필요가 있다. 비정상적인 가격추정은 체계적인 가정과 검증 그리고 타당한 논거과정을 통해 확인될 수 있다. 통계적으로 유효한 것으로 증명된 비정상적인 평가는 실시간 매매전략에 사용된다.

그러나 여러 시장의 비정상적인 가격을 확인하는 일은 시간과 비용의 제약상 쉽지않고 최적화 소프트웨어는 유동성과 거래비용의 제약조건하에서 기대수익률 극대화/위험최소화의 목적으로 실험적인 결과를 이용하여 포트폴리오 구성을 변경할 수 있다.

(5) 지수 차익거래 전략

지수 차익거래 전략은 선물과 이를 구성한 주식 바스켓간의 스프레드 수렴현상을 통해 이익을 추구하는 전략으로 스프레드가 좁아진다면 보유한 선물 계약과 정확한 비중으로 바스켓을 매입하고 동시에 선물 계약을 매도한다. 이 전략을 적극적으로 사용하는 매니저는 지수의 종목구성에 변화가 생길 때 매매를 하는데, 지수에 편입되는 종목을 매수하고 동시에 지수선물을 매도하여 시장위험을 헤지하는 고전적인 전략이 있으며, 수동적인 전략을 가진 펀드가 지수변경일에 보유비중을 조정한다는 점에 따른 것이다.

(6) 변동성매매 전략

변동성매매는 가격움직임의 방향에 영향을 받지 않고 변동성의 변화에서 이익을 취하려는 전략으로 주로 Options, Warrents, Futures와 같은 파생상품과 시장지수와 개별 증권을 매매하며, 매니저는 내재변동성의 매매와 기초자산변동성의 기대 변화값에 따라 변동성을 매입/매도한다.

변동성이라는 것은 금융자산의 위험을 평가하는 기본적인 측정단위로 현재 변동성매매는 새로운 위험관리기술, 이용하기 쉬워진 금융정보를 통하여 분석될 수 있고, 블랙-숄즈방정식 등을 사용하여 옵션의 시장가격에 내재된 변동성을 구할 수 있으나, 변동성매매 트레이더들은 변동성을 잘못 평가할 수 있다. 변동성은 옵션가격에 영향을 미치는 주요인으로 변동성매매를 잘 이해하기 위해서 옵션시장에 대한 파악이 중요하며, 결국 옵션시장의 주요 참가자인 브로커와 투자자들에 대한 이해가 필요하다. 투자자들은 브로커를 통해 매매하면서 포트폴리오를 헤지하고 방향성을 가진 위험을 감수하고, 보통 브로커들은 투기적 포지션을 가지지 않으면 옵션의 기초자산을 매매하여 헤지하게 된다. 기초자산의 가격에 중립적이기 위해 기초자산의 가격이 변동할 때 브로커들은 델타헤징이라는 일련의 헤지과정을 통해 다른 주식을 바로 매매해야 하며, 델타헤징을 통해 브로커들은 방향성을 가진 기초자산의 움직임에 따른 익스포저를 제거한다. 그러나 대신 기초자산의 일간변동성 익스포저를 가지게 되며, 브로커가 옵션을 살 때 변동성이 올라갈 때 델타헤징으로부터 변동성을 사게 된다.

변동성매매를 하는 가장 간단한 방법은 옵션에 대한 방향성 포지션을 만드는 것인데, 동 전략을 이용하는 펀드는 철저한 조사분석을 수행해야 한다. 펀드는 기초자산의 가치와 일치하는 옵션을 찾아 변동성에 근거한 프리미엄을 제시해야 하는데, 어떤 포트폴리오 구성종목이 어느 방향으로도 움직이지 않는다면 그 주식에 대한 콜옵션을 매도할 수 있다. 행사가격에 가까이 가지 않는다면 옵션매도로 얻은 프리미엄을 이익으로 가져갈 수 있고, 만기에 행사가격을 넘는다면 행사가격에 주식을 매도하고 받은 프리미엄보다 큰 손실을 보게 된다.

두 번째는 델타헤징 전략으로 주식의 미래변동성이 현재의 내재변동성보다 낮을 것이라고 판단된다면 옵션을 매도하고 이를 델타헤징을 하는 방법이다. 왜냐하면 옵션매매이익은 만기기초자산의 가격 수준에 의존하며, 만기시점의 가격에 도달하기까지의 과정에서 이익이 생기진 않기 때문이다.

세 번째 방법은 변동성스왑 전략으로 신파생상품인 변동성스왑(variance swap)을 이용하는 것이다. 변동성스왑은 매입자가 매기 약정된 분산(사전에 약정한 분산수준)에 상응하는 금액을 매도자에게 지불하는 대신, 시장에서 실현된 분산수준에 상응하는 금액을 매도자로부터 수취하는 파생계약이다. 예를 들어, 투자자가 약정분산이 연 20%이고 1bp분산의 가치가 100원인 변동성스왑계약을 매입한 경우 지급일에 실현분산이 연 25%가 되면 이 투자자는 실현분산이 약정분산을 상회하는 부분에 상응하는 5만원을 매도자로부터 지급받는 반면 실현분산이 연 15%가 되면 5만원을 매도자에게 지불해야 한다.

즉, 시장의 현재 내재변동성 수준과 연계되어 행사변동성이 정해져 거래가 만들어지면 당일에는 양 당사자간에 현금흐름은 발생하지 않고, 이후 변동성스왑의 만기가 되면 롱포지션을 거래당사자와 숏포지션을 가진 거래당사자간의 결제가 이루어진다. 이때 실현된 변동성이 내재변동성보다 크다면 매도포지션을 가진 당사자는 매입포지션을 가진 당사자에게 그 차이를 현금으로 결제하고, 반대의 경우 반대로 결제가 이루어지게 된다. 실제 변동성스왑은 옵션 바스켓과 이에 상응한 델타헤징에 기초하는데, 이는 상품구조가 단순하고 손익구조가 실제변동성과

행사수준 차이에 따라 결정된다는 장점을 가지고 있다.

(7) 부동산 전략

부동산(real estate) 전략은 장기임대, 모기지, 저평가 또는 부실관리나 재원조달된 부동산에 투자하는 전략으로 보통 매입가격 산정시 부동산의 재건축 등에 대한 가정과 기존 매입자, 작은 단위로 나누어 매매할 수 있는 유동성에 기초하여 투자 기회를 포착한다.

부동산분야는 단순히 부동산을 보유하는 보수적인 투자자로부터 거래소에서 거래되는 증권화된 부동산 증권(REITs) 및 부동산 관련 회사주식을 활발하게 투자하는 방향으로 발전하여 왔다. 증권화된 부동산은 매수포지션과 매도포지션을 모두 취할 수 있기 때문에 기존의 포지션을 헤지할 수 있는 수단이자 시장의 상승이나 하락 사이클에 모두 투자가 가능하게 되었다.

(8) 천연자원 전략

상품시장은 폭넓고 다양하며 기초철광, 귀금속, 에너지, 농산물을 포함하는데, 상품시장은 인플레이션 시기에 높은 수익률을 창출할 수 있다. 특히 원자재는 석유, 천연가스, 석탄 등의 에너지, 철, 알루미늄, 구리, 니켈, 납, 주석 등의 기초금속, 금, 은, 백금, 팔라듐 등의 귀금속, 밀, 옥수수, 대두, 커피, 설탕, 코코아, 오렌지쥬스, 목화, 양모, 육류 및 가축 등의 농축산물 등 매우 다양하다.

특히, 중국과 인도의 경제성장은 상당한 에너지 수요를 일으키고 있고, 최근 중국의 성장은 원재료의 가격, 특히 석유 가격을 상승시키고 있다. 천연자원 전략에 있어서는 거시경제분석으로 경제상황에 대한 시나리오와 활동에 대한 분석 및 이를 확률로 제시하는 기법이 필요하며, 일반적으로 글로벌 경제회복기에 천연자원에 투자하는 전략은 (+)의 수익률을 내지만 반대로 글로벌 경제후퇴기에는 (−) 수익률을 내는 것이 일반적이다.

각각의 원자재는 고유한 특징을 가지고 있으므로 이에 대한 식견도 필요하다. 일반적으로 귀금속의 경우 통화와 같은 움직임을 보이며 금융위기시에는 보유해야 하는 것으로 인식되고 있고, 역사적으로 귀금속은 달러약세에 대한 헤지수단으로 사용하였다. 기초금속은 광산의 생산량과 국제적인 산업생산 수준에 달려 있는데, 희소한 원자재의 경우 수요와 공급이 불균형을 이루어 투자기회를 제공하는데, 한 예로 최근 중국 중심으로 건설되고 있는 원자력 발전소에는 우라늄의 공급이 필요한 반면, 우라늄의 생산량은 정해져 있으므로 최근 가격이 상승하는 추세이다.

또한 일반적으로 천연자원은 여러 성과요인 때문에 전통적인 자산군과 낮은 상관관계를 보이는데, 농산물에 주된 영향을 주는 요소는 날씨이며, 에너지자원의 경우 지역적인 정치, 거시경제, 기후적 요소이다. 또한 원유가격은 국제적인 정치 사건(전쟁, 테러)에 따라 변동이 심한 자원이다.

헤지펀드는 directional deals과 relative value deals을 통해 천연자원에 투자할 수 있으며, 에너지 및 원유관련 주식에 내재된 원유가격과 원유선물 간의 차익거래를 이용할 수도 있다. 또한 원유, 석탄, 천연가스, 정제원유제품, 전력의 경우는 파생상품이 거래되고 있으므로 이러한 파생상품을 통해 투자할 수도 있다. 원유선물의 경우 매우 유동성이 높은 상품이며, 전력의 경우 매우 소량 외에는 재고를 쌓아둘 수 없는 특징을 가지고 수요에 맞춰서 생산되는 특성이 있다. 또한 송전도 제한적이라 수요과 공급은 지역시장에 맞춰 이루어지고 전력시장은 시장에 상

▌그림 3-4 원자재에 영향을 주는 요소

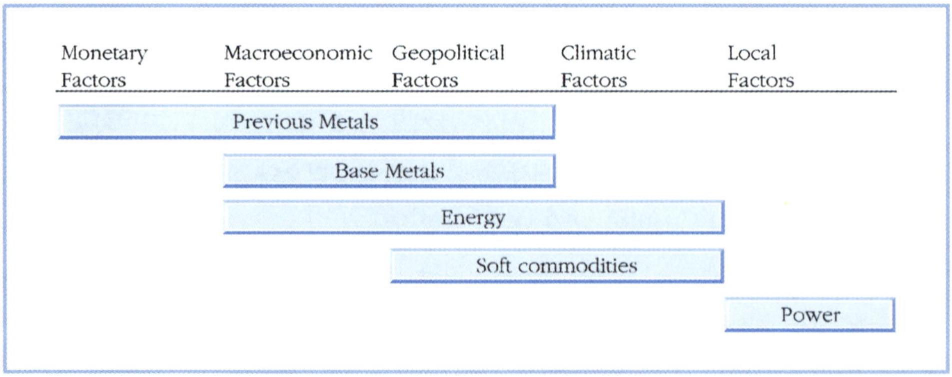

당히 나누어져 있으며 아직은 시장 초창기이므로 많은 매매 기회를 제공한다.

더불어 에너지산업 자체에 대한 투자도 가능한데, 에너지 산업분야에서 전문적으로 투자하는 펀드는 두 가지 종류로 나눌 수 있다. 즉 에너지산업 관련주식 시장에서 매수/매도 전략을 취하여 투자하는 펀드와 선물전용펀드와 같은 구조로 되어 있는 상품관련선물(commodity-related futures)에 투자하는 펀드로 나눌 수 있다. 주요 투자재료는 기업인수/합병은 물론이고 기술혁신, 탐사 및 개발이 포함된다. 포트폴리오는 상품가격과 상관관계가 높지만 주식과는 상관관계가 없으며, 헤지펀드나 관련 법인이 미국의 정부, 에너지시장에서 매매를 하려면 반드시 US Federal Energy Regulatory Commission에 power marketer로서 등록해야 한다.

제 4 장 헤지펀드의 경제적 의의

01 _ 투자자의 효용증진

02 _ 금융산업의 활성화 기여

03 _ 금융시장의 유동성과 효율성 향상

04 _ 기업의 효율성과 투명성 증진

05 _ 금융시스템 위험에 대한 영향

4 헤지펀드의 경제적 의의

1. 투자자의 효용증진

헤지펀드를 포함한 사모펀드는 집합투자라는 측면에서 공모펀드와 본질적으로는 공통점이 있으므로 집합투자라는 측면에서 전문성과 규모의 경제를 바탕으로 투자의 거래비용 및 정보비용을 절감하여 직접투자에 비하여 최종투자자에게 높은 수익을 제공할 수 있다. 그러나 사모펀드의 경우 공모펀드에 비하여 높은 운용보수를 지불하므로 운용 보수를 고려하고도 공모펀드에 비해 성과가 우월하느냐가 투자자에게 중요한 문제가 된다. 집합투자시 운용자의 이해상충 가능성이 있고, 만일 이러한 문제가 심각하다면 투자자는 집합투자에 참여하여 이익을 얻기보다는 손실을 볼 위험도 있다.

사모펀드는 벤치마크수익률에 비하여 운용성과가 우월하며 운용업자에게 보다 많은 보수를 지급하므로 대리인 문제가 조절될 수 있어 보다 우월한 전문성과 정보능력에 의하여 펀드가 운용되는 것이 가능하고, 공모펀드에 비하여 공매도, 차입, 분산투자 규제 등 운용상의 제약이 없으므로 최적의 포트폴리오를 구성하는 것이 가능하므로 우월한 성과를 거두는 것이 가능하다.

전세계 헤지펀드 산업의 연평균 수익률은 2000년 이후 2007년 까지 6.3%에서 18.1% 사이에 있었으나, 2008년 금융위기 시에는 −13.9%였다. 2008년 주식시장 급락에 따른 공매도 금지 및 증거금율에 대한 규제 등에 기인하는 것으로 파악된다. 그러나 2009년 이후 헤지펀드 산업의 회복과 더불어 헤지펀드 수익률은 2009

그림 4-1 전세계 헤지펀드 수익률 추이

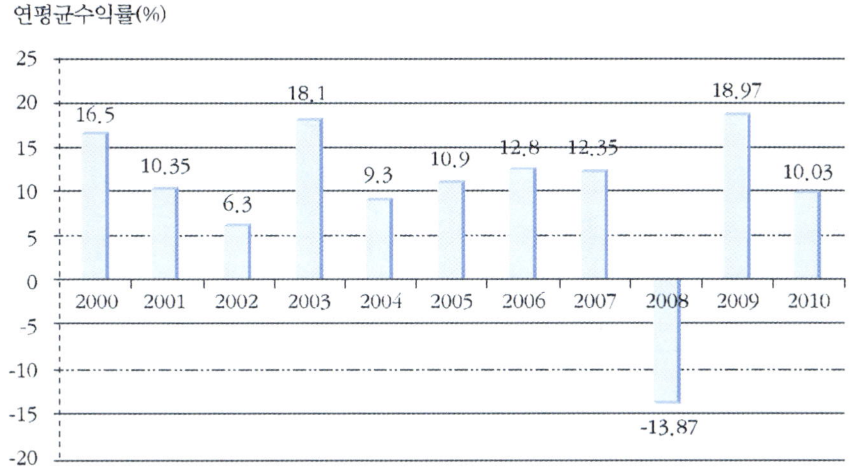

자료: TheCityUK(2011).

년 19%, 2010년 10% 수준으로 회복하는 추세에 있다.

아시아 헤지펀드의 성과는 2000년 이후 아시아 주식시장에 비하여 높은 성과를 내고 있으며, 리스크 관리 측면에서도 우수한 것으로 나타나고 있다. Eurekahedge에 따르면 2000년~2010년 10월 MSCI Asia Pacific Stock Index가 6% 하락한 것에 비하여 Eurekahedge Asian Hedge Fund Index는 157% 수익을 창출하였으며, 2000~2003년 사이 아시아 주식시장은 53% 하락한데 비하여, 아시아 헤지펀드는 48% 상승하였으며, 2008년 금융위기 기간 아시안 주식시장은 56% 급락한데 비하여 아시아 헤지펀드는 NAV 기준 평균 25% 감소하였다. 또한 재간접펀드, long-only absolute return fund와 같은 역내 대체투자상품과 비교시 아시아 헤지펀드가 보다 높은 성과를 보인 것으로 나타났다.

또한 아시아 헤지펀드는 리스크 관리가 우수한 것으로 나타나는데, Eurekahedge Asian hedge fund index의 연간 표준편차는 6.8%로 아시아 주식시장의 연간 표준편차 16.6%보다 낮은 수준으로, 특히 금융위기 이후 Eurekahedge MSCI Asian Pacific Index의 표준편차보다 낮은 변동성을 보이는 것으로 나타났다.

▌그림 4-2 벤치마크 수익률 대비 아시아 헤지펀드의 성과 추이

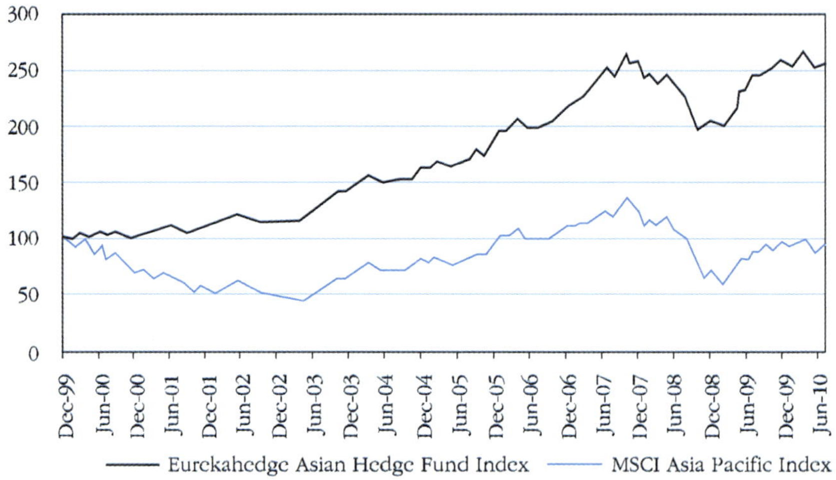

자료: Eurekahedge(2010).

▌그림 4-3 기타 대체투자자산 대비 아시아 헤지펀드의 성과 추이

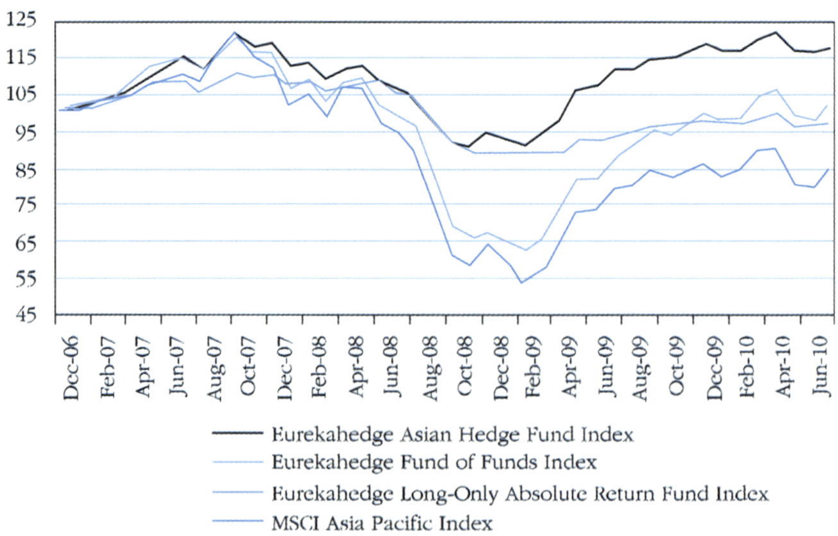

자료: Eurekahedge(2010).

그림 4-4 아시아 헤지펀드와 주식 시장의 12개월 이동 표준편차(12 month rolling standard deviation) 추이

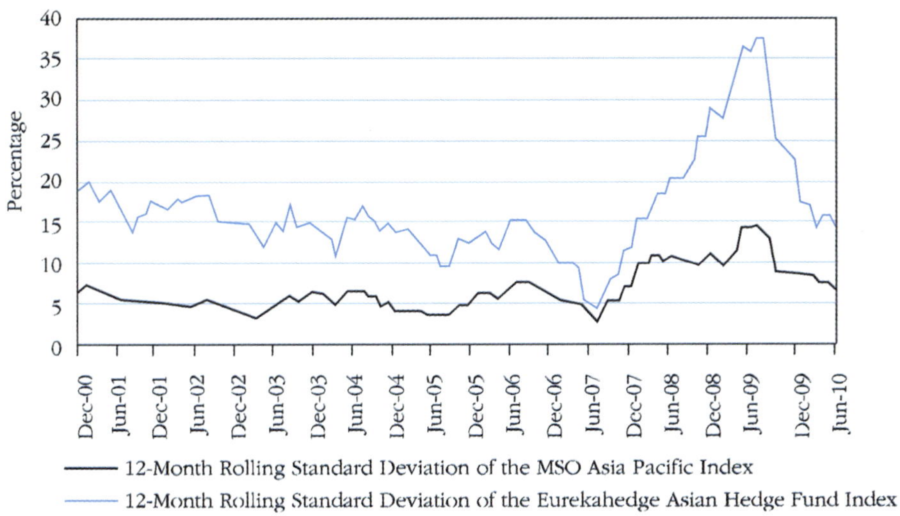

자료: Eurekahedge(2010).

헤지펀드 수익률에 대한 학술적 논의는 헤지펀드가 기준수익률 대비 양의 초과성과를 거두었는지 여부에 초점을 두고 있는데, Brown, Goetzmann, and Ibbotson(1999), Fung and Hsieh(2000), Liang(2001) 등이 모두 헤지펀드 수익률이 CAPM 등으로 측정한 기준수익률을 초과한다고 보고하고 있으며, Stulz(2007) 역시 헤지펀드 연구를 간략히 서베이하면서 헤지펀드의 초과성과가 0 이상이라는 점은 대체로 기존연구에서 공통된 실증분석 결과라고 해석하고 있다.

Ibbotson and Chen(2006)에 의하면 1995~2006년간 헤지펀드 수익률은 CAPM 모형 수익률을 기준수익률로 했을 때 연 3.04%의 초과성과를 거둔 것으로 나타나는데, 본 연구의 실증분석은 헤지펀드를 운용전략에 따라 9개 그룹으로 나누어 실시된 것으로 초과성과는 운용전략에 따라 펀드간에 상당한 차이가 있는 것으로 나타났다. Long-Short Equity 펀드, Event Driven전략, 전환사채 차익거래 운용전략(CV arbitrage) 펀드 등이 유의한 초과성과를 거둔 펀드로 분석되는 반면, 나머지 운용전략 헤지펀드의 경우 초과성과가 양인 것으로 추정되었으나, 통계적 유의성은 없는 것으로 나타난다.

또한 Elinga and Faustb(2010)은 공매도와 파생상품 이용에 제한이 있는 emerging market에서 일부 헤지펀드의 경우 (+)의 유의한 알파가 나타나는 반면 대부분의 뮤추얼펀드가 벤치마크 대비 높은 성과를 나타나지 않으며, 헤지펀드가 자산 배분의 이동을 활성화한다고 보고하고 있다.

헤지펀드의 경우 '절대수익(absolute return)'을 추구하므로 일반 주식시장과의 상관관계가 낮아 투자자 입장에서 리스크를 분산시킬 수 있는 투자 수단이 될 수 있는데,[1)] 헤지펀드 수익률과 주가지수 수익률을 비교하면 헤지펀드의 수익률이 우수할 뿐 아니라 표준편차도 작은 것으로 나타나고 있으며, 성과의 우수성은 장기적으로 더욱 높은 것으로 나타났다.

또한 헤지펀드와 관련된 실증연구의 대부분은 공통적으로 헤지펀드 수익률과 주식시장지수 수익률의 상관관계가 낮은 것으로 보고하고 있다.

1990년대 자료를 사용한 Agarwal and Naik(2000), Liang(2001), Peskin, Urias, Anjilvel, and Boudreau(2000), Asness, Krail and Liew(2001) 등이 모두 헤지펀드 수

▌표 4-1 헤지펀드의 운용성과

(단위: %)

Index	최근 5개년		최근 10개년		1990년 이후	
	수익률	표준편차	수익률	표준편차	수익률	표준편차
헤지펀드	5.70	7.33	6.41	6.92	12.18	7.09
S&P 500	0.42	16.03	(0.95)	16.12	8.20	15.01

주 : 헤지펀드 지수는 Hedge Fund Research의 헤지펀드 통합지수.
자료: Hedge Fund Research.

1) 예를 들어, 헤지펀드가 중립적인 차익거래전략으로 운용된다고 가정하고 시장에 차익거래의 기회가 존재한다고 가정하면, 시스템위험과의 상관관계를 β로 측정할 때, β는 동일함에도 불구하고 현재 가격에 차이가 있는 금융자산이 존재함. 이때 저평가되어 있는 금융자산에 대해 매입(long)포지션을 취하고 상대적으로 고평가 되어 있는 금융자산을 공매도(short)하면, 이 포트폴리오는 무위험 차익을 제공하는 무비용 포트폴리오(zero cost portfolio)가 되고, 포트폴리오의 β는 β가 동일한 금융자산을 기초로 long-short 포지션을 취한 것이므로 0이 될 수밖에 없음. 즉, 이 포트폴리오는 '절대수익'만을 낳게 됨.

표 4-2 헤지펀드와 주가지수의 상관관계: 최근 5년

Index	Equity Hedge	Event - Driven	Macro	Relative Value	헤지펀드 통합지수	S&P 500
Equity Hedge*	1.00	0.95	0.47	0.90	0.99	0.83
Event-Driven		1.00	0.35	0.94	0.95	0.80
Macro			1.00	0.25	0.53	0.14
Relative Value				1.00	0.91	0.72
헤지펀드 통합지수					1.00	0.79
S&P 500						1.00

주 : 각 지수는 Hedge Fund Research의 운용전략에 따른 헤지펀드 분류에 의거한 것임.
자료: Hedge Fund Research.
*: Long-short Equity의 다른 표현임.

익률과 주식시장지수수익률(미국 S&P기준)의 상관관계가 0.5 이하로 낮은 수준임을 보고하고 있으며, 1994년에서 2004년까지의 헤지펀드 자료를 사용한 Garbaravicius and Dierick(2005)도 비슷한 결과를 보고하고 있다.

그러나 주식시장수익률과의 상관관계는 헤지펀드 내에서도 운용전략에 따라서 상당한 차이가 존재하는데, Garbaravicius and Dierick(2005)에 의하면 공매도 우위전략(Dedicated short-bias)이 −0.76의 상관관계로 가장 낮았고, Long-Short 주식운용전략(Long-short equity)이 0.59로 가장 높은 상관관계를 보이는 것으로 연구하였다.

다만 최근 5년(2005~2009)간의 자료에 근거한 헤지펀드와 주가지수 간의 상관관계는 과거에 비하여 다소 높아진 것으로 나타나는데 HFR(Hedge Fund Research) 자료에 의하면 최근 5년간 헤지펀드 지수와 주가지수의 상관관계는 0.79로서 과거에 비해 상승하였고, 이는 세계 금융위기의 영향인 것으로 판단된다. 그러나 헤지펀드 내에서 운용전략에 따른 상관관계의 편차는 여전히 존재하며 Macro 헤지펀드의 경우 주가지수(S&P500)와의 상관관계가 0.14에 불과한 수준이다.

2. 금융산업의 활성화 기여

일반적으로 헤지펀드는 수익 및 비용구조를 고려하여 운영회사는 투자자와 발기인 소유의 투자수단으로 남겨두고 일상적인 펀드 관리업무는 외주를 주는 경향이 있으며, 이로 인하여 다양한 서비스 제공자들과 연계된다. 특히 헤지펀드와 기타 대형 기관투자자에게 브로커 서비스와 기타 전문적 서비스를 제공하는 프라임 브로커(prime broker), 헤지펀드 거래 기록 및 회계와 투자자 서비스 등을 제공하는 사무수탁회사(administrator), 헤지펀드 보유자산에 대한 보관과 마진콜 등을 맞추기 위하여 자본흐름을 통제하는 수탁은행(custody) 등이 헤지펀드의 후방산업으로 자리잡게 되며 금융산업 전반에 걸쳐 상호 발전할 수 있는 구조를 지닌다.

헤지펀드의 주요 서비스 제공자로서 프라임 브로커(prime brokers)는 단순한 헤지펀드의 백오피스 기능을 넘어 헤지펀드 운영을 위한 신용 제공, 주식 대여, 청산 및 결제 제공, 펀드 관리 등의 서비스를 제공하는 산업으로 헤지펀드의 운용과 성장에 필요한 서비스를 일괄적으로 제공한다. 해외의 경우 프라임 브로커 산업은 헤지펀드 산업의 성장과 동반자적 관계로 성장하고 있으며, 해외 투자은행

▌그림 4-5 헤지펀드의 일반적 구조

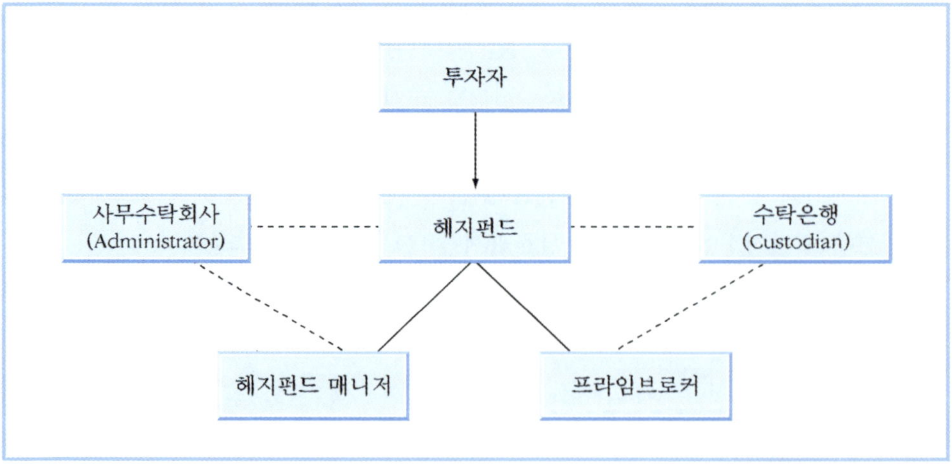

(investment bank: IB)들에 있어 프라임 브로커리지 업무가 중요한 수익원이 되고 있다.

특히, 프라임 브로커의 수익 원천은 주식 및 현금 대여와 같은 대여 수수료 및 스프레드, 거래 수수료와 프라임 브로커로부터 발생한 결제서비스 관련 수수료로 특히, 증권 대여와 더불어 신용대출은 헤지펀드 투자 전략에서 레버리지를 활용할 수 있는 유동성의 주요 원천이자 프라임 브로커의 주요 수익 원천이 된다.

헤지펀드 비즈니스를 통해 창출되는 프라임 브로커리지 수익은 헤지펀드 산업의 성장과 함께 꾸준히 증대되어 2007년에 사상 최대 수익을 시현하였는데, 2007년 헤지펀드 자산 규모는 2조 1,500만 달러로 최대규모로 성장하였으며, 더불어 동년 프라임 브로커의 순수익 규모는 120억 달러 이상이였다. 그러나 2008년 금융위기 하에서 대형 IB들의 디레버리징과 헤지펀드 업계 부진을 경험하면서 헤지펀드 자산 규모는 1조 5천억 달러로 급감하고, 프라임 브로커리지 수익 역시 급감하였으나, 2009년부터 헤지펀드 산업의 회복세에 따라 2010년 말 기준 전세계 헤지펀드 운용자산은 1조 9,200억 달러, 헤지펀드 수는 9,550여 개 수준으로 자산 규모 수주은 전년 대비 약 13% 증가하였으며, 프라임 브로커리지 산업 역시 회복세를 보이고 있다.

헤지펀드 매니저(hedge fund manager)는 펀드 발기인의 대리인으로 역할한다.

그림 4-6 프라임 브로커의 순수익(Net Revenue) 추이

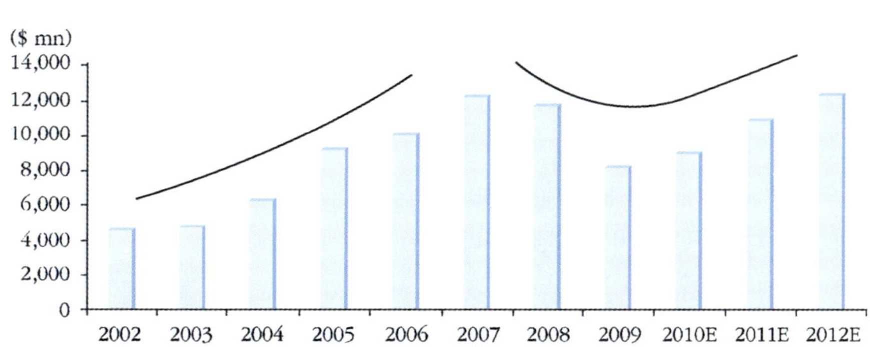

자료: 신한은행(2011).

▌그림 4-7 글로벌 헤지펀드 규모 추이

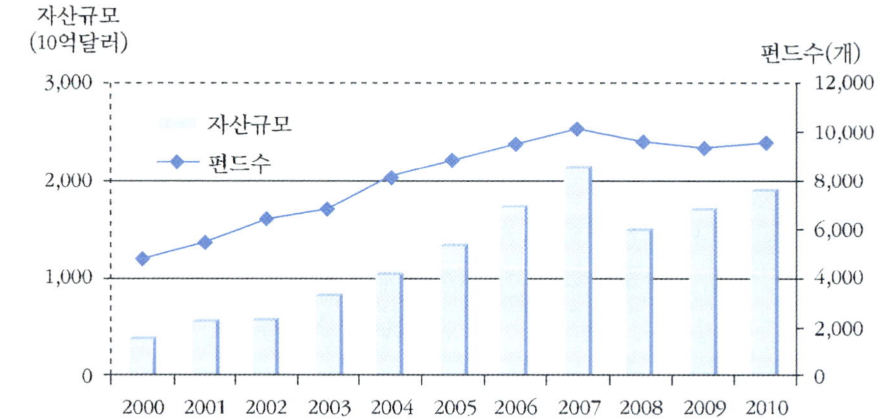

자료: TheCityUK(2011).

따라서 발기인을 대신하여 직원고용·사무관련비용의 처리·역내금융센터에 회사를 설립하는 역할을 하며, 펀드의 투자전략 및 투자를 결정한다.

투자자문사(investment advisor)는 펀드 약관에 기술된 펀드의 투자목표 및 전략에 맞는 방법으로 펀드 투자에 관한 전문적 투자 조언을 제시하고 일반적으로 고정 수수료를 수취한다.

사무수탁회사(fund administrator)는 헤지펀드 거래 기록 및 회계와 투자자 서비스 등을 제공하는 기관으로 계산 시점(break point)에서 정기적으로 펀드의 순자산가치(NAV)를 정확히 산정(valuation)하며, 가치평가시 기초자산의 유동성 부족, 시장가격부재, 매매제한 등의 경우 이에 관한 지침을 수립하고 해당증권의 공정가치를 산정해야 한다. 가치평가(valuation) 외에 회계장부작성, 결산보고, 보수계산 등 펀드비용 지급, 투자자에 대한 보고서 작성 및 발송, 세금문제·기초적 법적 문제에 대한 조언 및 투자자 홍보를 담당한다.[2)]

수탁은행(custodian)은 헤지펀드 보유자산에 대한 보관과 마진콜 등을 맞추기

---

2) 미국의 경우 사무수탁회사는 펀드의 증권투자자보호법(blue-sky law) 준수여부를 감독하고 연말 세금정산 신청서 작성·보고 및 증권거래위원회(SEC)에 대한 보고를 담당.

위하여 자본 흐름을 통제하는 주요 기관으로 펀드자산의 안전한 보관에 대한 책임을 맡고 있다. 보통 펀드자산(현금 및 증권)은 실제 보관이 아닌 중앙집중예탁시스템을 통해 장부에만 기록하며, 모든 거래의 결제(거래내역 확인 및 증권매입・매각에 따른 자금 유출입), 배당금지급, 의결권 대리 행사 등의 활동을 감시하고, 계좌 내에서 발생하는 거래에 대한 정기적 보고서 제출 및 펀드매니저의 투자지침 준수여부를 확인하는 역할을 한다.

일부 헤지펀드는 펀드판매를 내부적으로 담당하여 투자자들은 펀드로부터 직접 매입하거나 등록대행기관으로부터 매입하기도 하지만, 대부분은 펀드의 계열사나 독립판매조직(독립적 중개사, 재무상담사(FP), 은행 및 보험사)을 통해 펀드를 판매하게 된다.

이러한 과정에서 헤지펀드는 관련 금융산업 전반에 걸쳐 고용을 창출하기도 하는데, AIMA(Alternative Investment Management Association)에 따르면 2008년 기준 헤지펀드는 전세계적으로 전년 대비 6% 감소한 150,000명의 고용을 창출하였다. 특히, 영국의 경우 40,000명의 고용을 창출하였고, 이 중 10,000명의 경우 헤지펀드 회사에 고용되었으며, 30,000명의 경우 자문사 또는 프라임 브로커와 같은 서비스 공급회사에 고용된 것으로 밝히고 있다.

더불어 헤지펀드의 높은 성과급으로 인해 우수한 인재들이 창의적인 운용기법을 개발할 수 있는 토대가 되므로 헤지펀드는 금융인력의 질적 수준을 향상 시킬 수 있다.

표 4-3 상위 20% 아시아 헤지펀드의 운용자산 비중

연도	비중
2005	72.8%
2006	74.0%
2007	76.1%
2008	78.9%
2009	79.2%
2010	79.8%

주 : 전체 아시아 헤지펀드 운용자산 중 상위 20%의 펀드의 운용자산 비중.
자료: Eurekahedge(2010).

아시아 헤지펀드의 운용을 살펴보면 헤지펀드 규모의 대형화와 장기화 및 운용 지역과 투자전략의 다변화가 진행되고 있다. 아시아 헤지펀드는 전체적으로 대형화되고 있는 추세에 있는데, 상위 20% 아시아 헤지펀드의 운용자산 비중은 2005년 72.8%에서 2010년 79.8%로 상승하였으며, 특히 2008년 금융위기를 계기로 중·소형 헤지펀드가 많은 손실과 환매를 경험하면서 아시아 헤지펀드의 대형화가 강화된 것으로 판단된다.

아시아 헤지펀드의 평균 수명(lifespan) 분석시, 중앙치(median)는 3.7년이며, 평균치(mean)는 4.6년으로 아시아 헤지펀드의 평균 수명 분포는 양(+)의 왜도(skewness)를 가진 비대칭 분포를 따르고 있다. 즉, 대부분의 아시아 헤지펀드는 설립된 지 5년 미만으로 2005년 이후 활발히 설립·운용된 것으로 파악된다.

특히, 청산된 펀드의 평균 운용기간은 2002년 2년에서 2010년 4.7년으로 펀드 운용이 점차 장기화되고 있으므로, 매니저는 보다 장기적으로 운용을 지속할 수 있는 전략을 개발할 필요가 증대하고 있다.

활발한 자산 유출입과 높은 성과기반 보수 측면에서 아시아 헤지펀드의 성장

▌그림 4-8 아시아 헤지펀드의 평균 수명 분포

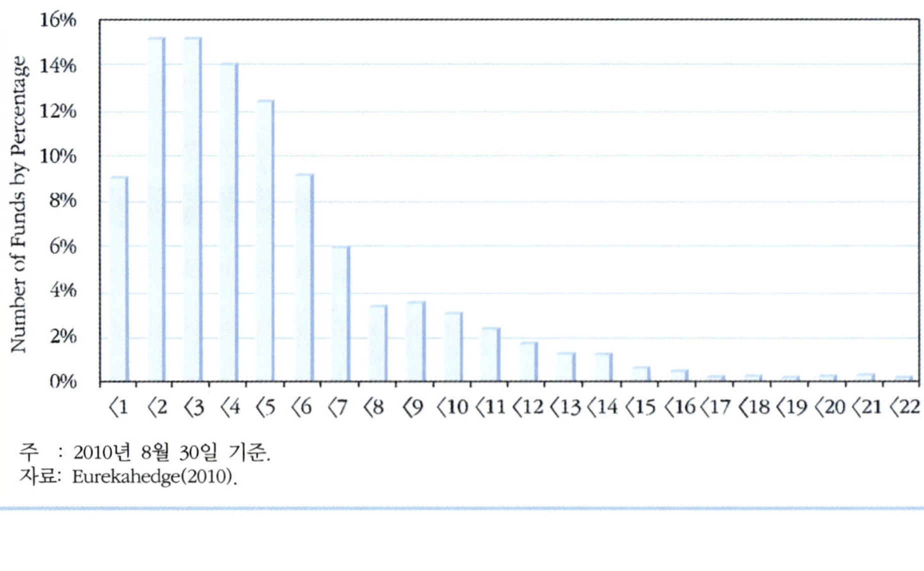

주 : 2010년 8월 30일 기준.
자료: Eurekahedge(2010).

표 4-4 연도별 청산펀드의 평균 운용기간

펀드 청산연도	평균 존속기간(년)
2002	2
2003	2.6
2004	2.6
2005	2.6
2006	3.6
2007	3.4
2008	3.6
2009	4.3
2010	4.7
평균	3.3

자료: Eurekahedge(2010).

으로 인하여 헤지펀드 규모별 구성 비율이 변화하고 있다. 아시아 헤지펀드가 높은 성장세를 보인 2004년에서 2007년 사이 2천만 달러 이하의 펀드는 40%에서 33%로 감소하였는데, 이 기간 신규 출시된 헤지펀드 약 800여 개는 초기에는 소형 헤지펀드였으나, 자산 유입과 높은 성과로 펀드 규모가 빠른 시일 내 확대될 수 있었다. 그러나 2008년 금융위기를 계기로 2천만 달러 이하의 펀드는 40%로 증가하였으며, 5천만 달러 미만의 펀드 규모는 66%에 달하고 있다.

그림 4-9 펀드 규모별 아시아 헤지펀드 구성 비율

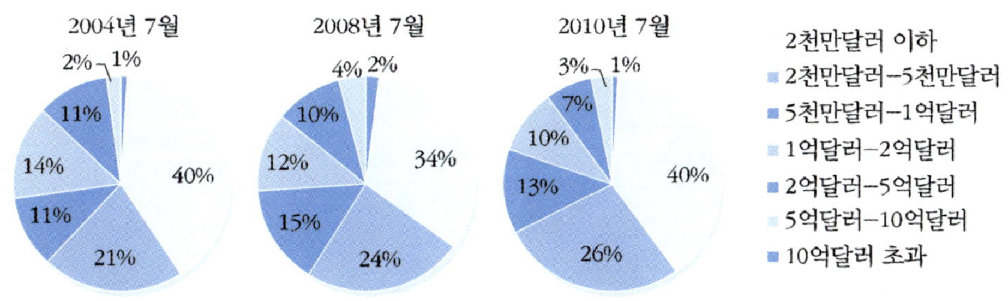

자료: Eurekahedge(2010).

활발한 자산 유출입과 높은 성과 기반 보수 측면에서 아시아 헤지펀드의 성장으로 인하여 헤지펀드 규모별 구성 비율이 변화하고 있다. 아시아 헤지펀드가 높은 성장세를 보인 2004년에서 2007년 사이 2천만 달러 이하의 펀드는 40%에서 33%로 감소하였는데, 이 기간 신규 출시된 헤지펀드 약 800여개는 초기에는 소형 헤지펀드였으나, 자산 유입과 높은 성과로 펀드 규모가 빠른 시일 내 확대될 수 있었다. 그러나 2008년 금융위기를 계기로 2천만 달러 이하의 펀드는 40%로 증가하였으며, 5천만 달러 미만의 펀드 규모는 66%에 달하고 있다.

아시아 헤지펀드의 지역별 투자 현황에 있어서 지역 다변화 경향을 볼 수 있는데, 글로벌 전략을 사용하는 헤지펀드는 2004년 15.7%에서 2008년 24%로 증가하였으나, 2010년 17.1%로 감소하였는데, 이는 금융위기 기간 동안 아시아 역내 또는 아시아 개별 국가에 투자한 경우만큼의 수익을 창출할 수 있었으며, 아시아 지역의 경제 성장과 잠재력에 대한 가능성에 기인한 것으로 판단된다. 반면 일본 지역 펀드는 지난 6년간 아시아 헤지펀드에서 차지하는 비중이 거의 70% 감소하였는데, 일본 제외 아시아 헤지펀드의 성장이 이루어지고, 일본 경제에 대한 불확실성 증대 등으로 일본에 대한 투자가 감소하였기 때문이다.

아시아 헤지펀드의 전략을 보면 long-short equity 전략의 비중이 2004년 60% 수준에서 2010년 44% 수준으로 지속적으로 감소하였는데, 이는 인도 및 중국 등과 같은 지역에 대한 접근성이 확대되고 규제가 완화되면서 동 지역 내에서 다른

▌그림 4-10 아시아 헤지펀드 운용자산의 투자 지역 분포

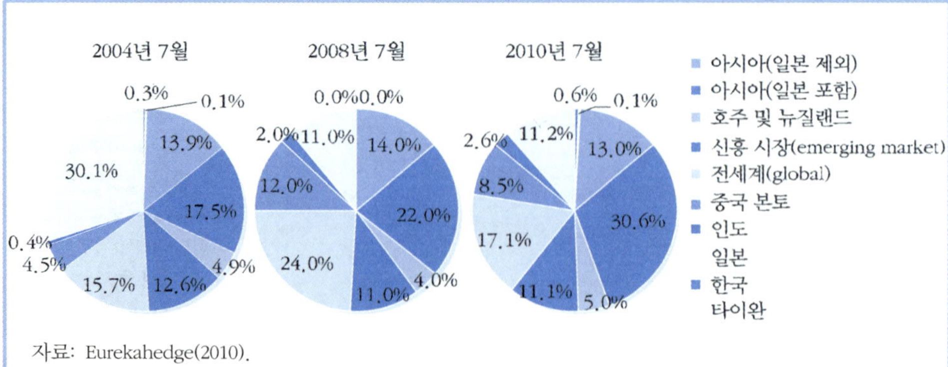

자료: Eurekahedge(2010).

그림 4-11 아시아 헤지펀드 전략별 비중

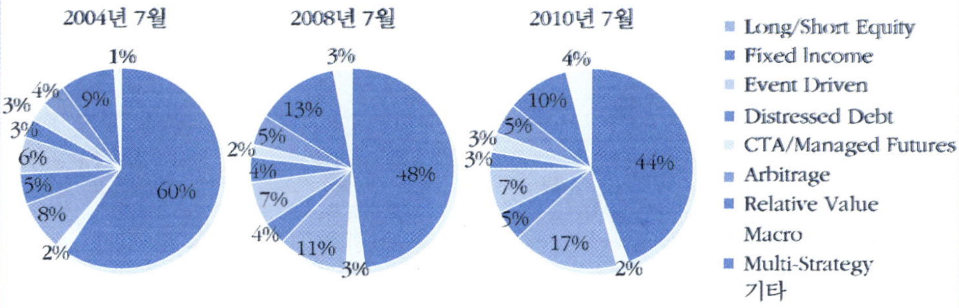

자료: Eurekahedge(2010).

전략과 복합적인 금융상품을 사용할 수 있는 여지가 증대되고 있기 때문이다.

상기와 같은 아시아 헤지펀드 운용상의 변화 과정을 살펴보면 헤지펀드 산업은 시장 여건과 상황에 따라 동태적으로 변화하며, 이에 따른 헤지펀드 매니저의 선제적 대응과 고도의 투자 기술이 필요하다. 따라서 헤지펀드 산업의 발전 과정에서 금융인력 및 금융인프라의 전반적 수준의 발달이 수반될 것으로 기대할 수 있다.

3. 금융시장의 유동성과 효율성 향상

헤지펀드에 대한 자금 유출입을 통하여 금융시장의 유동성이 향상될 수 있다. 헤지펀드에는 2000년 이후 지속적으로 순자금 유입이 발생하였으나, 금융위기로 인하여 2008년 하반기~2009년 상반기 헤지펀드 환매와 청산이 대량 이루어지면서 2008년 2,840억 달러, 2009년 850억 달러의 자금 유출이 발생하였다. 그러나 2009년 하반기부터 헤지펀드 수익률 회복과 더불어 자금 유입이 이루어져 2010년 650억 달러의 순자금이 유입되었다.

특히, 헤지펀드는 전략별로 자금유입 수준이 상이한데, Equity long/short 전략이 헤지펀드의 주요 전략으로 시장 상황에 따른 자금 유·출입이 매우 크며,

▌그림 4-12 헤지펀드의 자금 유입 추이

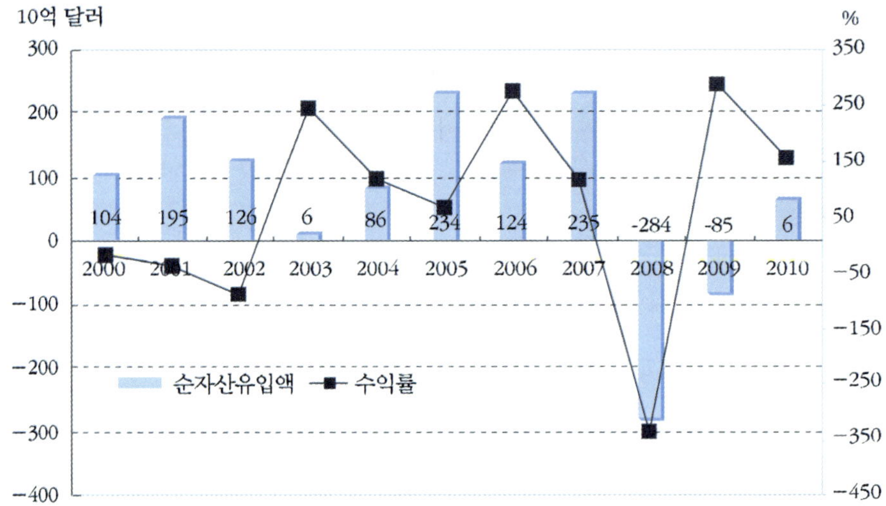

자료: TheCityUK(2011).

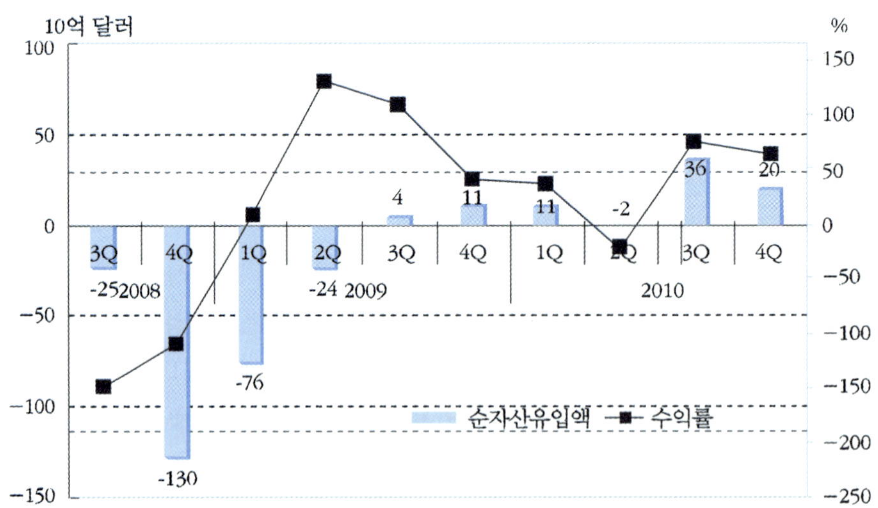

자료: TheCityUK(2011).

2010년 9개 중 7개 전략에서 순자본 유입이 이루어졌다. 이는 공모펀드의 경우 차입, 공매도, 포트폴리오 구성상의 제한 등으로 차익거래를 추구할 수 있는 기회가 제약되는 반면, 헤지펀드는 이 같은 제약이 없으므로 차익거래를 보다 자유로이 추구할 가능성이 있으며, 시장 상황에 따른 탄력적 운용과 전략 선택이 가능하기 때문이다. 이러한 과정 속에서 금융시장의 유동성을 제고시키며, 금융시장의 합리성 및 안정성을 향상시키는 효과를 가져올 수 있다.

특히, 헤지펀드는 전략별로 자금유입 수준이 상이한데, Equity long/short 전략이 헤지펀드의 주요 전략으로 시장 상황에 따른 자금 유·출입이 매우 크며, 2010년 9개 중 7개 전략에서 순자본 유입이 이루어졌다. 이는 공모펀드의 경우 차입, 공매도, 포트폴리오 구성상의 제한 등으로 차익거래를 추구할 수 있는 기회가 제약되는 반면, 헤지펀드는 이 같은 제약이 없으므로 차익거래를 보다 자유로이 추구할 가능성이 있으며, 시장 상황에 따른 탄력적 운용과 전략 선택이 가능하기 때문이다. 이러한 과정 속에서 금융시장의 유동성을 제고시키며, 금융시장의 합리성 및 안정성을 향상시키는 효과를 가져올 수 있다.

아시아 헤지펀드 산업의 경우 2000년 이후 아시아 지역의 자산 증대, 수익률, 서비스 공급의 확대 및 새로운 상품과 전략의 이용 등으로 전세계 헤지펀드 산업

그림 4-13 전략별 헤지펀드 자금 유입 현황

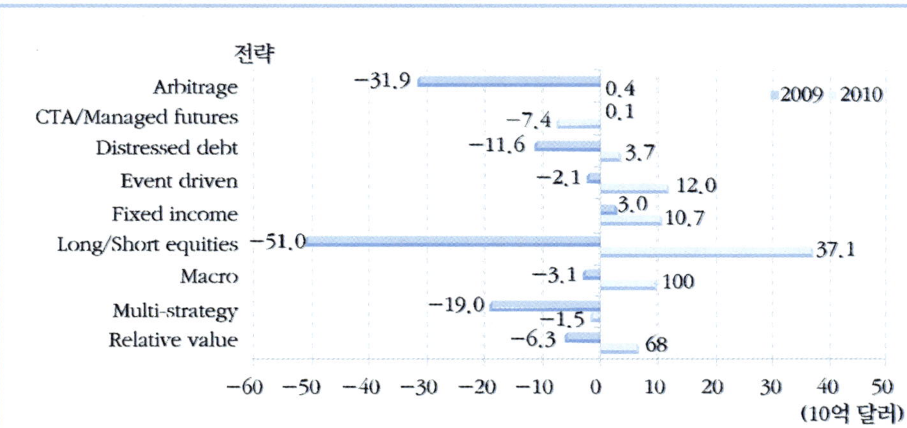

자료: TheCityUK(2011).

에서 성장 분야로 부각되고 있다.[3)] 2000년에 약 150명의 헤지펀드 매니저가 아시아 지역에 투자하면서 많은 투자자와 매니저의 관심을 받기 시작하였으며, 특히 2002년~2007년 사이 자산 규모와 펀드 수에서 급속히 성장하였다. 헤지펀드 수는 2002년 말 377개에서 2007년 말 1,235개로 증가하였으며, 자산 규모는 2002년 말 200억 달러(전세계 헤지펀드 자산 규모 6천억 달러 대비 3.3%)에서 2007년 말 1,760억 달러(전세계 헤지펀드 자산 규모 2조 1,500억 달러 대비 8.2%)로 증가하였다. 그러나 2008년 금융위기로 인하여 헤지펀드 수익률이 감소하고 많은 헤지펀드의 청산이 이루어지면서 아시아 지역 헤지펀드 자산 규모는 2009년 4월 기준 1,058억 달러로 감소하였다. 그러나 2009년 2분기 이후 전세계 금융시장 및 헤지펀드 산업 회복에 힘입어 아시아 헤지펀드 시장 역시 회복세를 보이며 2009년 말 1,174억 달러(전세계 헤지펀드 자산 규모 1조 7,000억 달러 대비 6.9%), 2010년 말 1,280억 달러(전세계 헤지펀드 자산 규모 1조 9,200억 달러 대비 6.7%)로 회복세를 보이고 있다.

▌그림 4-14 아시아 헤지펀드 산업 추이

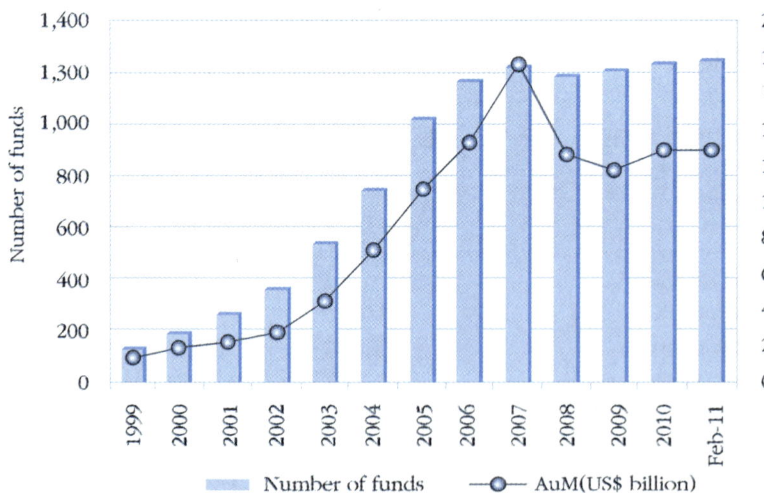

자료: Eurekahedge(2010).

3) 본서에서는 아시아 지역에서 설립·운용되거나 또는 아시아 지역을 대상으로 투자되는 헤지펀드를 '아시아 헤지펀드'로 명명함.

▎그림 4-15 Eurekahedge Asian hedge fund index와 순자산유입 추이

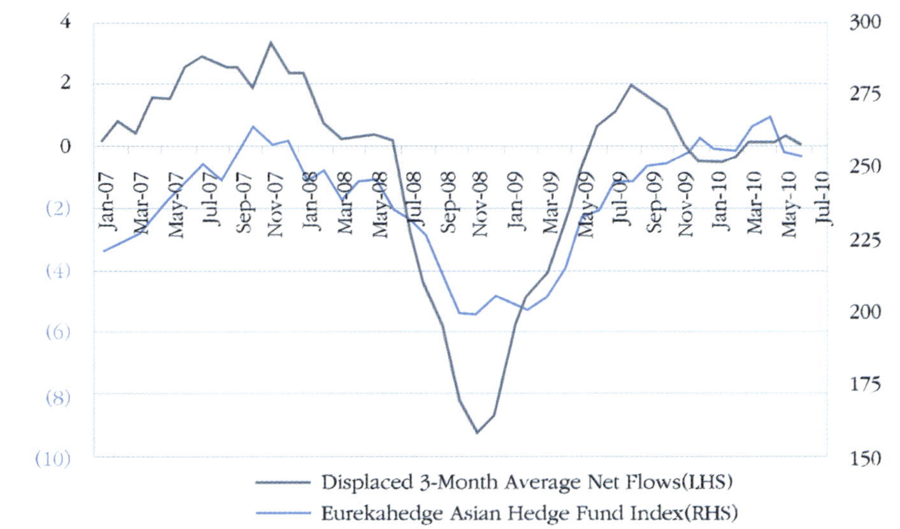

자료: Eurekahedge(2010).

특히 아시아 헤지펀드의 경우 투자자들이 추세추종형(trend following)으로 자본이 유·출입하는 경향을 보이고 있는데, 양(+)의 성과 기간 2~3개월 이후에 헤지펀드에 순자산 유입이 발생하는 반면, 부(−)의 성과 기간 약 2개월 이후 헤지펀드의 청산 또는 환매가 이루어지는 것으로 나타났다.

아시아 헤지펀드 수는 2007년 1,235개로 최고치를 기록한 이후 감소하였으나, 최근 회복세를 보이며 2010년 7월말 1,278개를 기록하고 있다. 2005년 이후 신규 아시아 헤지펀드의 출시는 감소하는 경향을 보이고, 폐쇄되는 헤지펀드 수는 2008년 최고치를 기록한 이후 감소하는 추세이다. 2010년 1월~7월 사이 신규 출시된 헤지펀드는 125개로 증가하고 있는데, 이는 아시아 지역 경제 성장에 대한 가능성과 헤지펀드 서비스 공급 산업의 발전이 주요한 원인으로 지적되고 있다.

헤지펀드와 금융시장의 유동성 및 효율성 증대 효과에 대하여 FSA(2006)은 헤지펀드가 전세계 운용자산의 약 5%를 차지하고 있지만, NYSE와 LSE의 거래규모의 1/3~1/2를 차지하여 유동성을 제고시키는 역할을 담당하며, Anderson(2006)

▌그림 4-16 아시아 헤지펀드 출시 및 폐쇄 추이

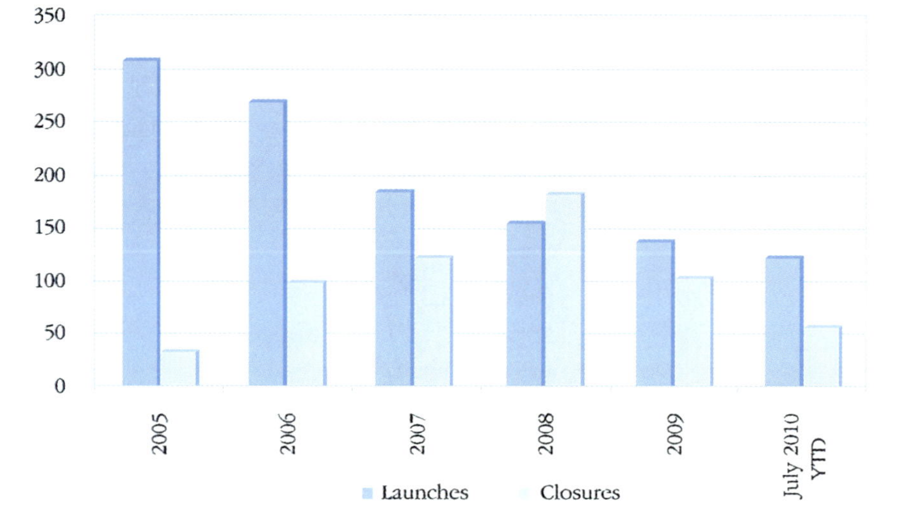

자료: Eurekahedge(2010).

은 헤지펀드가 NYSE와 NSE 거래규모의 거의 50%를 차지하여 유동성 공급 및 자본시장의 효율성 제고의 역할을 담당한다고 밝히고 있다.

자본시장 효율성의 근간은 '효율적 시장가설(Efficient Market Hypothesis: EMH)'의 성립 여부인데, EMH 성립 여부에서 가장 중요한 요소는 차익거래를 적극적으로 수행할 투자자의 존재 여부이다.[4] 만약, 모든 시장참가자들이 합리적이라고 한다면 자본시장은 효율적일 수밖에 없고, 일부 시장참가자들이 비합리적인 투자자라 하더라도 이들이 임의적(random)으로 투자결정을 내리는 투자자(noisy trader)들이라면 비합리적 투자자들의 임의적인 매매행위가 상호 상쇄될 것이므로 자본시장은 효율적이게 된다. 뿐만 아니라 비합리적 투자자들이 군집행위(herding)를 보인다 하여도 차익거래에 적극적으로 임하는 투자자들이 있는 한 자본시장은 효율적이게 된다. 이러한 상황에서 헤지펀드는 차익거래자의 역할을 수행함으로써 시장의 합리성을 제고하는 결정적인 기능을 수행할 가능성이 있게 된다. 특히, 헤지

4) Shleifer(2000)의 1장 참조.

펀드의 운용전략은 기본적으로 시장에 존재하는 차익거래의 기회를 포착하고 이를 활용하여 수익을 창출하는 전략이므로 헤지펀드는 시장의 차익거래자 기능을 수행하는 것이다.

헤지펀드의 시장효율성 제고효과에 대한 실증연구가 심도있게 진행된 것은 아니지만, 헤지펀드가 시장변동성을 높인다는 증거는 발견되지 않는 것으로 연구되고 있다. 1997년 아시아 외환위기 이후 헤지펀드의 행태를 조사한 Eichengreen et. al(1998)은 헤지펀드는 positive feedback trading 전략을 사용하지 않으며, 군집행위의 가능성도 낮다고 보고하고 있으며, Fung and Hsieh(2000a)는 1987년 미국 주식시장 폭락에서 1997년 아시아 외환위기까지의 10년간 발생한 주요 사건을 중심으로 헤지펀드의 거래행태를 분석한 결과 positive feedback trading의 증거를 찾을 수 없다고 보고한 바 있다.

헤지펀드는 일반적으로 조세회피 지역에 설립되는 역외 펀드로 구성되며, 이

▌그림 4-17 글로벌 헤지펀드의 운용 지역

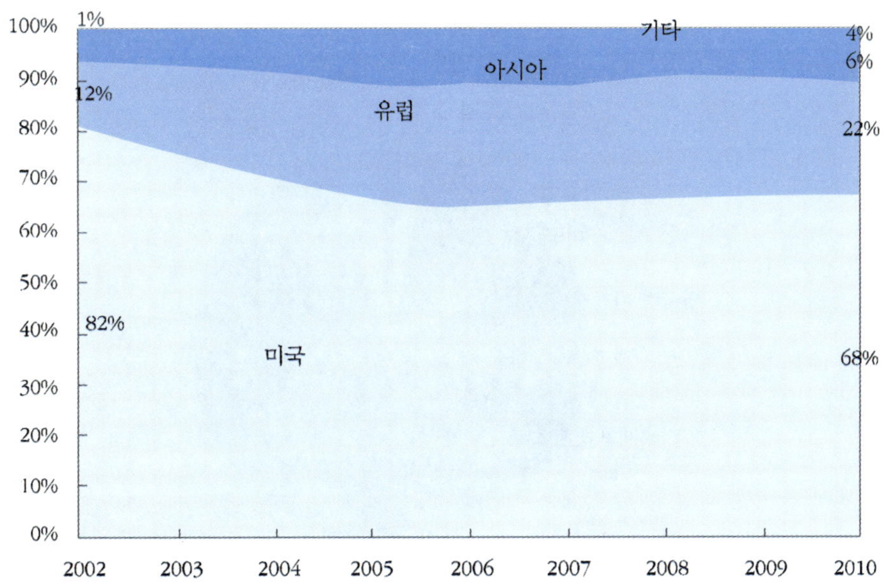

자료: TheCityUK(2011).

러한 펀드의 운용이 역내에서 이루어지는 형태를 띈다. 이러한 과정에서 역내 금융산업을 중심으로 부가가치가 창출되고, 금융시장의 효율성이 제고될 수 있다.

2010년 기준 헤지펀드의 60%가 역외 펀드로 설립되어 있으며, 특히 케이만(37%), 미국 달라웨어(27%), 영국령 버진아일랜드(7%) 등지에 설립되고 있다. 반면, 전세계 헤지펀드 운용자의 68%가 미국, 22%가 유럽, 6%가 아시아에서 활동하고 있다. 운용지역으로서 미국의 비중은 2002년 82%에서 감소한 반면, 유럽의 비중이 약 2배 가량 증가하며 미국이 아닌 지역에서의 운용활동이 증가하고 있는 추세이다.

아시아 헤지펀드의 경우도 설립지역은 대부분 설립 규제가 낮고 헤지펀드 서비스 공급회사가 다수 존대하는 조세회피지역에 설립되고 있는데, 케이만제도에 설립된 펀드수가 59%에 달하고 있다.

반면, 아시아 헤지펀드 운용업자는 주로 영국에서 활동하고 있으며, 최근 들어 싱가포르, 홍콩과 같은 아시아 지역이 운용 중심지로 부상하고 있다. 과거에는

▌그림 4-18 아시아 헤지펀드의 설립지역 현황

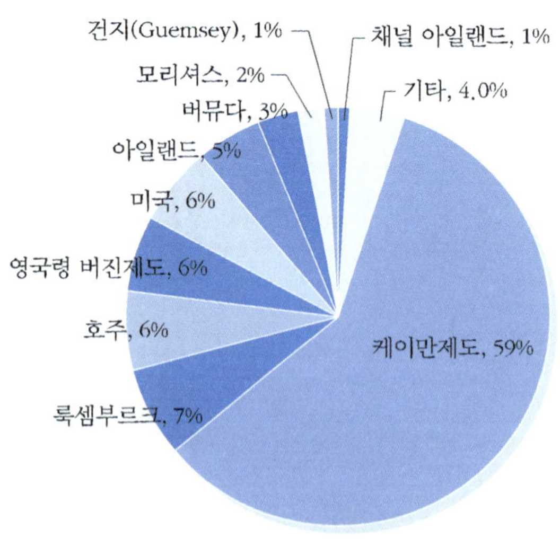

주 : 2010년 7월 기준.
자료: Eurekahedge(2010).

그림 4-19 헤지펀드 head office 지역 현황

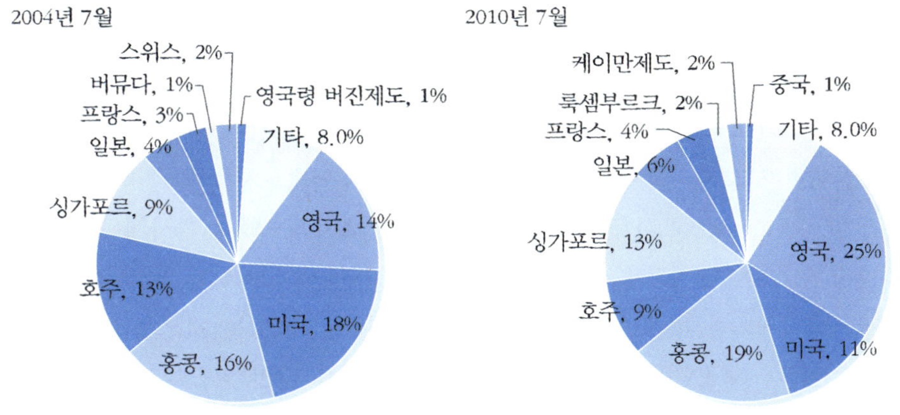

자료: Eurekahedge(2010).

아시아 지역의 투자자 기반이 취약하고 서비스 공급 및 금융전문인력 부족 등으로 미국을 중심으로 아시아 헤지펀드가 운용되었으나, 최근 미국, 영국 등의 경우 운용업자에 대한 규제가 강화되는 반면 아시아 지역의 서비스 제공 수준이 상승하면서 홍콩 및 싱가포르가 주요 운용 중심지가 되고 있다.

더불어 헤지펀드가 금융시장의 효율성을 증진시키고 이 과정에서 자원배분의 효율성을 제고하여 경제성장을 촉진시킬 수 있다.

헤지펀드의 경우 위험을 감수할 수 있는 투자자로 구성되어 있으므로 혁신기업, 신생기업 및 구조조정시장에 투자할 수 있는 모험자본(risk capital)의 주요 공급통로 역할을 담당할 수 있다. 특히, 1990년대 미국을 중심으로 바이오기술, 인터넷 등 신기술을 기반으로 한 신생기업들이 혁신을 주도하고 동시에 미국의 고도성장을 견인하는 데 있어 사모펀드, 특히 벤처캐피탈을 통한 투자가 이루어졌다. 즉, 고위험·고수익의 특성을 지닌 혁신기업 및 신생기업에 대하여 투자원본이 보장되어야 하는 은행을 통한 자본 공급이 제한될 수밖에 없는 구조이므로, 새로운 성장동력을 통해 경제성장을 추구하는 과정에서 헤지펀드와 같은 사모펀드를 통한 자본 공급이 필수적이라 할 수 있다.

더불어 고수익·고위험의 특성을 지닌 구조조정시장도 헤지펀드의 자금 공급을 통해 활성화될 수 있다. Greenwich Associates(2009)에 따르면 현재 33조 5,000억 달러에 달하는 미국 채권시장에서 헤지펀드가 차지하는 비중은 12%로 2007년의 3분의 1 수준으로 급감한 것으로 보고하고 있다. 그러나 전환사채 차익거래는 최근 거래가 늘어나고 있으며, 부실채권시장에서 90% 이상의 점유율을 보이고 있다. 부실채권 시장에 유동성을 제공하여 구조조정수단으로서 역할을 하고 있다.

또한 Greenwich(2011)는 미국의 경우 최근 헤지펀드의 전환사채 차익거래가 늘어나고 있으며, 헤지펀드의 채권 거래액이 2010년에서 2011년 사이 7% 증가됨에 따라 헤지펀드가 미국 채권거래액의 18%를 주도하고 있는 것으로 보고되고 있다. 특히, 특정 채권상품에 대해서는 헤지펀드가 주도적인 역할을 담당하고 있는데, 부실채권의 경우 86%, 고수익신용파생상품의 경우 78%, 구조화채권의 경우 75%, 레버리지 론(leveraged loan)의 경우 61%의 거래를 헤지펀드가 발생시킨다고

▌그림 4-20 미국 채권시장에서 헤지펀드의 영향력

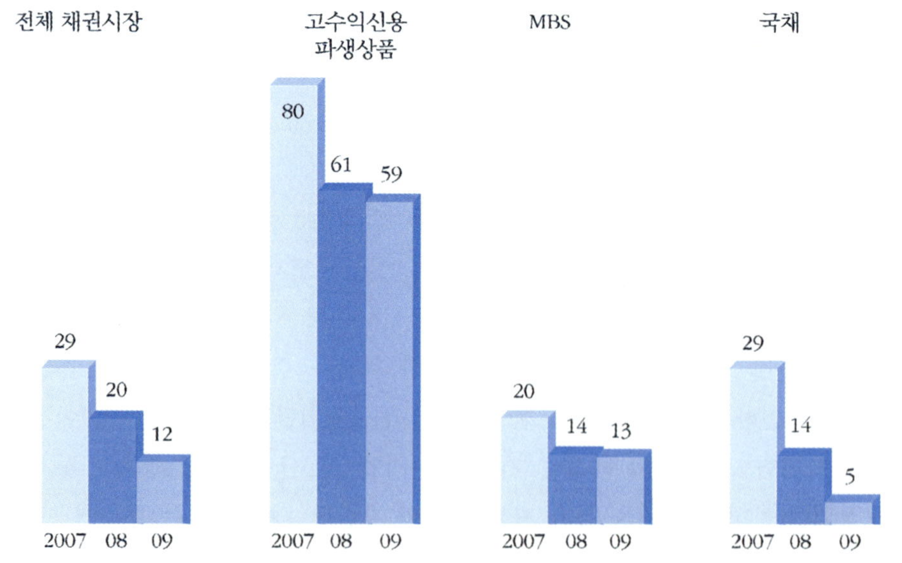

주 : 미국 채권시장 거래량 대비 헤지펀드의 거래량 비중으로 영향력을 측정함.
자료: Greenwich Associates(2009).

보고하고 있다.

Hedge funds Review(2011)는 지속적인 수익을 창출하기 위하여 헤지펀드가 유럽시장 중형 기업(middle-market company)을 중심으로 부실채권(distressed debt)에 투자하고 있다고 밝히고 있다. 부실기업과 구조조정 기업에 투자하는 헤지펀드의 운용자산은 2007년 1,060억 달러 수준에서 감소한 이후 2010년 말 1,220억 달러로 급증한 것으로 보고하고 있는데, 특히 유럽 은행권이 재무건전성 확보를 위한 부실채권 처분에 나서고 헤지펀드의 투자가 확대되고 있다. 부실 자산에 330억 달러를 운용하고 있는 Oaktree Capital Management는 전통적인 미국 부실 채권보다 중형시장 거래와 유럽 은행의 부실자산 인수를 추진하고 있다. 또한 신용펀드(credit funds)에 100억 달러 규모의 자산을 운용중인 마라톤(Marathon) 자산운용은 영국 로이즈은행의 레버리지론 등을 포함한 은행 자산 매입에 적극 나서고 있는데, 2,500만 달러에서 1억 달러에 이르기까지 유럽 은행권 부실채권을 액면가치의 최대 절반 가격에 사들이고 있다.

4. 기업의 효율성과 투명성 증진

헤지펀드와 벤처캐피탈과 같은 사모펀드가 적극적으로 기업 지배구조에 개입하여 주주의 이익을 극대화하는 방향으로 기업경영을 유도하여 기업의 효율성과 경제성장을 제고할 수 있다.

1980년대부터 공모펀드가 성장하면서 뮤추얼펀드와 기관투자자가 주도하는 전통적 주주행동주의는 '싫으면 떠난다'는 Wall Street rule에 따라 행동하는 양상을 보였다. 즉, 기업의 실적이나 주가가 부진해지면 사후적으로 문제를 제기하거나 투자 기업의 주식을 매각하는 소극적인 행동 양태를 보인 것으로 나타난다. 이러한 공모펀드의 소극적 행태는 기관투자자가 보유한 개별 기업에 대한 지분이 크지 않은 경우가 많아 개인 소액주주와 마찬가지로 경영감시기능을 수행할 유인이 없었으며, 공모펀드도 대부분 장기투자보다는 단기수익 추구를 목적으로 운용에 임하기 때문에 장기적인 기업가치 제고를 목적으로 하는 경영감시 기능을 수행할 필요가 없었기 때문이다.

그러나 헤지펀드가 이끄는 주주행동주의는 기업의 실적 발표를 기다리기에 앞서 미리 주주행동에 돌입하거나 이사회 구조, 배당정책, 회사전략, 회사 자본구조 그리고 M&A 계획 등에 대한 변화 등에 대하여 주주에게 주어진 법적 수단을 충분히 활용하고 있으며, 이로 인하여 기존의 주주행동주의 보다 사전적·전략적·적극적이라는 평가를 받고 있다. 이로 인하여 과거 명목상의 권리에 불과하던 주주들의 기업감시 권한을 보다 효율적으로 사용할 수 있게 되어 기업의 투명성을 제고시킬 수 있다.

특히 헤지펀드는 기관투자자와는 달리 많은 회사의 지분을 조금씩 인수하기 보다는 제한된 회사에 집중해서 투자하는 전략을 취함으로써 감시에 소요되는 비용을 기꺼이 감수하기도 한다.[5] 또한 공격적으로 주주권을 행사함으로써 회사 가용자산의 효율적 사용과 경제적 관점에서의 위험 대비 수익 향상을 꾀할 수 있으므로 기업의 효율성을 제고시킬 수 있다. 기업매수펀드(buy-out 펀드), 일부 헤지펀드 등은 부실경영으로 가치가 저하되어 있는 기업을 타깃으로 하여 지배구조에 개입, 가치를 제고함으로써 기업 경영진과 투자자 모두에게 절제된 위험관리를 통한 안정적인 수익창출 기회를 가능하게 해주며, 투자 다변화의 역할도 수행하기도 한다.

헤지펀드의 적극적인 행동주의는 CEO에 대한 인신공격 및 비공식적인 공격으로 이어져 비판의 대상이 되기도 하지만, 외부 투자자에게 기업의 경영 실적 및 성과를 투명하게 공개하도록 함으로써 투자자가 안고 있는 비대칭정보(information asymmetry)문제 해소에도 일정 부분 기여하고 있는 것으로 판단된다. 또한 뮤추얼펀드나 연기금 같은 대형 기관투자자들은 헤지펀드가 선도적으로 주주행동을 벌인 기업에 적극적으로 지원함으로써 위험부담은 상대적으로 줄이면서 수익률은 높일 수 있는 전략을 구사하기도 한다.[6]

이러한 헤지펀드의 적극적 주주행동 행태는 기업에 의해 수용되어 기업경영에 실질적인 효과를 미친 것으로 조사되었는데, 2003~2005년 기간 헤지펀드가

---

5) Eisinger(2005).

6) Armitstead(2005).

표 4-5 미국에서 헤지펀드가 요구한 내용과 이를 수용한 기업의 수

헤지펀드의 요구	요구를 받은 기업 수	요구 수용 기업 수(%)
이사회 구성원의 교체	41	30 (78%)
경영 전략의 변화	29	14 (48%)
기업 인수 반대	18	10 (56%)
매각 혹은 타 기업에 의한 합병	16	9 (56%)
타 기업 인수를 위한 추가 주식 매입	12	7 (58%)
자사주 매입	4	4 (100%)
주주명부 열람	4	2 (50%)
경영진 지지	4	2 (50%)
보유 현금으로 재무적 투자 강화	4	4 (100%)
기업지배구조 문제적 지적	3	1 (33%)
CEO 교체	3	3 (100%)
CEO 보수 삭감	2	1 (50%)
현금 배당	2	2 (100%)
기타	13	4 (31%)
전체 타깃 기업의 수	155	93 (60%)

자료: Klein and Zur(2006).

경영진에 요구사항을 제출한 155개 기업을 조사한 결과 93개의 기업이 헤지펀드 요구를 수용한 것으로 나타났다.

헤지펀드의 적극적 주주행태가 과연 기업의 장기가치 제고를 목적으로 한 것인지 또는 기업의 장기가치를 도외시한 단기이익 극대화를 목적으로 한 것인지에 대해서는 논란의 여지가 있으나, 헤지펀드를 포함한 사모펀드가 공모펀드와는 달리 주주행동주의(shareholder activism)를 실천하고 있다는 평가가 우세적이다.

5. 금융시스템 위험에 대한 영향

1997년 아시아 외환위기, 최근 미국의 금융위기 등을 계기로 헤지펀드와 시스템위험(System Risk)의 관계에 대한 논쟁이 대두되고 있으며, 특히 1998년 LTCM

▌표 4-6 헤지펀드 관련 주요 사건

펀드 명	추정손실(백만달러)	발생 연도	운용전략	사고 발생 원인
Amaranth	~6,400	2006	Multi strategy	에너지가격 변동성에 대한 과도한 노출
Long-Term Capital Management	3,600	1998	Fixed-incomearbitrage	러시아 금융시장 위기 및 과도한 레버리지
Tiger Management	2,600	2000	Macro	엔화(JPY)에 대한 20억 달러 규모의 투자손실
Soros Fund	2,000 ~5,000	2000	Macro	IT기업 주식 투자에 대한 대규모 손실
Fenchurch Capital	1,264	1995	Fixed-incomearbitrage	미국시장에서 유럽시장으로의 투자전환 실패
Princeton Economics International	950	1999	Macro	시장 거래 손실 및 내부사취
Vairocana Ltd.	700	1994	Fixed-incomearbitrage	시장 거래 손실 및 이자율 하락에 대한 투자 실패
Lipper	700	2001	Convertiblearbitrage	시장 거래 손실 및 내부사취
Askin Capital Management	660	1994	Fixed-incomearbitrage(Mortgage-backed)	Hedge실패, 시장 거래 손실 및 마진 콜(Margin call) 발생
Lancer	600	2003	Long/shortequity	내부사취
Beacon	500	2002	Fixed-incomearbitrage	모기지 파생상품에 대한 투자손실, 시장 실거래 가격에 근거한 가치평가 실패
Manhattan Investment Fund	400	1999	Long/shortequity	내부사취
Mother Rock	230	2006	Energy fund	천연가스시장에서의 손실
Global System Fund	125	1997	Macro	태국 바트화(Thai Baht) 급락에 따른 대규모손실
Argonaut Capital Management	110	1994	Macro	시장 거래 손실
Maricopa Investment	59	2000	Long/shortequity	시장 거래 손실 및 내부사취
Cambridge Partners	45	2000	Long/shortequity	내부사취
HL Gestion/ Volter	40	2000	Managed futures	시장 거래 손실 및 규제로 인한 정부개입
Ashbury Capital Partners	40	2001	Long/shortequity	내부사취
ETJ Partners	21	2001	Relative value	시장 거래 손실 및 내부사취
Ballybunion Capital	7	2000	Long/shortequity	내부사취

자료: Banque de France(2007).

(Long-term Capital Management) 사태 등 헤지펀드가 초래한 대규모 손실로 금융시장에 혼란을 야기시킨 사건이 발생하였다. 이러한 일련의 대규모 헤지펀드 파산과 그로 인한 시장위험 증대로 헤지펀드가 시스템 위험을 상승시키는지의 여부가 논란의 대상이 되고 있고 이에 대한 규제 방법과 규제 수준이 정책상 주요한 문제로 부각되고 있다.

헤지펀드가 금융시스템위험에 영향을 미칠 수 있는 잠재적 경로는 크게 헤지펀드 파산시 연관된 금융기관의 연쇄적인 부실화를 촉발하는 경로와 금융위기시 투자손실을 금융기관 전반으로 확대하는 경로가 있다.

우선, 첫 번째 경우 헤지펀드와 금융기관의 중개기관 간의 관계에서 지급결제망(payment system) 또는 초단기 자금시장의 주요 참가자인 은행, 대형 증권사 등 주요 금융기관과 신용관계(credit exposure)를 맺고 있는 대형 헤지펀드 또는 복수의 헤지펀드가 파산할 수 있다. 이때 관련 금융기관들이 부실화되면서 시스템 위험이 상승하는 경로를 따를 수 있는데, 이러한 시스템 위험상승 과정은 전형적인 금융위기 발생 경로로 헤지펀드가 주요 금융중개기관의 신용관계 상대방인 경우에 발생할 수 있으며, 1998년 LTCM 사태도 이에 해당된다.

금융중개기관을 통한 부실화 경로가 실질적인 유효성을 갖기 위해서는 ① 금융중개기관의 거래상대방으로서 헤지펀드가 차지하는 비중이 일정 수준 이상이어야 하며, ② 금융중개기관의 헤지펀드를 상대로 한 상대방 위험(counterparty risk) 관리가 제대로 이루어지지 않아 실패한 경우에 한하여 헤지펀드의 부실화가 금융중개기관의 부실화로 연결될 수 있다. 실질적으로 금융중개기관의 거래상대방으로서 헤지펀드가 차지하는 비중은 동태적으로 변화하는 요소이지만, 헤지펀드 산업이 성장할수록 금융산업에서 헤지펀드와 신용관계를 맺는 금융중개기관은 증가하고 있다.

은행과 헤지펀드 사이에 존재하는 신용 거래상대방 익스포저에 대한 정보는 '신용경로'를 통해 시스템 리스크가 전파되는 메커니즘을 이해하는 데 중요하다. 금융위기 이후 헤지펀드가 다수의 프라임 브로커를 사용하여 헤지펀드의 거래상대방의 범위가 확장되고 있지만, FSA(2011)은 5개 은행이 총순신용(aggregate net credit)의 약 60%가 헤지펀드 산업의 거래상대방 익스포저인 것으로 추정된다고

▌그림 4-21 은행의 헤지펀드에 대한 익스포져

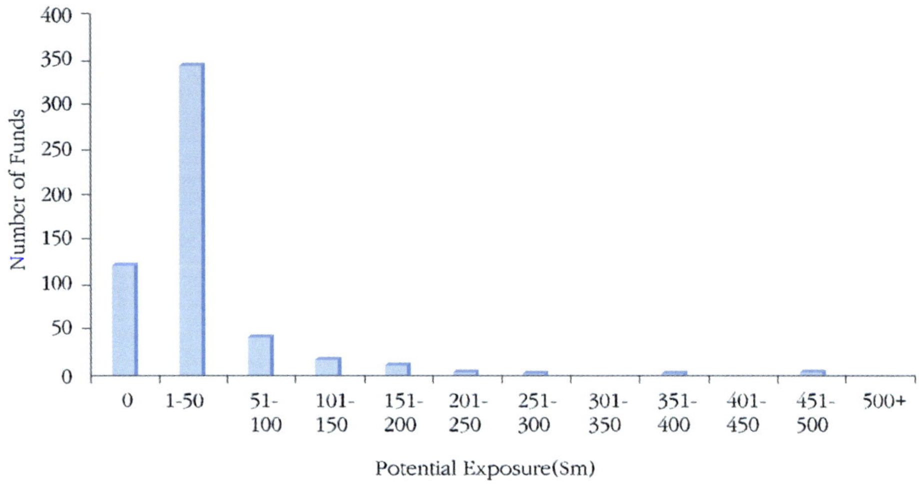

주 : 2010년 10월 기준.
자료: FSA(2011).

조사하고 있다. FSA(2011)은 평균 익스포저가 5천만 달러이지만, 하나의 헤지펀드에 대하여 은행의 잠재적 신용 익스포저(potential credit exposure)의 최대치는 5억 달러인 것으로 발표하였다.7)

또한 금융중개기관의 헤지펀드 상대방 위험관리와 관련하여 운용내역 정보를 공개하지 않는 헤지펀드의 속성상 과연 금융기관들이 적절하게 헤지펀드에 대한 위험관리를 적절히 수행할 수 있는지에 대한 의문이 제기되며, 특히 2008년 금융위기를 계기로 헤지펀드가 투자자와 거래 금융기관들에게 보다 적극적으로 정보를 전달하고 감독 당국에서 헤지펀드를 포함한 사모펀드의 주요 정보를 집적할 필요성이 제기되며, 미국 및 EU를 중심으로 정보제공 의무화를 위한 움직임이 나타나고 있다.

두 번째, 시장패닉경로는 대형 헤지펀드 또는 복수의 헤지펀드가 어떤 이유

---

7) 잠재적 익스포저(potential exposure)는 담보 익스포저와 10일 보유시 99% 유의 수준에서 위험기초 요소(일반적으로 VAR 기준)의 합으로 정의됨.

로 부실이 발생하여 유동성 위기에 처하면서 헤지펀드가 보유 자산을 투매하는 과정에서 발생할 수 있다. 헤지펀드가 다량의 보유자산을 매각하면 해당 자산의 가격이 폭락하며 해당 자산시장에 패닉이 발생하고 이것이 금융시장 전반으로 확산되어 시스템 위기가 발생할 수 있다. 이는 심리적 요인 등에 의한 특정 자산시장에서의 시장패닉이 헤지펀드를 매개로 발생하는 경우로서 개념적으로는 은행의 대량 인출사태(bank run)와 비견되는 헤지펀드의 대량매도라고 할 수 있다.

이러한 채널을 통하여 헤지펀드가 실물 경제 및 시장 시스템 리스크에 영향을 미치기 위해서는 ① 헤지펀드가 특별히 유동성 위기에 취약하며, ② 헤지펀드 산업 내에 상호 감염위험(contagion risk)이 높으며, ③ 특정 자산시장에서 헤지펀드의 중요성이 높은 경우에 발생할 수 있다.

금융시장 참여자들의 심리에 영향을 미치는 충격이 발생했을 때 헤지펀드가 신뢰위기에 봉착하여 유동성 수요가 증가하였을 때 이에 대응하여 보유자산의 적정 가격 매각이 곤란한 경우, 헤지펀드가 유동성 위기에 취약할 수 있으며, 이때 헤지펀드가 시장패닉을 매개체로 작용할 가능성이 존재한다.

헤지펀드의 신뢰위기에의 취약성은 신뢰위기의 발생사례에 근거하여 추정할 수밖에 없으나, 이러한 사례는 아직 알려진 바가 없고, Boyson, Stahel, and Stulz(2006)이 주가 폭락 등 주식시장의 불안이 헤지펀드의 신뢰위기로 연결되는지를 검증하였으나 증거를 발견하지 못하였다.

이론적으로 보면, 헤지펀드는 운용자산 내역이 불투명하여 이 점에서는 Diamond and Dybvig(1983) 유형의 신뢰위기에 봉착할 가능성도 있으나, 환매가 상시적으로 가능한 것이 아니고, 투자자가 고액개인 또는 기관으로서 비교적 합리적 투자자라는 점은 신뢰위기의 가능성을 낮추는 요인이라고 주장하고 있다.

그러나 헤지펀드의 보유자산이 유동성이 낮아 헤지펀드가 공모펀드 등에 비하여 유동성 위험에 취약하다는 실증연구는 존재하는데, Getmansky, Lo, and Makarov(2004)는 헤지펀드의 수익률이 공모펀드, 주식 등 일반적인 투자자산에 비하여 시계열 상관관계가 높다는 점을 지적하고 이는 보유자산의 일부가 유동성이 낮아 시장가격이 수시로 발견되지 않기 때문이라고 주장하고 있다.

실제로 헤지펀드의 분포특성을 살펴보면 헤지펀드는 주가지수에 비하여 표준

▌표 4-7 헤지펀드 운용성과의 분포특성

(단위: %)

Index	평균	표준편차	왜도	첨도
Equity Hedge	4.58	9.72	(1.13)	2.56
Event-Driven	5.36	7.66	(1.41)	3.67
Macro	6.99	4.96	0.25	(0.13)
Relative Value	6.03	6.37	(2.39)	9.10
헤지펀드 통합 지수	5.70	7.33	(1.13)	2.51
S&P 500	0.42	16.03	(1.09)	2.52

주 : Hedge Fund Research의 운용전략별 헤지펀드 지수의 수익률 분포.
자료: Hedge Fund Research.

편차는 작지만 첨도(Kurtosis)는 크게 높은 것으로 나타나므로, 헤지펀드의 수익률이 상황에 따라 급변동할 수 있음을 시사하고 있다. 따라서 헤지펀드의 수익률은 시장이 비교적 안정적인 상황에서는 주가지수에 비하여 변동성이 작지만, 위기상황에서는 수익률이 급변하는 특성이 있는 것으로 파악할 수 있다.

또한 특정 헤지펀드에 대한 신뢰위기가 여타 헤지펀드로 감염되는 경향이 있다면 헤지펀드 산업전체가 유동성 위기에 봉착하면서 금융시장 패닉을 야기할 가능성이 높아지는 반면, 특정 헤지펀드의 부실 또는 신뢰위기가 특정 헤지펀드의 문제로 국한된다면 시장패닉으로 연결될 가능성은 제한적이게 된다. Brown and Goetzmann(2001)은 헤지펀드 산업은 최소한 8개 정도의 상호 상이한 위험구조를 지닌 이질적 펀드로 구성된 산업이므로 특정 헤지펀드의 신뢰위기가 전체 헤지펀드 산업의 신뢰위기로 연결되기는 곤란하다고 주장하며, 이론적으로는 상호 감염의 위험은 적다고 주장한다. 반면 전반적인 시장불안으로 유동성 위험이 상승하고, 유동성 위험은 헤지펀드의 특성으로 상호 감염의 가능성이 있는데, Boyson, Stahel, and Stulz(2006)는 이질적인 위험구조에도 불구하고 서로 상이한 운용전략의 헤지펀드 수익률 사이에 감염현상이 존재하는 것을 발견하였으며, 이는 유동성 위험에 대한 공통적인 취약성 때문인 것으로 해석하고 있다.

끝으로 헤지펀드의 자산매각이 해당 자산의 가격폭락 및 시장패닉으로 연결되기 위해서는 해당 자산시장에서 헤지펀드가 차지하는 비중이 일정 수준 이상이어야 한다. 왜냐하면 해당 자산의 시장전체 유동성에 대비하여 헤지펀드의 보유자산이 상당한 수준이어야 헤지펀드의 매매행위가 시장가격에 충격을 야기할 수 있기 때문이다. 그러나 실질적으로 특정자산 시장에 헤지펀드의 지위는 동태적으로 변화하는 속성으로서 일률적으로 평가하기 곤란한 측면이 있다.

결론적으로 헤지펀드가 시스템 위험을 상승시킬 가능성을 평가하는 데 있어서 ① 일차적으로는 헤지펀드가 금융시스템에서 상당한 비중을 차지할 정도로 성장한 후의 문제이며, ② 헤지펀드 운용내역에 대한 정보불투명성에 기인하는 면이 크고, ③ 헤지펀드는 시장패닉을 야기하기보다는 시장패닉이 발생했을 때 시스템 위험을 증폭시킬 수 있다. 즉, 헤지펀드 산업이 급성장하며 금융시스템에서 무시할 수 없는 분야로 등장하면서 특정 헤지펀드 또는 일부 헤지펀드의 부실이 금융시스템의 부실로 이어졌고, 이에 대한 주요 금융중개기관과 감독당국의 사전적인 위험관리가 부재하였고, 이는 헤지펀드에 대한 정보가 불투명한 경우에 발생한 것으로 판단되다.

즉, 헤지펀드는 유동성위기로 인한 시장패닉의 원천(source)이기보다는 매개체(propagation mechanism)일 가능성이 높은 만큼, 헤지펀드 산업의 규모가 전체 금융시스템에서 상당한 비중을 차지하는 수준에 도달한 경우에 한해, 헤지펀드가 위기의 매개체로 작동한다는 점을 유의하여 정책당국 및 개별 금융기관이 시스템 위험관리를 해야 할 것이다.

제 5 장
헤지펀드 관련 해외제도

5 헤지펀드 관련 해외제도[1)]

1. 미 국

미국은 투자회사와 운용업자에 대하여 원칙적으로 SEC의 등록을 요구하고 있으나 헤지펀드를 포함한 사모펀드의 경우 설립시 소수·적격투자자 요건 등 등록면제요건을 설정하여 이를 충족하는 경우 규제 대상에서 제외하고 있다.

또한 사모펀드 운용업자의 경우 일반 대중을 상대하지 않고 일정 수 미만의 고객을 대상으로 서비스 제공하는 경우 등록을 면제해 주었다. 헤지펀드는 운용상의 제약을 가하지 않기 때문에 헤지펀드 산업의 자유로운 운용 및 활동이 가능한 제도적 환경을 가지고 있다. 그러나 금융위기 이후 시스템 리스크 방지 차원에서 자문업자의 등록 의무를 통한 규제 강화와 규제 기준을 상향 조정하여 헤지펀드와 PEF 등을 포함한 사모펀드(private fund) 투자자문업자에 대해서도 원칙적으로 SEC 등록을 의무화하였으며, 시스템 리스크 평가에 필요한 거래와 포트폴리오에 관한 정보에 대한 기록유지 및 보고의무 강화 및 등록 투자자문업자에 대하여 정기적·특별 검사가 가능하도록 하였다.

1) 국가별 전반적 비교는 부록 I 참조.

(1) 금융위기 이전 규제 체계

1) 설 립

1940년 투자회사법은 투자회사(investment company)[2]에 대하여 SEC 등록을 의무화하고 있는데, 개방형 뮤추얼펀드(open ended mutual fund), 폐쇄형 펀드(closed ended fund), 단위투자신탁(unit investment trusts), 상장지수펀드(exchange traded funds)는 SEC에 등록의무를 지닌 펀드에 해당된다. 이러한 SEC에 등록된 펀드(등록 투자회사)는 투자회사법(Investment Company Act of 1940), 증권법(Securities Act of 1933), 증권거래법(Securities Exchange Act of 1934) 등 각종 연방법을 통하여 SEC에 대한 보고 및 공시 의무 등을 지니게 된다.

대부분의 헤지펀드 또는 PEF 등 사모펀드는 동 투자회사법상의 투자회사에 포함되어 SEC에 등록하여야 한다. 그러나 통상 투자회사의 정의 적용이 제외되는 소수투자자 요건 및 적격투자자 요건을 이용하여 등록을 면제받아 규제를 적용받지 않으며, 더불어 투자회사법은 전문투자자를 대상으로 하는 사모펀드 이외에 동법의 적용을 배제하는 기타 기구(투자와 관련되지 않은 사업을 영위하는 일반 회사, 은행 및 보험회사 등 기타 금융기관, 모기지(mortgage)와 부동산 담보권을 취득하는 사업을 영위하는 회사(REITs) 등을 나열하고 있다.

투자회사법 Section 3(c)(1)에서는 소수투자자 요건으로 발행유가증권이 실질적으로 100명 미만의 투자자(전문투자자를 제외한 일반투자자는 35명 이내)에 의해 소유되며, 공모(public offering)에 의해 발행되지 않는 경우 그 발행인은 투자회사의 정의에서 배제하고 있다.

또한 투자회사법 Section 3(c)(7)에서는 적격투자자 요건으로 100명 이상의 투자자에 판매되는 경우, 발행유가증권이 500만 달러 이상의 투자잔고를 가진 개인과 기업 또는 2,500만 달러 이상의 투자잔고를 가진 기관투자자인 적격투자자(qualified purchaser)에 의해서만 소유되며, 공모에 의한 방법으로 매각되지 않는

2) 투자회사(investment company)는 증권의 투자나 거래에 주로 종사하는 발행회사(투자회사법 Section 3(a)(1)(A) 또는 총자산의 40% 이상을 증권으로 보유하고 있는 회사(투자회사법 Section 3(a)(1)(C))로 정의됨.

경우 동 유가증권 발행인을 투자회사 정의에서 제외하고 있다.

더불어 투자회사법은 전문투자자를 대상으로 하는 사모펀드 이외에 동법의 적용을 배제하는 기타 기구(투자와 관련되지 않은 사업을 영위하는 일반 회사, 은행 및 보험회사 등 기타 금융기관, 모기지(mortgage)와 부동산 담보권을 취득하는 사업을 영위하는 회사(REITs) 등을 나열하고 있다.

1933년 증권법(Securities Act of 1933) Section 5는 유가증권의 공모시 유가증권 발행인의 SEC 등록과 사업설명서의 투자자 교부를 의무화하고 있다.[3] 그러나 증권법 Section 4(2)는 공모가 아닌 경우 일정 요건에 따라 등록과 사업설명서 교부 의무를 면제받게 되는데, 1933년 증권법의 Rule 506 of Regulation D에서 ① 최대 35명의 일반투자자에 사모로 발매하며, ② 불특정다수를 대상으로 광고나 투자 권유 행위를 하지 않는 경우 등록과 사업설명서 교부의무를 면제받게 된다. 따라서 헤지펀드가 일반투자자 35명 이내로 설립하되 불특정다수를 대상으로 한 광고나 투자권유 행위를 하지 않는 경우 면제 혜택을 얻게 된다. 또한 미국 내 투자자에 발행되는 해외펀드의 경우 Regulation D에 의한 사모발행 규정이 적용되며, 이는 Section 4(2)의 면책규정(safe harbour) 조항이 준용된다.

1934년 증권거래법(Securities Exchange Act of 1934)에서는 유가증권 딜러로서 SEC에 등록 및 보고의무 조항을 규정하고 있으며, 또한 Section 12에 의거하여 일정 조건을 충족하는 자가 발행한 주식의 종류별 등록을 명시하고 있으며, 관련 규정에서 주식 종류별(a class of equity securities)로 500명 이상의 보유자를 갖고 있고, 최근 사업연도말 자산 규모가 1천만 달러 이상인 발행인은 동 주식을 등록해야 할 의무를 지니게 된다. 또한 Section 15(b)에 의거하여 자기계정으로 유가증권을 매수·매도하는 것을 영업으로 하는 자는 유가증권 딜러로 SEC 등록을 의무화하고 있다. 따라서 헤지펀드 및 사모펀드의 주식 보유자를 500명 이내로 유지할 경우 1934년법상의 등록의무를 회피할 수 있다.

---

3) 1933년 증권법의 주요 목적은 증권거래에 있어서 완전하고 공정하게 정보를 공개하도록 하는 것으로 증권 공모 법인에 대한 정보 공개, 투자 설명서 제출 등에 대한 규정을 하고 있음.

2) 운용 및 운용업자

헤지펀드의 운용에 대하여 미국에서는 공적인 규제를 가하고 있지 않으나, 공매도와 관련하여 증권거래법 제16조에서는 내부자에 의한 공매도 금지를 규정하고 있다. SEC 규칙 3b-3조는 공매도에 관하여 매도자가 소유하고 있지 않은 증권의 매도 또는 매도자가 직접 차입하였거나 매도자의 계정에 차입된 증권을 인도함으로써 거래를 종결하는 것을 말하는 것으로 정의하고 있다. 또한 SEC 규칙 10a-1에서는 최종 매도가격보다 낮은 가격에 의한 공매도 또는 최종 매도가격이 그 이전의 다른 거래가격보다 높지 않은 경우에 그 최종 매도가격에 의한 공매도를 금지하고 있다.

미국은 1996년 투자자문업자감독조정법(Investment Advisers Supervision Coordination Act of 1996: IASCA)이 제정됨에 따라 1997년 이후 미국의 투자자문업자에 대한 규제는 연방정부와 주정부로 이원화하여 규제를 하고 있다. IASCA는 운용자산규모(2천 5백만 달러 기준) 혹은 투자회사에 대한 자문 여부 등의 기준에 따라 연방정부(SEC)와 주정부 한 곳에만 등록을 하는 이원규제 체제로 자문업자의 등록과 규제 체제를 개편하였다. 이에 따라 연방정부는 운용자산이 2천 5백만 달러 이상이거나 등록된 투자회사를 자문하는 투자자문업자를 규제하고, 주정부는 운용자산이 2천 5백만 달러 미만의 소형자문업자를 규제하고 있다.

연방정부 차원에서 투자자문업자는 투자자문업자법(Investment Advisers Act of 1940)에 의거하여 SEC에 등록을 하지 않으면 원칙상 투자자문을 할 수 없다고 규정하고 있는데,[4] IAA상 투자자문업자는 증권의 가격 또는 증권의 매수 또는 매도에 대한 투자의 타당성에 관하여 직접적으로든 출판물이나 서면을 통해서든 유상으로 다른 자에게 자문을 행하는 업무에 종사하는 자 또는 유상으로 정규업무의 일부로써 증권과 관련된 분석 또는 보고서를 발행하거나 배포하는 자(any person)로 정의된다.[5] 따라서 원칙적으로 공모 및 사모펀드 운용업자 모두 투자자문업자

4) Investment Adviser Act of 1940 Section 203(a).

5) Investment Adviser Act of 1940 Section 202(a)(11)에 규정하고 있으며, 단, 투자자문업자에 ① 1956년 은행지주회사법(Bank Holding Company Act of 1956)에 정의된 투자회사가 아닌 은행 또는 은행지주회사, ② 직업의 수행에 유일하게 수반되어 투자자문업자 서비스의 행위가 발생

법에 따라 SEC에 등록이 의무화되어 있으며, 동법 및 관련 SEC 규정을 적용받게 되어 등록 투자자문업자는 SEC에 제출한 Form ADV에 대해 최근 정보를 유지해야 하며, Form ADV의 Part Ⅱ에서 공시된 정보를 기재한 공시서류를 고객에 제공해야 한다. 또한 일정 장부의 기록 보관·유지 의무, SEC Staff 정기검사시 제출의무, 고객자산의 안정보관 의무, 자문업자의 재무상황 악화시 관련 정보의 통지의무 및, 고객에 대한 자문업자의 의결권 대리행사 내용의 통지의무, 자문업자 고객에 대한 사기행위 방지의무를 지니게 된다.

그러나 투자자문업자 정의 조항에 부합하더라도 투자자문업자법 section 203(b)가 정한 사유에 해당되는 주내 자문업자(intrastate advisers), 보험회사 대상 자문업자, 15인 미만 고객대상 사모 투자자문업자, 자선단체,[6] 교회 플랜,[7] 상품거래자문업자[8]는 등록이 면제되고, 등록 자문업자에게 부과되는 공시의무, 기록유지의무, 성과급보수 금지 등의 적용을 받지 않으며, 등록이 면제된 자문업자도 자문업자법 section 206 상의 반사기조항[9]은 적용받게 된다.

한 법조인, 회계사, 기사 또는 교사, ③ 중개인 또는 거래인으로서 업무를 수행에 유일하게 수반되어 투자자문업자 서비스의 행위가 발생한 중개인 또는 거래인 및 그에 관하여 특별보수를 받지 아니하는 중개인 또는 거래인, ④ 공식 신문, 시사 잡지 또는 일반적·정기적으로 보급되는 사업이나 금융관련 출판물의 발행인, ⑤ 증권거래법의 목적을 위하여 신고면제된 증권으로서 1934년 증권거래법 section 3(a)(12)에 따라 재무장관에 의하여 지정되어야 하는 직접적 또는 간접적으로 미국이 가진 권리 내에서 미국에 의한 원금이나 이자 또는 회사가 발행하거나 보증한 유가증권에 대하여 직접적인 의무나 보증의무를 지는 유가증권과 관련하여 자문, 분석, 보고하는 자[1], ⑥ 1934년 증권거래법 section 3(a)(62)에 따른 국가 공인 통계평가기관(statistical rating organization), ⑦ 위원회가 시행규칙이나 명령에서 규정한 이 호의 목적 범위 내에 있지 아니한 자는 포함되지 아니함.

6) 자선단체는 1940년 투자회사법 section 3(c)(10)(D)에서 정한 자선단체인 투자자문업자 또는 해당 자선단체의 수탁자, 이사 임직원, 자원봉사자가 자선단체 또는 특정한 기금신탁 등에만 자문하는 투자자문업자임.

7) 교회 플랜은 내국세법(Internal Revenue Code of 1986) section 414(e) 상의 교회 플랜, 교회 플랜의 설립자 및 운용자 또는 교회 플랜의 수탁자, 이사, 임직원 및 자원봉사자가 플랜, 개인, 회사, 단체, 계정 또는 펀드에 독점적으로 투자자문을 제공하는 경우에 해당하는 자문서비스 제공자임.

8) 상품거래자문업자는 상품선물거래위원회(Commodity Futures Trading Commission)에 상품거래자문업자(commodity trading advisor)로 등록한 투자자문업자로 상품거래자문업자는 주요 업무로 투자자문 행위를 행하여서는 안되며, 1940년 투자회사법에 의하여 등록된 투자회사 또는 사업개발회사(business development company)에 대한 투자자문업자로 행위하여서는 아니됨.

특히, 주내 자문업자(intrastate advisers)란 주사무소(principal office) 및 영업소재지가 있는 주(state)의 거주자만을 고객으로 하는 투자자문업자로 전국 규모의 증권거래소(national securities exchange)에 상장되었거나, 상장되지 않은 거래 우선권에 대하여 허용된 증권과 관련한 자문이나 쟁점의 분석 또는 보고서를 제공하지 않는 투자자문업자이며, 보험회사 대상 자문업자는 보험회사만을 대상으로 하는 투자자문업자이다. 또한 15인 미만 고객대상 사모 투자자문업자란 ① 이전 12개월 동안에 15인 미만의 고객을 대상으로 하며, ② 투자자문업자임을 스스로 일반인에게 표명하지 아니하며, ③ 1940년 투자회사법에 의하여 등록된 투자회사 또는 사업개발회사(business development company)에 대하여 투자자문업자로서 행위하지 않은 투자자문업자[10]로 동 조항을 이용하여 헤지펀드 및 사모펀드 운용업자가 등록 면제를 받고 있다.

3) 판 매

헤지펀드 판매자에 대한 공적인 규제는 없는 실정이며, 1933년 증권법(Securities Act of 1933) Section 5에 의거하여 등록과 사업설명서 교부의무를 면제받는 경우에는 일반투자자 35명 이내로 설립하되 불특정다수를 대상으로 한 광고나 투자권유 행위를 하지 않도록 규정하고 있다.

자율규제로서 NASD(National Association of Securities Dealers)[11]는 헤지펀드나

9) 투자자문업자가 우편・주간통상의 방법 또는 수단에 의하여 직간접적으로 ① 어떤 (장래)고객을 속이기 위하여 도구, 계획, 책략을 이용하는 경우, ② 어떤 (장래)고객에 관하여 사기 또는 기망에 의한 거래, 업무 또는 영업과정에 종사하는 경우, ③ 고의적으로 고객에게 유가증권을 매도하거나 고객으로부터 유가증권을 매수하기 위하여 자신의 이익을 위하여 본인으로서 행위하거나 또는 고의적으로 고객의 이익을 위하여 유가증권의 매도 또는 매수의 효과를 발생하기 위하여 고객 외의 자를 위한 중개인으로서 행위하는 경우, ④ 사기적, 기망적 또는 조작적인 행위, 업무 또는 영업과정에 종사하는 경우에 해당하는 행위는 금지됨.

10) 투자자문업자의 고객수를 결정하기 위하여, 이 법의 규정에서 정한 사업개발회사의 어떤 주주, 공동 경영자 또는 수익적 소유자도 주주, 공동경영자 또는 수익적 소유자로서의 지위로부터 독립된 별개의 투자자문업자의 고객이 아닌 한 투자자문업자의 고객이 되는 것으로 간주되지 아니함.

11) 2007년이 NASD는 NYSE의 규제위원회와 통합하여 FINRA(Finacial industry Regulatory Authority)가 되었음.

▌표 5-1 헤지펀드 상품 판매시 NASD회원사의 의무

① 투자위험 내역이 포함된 사업설명서 등 관련 서류를 제공하고 동 위험에 대하여 반드시 구두로도 설명
② 추천하려는 헤지펀드가 투자자에게 판매하기에 적절한 상품인지 주의 의무를 다하여 확인
③ 헤지펀드가 특정 고객에게 적합하다고 확신하여야 하며, 이를 위해 고객의 재산상황, 납세상황 및 투자목적 등을 조사
④ 내부통제시스템은 헤지펀드 상품 판매가 NASD 및 SEC 관련 규정을 준수하고 있음을 확인
⑤ 모든 관련 직원에 대하여 헤지펀드 상품의 특성, 위험 및 적합성에 대해 교육

펀드 오브 헤지펀드를 판매하는 증권회사는 회원사의 판매 관행과 적합성에 관하여 NASD 규정을 따라야 한다. 회원에 대한 동 지침은 헤지펀드나 펀드 오브 헤지펀드를 판매하는 증권사에게 다음 다섯 가지 사항을 규칙으로 삼고 있다.

헤지펀드 판매업자가 자율규제기관인 NASD 회원사인 경우 헤지펀드 상품 판매시 NASD 규정이 정하는 바에 따라 위험고지, 고객적합성 검토, 내부통제 등의 이행 의무를 부담해야 한다. NASD는 헤지펀드 상품판매에 대한 영업행위규정을 제정하여 브로커·딜러로 하여금 고객에게 헤지펀드 및 헤지펀드에 투자하는 펀드 오브 펀드 매입 권유시 〈표 5-1〉과 같은 사항을 충분히 설명하도록 하고 있다.[12)]

(2) 금융위기 이후 규제체계

2008년 9월 리먼 브러더스 파산으로 촉발된 글로벌 금융위기 이후 위기극복과 재발방지를 위해서는 새로운 규제체계가 필요하다는 주장이 전세계적으로 대두되면서 미국은 2010년 6월 25일 미국 상원과 하원은 금융개혁법안 단일안에 최

12) 일부 회원사가 헤지펀드 상품 판매시 관련 위험을 제대로 공시하지 않거나, 투자자에게 과장 또는 근거 없는 사항을 기재한 서류를 제공하는 사례가 발견되어 NASD는 해당 회원사에 대한 제재와 함께 전체 회원사에 헤지펀드 상품 판매시 주의를 요청하는 지도공문 발송(NASD Notice to Members 03-07).

종 합의하여 도드-프랭크법(Dodd-Frank Wall Street Reform and Consumer Protection Act: DFA)을 제정하였다. 이는 80년 만에 가장 포괄적인 금융규제개혁으로 중요 금융회사에 대한 규제 강화, 금융감독기구 개편, 금융지주회사 등에 대한 감독 강화 등의 내용을 주요 골자로 하고 있다.

헤지펀드 투자와 관련되어 볼커룰(volker Rule)에서는 은행 및 은행이 포함된 금융그룹에 대해 일부 고위험 증권업무 영위를 제한하고 있다. 즉, 은행 및 은행이 포함된 금융그룹은 원칙적으로 고유계정 매매(proprietary trading, 이하 prop trading), 헤지펀드(hedge fund), 사모투자펀드(private equity fund, 이하 PEF) 관련 업무를 영위할 수 없으며, 예외적으로, 해당 펀드가 설립된 지 1년 미만이어야 하며, 은행에 중요한 부분이 아닌 경우(immaterial to the banking entity)에 한하여, 헤지펀드 및 PEF에 대해서는 기본자본(Tier 1)의 3% 내에서 투자가 가능하도록 규정하고 있다.[13]

구체적으로 볼커룰에서는 헤지펀드 및 PEF는 1940년 투자회사법(Investment Company Act of 1940)에 의해 투자회사(investment company)가 되는 유가증권 발행자(issuer) 혹은 이와 유사한 펀드(such similar funds)로서 규제당국이 정하는 자로 은행 및 은행이 포함된 금융그룹은 원칙적으로 헤지펀드, PEF에 대해 투자하거나 스폰서(sponsoring)[14]를 할 수 없으나, 다음의 요건을 모두 충족시키는 경우에 한해 예외적으로 허용한다. 즉, ① 순수 투자자문서비스를 제공하는 경우로 Banking Entity가 헤지펀드, PEF의 운용과 관련하여 투자자문서비스를 제공하는 경우, ② 은행 및 은행이 포함된 금융그룹의 고객을 투자자로 하는 경우, ③ 은행 및 은행이 포함된 금융그룹은 헤지펀드, 사모펀드의 지분을 일체 보유할 수 없으나, 펀드 결성 후 1년 이내(2년간 추가 연장 가능)에 해당 펀드에 대한 지분을 3% 이하로 줄이고 은행 및 은행이 포함된 금융그룹이 운용하는 펀드에 대한 총투자가 자기자본(Tier 1 Capital 기준)의 3%를 초과하지 않는 경우에 한하여 최소한의 투자(de

13) 은행지주회사법 Section 13(d).

14) 스폰서(sponsoring)는 펀드의 general partner(GP), 운용자(managing member), 혹은 펀드의 수탁자(trustee)가 되는 경우, 또는 펀드의 수탁자 혹은 관리자, 과반수 이상의 이사를 구성하는 자에 대한 선출권이나 지배권을 행사하는 경우 및 은행 계열 은행이 포함된 금융그룹(Banking Entity)과 동일 혹은 유사한 상호를 펀드에 사용하는 경우를 의미함.

minimis investment)가 가능한 경우, ④ 은행 및 은행이 포함된 금융그룹의 프라임 브로커리지 업무 영위와 관련한 거래 등에 한정된다. 이러한 헤지펀드, PEF에 대한 예외적 허용에 있어서 은행 및 은행이 포함된 금융그룹과 고객 혹은 거래상대방 간에 중대한 이해상충이 발생하는 경우, 고위험 자산 혹은 고위험 트레이딩전략에 직접 혹은 간접적으로 중대한 노출을 야기하는 경우, 안전성(safety)과 건전성(soundness)에 위협을 가하는 경우 및 미국 금융시스템의 안정성에 위협을 가하는 경우는 헤지펀드, PEF 관련업무의 영위를 허용하지 않는다.

은행계열 증권사, 은행계열 트레이딩회사 등의 자산운용은 특별한 제약없이 헤지펀드, PEF 관련업무를 영위할 수 있었으나 이러한 볼커룰의 법제화로 인하여 일부 예외적인 경우에만 해당 업무의 영위가 가능하게 되었으며, 이 경우에도 한도규제를 적용받게 됨에 따라 과거에 비해 업무범위 및 취급규모가 축소될 것으로 예상된다.

반면 순수 증권사, 순수 트레이딩 회사, 순수 사모펀드 운용사 및 은행을 포함하고 있지 않은 금융그룹은 볼커룰의 적용을 받지 않으므로 고위험 증권업무 영위가 가능하고 관련 업무의 주도적인 역할을 담당할 것으로 예상된다.[15)]

헤지펀드와 기타 투자자문업자와 관련되어 DFA의 Regulation of Advisers to Hedge Funds and others에서는 헤지펀드를 포함한 사모펀드 자문업자의 등록을 통한 규제 강화와 규제 기준의 상향 조정을 주요 골자로 하고 있다. 규제 공백을 보완하기 위하여 헤지펀드와 PEF 등을 포함한 사모펀드(private fund) 투자자문업자를 SEC에 원칙적으로 등록하도록 하며, 시스템 리스크 평가에 필요한 거래와 포트폴리오에 관한 정보에 대한 기록유지 및 보고 의무를 강화하고 있으며, SEC는 등록 투자자문업자에 대하여 정기적·특별 검사권을 가지며, 등록 투자자문업자에 대한 자료는 시스템 리스크 규제 당국과 공유될 뿐만 아니라 동 자료를 투자자 보호와 시장 건전성 유지를 위해 어떻게 사용되는지를 매년 연방의회(Congress)에 보고해야 한다. 또한 주(state)정부 규제 수준을 높이고 투자자 보호를 강화하고 있는데, 연방

15) 단, 비은행 금융기관 중 시스템적으로 중요한 금융기관(Non-Bank Systemically Important Financial Institution)에 대해서는 일부 규제가 부과될 수 있으므로 이와 관련된 추가적인 자본적립 및 양적 한도 등에 대한 규제는 받을 수 있음.

규제 대상 투자자문업자의 최소 운용자산 규모를 2천 5백만 달러에서 1억 달러로 상향 조정하고 소형 사모펀드의 감독권을 주(state)로 이전시킴으로써 SEC가 대형 사모펀드 자문업자에 대한 조사에 집중하도록 하였으며, 사모펀드에 투자할 수 있는 투자자의 적격성(investment eligibility)에 대한 기준을 조정함으로써 관련 리스크를 감내할 수 있는 전문투자자(sophisticated investors)의 수준을 강화하고 있다.

구체적으로 첫째, 금융개혁법 이전 IAA에서는 사모펀드에 대하여 명시적으로 정의하지 않았으나, DFA에서는 사모펀드(private fund)를 ICA의 규정을 이용하여 명시적이며 포괄적으로 정의하고 있다. DFA에서 사모펀드는 ICA §3에 의한 투자회사[16]로서 등록 면제조항인 ICA §3(c)(1)의 소수투자자 요건과 ICA §3(c)(7)의 적격투자자 요건에 해당되는 투자회사로 정의하였다.

둘째, DFA는 사모 투자자문업자(private adviser)에 대한 면제 규정을 개정하고, 특정 사모펀드 투자자문업자의 등록면제 조항을 신설함으로써 사모펀드 투자자문업자의 등록을 강화하고 있다.

1940년 투자자문업자법(Investment Adviser Act of 1940: IAA) section 203(b)(3)의 15인 미만 고객대상 사모투자자문업자의 등록면제 조항을 삭제하고, IAA section 203(b)(1) 요건을 개정하여 사모펀드에 대한 투자자문업자를 제외한 주내 투자자문업자의 경우 등록을 면제하였으며, 일정 요건을 충족하는 외국 사모자문업자(foreign private adviser), 특정(certain private fund) 또는 중형 사모펀드(mid-sized private fund) 자문업자, 중소기업투자회사(small company investment company), 벤처캐피탈 펀드(venture capital fund)와 패밀리 오피스(family office)의 자문업자에 대한 등록 면제 조항을 신설하였다.

외국 사모투자자문업자(foreign private adviser)에 대해서는 section 202에 외국 사모 자문업자(foreign private adviser)에 대한 정의를 신설하도록 하였으며, 이는 미국 내 영업소를 가지지 않고, 사모펀드에 대하여 미국 내서 15인 미만의 고객과 투자자를 보유하며, 미국내 고객과 투자자에 기인한 사모펀드의 총 운용자산규모

16) ICA §3(a)(1)에서는 투자회사(investment company)를 증권의 투자나 거래에 주로 종사하는 발행회사, 총자산의 40% 이상을 증권으로 보유하고 있는 회사 등으로 정의하여 이를 포괄적이며 기능적으로 정의하고 있으며, 동법상 투자회사에 해당되는 경우 SEC에 등록 의무를 지니게 됨.

가 2,500만 달러 미만(또는 SEC가 적합하다고 인정하여 규정으로써 정하는 운용자산 규모액 이상)으로 ① 일반적으로 미국에서 투자자문업자로서 대중을 상대로 광고하지 않고, ② 1940년 투자회사법에 따라 등록된 투자회사에 대한 투자자문업자 또는 ICA section 54에 의거한 사업개발회사(business development company)는 배제된다. 또한 벤처캐피탈펀드 투자자문업자에 대한 등록은 면제하되 및 보고의무를 신설하여,[17] 기록 유지(recordkeeping)의무 및 SEC에 연간보고서를 제출할 보고(reporting)의무는 이행하도록 하였다. 더불어 IAA section 203에 특정 사모펀드 자문업자(certain private fund adviser)에 대한 등록면제와 보고의무 규정을 신설하고, 특정 사모펀드 투자자문업자의 정의를 내리고 있다. 특정 사모펀드 투자자문업자란 ① 사모펀드만을 운용하는 투자자문업자이며, ② 운용자산 규모가 1억 5천만 달러 미만인 사모펀드의 투자자문업자로 정의되며, 이 경우 등록이 면제될 수 있으나, 각 자문업자는 SEC가 정하는 기록유지와 보고 의무는 이행하도록 규정하였으며, 특히 SEC가 공익 및 투자자 보호를 위하여 적합하거나 필요하다고 판단할 때 연간 또는 기타 보고서를 SEC에 제공하고, 기록을 유지해야 한다. 중형 사모펀드(mid-sized private fund) 투자자문업자의 등록과 조사 관련 사항도 신설하였으나,[18] 중형 사모펀드에 대한 정의는 내리지는 않았으며, 이와 관련하여 SEC가 규정을 발표할 권한을 가지게 된다.

다만, 패밀리 오피스를 IAA section 202(a)(11)에 추가하여 투자자문업자의 정의에서 배제되는 독립체로 규정함으로써 투자자문업자에 부과되는 등록 요건의 적용을 받지 않는다.[19] 또한 IAA section 203(b)에 ① 상품선물거래위원회(CFTC)로서 선물자산운용사(Commodity Trading Advisor: CTA)에 등록하고, ② 사모펀드에 자문업무를 수행하는 투자자문업자의 경우 SEC 등록을 면제하는 조항을 추가하였다.

셋째, 사모펀드에 대한 기록 유지 및 보고 의무를 강화하고 있는데, IAA section 204의 개정을 통하여 사모펀드의 기록과 보고에 관한 사항을 신설하고, 기록의 취급, 요구되는 정보기록의 유지 및 제출, 기록에 대한 조사권, 정보 공유, 기록의

17) DFA section 407.
18) DFA section 408.
19) DFA section 409.

입수가능성 등에 대항 사항을 신설하였다.[20] 또한 기록 유지 및 보고 의무에 대하여 개별 사모펀드의 자문업자는 각종 정보를 기록하고 SEC에 보고하도록 요구함으로써 기록·보고 의무를 강화하였으며, SEC는 FSOC(Financial Stability Oversight Council)에 의해서 투자자 보호 또는 시스템 리스크 평가 및 공익을 위하여 적절할거나 필요하다고 판단될 때, 투자자문업자가 자문하는 사모펀드에 대하여 각종 정보를 취합하고 유지도록 하며, 이와 관련된 기록과 자료를 FSOC 및 연방의회에 제공하도록 규정하였는데, 등록 투자자문업자는 자문하는 개별 사모펀드에 대하여 ① 운용자산과 부외 레버리지(off balance sheet leverage)를 포함한 레버리지의 사용, ② 거래 상대방 신용 위험 익스포저(counterparty credit risk exposure), ③ 거래 및 투자 포지션, ④ 가치평가(valuation) 정책과 관행, ⑤ 보유 자산의 유형, ⑥ side letter 또는 side arrangement, ⑦ 투자 관행, ⑧ SEC가 FSOC와의 협의를 통하여 투자자 보호 및 시스템 리스크 평가를 목적으로 필요하거나 적합하다고 판단하는 기타 정보로 자문하는 사모펀드 규모 또는 유형에 따라 다양한 펀드 자문업자에 대하여 다양한 보고의무를 설정하는 것을 포함하여 정보를 유지하며 SEC의 검사를 받도록 하였으며, 등록된 투자자문업자에 의해 유지되는 사모펀드의 모든 기록에 대하여 SEC의 정기적·특별 검사권을 허용하고 있다.[21]

넷째, SEC 등록대상 투자자문업자의 최소 운용자산 규모를 상향 조정하였는데, IAA section 203A(a)의 개정을 통하여 중형 투자자문업자(mid-sized investment advisers)에 대한 취급과 관련된 규정을 신설하였는데,[22] ① 사무소(principal office)와 영업소가 유지되는 주정부의 증권감독국(Securities Commissioner)에 투자자문업자로 등록하고, 그 이후 투자자문업자로 검사를 받는 투자자문업자이며, ② 투자자문업자의 운용자산 규모가 최소 2천 5백만 달러(또는 SEC가 적절하다고 판단하여 규정으로 정한 금액)에서 1억 달러(또는 SEC가 적절하다고 판단하여 규정으로 정한 금액) 사이에 있는 투자자문업자는 IAA Section 203에 의거하여 SEC에 등록할 의무를 부과하지 않고 있다.

20) DFA section 404.

21) 단, 투자자문업자의 독점정보(proprietary information)는 높은 수준의 기밀 조치(confidentiality measure)가 적용되도록 규정하여 일반 대중을 상대로 공시하지 않도록 함.

22) DFA section 410.

다섯째, 투자자 및 고객 기준을 조정하고 있는데, SEC는 전문투자자(accredited investors)의 기준을 조정할 수 있되, 자연인(natural person)에 대해 적용되는 개인의 순자산가치 또는 그 배우자와의 합산 순자산가치 최소 기준은 1백만 달러로 하되, 투자자의 주택자산가치를 제외하도록 하며, 최소 기준은 SEC의 규정에 의하여 정기적으로 조정하고,[23] 법 제정일 이후 4년 동안 자연인에 대한 순자산가치 기준은 1백만 달러로 유지하도록 한다.[24] 또한 법 제정일 이후 4년과 그 이후 매 4년마다 SEC가 자연인에 적용되는 전문투자자의 개념을 총체적으로 검토해야 하며, SEC는 경제 번영, 공익 및 투자자 보호를 위하여 적절한 개념으로 수정할 권한을 지니게 된다.

여섯째, 사모펀드에 대한 자율규제기관(self-regulatory organization), 전문투자자에 대한 GAO의 연구 및 제출 규정을 신설하며, 공매도(short selling)에 대한 SEC의 연구 및 제출 규정을 신설하였다. 미국 감사원장(Controller General of the United States)은 사모펀드를 규제하기 위하여 자율규제기관 구성의 실행가능성을 연구하도록 하며, 전문투자자 자격 부여와 사모펀드 투자의 적격성에 필요한 재정 조건 및 기타조건을 결정하는 데 적절한 기준에 대하여 분석을 수행하도록 하며, 이에 대한 결과를 일정 기간 이내에 Committee on Banking, Housing, and Urban Affairs of the Senate와 the Committee on Financial Services of the House of Representatives에 제출하도록 한다. 또한 SEC의 리스크・전략 및 금융혁신부는 공매도로 매도되는 주식과 공매도 거래 이후 4일째 거래되는 주식의 이전 결제 불이행의 발생을 고려하여 거래소와 OTC 시장에서의 공매도 상태에 대하여 연구하도록 하며, 상장주식의 실시간 포지션에 대해 공개적으로 보고하는 데 요구되는 실행가능성, 효익 및 비용과 공모 기업이 short, market maker short, buy, buy-to cover, long으로 표시되는 주식의 모든 거래에 동의하는 voluntary pilot program을 실행하는데 있어 실행가능성, 효익 및 비용에 대하여 연구하도록 한다.

일곱 번째, 상품거래법(Commodity Exchange Act) 관련된 규정을 정비하며 고

---

23) SEC는 적격고객에 대하여 적용되는 순자산 최소 기준과 같은 요소 산정에 있어 달러가치를 사용할 때(dollar amount test)에는 인플레이션의 효과를 고려하도록 허용함.

24) DFA section 413.

객 자산에 대한 수탁 책임을 신설하였다. 특히, 등록된 투자자문업자는 독립적인 공인 회계사에 의한 고객 자산 검증을 포함하여 수탁하고 있는 고객 자산을 보호하기 위한 조치를 취해야 한다고 규정하고 있다.[25)]

이상과 같은 규제체계 변화에서 중요한 변화는 기존 법규에서 15인 미만의 고객 대상 사모투자자문업자(private investment adviser)의 등록면제 규정을 삭제하고 일정 요건을 충족하는 사모펀드 투자자문업자에 관하여 등록면제 조항을 신설했다는 점이다.

기존 IAA section 203(b)(3)에서 규정하고 있는 15인 미만 고객대상 사모투자자문업자에 대한 등록면제 규정을 이용하여 많은 투자자문업자들이 등록면제의 혜택을 누렸으며, 이 경우 컴플라이언스 정책의 적용, 기록 유지의무, 정기적 SEC에 의한 검사 등의 의무 회피가 가능했다. 그러나 동 면제 조항을 이용하여 투자자문업자 등록을 면제받았던 많은 투자자문업자들은 DFA에서 제시하고 있는 다른 조항을 이용하지 않는 이상 등록의무를 지니게 되었고 SEC는 보다 광범위하게 사모펀드 투자자문업자를 규제할 수 있는 권한을 보유하게 되었다. 또한 일정 요건을 충족하는 외국 사모자문업자(foreign private adviser), 특정(certain private fund) 또는 중형 사모펀드(mid-sized private fund) 자문업자, 중소기업투자회사(small company investment company), 벤처캐피탈 펀드(venture capital fund)와 패밀리 오피스(family office)의 자문업자에 대한 등록면제 조항을 신설하여 사모펀드가 가지는 시스템 리스크를 고려하여 사모펀드 투자자문업자에 대한 규제 공백을 최소화하되, 사모펀드가 가지는 유용성을 고려하여 사모펀드를 활성화하고자 하는 입법 취지로 해석될 수 있다.

특히, 기존 법률에서는 중소기업 투자회사 및 벤처캐피탈 투자자문업자를 등록 면제 대상에 포함하지 않았으나, 중소기업 투자회사 및 벤처캐피탈 투자자문업자에 대한 등록면제 규정을 신설한 것은 금융규제개혁으로 인해 혁신기업 및 신성장기업에 대한 자금공급 기능 및 모험자본이 위축되는 것을 막기 위한 취지로 판단할 수 있다.

또한 기존 법률에서는 외국 사모자문업자를 등록 면제 대상에 포함하지 않았

25) DFA section 411.

으나, 15인 미만의 고객대상으로 미국 내 고객과 투자자에 기인한 총운용자산 규모가 2천 5백만 달러 미만의 외국 사모자문업자의 등록면제 규정을 신설하였다. 즉, 외국 사모투자자문업자의 경우 면제를 받기 위한 요건을 협소하게 설정하여 등록면제를 통해 미국 내 영업하는 투자자문업자의 경우 영업력을 확장하는 데는 한계가 존재할 것으로 판단되며, 이는 시스템적으로 위협이 될 수 있는 일정 규모 이상의 외국 투자자문업자의 경우도 규제 영역으로 포함시켜 규제 공백을 없애려는 취지로 판단할 수 있다.

기존 법규에서는 연방정부 등록 대상 투자자문업자의 최소 운용자산 규모를 2천 5백만 달러로 설정하였으나, DFA는 투자자문업자의 운용자산규모가 1억 달러 이상인 경우 연방정부에 등록을 의무화하여 SEC는 대형 투자자문업자에 대한 조사와 감독에 집중하도록 한 반면, 소형 사모펀드의 감독권을 주(state)정부로 이전시키고 있다. 이에 따라 주정부의 규제 대상이 되는 투자자문업자가 대폭 증가하고 소형 투자자업자에 대하여 주정부가 강력한 감독자가 될 것이며, 등록면제의 혜택을 누리려는 사모펀드 투자자문업자는 어떤 주정부에 등록하는지 결정할 필요가 있게 되었다. 따라서 투자자문업자는 각 주정부의 영업행위 규율(conduct of business)에 따라 주정부를 선택하여 등록할 것으로 예상되며, 주정부의 규제 수준이 헤지펀드의 주요한 고려 요소가 될 것으로 예상된다.

사모펀드에 대한 기록 유지 및 보고 의무에 대하여 DFA는 기록의 취급, 요구되는 정보기록의 유지 및 제출, 기록에 대한 조사권, 정보 공유, 기록의 입수가능성 등에 대항 사항을 신설하고, 특히, 운용자산과 부외 레버리지, 거래상대방 익스포저, 거래 및 투자 포지션 등 포트폴리오 관련 등 보고하거나 유지해야 하는 정보의 수준을 세부적으로 정하여 기록·보고 의무를 강화하고 있다.

전문투자자(accredited investors)에 적용되는 기준을 보다 명확하게 설정하고 자연인(natural person)에 대해 적용되는 개인의 순자산가치 기준에서 투자자의 주택자산 가치를 제외하도록 명시함으로써 전문투자자의 개념을 보다 더 엄격하게 규정하며 투자자 보호 수준을 높이고 있다. 이는 헤지펀드 등의 사모펀드에 자금을 공급하는 고액자산가(high net worth individual)의 역할을 인정함으로써 궁극적으로 혁신기업 및 신성장기업을 육성하기 위한 것으로 판단된다.

2. E U

EU의 투자집합기구는 UCITS(Undertakings for Collective Investments in Transferable Securities)와 비UCITS로 구분되며, UCITS의 경우 UCITS Directive의 규칙에 따라 설립되고 소매 시장에서 판매 인가를 받게 된다. Non-UCITS schemes는 공모펀드에 관한 규정이 배제되는 펀드로서 Alternative Investments Funds(AIF)는 UCITS Directive의 적용 대상이 아닌 모든 펀드로 공모방식 모집이 아닌 펀드, 전문투자자를 대상으로 하는 펀드 등이 이에 해당하며 헤지펀드 등 사모펀드는 여기에 속한다.

EU집행위원회는 EU 차원의 사모제도(private placement regime)를 마련하기 위해 2007년 4월 20일~6월 30일까지 여론 수렴을 하여 EU 차원의 사모제도 도입방안을 마련하고자 한 바 있으며,[26] 사모제도는 전문 투자가에게 증권을 판매할 경우 일반 공모제도에 적용되는 투자자 보호, 보고, 정보 공개의무 등이 면제되어 기관 투자자나 특정 개인에 대하여 개별적 접촉을 통하여 증권을 매각하는 방식으로 공모에 비해 시간과 비용이 절약되는 이점을 누린 바 있다.

이어 2009년 4월 29일 EU 집행위원회(European Commission)는 대체투자펀드 매니저에 대한 포괄적이고 효과적인 규제 및 감독 체계 마련을 위해 대체펀드운용자에 대한 규제지침안(Directive on Alternative Investment Fund Managers: AIFM Directive) 초안을 마련하여 발표한 바 있으며, AIFM 업무는 개별 회원국의 금융 및 회사법의 규제 대상, 업계 표준이 보완적으로 적용되고 있다. 그러나 최근 금융위기를 계기로 AIFM 업무의 투명성에 의문이 제기되고 관련 위험을 현행 규제 체계로 충분히 규제할 수 없고, 특히 국경간 거래에는 더욱 취약하다는 입장에 의거하여 EC는 적정한 수준의 규제 수준을 도입하여 AIFM Directive를 수정・보완하였다.

이에 따라 2010년 5월 17일 유럽의회(European Paliament)에서 AIFM Directive가 통과되었으며, 2010년 5월 18일 브뤼셀에서 열린 EU 회원국 재무장관들로 구성된 유럽집행위원회 경제재무이사회(Council of the European Union, Economic and

26) 2007년 10월 15일 이에 대한 결과를 발표함.

Financial Affairs Council: ECOFIN)는 AIFM Directive에 관하여 유럽의회(European Parliament)와 입법 협의를 개시하도록 합의하였고, 이어 동년 7월 중 유럽의회 본회의에 상정 및 전체 의결을 거쳐 유럽이사회에 부의되어 최종안의 시행은 2012년 말 또는 2013년으로 예상되고 있다.

AIFM(Alternative Investment Fund Managers) Directive의 적용 범위로 AIFMs은 AIF에 대한 자산 운용 및 그 지분의 판매업무를 제공하기 위하여 본국 규제 당국의 인가를 취득해야 하며, 인가를 받게 되며 모든 가맹국에서 전문투자자(professional investors)를 상대로 펀드를 설립할 수 있는 자격이 주어지게 된다. 동 지침에서 AIFM은 하나 또는 그 이상의 AIF를 관리하는 것을 정규 영업(regular business)으로 하는 법인을 의미하며, AIF는 다수의 투자자로부터 자본을 조달하여 확정된 투자 정책에 따라 그 자본을 투자하는 UCITS가 아닌 집합투자 기구로 정의하고 있으므로 대체투자펀드는 EU에서 설립 또는 운용되는 헤지펀드뿐만 아니라 사모펀드, 상품펀드, 부동산펀드 및 인프라 펀드 및 EU 투자자들을 대상으로 마케팅되는 사모펀드들 모두 규제 대상으로 삼고 있으며, 자산 수탁관리인(depositary, administrator)과 같은 주요 서비스 제공자도 규제의 대상이 된다.

EU 역내에서 운용이나 판매업무가 제공하는 AIF을 가진 모든 매니저에 대하여 적용되지만, ① 총자산이 1억 유로 이하인 AIF를 관리하는 AIFMs, ② 총자산 5억 유로 이하로서 레버리지가 없고 각 AIF에 대한 최초 투자일로부터 5년간 환매권이 인정되지 않는 AIF를 관리하는 AIFM에 대해서는 적용이 면제된다.

동 지침은 리스크 관리 절차, 감독기관에 대한 보고의무, 투자자 및 시장에 대한 공시의무, 자산보관기관(custodian) 및 평가기관(valuation) 제한, 자기자본 규제, 차입(leverage) 제한 등 펀드 운용행위에 대한 규제를 포함하고 있다. AIFM가 활동하고자 하는 회원국의 규제당국에 등록하고 해당 감독당국의 인가가 필요하며, 이를 위해 사모펀드 운용자는 사모펀드 운용서비스 제공 적격성을 입증해야 하며, 사모펀드 운용계획・사모펀드의 성격・사모펀드의 지배구조・사모펀드 보유 자산의 평가 및 보관에 관한 상세정보를 규제당국에 제출함으로써 대체투자펀드 매니저 및 펀드에 대한 투명성을 강화하고 있다. 모든 규제대상은 적절한 지배구조를 확립하고 리스크 관리, 유동성 및 이해상충 문제에 대한 시스템을 갖추어야 하며, AIFM 운용자는 투자자들이 펀드에 투자하기 전과 투자 후에 변동 사항이 있을 때마다 투자자에게 투자대상자산 유형 및 레버리지 투자 여부를 포함한 투자정책·환매정책·평가·자산보관·펀드관리 및 리스크 관리절차·투자보수 기타 비용에 관한 명확한 정보를 제공해야 한다.

또한 AIFM 운용자는 자신의 주된 거래시장 및 상품, 익스포저, 성과데이터, 리스크 관련 사항 등을 정기적으로 감독당국에 보고해야 하며, 관리하는 모든 사모펀드의 리스크, 중요 투자자산, 공매도 사용내역, 유동성 관리, 리스크 유형 등을 감독당국에 보고해야 해야 하는데, 레버리지를 사용하는 경우 운용회사는 레버리지 한도를 사전에 확정하고 이를 준수해야 하며, 모든 형태의 차입총액, 주된 차입원을 당해 운용자가 소속하는 회원국의 규제당국에 보고해야 한다. 또한 헤지펀드와 같이 자금차입을 통해 레버리지를 하는 사모펀드에 대해 EC위원회는 금융시스템의 안정성 및 완전성을 담보하기 위해 필요한 경우에는 특별절차(comitology procedures)를 거쳐 레버리지(leverage) 한도를 설정할 수 있고, 금융시스템의 안전성 확보를 위한 예외적인 경우, 사모펀드 규제당국은 개별 운용자 및 펀드에 대해 레버리지 사용을 제한할 수 있는 비상조치권한을 가진다.

동 지침에서는 자본 규제를 가하고 있는데, 헤지펀드 운용자는 잠재손실 감당을 위한 최소한의 자기자본을 유지하여야 하며, 외부적으로 선임된 AIFM은 최소 12만 5천 유로+2억 5천만 유로 초과 자산의 0.02%를 보유해야 하며, 내부적으로 운용되는 AIF에 대해서는 30만 유로를 보유해야 한다.

동 지침에서는 AIFMs에 대한 인가를 전체 유로에 통용하고 있으며, 비EU 운용회사에서는 2015년부터 적용될 것으로 밝히고 있으며, EU에 설립한 펀드는 개별 국가가 허용하고 directive의 일정 요건을 충족하면 다른 EU 회원국에서도 전문투자자(professional investors)를 상대로 사모펀드를 판매할 수 있는 "European Passport"를 허용하고 있다. 다만, 제 3국 소재지 펀드(third county funds)의 경우 2년의 유예기간 후 동 지침의 요건을 충족할 경우 인가업자에 의하여 EU 전체에 판매될 수 있되, 펀드 운용 투명성의 강화 측면에서 EU 지역 영업행위시 개별 회원국 등록 의무 및 OECD 모범 조세 규정 준수와 조세 관련 정보교환 등을 통한 역외 헤지펀드의 EU 역내 영업 규제를 강화하고 있다. 다만, 적극적 권유없이 EU

투자자들이 비EU 펀드에 가입하는 것은 동 지침의 적용대상에서 제외하고 있다.

전문투자자대상 PEF와 사모부동산 펀드를 제외한 모든 AIF는 일반적으로 은행이나 투자회사인 보관기관(depository)을 두어야 하며, AIFMs에 대해서는 자본요건지침상 은행에 대한 보수 규제와 동일한 수준의 보수 규제가 적용된다.

더불어 AIFM에 대해서 AIF에 대한 독립성 평가, 위험 · 유동성 · due diligence · 이해상충의 적절한 관리를 포함하여 그가 관리하는 AIF와 투자자의 최대 이익과 시장 신뢰성을 위하여 행위할 의무를 규정하고 있으며, 위험 및 평가업무를 포트폴리오 관리 업무와 기능적으로 분리하도록 요구하고 있다.

3. 영 국

(1) 펀드 설립

영국의 펀드와 관련한 기본적 규율 법령은 FSMA(Financial Services and Markets Act 2000)이며, FSA(Financial Services Authority)가 법령 관리 및 감독을 담당하고 있는데, 사모펀드는 FSMA의 적용이 면제되는 비규제집합투자기구(unregulated collective investment scheme)에 해당된다. FSMA 235조는 "집합투자기구"를 정의하는데 있어, 집합투자기구에 해당하기 위한 요건 중 하나가 펀드참여자는 투자의 일상적 운용에 대한 통제권을 가지지 않아야 한다는 투자에 대한 소유와 경영의 분리를 전제하고 있음에 반해, 사모펀드에서는 GP가 펀드참여자이고 투자에 대한 통제권을 가지므로 FSMA에서 정의하고 있는 집합투자기구에 사모펀드는 포함되지 않는다고 볼 수 있다.

사모펀드와 헤지펀드의 개념에 대해 법률상의 정의 규정을 두고 있지 않으므로 FSA의 규제 대상에 해당하지 않는데, 영국에서 헤지펀드와 같은 사모펀드는 일반적으로 펀드의 구조를 가리키는 말이라기보다는 투자의 전략을 가리키는 용어로 사용되고 있으며,[27] 사적인 금전계약으로 간주되고 있다. 다만, FSA는 공매

27) IOSCO(2006)의 p. 31 참고.

도, 파생금융상품 및 레버리지를 헤지펀드의 투자전략의 인식지표로 들고 있으며, 절대적 수익의 추구, 운영자의 광범위한 재량권 및 대량의 거래와 높은 투자최소한도금의 설정을 그 구조적 특성을 나타내는 지표로 들고 있다.[28]

즉, 영국의 사모펀드는 규제외 집합투자기구(unregulated collective investment scheme)로 분류되어 FSA의 설립규제를 받고 있지 않고 사적인 금전계약에 의해 특정한 소수투자자나 전문투자가로 구성되는 사모펀드에 대해 최대한 사적자율의 특성을 보장해 주고 있다.

영국에서 헤지펀드 및 사모펀드의 법적 형태에 대해서 별도의 규제가 없으므로 유한책임조합(Limited Partnership: LP), English Company, UK Investment Trust Company, Venture Capital Trust, UK Unauthorirized Unit Trust for Exempt Funds 및 이와 유사한 기업형태 등 영국회사법에서 정한 기업을 사모펀드의 법적 형태로 선택할 수 있으나, 대부분의 사모펀드는 과세와 여러 가지 규제에 대한 부담을 회피하기 위하여 유한책임조합(LP)의 형태를 이용하고 있다. 영국의 유한책임조합은 1907년에 제정된 UK Limited Partnership Act에 의해 규제되는데 이러한 유한책임조합은 세법뿐만 아니라 UK Limited Partnership Act에서도 법인격이 인정되지 않으며, 각각 1인 이상의 무한책임사원과 유한책임사원으로 구성되며,[29] 무한책임사원은 합자회사의 경영을 담당하고 거래 상대방에 대해 직접 무한책임을 지며, 유한책임사원은 경영에 참여하지 않음을 전제로 합자회사와 거래한 상대방에 대하여 각각의 유한책임사원이 조합에 출자한 지분에 한하여 다른 조합원들과 직접・연대・유한책임을 지게 된다.[30] 특히, 유한책임조합의 법적 구조는 사모펀드 운영자(manager)의 역할을 펀드에 대한 투자자로부터 구별해 주는데, 영국에서는 미국과 같은 유한책임회사제도가 없으므로 펀드조성자는 사모펀드의 법적형태인 LP의 유한책임사원(Limited Partner, Founder Partner)이 되고, 일반 투자자들도 동일하게 유한책임사원이 될 수 있으며, 투자자의 펀드에 대한 권리는 조합계약서

---

28) FSA(2005)의 pp. 10~11 참고.

29) UK Limited Partnership Act 제 3 조 제 3 항.

30) UK Limited Partnership Act 제 9 조, 제10조. 유한책임조합원이 조합의 운영에 참여하는 것이 금지되며, 만약 운영에 참가하면 참가한 기간 동안 발행한 조합의 채무에 대해 책임을 지게 됨(동법 제 6 조 제 1 항).

(partnership agreement)에 따르고, 조합계약에 관련 조항이 없는 경우에는 조합법[31] 에 의해 결정된다. 일반적으로 투자자들에게 투자이익(capital gains)의 80%를 배당하고 나머지 20%를 성과보수(performance fee)로서 사모펀드의 조성자가 지배하는 특수목적회사에 배당하여 결국 펀드조성자에게 귀속시키는 형태이다.[32]

또한 영국의 역외(off-shore) 사모펀드에 대해서는 FSA의 규제를 받지 않는다. 사모펀드가 영국 내에서 설립되는 경우에는 당해 사모펀드 설립시 규제목적상 설립자는 그 펀드의 운용자(manager)가 되지만, 펀드가 역외에 설립되는 경우 그 사모펀드의 설립자는 단순히 투자자문업자(adviser)로 간주되어 이에 준하는 규제를 받게 된다. 이는 설립자가 수행하는 역할에 따라서 구별한 것이지만, 펀드가 역외에 설립된 경우에는 펀드 자체는 FSA의 규제를 받지 않으므로 펀드의 규제에 있어서 설립지와 관련해서는 중요한 차이가 없다.

(2) 운용 및 운용자 규제

영국에서는 사모펀드 자체에 대한 규제보다 사모펀드의 운용이나 자문을 담당하는 펀드 운용자(manager)에 대한 감독에 더욱 비중을 두고 있는데, 이는 영국에서 영업을 수행하는 유럽 사모펀드들 대부분이 영국 내에서가 아니라 역외에 설립하여 운영자가 영국 내에서 영업을 수행하는 역외펀드(off-shore fund) 형태를 띠고 있기 때문이다.

또한 영국 밖에서 설립되고 본점이 영국 밖에 있는 역외펀드(off-shore fund)도 그 활동이 영국 내의 영업점을 주요 활동근거지로 하여 영위되는 경우에는 그 운용자(adviser)가 FSA의 규제대상에 포함된다.

영국은 사모펀드 운용자(manager)는 통상 FSMA의 규제 목적상 "규제대상영업(specified activites)"에 해당되므로 영국 내에서 사모펀드 활동에 참여하는 모든 펀드운용자는 FSA의 인가를 받아야 하고 FSA의 건전성 기준, 영업행위준칙 등의

31) Limited Partnerships Act 1907 또는 동법에 관련 사항에 관한 규정이 없는 경우에는 Partnerships Act 1890 규정에 따름.

32) 이중기(2008) 참고.

규제를 받으므로 상위원칙(high level standards), 건전성 기준(prudential standards), 영업행위준칙(conduct of business) 등에 관한 FSA 감독규정의 적용대상이 된다.[33] 또한 FSA 관련 규정인 행동규제지침(the Regulated Activities Order)상 투자자산의 관리(제37조) 및 투자자산에 대한 광고(제53조)에 관한 동법 상 승인을 얻어야 한다.

(3) 판　　매

영국의 경우 집합투자기구(collective investment scheme) 중 UCITS(Undertaking for Collective Investments in Transferable Securities), 일반투자자를 대상으로 하는 Non-UCITS 및 전문투자자를 대상으로 하는 QIS(Qualified Investor Scheme)의 경우 FSA에 등록하도록 요구하고 있다.

UCITS Scheme의 경우 COLL(Collective Investor Scheme)에 의하여 펀드 자산의 질과 종류에 대한 요구 조건을 충족해야 하며, 일반투자자에게 판매될 수 있다. 반면 등록된 Non-UCITS Retail Scheme의 경우 ① 일반투자자에 대한 마케팅이 가능하며, ② UCITS Directive의 범위 밖의 자산에 투자가 가능하며, ③ 비규제집합투자기구(unregulated CIS)에 자산의 100%를 투자할 수 있다.

반면, 적격투자자제도(Qualified Investor Scheme, QIS)의 시행은 헤지펀드에 대한 감독 강화의 방안의 하나로 FSA는 2004년 관련 법규(Collective Investment Schemes, COLL)를 개정하여 도입하였다. 이는 적격투자자펀드(Qualified Investor Scheme)는 공모펀드와 사모펀드의 중간영역으로서 FSA 규칙(Collective Investment

33) FSA는 FSMA에 의거하여 금융서비스업자를 규제하기 위해 감독규정을 마련하고 있음(FSA Handbook). 이는 High Levels Standards, Prudential Standards, Business Standards, Regulatory Processes, Redress, Specialist Sourcebooks 등으로 구성되어 있으며, 각 블록마다 Conduct of Business Sourcebook(COBS), Principles for Businesses (PRIN) 등과 같이 별도의 규정서(Sourcebook)들이 마련되어 있음. High Level Standards: 리스크관리시스템 구축, 경영상의 책무 등 기업의 기본적인 책무나 사내 내부통제관리체제 등에 관한 기업활동의 근간이 되는 사항을 규정, Prudential Standards: 재무 건전성 규제에 대해 규정, Businesses Standards: 소비자와 거래(금융영업활동)을 행할 때 행위기준(COBS) 과 같은 업무행위 규제에 대해 규정, Regulatory Standards: FSA가 행하는 금융서비스업계에 대한 규제감독이 어떠한 의사결정 및 절차를 거쳐 이루어지는지 등 규제절차를 규정, Redress: 소비자의 민원처리방법 등 분쟁처리에 관해 규정.

Schemes 8; CIS 8)을 통해 별도 규율하고 있는데,[34] FSA의 승인을 받은 운용자(authorised fund manager)에 의해 운용되며, ① 헤지펀드에 적용되는 투자 기법이 허용되며, ② 기타 펀드, 비상장 주식, 상품 계약 및 부동산 등에 투자할 수 있으며, ③ 파생상품을 광범위하게 사용할 수 있으며, ④ NAV의 100%까지 차입할 수 있으며, ⑤ 차입 공매도(covered short selling)가 가능하며, ⑥ 비규제 펀드에 100% 투자할 수 있다. 이때, QIS 운용사는 비규제펀드가 FSA에 정한 다음 규정에 따라 ① 국제회계기준에 따라 매년 회계감사가 이루어지며, ② 독립적인 제3자에 의해 평가가 이루어지며, ③ 투자자가 적절한 기간 내에 수익증권을 환매할 수 있는 시스템을 갖추고 있으며, ④ 다른 펀드에 펀드 자산의 15% 이상 투자하지 않으며, ⑤ 위험 분산 원칙에 따라 운용이 이루어지는가를 확인해야 한다.

이 제도를 이용할 경우 일정한 자격요건을 가진 제한된 적격투자자(Qualified Investor)로서 전문고객(professional client)만이 투자가 가능한데,[35] 전문고객(professional client)에 관해서는 COBS 3.5.2 자세하게 규정하고 있으며, 금융기관, 일정한 요건을 충족하는 대규모기업, 국가와 지방정부, 공공기관, 중앙은행, 국제기구 등의 본질적 전문고객(per se professional clients)과 고객의 전문성과 경험, 그리고 지식 등을 고려하여 일정한 요건을 충족하는 선택적 전문고객(elective professional clients)으로 분류된다.

그러나 투자자 보호를 위하여 규제의 집합투자기구로서 인가를 받지 않은 헤지펀드는 일반고객(retail client)에 대한 판매가 허용되지 않으며, 전문고객(professional client)이나 적격상대방(eligible counterparty)에 대한 판매만 가능하다.[36]

다만, 2006년 6월부터 영국 금융감독청이 헤지펀드들의 런던증권거래소(LSE) 상장을 허용함에 따라, 개인투자자들은 이들에 대한 주식투자를 통해 간접적으로

---

34) 영국의 펀드는 규제펀드(authorised fund)로서 공모펀드인 UCITS scheme와 non- UCITS retail scheme, 적격투자자펀드(QIS)와 비규제펀드(unregulated collective investment scheme)로 분류됨.

regulated collective investment scheme(regulated CIS)			unregulated CIS
UCITS scheme	non-UCITS retail scheme	적격투자자펀드(QIS)	헤지펀드 등

35) Qualified investor schemes may only be promoted to professional investors on the same terms as unregulated collective investment schemes.(COLL 1.2.2(3)).

36) 영국은 투자자를 일반고객(retail client), 전문고객(professional client), 적격상대방(eligible counterparty)의 세 가지로 분류하고 있음.

헤지펀드에 투자하는 방법을 이용하고 있다.[37)]

4. 독 일

독일은 실정법 내에서 헤지펀드를 허용하되, 투자자 보호를 위해 펀드 자체에 대해서 일정하게 직접 규제를 하고 있다.

독일은 헤지펀드에 대해서는 the Investment Act(이하 독일투자법[38)])에서 규제하고 있으며, 사모투자펀드(Private Equity Funds: PEF)는 the Act on Investment Companies of 1986(이하 UBGG[39)])와 Private Equity Act에 의해 규제되고 있는데, 2004년 헤지펀드(Hedge fund)에 관한 별도의 장을 마련하여 헤지펀드의 설립형태와 투자대상 등에 관해 규정하고 있다.

독일투자법에 헤지펀드에 대한 법적 개념정의 규정은 없으며, 헤지펀드로 분류되기 위해 추구해야 하는 투자전략을 열거하거나 투자를 제한하는 규정을 두고 있지 않다. 즉, 헤지펀드의 운영자는 투자전략 및 투자대상에 있어서 제한을 받지 않으며 그로 인해 투자자에 대해 특별한 위험이 발생할 수 있다는 사실을 통해 헤지펀드를 "부가적인 위험을 가지는 특별기금"으로 이해할 수 있다. 따라서 원칙적으로 레버리지와 공매도를 사용할 수 있는 헤지펀드를 허용하고 있으며, 다만, 일정한 투자대상에 대한 제한을 두고 있으며, 예외적으로 레버리지와 공매도를 제한할 수 있도록 하는 여지를 마련하고 있다.

이러한 헤지펀드는 투자법에서 규정하고 있는 자본투자회사 또는 투자주식회사에 의해서만 설립할 수 있고, 자본투자회사(KAG)[40)]에 의해 설립될 경우 이러한 자본투자회사는 투자회사법(제6조)에 따라 주식회사나 유한회사의 형태로만 운영

---

37) 금융연구원(2007) 참고.

38) Investmentgesetz, InvG.

39) Gesetz über Unternehmensbeteiligungsgesellschaften.

40) Kapitalanagegesellschaft. 이러한 자본투자회사는 국내의 투자기금을 관리하거나 투자법 제7조 2항 따른 주된 업무 및 그 부수적인 업무를 주된 영업으로 하는 회사를 의미함(투자법 제6조 제1항).

될 수 있다. 자본투자회사를 설립하기 위해서는 최소 초기자본금 요건으로 30만 유로 요건을 충족해야 하며, 헤지펀드는 자본투자회사 고유의 기금과 분리되어 유지되어야 한다. 또한 투자주식회사(Investmentaktiengesellschaft)의 경우 금융기관(Kreditinstitut)이나 금융서비스기관(Finanzdienstleistungsinstut)은 아니지만, 금융감독위원회(Bafin)의 서면허가(Schriftliche Erlaubnis)를 받음으로써 영업을 할 수 있다.

헤지펀드의 운용과 관련하여 레버리지 또는 공매도를 펀드 계약조건으로 해야 하며, 원칙적으로 차입 및 레버리지와 공매도의 사용에 관해서는 제한이 없다. 헤지펀드는 차입이나 공매도를 통해 레버리지를 높이는 것을 그 특성으로 하므로, 펀드의 투자기금의 계약조건으로 레버리지 또는 공매도 중 어느 하나를 반드시 포함하도록 규정하고 있다. 또한 거래상대방의 위험을 제한하는 규정도 없으므로 헤지펀드 운용자는 상대방으로부터 자금이나 증권을 차입하는데도 제한이 없다.

다만 연방재무부가 시장 건전성을 유지하고 레버리지나 공매도의 남용을 방지하기 위한 예외적인 경우에 한해서 레버리지와 공매도에 대해 제한할 수 있도록 하고 있다.

그리고 원칙적으로 헤지펀드의 투자대상에 대해서는 제한이 없기 때문에 헤지펀드는 유가증권, 단기금융상품, 파생상품, 은행예금, 등 모든 투자대상에 대해 투자할 수 있다. 다만, 부동산과 부동산회사에 대한 투자는 전통적인 부동산 투자펀드의 형태로만 인정되므로 투자대상에서 제외되며, 시장가치가 결정될 수 있다면 기업의 지분, 귀금속 등에도 투자할 수 있다. 그러나 단, 비상장기업에 대해서는 회사의 지분에 30% 이상 투자하는 것을 금지한다.

헤지펀드의 영업은 감독기관에 의해 허가를 받은 금융기관이나 금융서비스기관에 의해서만 가능하며, KAG와 InvAGs는 외부 매니저에게 투자 관리를 위임할 수 있으며, 투자회사는 포트폴리오 관리서비스를 위하여 금융서비스제공자(financial services provider)로 허가된 매니저에게 투자펀드 관리를 위임할 수 있다. 따라서 헤지펀드 매니저는 다른 포트폴리오 매니저와 동일한 허가를 받게 되고, 투자매니저는 ① 최소 5만 유로 이상의 최초 자기자본을 보유해야 하며, ② 최소한 2명 이상의 경험 있는 펀드매니저를 고용해야 한다.

독일투자법 112조 2항에서는 특별기금의 형태로 설립된 헤지펀드의 지분에 대해서는 원칙적으로 공모가 금지되며, 불특정한 대중에 대한 공공적인 제공을 통한 영업이나 공공적인 광고 또는 유사한 방법을 통한 공모가 금지되며, 헤지펀드에 대한 영업행위[41]는 사모로만 가능하다.

그러나 분산투자와 관련된 일정한 요건을 충족해야 하는 헤지펀드 투자펀드(Fund of Hedge Funds: FOHFs) 경우에는 공모절차를 통한 일반투자자에게 판매가 가능하다.

5. 일 본

일본의 금융청에서는 헤지펀드에 한정되어 규제・감독을 시행하고 있지 않으며, 투자신탁법상 사모펀드에 대한 규정을 헤지펀드에 준용하고 있는 실정이다.

일본 투자신탁법에서 사모펀드의 유형으로 적격기관투자자펀드와 소수투자자펀드로 구분하고 있으며, 원칙적으로 공모펀드에 준하여 규제를 하되, 사모펀드의 경우 공모펀드와는 달리 펀드 등록서류와 투자설명서의 교부, 유가증권 투자비율 및 종류에 대한 제한이 없다.

적격기관투자자사모펀드는 ① 투자신탁의 수익증권 취득을 권유받은 투자자가 250명 이하의 적격기관투자자를 상대로 하고, ② 적격기관투자자가 취득한 수익증권을 적격기관투자자 이외의 자에게 수익증권의 전매를 금지하거나 다른 적격기관투자자에게 전매하는 때에도 전매 제한의 사항을 기재한 서면을 교부할 것을 취득의 조건으로 하고, ③ 당해 수익증권에도 전매제한의 취지가 기재되어야 한다는 요건을 모두 충족하는 펀드로,[42] 증권거래법상의 적격기관투자자는 증권회사, 은행, 보험회사, 투자신탁업자, 투자법인, 일임투자고문업자 등과 같은 금융기관과 연기금 및 금융청장관에게 유가증권보고서를 제출하고 있는 기업으로서 유가증권 및 투자유가증권의 총액이 500억 엔 이상인 일반 사업회사도 포함된다.[43]

41) 영업에는 직접적인 거래행위와 간접적인 거래행위가 모두 포함됨.
42) 증권거래법 시행령 제 1 조의4 제 2 항에 의하여 적격기관투자자사모펀드에서는 50인의 권유자 수를 계산함에 있어 적격기관투자자는 산입되지 않음.
43) 증권거래법 시행령 제 2 조.

소수투자자사모펀드는 확대소수투자자사모펀드와 일반소수투자자사모펀드로 구분되는데, 확대소수투자자사모펀드는 ① 투자신탁의 수익증권의 취득의 권유를 적격투자자를 상대방으로 하고, ② 그 수익증권을 적격기관투자자 이외의 자에게 전매가 금지되며, ③ 50인 미만의 일반투자자를 대상으로 권유가 이루어지는 사모펀드이며, 일반소수투자자사모펀드는 ① 투자신탁의 수익증권을 취득한 자가 이를 기명식으로 청구함과 동시에 무기명식으로 청구할 수 없다는 조건으로 취득의 권유가 이루어지고, ② 일괄양도 이외의 양도는 금지된다는 내용이 수익증권에 기재되어 있고, ③ 그 사실이 투자설명서에 기재되어 취득자에게 교부되어야 하거나 또는 수익증권이 수인의 취득자에게 분할하여 양도되는 경우 당해 수익증권의 발행일 이전 6개월 이내에 발행된 동종의 신규발행증권의 소유자 수의 합계가 50인 이상으로 분할될 수 없다는 취지를 신탁약관에 정하고 이러한 내용이 투자설명서에 기재되어 취득자에게 교부된 경우이다.[44] 즉, 투자신탁 또는 투자법인 중에서 수익증권이 전매가 금지되고, 전매금지의 사실이 공시되며, 수익증권의 취득을 권유받은 투자자가 250인 이하의 적격투자자만으로 구성되는 적격투자자사모펀드, 250인 이하의 적격투자자와 50인 이하의 일반투자자에게 수익증권의 취득을 권유하는 확대소수투자자사모펀드, 50인 이하의 일반투자자게만 수익증권의 취득을 권유하는 일반소수투자자사모펀드로 구분된다.

사모펀드의 투자신탁위탁업자는 발행액이 1억 엔 이상의 수익증권을 사모로 발행하는 경우 유가증권통지서를 재무국장에 제출하여야 하나, 적격기관투자자사모펀드와 확대소수투자자사모펀드의 경우 유가증권통지서 제출의무가 면제되고, 일반투자자사모펀드의 경우 유가증권통지서 제출의무가 부과된다.

공모 및 사모펀드 위탁지시형 투자신탁의 위탁업이나 투자법인의 자산운용업은 투자신탁위탁업자만이 수행할 수 있는데, 투자신탁의 위탁업, 투자법인의 자산운용업을 영위하고자 하는 자는 일정 요건을 갖추어, 그 업무에 필요한 인적 구성을 구비하여 내각총리 대신의 인가를 받아야 한다. 다만, 외국 법령에 근거해 설립된 법인 또는 외국에 주소를 보유한 개인으로 외국에 있는 투자자문업을 영위하는 자가 일본에 있는 인가된 투자자문업자 등의 자산운용자만을 상대로서 투자

44) 투신법 제2조 제3항 제2호.

자문업을 영위하려고 하는 경우는 예외로 한다.[45]

자산운용행위에 대하여 공모와 사모에 공통으로 적용되는 원칙이 있으며, 사모펀드에 대해서는 공모 펀드의 규정을 적용하지 않는 형태로 규정되고 있다. 증권투자신탁에 해당하는 위탁지시형 투자신탁의 경우 신탁재산 총액의 50% 이상을 유가증권에 투자하여야 하며, 증권외투자신탁의 경우 신탁재산의 50% 이상을 유가증권 외의 자산에 투자하여야 하며, 이러한 투자비율과 투자대상자산에 대한 규제는 모든 투자신탁에 적용되며, 투자법인의 경우 투자대상 자산의 종류 제한이 없다. 즉, 헤지펀드를 포함한 사모펀드 운용행위에 있어 동일회사 주식 취득의 제한, 파생상품 거래의 양적 제한 등의 규정은 적용되지 아니하지만, 사모펀드를 포함한 모든 투자신탁 위탁업자의 경우 충실의무와 주의의무 등은 동일하게 적용된다.[46]

공시와 관련되어 사모펀드의 경우보다 완화된 규제를 적용받고 있는데, 전문투자자인 적격기관투자자가 참여하는 사모펀드에 대해서는 발행시 유가증권통지서 제출의무가 면제되며, 사모펀드 투자신탁업자는 유가증권보고서, 분기보고서, 임시보고서 제출의무가 면제된다.

▌표 5-2 투자신탁 관련 공시규제

	개시서류	공모투신	사모투신	
			적격기관투자자사모 (확대소수투자자사모)	일반소수 투자자사모
발행 모집	유가증권신고서	필요[47]	불필요[48]	불필요[49][50]
	사업설명서	필요	불필요	불필요
	신탁약관의 신고・교부	필요	필요	필요
계속 개시	유가증권고지서	필요	불필요	불필요
	반기보고서	필요	불필요	불필요
	운용보고서의 작성·교부	필요	필요[51]	필요

45) 투자자문업법 제 4 조, 동시행령 제 2 조.

46) 투신법 제14조.

투자신탁에 있어서 투자신탁 계약을 체결할 경우 공모・사모와 투자신탁 약관의 신고 및 고객 교부가 필요하며,[52] 인가투자자문업자는 투자 일임 계약을 체결하고 있는 고객에 대하여 반기에 1회 이상 해당 투자 일임 계약과 관련된 해당 고객의 자산 상태를 설명하는 보고서를 작성・교부해야 한다.[53]

판매・권유와 관련하여 전문투자자를 대상으로 한 사모펀드의 판매・권유 또는 운용업을 영위하는 업자에 대해서는 등록이 면제되고 있으나, 실태파악을 위하여 '특례업무신고자'로 신고하도록 하여 펀드 운영의 관계자 규제 완화를 도모하고 있다.

6. 홍 콩

홍콩의 경우 헤지펀드를 포함한 헤지펀드 및 기타 사모펀드에 대하여 법적 정의는 없으며, 일반적으로 정의되는 펀드와는 다른 특징을 지니며 다른 투자전략을 이용하는 펀드를 헤지펀드로 간주하고 있다.

홍콩에서 사모로 발행되는 헤지펀드의 대부분은 Companies Ordiance(CO)와 Securities and Futures Ordiance(SFO)의 면책 규정을 적용받으며, SFC에 등록하거나 보고 및 공시의무를 지니지 않는다.

다만, SFC는 2002년 5월 투자신탁 규칙 중 헤지펀드에 관한 규칙(Chapter 8.7

47) 발행가액이 1억 엔 이상의 경우(증권거래법 제 4 조 제 1 항 제 3 호).

48) 유가증권 신고서를 제출하지 않는 취지 등을 권유 상대에게 고지해야 함(증권거래법 제23조의 13 제 1, 2항).

49) 발행가액이 1억 엔 이상의 경우, 유가증권통지서의 신고가 필요(증권거래법 제 4 조 제 6 항, 특정유가증권의 내용 등의 개시에 관한 내각부령 제 7 조).

50) 유가증권 신고서를 제출하지 않는 취지 등을 권유 상대에게 고지해야 함(증권거래법 제23조의 13 제 3, 4항).

51) 투자신탁 약관에 대해 교부하지 않는 취지를 정하고 있는 경우는 불필요함(투신법 제33조 제 1 항 제 1 호).

52) 투신법 제26조 제 1,2 항, 다만, 사업 설명서에 대해 투자신탁약관의 내용이 기재되어 있는 경우(투신법 제26조 제 2 항) 및 적격 기관투자자사모(투신법 시행령 제27조)에 대해서는 투자신탁 약관을 교부하지 않을 수 있음.

53) 투자자문업법 제32조 제 1 항.

of the Code on Unit Trust and Mutual Funds)을 신설하여 헤지펀드 등록 및 판매조건으로 운용자산이 1억 달러 이상이고 헤지펀드 운용경험이 5년 이상인 운용인력의 보유 등 요건을 갖춘 헤지펀드 운용업자에 대한 SFC 등록 의무를 부과하고 있으며, 헤지펀드 인가시 ① 자산 클래스의 선택, ② 롱·쇼트 투자전략, 차입의 사용, 헤지 및 차입거래 전략 등의 대체 투자전략의 사용이라는 점을 고려하여 심사하며, 적합성 평가시 적절한 위험관리와 내부 관리를 위한 인력 구성을 평가항목으로 도입하고 있다.[54)]

SFC는 '헤지펀드 가이드라인'을 도입하여 개인투자자에게 펀드 종류별 최소 매입 금액을 정하여 헤지펀드 판매를 허용하고 있는데, 헤지펀드의 투자설명서에는 투자위험 경고 문구를 삽입하도록 의무화하고 있으며, 헤지펀드 사업설명서에 있어서 헤지펀드와 프라임 브로커의 관계, 이헤지펀드의 투자 방법, 위험관리에 관한 모든 사항 및 헤지펀드의 운용에 관한 이해상충에 관한 대처 방법 등에 대해 기재하도록 의무화하고 있다.

특히, SFC는 금융위기 이후 시장의 신뢰 향상과 투자자보호 강화를 중심으로 금융시스템 개혁을 추진하고 있는데, SFC는 투자자보호 강화를 위하여 소매 투자자에 판매되는 투자상품에 대한 규제를 강화할 예정으로, 상품의 리스크와 특징에 대한 정보공개 강화, 중개회사의 영업 행위 및 판매 관행에 대한 규정(Code of Conduct) 개정 및 장기간 비유동적 상품에 대한 쿨링오프(cooling-off) 개념 도입을 준비중이다.

표 5-3 헤지펀드 종류별 최소 매입금액

헤지펀드 종류	최소 매입금액
개별 헤지펀드(single hedge fund)	5만 US$
펀드 오브 헤지펀드(Fund of hedge funds)[55)]	1만 US$
원본보존형 헤지펀드(hedge funds with a capital guarantee feature)	한도 없음

54) 인적 구성에 관하여 ① 2명 이상의 담당자 존재, ② 운용 담당자의 운용 경험은 개별 헤지펀드의 경우 해당 전략에 대해 최소 2년의 경험이 요구되고, 펀드 오브 헤지펀드의 경우 펀드 오브 펀드 매니저로서 최소 2년의 경험이 요구, ③ 2명의 운용 담당자 중 1명은 헤지펀드에 관해 5년 동안의 일반적인 경험을 가지고 있어야 함.

상품과 관련하여 SFO(Securities and Futures Ordinance) 등에 의해 규제받는 금융상품뿐만 아니라 투자신탁, 투자연계보험(Investment-Linked Assurance Schemes: ILASs), 비상장구조 상품(unlisted structured products)에 대하여 통합된 규정(consolidated code)을 도입할 예정으로 공모·사모펀드에 대한 규제 수준이 높아지는 추세로 SPV와 같은 비상장구조 상품의 경우 발행자와 보증인(guarantors)에 대한 적격성 요건(eligibility requirements)을 부과할 예정이며, 직접 규제 대상이 되지 않는 발행자에 대하여 product arranger 개념을 도입할 예정이다 또한 영업규율(Code of Conduct)과 관련하여 중개기관의 적합성 확보에 필요한 요건과 공시제도 강화, 투자자의 상품에 대한 적절한 지식 보유를 위한 조치들이 취해질 계획을 가지고 있다.

---

55) 펀드 오브 헤지펀드는 최저 5개의 개별 헤지펀드에 투자하며 각각의 펀드 투자액은 순자산 총액의 30%를 넘어서는 안 되며, 펀드 오브 헤지펀드는 다른 펀드 오브 헤지펀드에 투자하는 것이 금지됨.

제 6 장

헤지펀드에 대한 정책적 논의

6 헤지펀드에 대한 정책적 논의

1. 금융위기 이전[1)]

금융위기 이전 정책적 논의 방향은 주로 헤지펀드의 규제 필요성, 투자자 보호에 집중되어 있다. 헤지펀드 규제에 있어 총론적으로 헤지펀드의 규제 필요성을 인정한다. 실질적 규제 방법에 대하여 직접적으로 헤지펀드를 규제하거나, 운용자를 통한 규제 강화 또는 프라임 브로커를 통한 간접 규제 등으로 나누어 볼 수 있다. 또한 투자자 보호 문제는 헤지펀드의 소매화를 둘러싸고 소매투자자를 보호해야 한다는 필요성이 대두하고 있다.

2007년 6월 G8 재무장관 회담에서 헤지펀드의 규제 방안에 대하여 독일은 헤지펀드 규제를 법제화할 것을 주장했으나 미국, 영국 등이 이에 반대함으로써 헤지펀드 업계의 급격한 성장과 헤지펀드가 사용하는 거래방식이 점점 복잡해지고 있는 상황이며, 헤지펀드의 활동과 연계되어 잠재적으로 나타나는 구조적 위험과 운용상의 위험을 평가하기가 점점 복잡하고 어려워지고 있음을 밝히고, 헤지펀드가 국제 금융시장의 안정성을 위협할 가능성이 높고 규제가 필요하다는 것에는 합의하였다. 그러나 실질적 규제 방향은 각국의 금융시장 발전 정도에 따라 상이한 입장을 보임에 따라 헤지펀드의 규제 방안에 대한 합의는 이루어지지 않았다. 헤지펀드 규제 강화를 주장하고 있는 독일은 헤지펀드가 자본시장을 교란하는 것을 방지하기 위해 헤지펀드 운용에 제한을 가하고 아울러 데이터베이스를 구축해

1) 구체적 사항은 부록 Ⅱ 참조.

헤지펀드의 위험성을 파악할 수 있는 시스템을 갖추는 방안을 추진하고 있는데, 동 회의에서 헤지펀드의 투명성 제고를 통해 시장 제재를 강화할 필요가 있다고 주장하며 헤지펀드 운용에 대한 감시, 감독을 법제화하는 방안을 제의하였다. 그러나 미국과 영국은 헤지펀드 산업의 위축을 우려하여 헤지펀드에 대한 규제는 시장 기능에 맡겨야 한다는 입장을 고수하였다.

IOSCO는 2003년 2월 '개인투자자의 헤지펀드 투자로부터 생기는 규제 및 투자자 보호에 관한 사항[2]'이라는 보고서를 통하여 헤지펀드와 관련된 감독상의 과제 중 헤지펀드에 투자하는 개인투자자 보호를 강조하였다. 개인투자자에 대한 헤지펀드의 판매를 인정하고 있는 나라에 있어서 규제 감독상의 문제로 ① 개인투자자가 헤지펀드의 리스크나 상품의 복잡함을 충분히 이해하고 있지 않으며, ② 헤지펀드의 운용자가 펀드를 적절히 운용하고 또한 그것을 명확하게 투자자에게 설명하는 능력 혹은 프로세스를 가지지 않을지도 모른다는 점을 지적하였다. 이에 대한 대응 지침으로 ① 투자자는 헤지펀드가 어떠한 리스크를 가지고 있는지 알 수 있어야 하며, 그러기 위해서 헤지펀드는 그 투자 전략의 상세한 내용을 소개해야 하는 점, ② 리스크, 투자 전략, 조직 관리나 자산평가는 복잡하고 특별한 기술이 필요하기 때문에 감독 당국은 헤지펀드의 운용자 및 그 내부통제 프로세스에 의해 주위를 기울여야 한다고 지적하고 있다. 또한 동 보고서는 개인투자자의 헤지펀드 투자는 크지 않으며 집합투자기구에 적용되는 기존의 규제·감독 구조는 헤지펀드에 의해 제기되는 투자자 보호에 관한 과제에는 대체적으로 유연하게 대처하는 것이 가능하다는 결론을 내리고 있다. 헤지펀드는 공매도, 비용구조 등 규제상의 중요한 과제를 제기하는 일이 있지만, 이것들은 헤지펀드 고유의 과제라기보다는 보다 광범위하게 검토되어야 할 것이라 주장하였다.

또한 2006년 11월 IOSCO는 헤지펀드 규제환경 비교 결과 대부분의 국가에서 헤지펀드에 대한 공식적·법률적 정의가 없으며, 일부 국가에서는 펀드 자체보다는 펀드운용업자 규제를 선호하지만, 대부분의 국가에서는 양자를 모두 규제하고 있음을 보고하였다. 특히, 헤지펀드에 대한 시스템리스크 예방과 헤지펀드 시장의 자체적인 투명성 강화를 권고하며, 시스템리스크 예방을 위해서 헤지펀드의 위기

2) IOSCO(2003).

촉발 가능성에 대한 스트레스 테스트 실시, 헤지펀드의 유동성공급 가능성 평가, 헤지펀드와 거래하는 금융기관의 위험관리 강화 등을 권고하고 있다.

그리고 IOSCO는 2007년 3월 '헤지펀드 포트폴리오의 가치평가'에 대하여 발표하여 헤지펀드의 세계자본시장에서 차지하는 역할이 증대되고 있으며, 헤지펀드 포트폴리오 전략과 내재 상품의 복잡성, 헤지펀드에 있어 금융상품 평가의 중요성 때문에 헤지펀드 포트폴리오의 가치평가를 중시해야 한다고 보고하였다. 현재 헤지펀드 규모가 증가하고 레버리지 사용으로 그 규모와 역할이 더욱 증대되고 있으며, 헤지펀드는 기관투자자와 전문 개인투자자(sophisticated individual investor)의 투자대상이 되고, 지속적인 상품의 변화와 혁신을 통해서 전세계 금융시스템에서 중요한 위치를 차지하고 있다. 헤지펀드의 중요성이 증가하는 것과 더불어 복잡하고 비유동적인 금융 자산을 평가하는 데 어려움이 존재하는데, 유동성이 있는 시장이 존재하지 않거나 불완전한 자료를 사용하는 가치평가모형을 사용하는 경우 등에 이러한 문제가 생긴다. 또한 이 순자산가치, 금융 보고, 실적 보고, 보수, 담보 필요액, 리스크 프로파일 등 가치평가에 영향을 미치고 있다.

특히 이해상충의 문제는 헤지펀드 가치평가의 어려움을 가중시킬 수 있다. 가치평가 과정에서 잠재적 이해상충 문제는 운용자와 관련하여 발생하는데, 가치평가시 복잡하고 비유동적인 상품을 포함하는 경우 운용자에게 실질적으로 의존할 수밖에 없으며, 운용자는 펀드의 투자 포트폴리오의 가치평가와 관련한 정책과 과정을 디자인하고 수행할 수 있으므로 운용자의 역할에 매우 중요하다. 실질적 이해상충은 헤지펀드 운용자와 헤지펀드자체와 투자자들 사이에서 발생한다. 운용주체의 실체는 규율하는 법규에 따라 다른데, 설립 지역에 따라 적용되는 법제가 상이하고 이에 따라 운용주체가 상이하게 된다.[3] 따라서 이러한 잠재적・실질적

---

3) 예를 들어 운용자가 설립하고 운용을 하는 영국이나 미국 같은 법제하에서는 케이맨 제도와 같은 또 다른 역외지역에 헤지펀드를 설립하기도 하는데, 역외 지역에서는 전형적으로 운용자에게 독립적인 이사회를 갖기를 요구하지만, 그 이사들은 일반적으로 운용자에 의해 선정되고, 이사회가 헤지펀드의 운용 주체로 역할하도록 되어 있지만, 실제적으로는 운용자가 헤지펀드를 통제하게 됨. 반면 미국 주법에 따라 헤지펀드를 합자회사나 유한책임회사로 설립하고, 운용자나 운용자와 연관 있는 사람이 무한책임사원으로 활동하는 경우 무한책임사원이 헤지펀드의 운용 주체로 책임을 지게 됨.

표 6-1 IOSCO가 제시하는 가치평가에 관한 9 원칙

1	• 포괄적이고 명문화된 정책과 과정이 헤지펀드의 가치평가를 위해 설정되어야 한다. • 정책 수립시 고려사항 – 금융상품을 평가하는 데 책임이 있는 사람의 능력과 독립성 – 헤지펀드의 구체적 투자 전략과 투자 포트폴리오에 있어서의 금융상품 – 가치평가를 위한 입력 자료 및 방법론의 선택에 대한 통제 – 금융상품에 대한 가치 차이를 해결하기 위한 과정 – 포지션의 크기와 유동성과 관련된 가치의 조절 – 가치평가 목적을 위한 장부를 마감할 적절한 시간
2	• 정책은 헤지펀드의 모든 금융자산에 대한 가치평가 방법을 확인해야 된다. • 투입 자료, 가치평가모델의 선정 등 개별 금융상품의 평가를 위한 방법을 설정해야 한다.
3	• 헤지펀드의 금융상품은 평가 정책과 과정에 따라 지속적으로 평가되어야 한다. • 적용되는 일관성의 원칙 – 유사한 경제적 특성을 갖는 펀드내의 모든 금융상품 – 시간대와 거래 전략을 고려하여 동일하게 운용할 모든 헤지펀드 – 정책이 수정되어야 할 상황이 발생하지 않는 한 시기에 관계없이 적용
4	• 가치평가 정책과 과정은 적정성을 확신하기 위해 정기적으로 검토되어야 한다.
5	• 운용 주체는 정책과 과정의 적용시 독립성을 추구해야 된다. • 독립성 확보를 위한 요소 – 제 3 자의 가격결정 서비스 – 운용자의 독립적 보고 체계 – 평가위원회: 운용자와 독립된 인사로 구성하면 독립성이 강화될 수 있음
6	• 가치평가 정책과 과정에 의해 산출된 개별 자산의 가치, 특히 Manager로부터 영향을 받는 가치평가에 관해서는 적절한 수준의 독립적 검토가 이루어져야 한다.
7	• 헤지펀드의 정책과 과정은 독립적 거래상대방(independent party)에 의한 가격 편차(price override) 검토를 포함하여 가격 편차를 다루고 문서화하는 과정을 기술해야 된다. • 가격 편차는 헤지펀드의 정책과 과정에 따라 결정된 금융상품의 가치에 대한 거부이다. – 어떤 예외적인 환경에서, 펀드의 정책과 과정에 따라 결정된 금융상품의 가치는 적절하지 않을 수 있다. – 운용자, 가치평가자(valuation agent)와 가치평가 과정에 개입된 제 3 자는 그러한 가치에 대하여 편차를 제안할 수 있고 다른 가치를 사용할 수 있다.
8	• 운용 주체는 가치평가 서비스를 수행하기 위하여 임명된 제 3 자에 관하여 개시 및 정기 자산실사(due diligence)를 수행해야 한다.
9	• 헤지펀드 투자 포트폴리오의 가치평가를 위한 제반 절차는 투자자들에게 투명해야 된다.

이해상충 문제를 극복하기 위하여 IOSCO는 헤지펀드 가치평가에 관한 정책 확립 등 헤지펀드 가치평가에 대한 9가지 원칙을 제시하였다.

이는 헤지펀드 자산의 객관적 평가지침 및 절차의 문서화, 방침과 절차 적용 시 독립성 확보, 외부의 평가업무 담당자에 대한 due diligence 점검, 정보 공개 등을 주요 내용으로 하고 있다.

IMF는 2004년 9월 '글로벌 금융 안정화 보고'를 통하여 헤지펀드 업계의 발전과 실무에 대해서 논의하였는바, 헤지펀드 업계의 발전, 거래상대방 익스포저와 위험관리, 차입의 이용과 측정, 공시와 투명성이라고 하는 문제가 시장에 어떠한 영향을 미치는가에 대해 조사하였다. 기관투자자는 포트폴리오 분산화의 관점으로 헤지펀드의 투자를 계속 증가시키고 있고, 은행 및 프라임 브로커는 1998년 이후 헤지펀드에 대한 익스포저 관리를 향상시키고는 있지만, 그들이 헤지펀드의 리스크를 모두 파악할 정도의 정보가 공시되고 있는지는 불분명하다고 지적하고 있다.

동 보고서에서, 금융당국의 역할은 헤지펀드에 대한 직접적 규제보다는 헤지펀드의 운용과 시스템리스크에 대한 헤지펀드의 잠재적인 영향을 보다 바르게 이해하는 것이라 언급하면서 주요 금융시장에서는 헤지펀드업계의 기관화가 진행되고 있기 때문에 기관투자자의 협력을 얻어 헤지펀드의 활동과 잠재적인 시스템리스크에 대한 감시·감독 역량을 확대하는 것이 필요하다고 주장하였다.

또한 2005년 4월에 공표한 '글로벌 금융 안정화 보고'에서는 헤지펀드의 2004년 운용 실적은 2003년과 비교하여 좋지 않았음에도 불구하고 투자자, 특히 기관투자자가 전통적인 투자 상품과 상관성이 낮은 투자대상에 수익을 요구했기 때문에 신규 자금이 헤지펀드에 계속 유입되었으며, 헤지펀드 업계가 계속 성장함에 따라 보다 한층 기관화될 것이라고 예상하였다.[4)]

바젤위원회는 헤지펀드에 대한 금융회사의 리스크 관리 강화 필요성을 권고하며, 프라임 브로커 등 투자은행의 정보 공개 확대 필요성을 제기하였다. 헤지펀드 등 고레버리지 투자상품에 투자하는 은행의 리스크 관리와 관련하여 신용리스크 관리 전략 및 여신 기준을 마련하고, 고레버리지 투자상품에 대한 신용한도 설정, 고레버리지 투자상품과 거래 담보 설정, 조기상환 등 신용 확보 강화, 고레버

4) IMF(2005).

리지 투자상품 익스포저에 대한 모니터링 등이 필요하다고 권고하고 있다. 한편 투자은행의 헤지펀드에 대한 대출 경쟁 심화로 대출기준이 완화되고 이로 인해 금융시스템리스크 증대 문제를 지적하며, 금융감독당국에 헤지펀드 및 이와 관련된 투자은행의 사업활동에 대한 정보를 공개할 필요성이 있다고 주장하였다.

2007년 5월 금융안정화포럼(FSF)은 헤지펀드로 인한 금융시장의 시스템리스크 증가 및 이에 대응하여 헤지펀드 및 투자은행에 대한 감독당국의 역할 강화를 권고 하였다. 감독당국의 헤지펀드에 대한 투자은행의 리스크관리 강화를 권고하고, 잠재적 시장유동성 위기에 투자은행이 대처할 수 있도록 협력하며, 시스템리스크의 측정을 위한 자료를 수집할 필요가 있다. 특히, 투자은행 및 헤지펀드 투자자에 대해서 헤지펀드에 대한 정보수집 등 시장 규율의 효율성 증대를 위한 노력을 강조하며, 헤지펀드업계에 대해서 기존 헤지펀드 운용업자에 대한 행동 규범을 재검토하고 이를 강화할 것을 권고하였다.

FSA(2004)는 프라임 브로커의 활동에 관한 조사를 바탕으로 헤지펀드의 리스크에 대해 검토해야 할 항목으로서 운용회사의 관리체제나 위험관리, 자산평가 외 내부자거래 또는 주가조작과 같은 시장 남용이나 사기, 자금선정, 이해상충 등을 들고 있다. 특히, 헤지펀드가 그 자산 가액의 평가에 있어서 평가기관 등을 통해 독립적으로 헤지펀드 자산을 평가하는 일은 적기 때문에 운용자(펀드운용자) 자신이 헤지펀드의 자산 가액을 평가하고, 그 가격을 기초로 성과보수를 산출하게 되므로 이해상충의 우려가 있다고 지적하였다. 또한, 대부분의 헤지펀드가 유동성이 낮은 상품이나 복잡한 구조의 상품 투자를 하고 있으므로 해당 자산의 평가방법이나 그 정확성에 대한 문제점도 지적하고 있다. 이에 따라 평가방법의 문제에 대해서 근본적으로는 헤지펀드 투자자가 시장리스크를 어떻게 관리하는가 하는 투자자의 위험관리 능력 측면부터 검토해 나갈 필요가 있음을 시사하였다.

2. 금융위기 이후

미국 5위의 투자은행인 베어스턴스가 직접 운영하는 헤지펀드 2개가 서브프라임 모기지 관련 대규모 투자 손실을 발생시키면서 2008년 6월 모회사인 베어스턴스에 300억 달러의 공적자금이 투입되는 등 금융위기를 심화시키는 결과를 초래하였다. 이러한 헤지펀드의 투자손실 및 부정거래 등으로 인한 피해는 단순히 직접적으로 투자자에게 국한되는 것이 아니라 헤지펀드를 소유한 대형 금융회사 및 이들에게 자금을 대출해 준 은행에도 피해를 주어 경제 전반에 심각한 영향을 미치며 금융시장의 신용경색, 시장의 신뢰 저하 및 금융시스템리스크를 야기하였다. 특히 헤지펀드의 경우 과도한 차입을 통한 '지렛대 효과'가 금융위기시 투자손실을 확대시키는 역할을 하였으며, 헤지펀드 투자전략의 쏠림현상은 단기간에 금융시장의 시스템리스크를 야기할 수 있다는 문제점이 지적되었다.

이러한 금융위기를 계기로 G-20를 비롯한 국제기구를 중심으로 규제의 사각지대를 제거하는 것이 감독상의 중요한 과제로 부각되면서 헤지펀드를 포함한 모든 시스템적으로 중요한 금융회사·시장·상품으로 규제의 범위를 확대할 필요성이 제기되었다. 특히 대형 헤지펀드의 감독 당국에 대한 등록 및 정보공개 강화 방안이 중점적으로 논의되고 있다. 더불어 국제금융시장의 신뢰 회복을 위하여 헤지펀드를 포함한 시장 참여자들에 대한 적절한 감독과 규제를 위한 국제적 공조가 강조되었다.

2009년 4월 런던에서 개최된 G-20 정상회담에서 금융시장 안정 대책, 국제금융시스템 개편방안, 세계 경제 회복을 위하여 공동 대응 방안을 논의하면서 시스템리스크 억제를 위해 은행, shadow bank, 사모펀드 및 헤지펀드 등과 관련된 거시건전성 위험을 식별하고 고려할 수 있는 규제시스템을 마련할 필요가 있다고 지적되었다. 특히 헤지펀드나 그 운영자에 대한 등록과 시스템리스크 평가를 위한 정보 공개를 의무화하며, 감독 당국은 헤지펀드와 거래하는 상대방에 대하여 효과적으로 위험관리를 하도록 요구하고 있다. 이러한 위험관리 방안은 ① 헤지펀드의 레버리지에 대한 모니터링, ② 단일 거래상대방에 대한 익스포저 한도 설정 등을 포함하도록 하며, FSB는 헤지펀드와 펀드 운용자의 법적 관할이 다른 경우에 이를 효과적으로 규제하기 위하여 국제적 정보공유 절차를 개발할 필요가 있다는 의견을 제시하였다.

IOSCO는 2009년 6월 23일 금융위기 재발 방지를 위하여 글로벌 차원에서 헤지펀드 규제와 관련하여 시스템리스크의 방지, 투자자 보호, 국제적 규제 공조에 초점을 맞춘 6가지 기본지침을 발표하였다. 동 기본지침은 첫째, 헤지펀드와 헤지펀드 매니저 · 자문업자는 금융감독당국에 의무적으로 등록해야 한다. 둘째, 등록한 헤지펀드 매니저 · 자문업자는 ① 기관과 운영상 규정, ② 이해상충과 기타 업무 규율, ③ 투자자에 대한 공시, ④ 건전성 규제에 대하여 적절한 규제를 받아야 한다. 셋째, 프라임 브로커와 헤지펀드에 자금을 공급하는 은행은 의무적으로 등록하고 규제당국의 감독을 받아야 하며, 헤지펀드에 대한 거래상대방 신용리스크 익스포저를 모니터링할 수 있는 적절한 리스크관리 시스템을 보유해야 한다. 넷째, 헤지펀드 매니저 · 자문업자 및 프라임 브로커는 시스템리스크의 식별, 분석 및 완화 방안 같은 시스템리스크 관리 목적을 위하여 관련 규제 정보를 제공해야 한다. 다섯째, 감독 당국은 산업 내 모범 기준(good practices)을 만들고, 이러한 기준의 실행 및 발전을 촉진해야 한다. 여섯째, 감독 당국은 헤지펀드의 익스포저로부터 발생할 수 있는 시스템리스크 및 기타 리스크를 식별하는 데 도움이 되고, 전세계적으로 활동하는 헤지펀드 매니저 · 자문업자 및 펀드를 효율적 · 효과적으로 감시하기 위하여 국제적으로 협력하고 정보를 공유할 수 있는 권한을 보유하도록 한다. 이러한 IOSCO의 기본지침은 시스템리스크의 방지, 투자자 보호, 국제적 규제 공조에 초점이 맞추어져 있다.

또한 IOSCO는 2010년 1월 Basel Committee on Banking Supervision, Intenational Association of Insurance Supervision과 공동으로 국제적 은행, 보험, 증권 영역에 있어서 금융규제의 속성 차이, 금융그룹에 대한 감독과 규제, 헤지펀드, CDS와 보증보험(financial guarantee insurance)과 같은 신용위험전이상품에 대한 문제점 지적과 17개의 권고사항을 제시하였다. 헤지펀드의 경우 금융안정성에 있어 시스템적 영향을 미치고 있는데, 대형의 고레버리지 헤지펀드의 파산은 개별 투자자뿐만 아니라 금융시스템 전반에 악영향을 미치는 반면, 대부분의 헤지펀드는 일반적으로 규제 대상에서 제외되고, 헤지펀드에 대한 모니터링과 평가를 위한 일관되고 엄격한 규제가 부재한 상태라는 점이 지적되었다. 특히, ① 리스크 관리에 실패한 헤지펀드의 파산은 개별 시장뿐만 아니라 역외 시장까지 악영향을 미치는데, 국제적 헤지펀드 리스크 측정 및 이해, 관리할 수 있는 수단이 부재하며, ②

헤지펀드에 대한 정보 공개가 제한적이며, 역내외 간 규제 차이 등으로 인하여 제한된 정보조차 국제적으로 공유되지 못하기 때문에 헤지펀드의 위험에 대한 측정이 어렵고, ③ 펀드 운용자가 적절한 수준의 자산보유시 발생할 수 있는 운영위험(operational risk)의 감수뿐만 아니라 금융시스템에 미칠 잠재적 위험을 최소화할 수 있음에도 시스템적으로 관련된 펀드 운용자에 대한 자산규제가 이루어지지 않고, ④ 레버리지 사용은 잠재적 수익의 근원이자 익스포저를 의미하므로 투자자 및 펀드 자체의 위험과 직결되지만, 펀드의 레버리지 사용에 대한 규제가 거의 없다는 것이다. 이에 대한 처방으로 헤지펀드 영업행위에 대한 규제범위 확대와 관련하여 ① 헤지펀드 운용업자에 대하여 최소한의 적절한 수준의 리스크 관리 규제 기준을 제시하고 이를 강화해야 하며, ② 규제당국은 현재 또는 잠재적 시스템리스크를 식별하기 위하여 헤지펀드 운용업자에 대한 보고 의무를 부과하며, 시스템적으로 중요한 헤지펀드에 대한 국제적 모니터링을 가능하도록 하며, ③ 운영위험 관리와 펀드 운용업자의 파산 측면에서 감독 당국은 시스템적으로 관련 있는 헤지펀드 운용업자에 대하여 최소한의 자본 규제를 부과해야 한다고 권고하고 있다.

또한 헤지펀드를 감독하고 관련 시스템리스크를 평가하기 위하여 각 규제당국은 매니저와 자문업자에 대한 일반적 정보 및 주요 서비스 제공자, NAV, 최근 투자성과 및 투자자 환매 관련 정보, 투자자 분류 등 투자성과와 투자자 정보, 운용자산 규모, 상품 익스포저(gross and net product exposure) 및 자산 클래스 집중도, 지역별 익스포저(gross and net geographical exposure), 상품 거래 및 회전율 문제, 자산과 부채 문제, 차입, 리스크 문제, 신용거래상대방 익스포저(credit counterparty exposure), 기타 거래의 복잡성 및 집중도 등의 문제에 대한 정보를 수집하도록 권고하고 있다.

영국 FSA는 Turner Review를 통하여 금융위기 극복 및 재발 방지를 위해 금융시장 개혁 및 규제 강화를 요구하였는바, 감독 당국의 규제 대상은 법적 형태가 아닌 경제적 실체에 따라 결정되어야 한다고 주장한다. 즉, 은행, 보험회사, 구조화투자회사(Structured Investment Vehicles: SIVs) 등 법적 지위보다 금융회사의 행태, 자산, 부채의 구조 등 경제적 실체에 기초하여 규제대상 여부를 결정해야 한다.

또한 복잡한 금융수단의 이용 또는 정보 비대칭성을 통한 규제회피를 방지하도록 'shadow banking system'에 대하여 일관성을 지닌 규제가 이루어질 필요성을 제기하였다.

이에 따라 감독 당국은 시스템리스크를 평가하기 위하여 헤지펀드와 같이 규제받지 않았던 주요 금융회사에 대한 정보를 수집할 권한을 가져야 하며, 시스템적으로 금융 안전성을 훼손할 수 있는 금융회사나 금융상품에 대하여 자본과 유동성에 관련된 건전성 규제를 할 수 있는 권한을 가지도록 한다. 특히, 다수의 헤지펀드가 집단적 행태를 보일 경우 시스템리스크를 초래할 위험이 있으므로 향후 규제 및 감독을 강화할 필요가 있다. 규제당국과 중앙은행은 거시 건전성 확보 차원에서 헤지펀드 운영 또는 새로운 형태의 투자중개기관의 영업에 대하여 광범위한 정보를 수집할 필요가 있으며, 규제당국은 시스템적으로 중요하거나 은행 유사 업무라는 판단을 내릴 경우, 헤지펀드 또는 기타 투자 중개기관에 대한 적절한 건전성 규제를 적용할 수 있는 권한을 보유할 계획이다.

제 7 장

헤지펀드에 대한 학술적 논의

1 헤지펀드에 대한 학술적 논의

헤지펀드의 학술적 논의는 헤지펀드가 가지는 효용과 비용에 대한 논의와 적절한 규제 수준에 대한 논의로 나눌 수 있다. 주요한 연구 주제 중 하나는 헤지펀드가 과연 투자자들의 효용을 향상시키는지 여부이다. 이에 관하여 헤지펀드의 알파수익률[1]의 존재와 크기 등, 헤지펀드 성과의 우수성에 대한 다양한 연구가 진행되어 왔다.

헤지펀드 수익률에 대한 학술적 논의는 헤지펀드가 기준수익률 대비 양의 초과성과를 거두었는지 여부에 초점을 두고 있는데, Brown, Goetzmann, and Ibbotson(1999), Fung and Hsieh(2000), Liang(2001) 등이 모두 헤지펀드 수익률이 CAPM 등으로 측정한 기준수익률을 초과한다고 보고하고 있으며, Stulz(2007) 역시 헤지펀드 연구를 간략히 서베이하면서 헤지펀드의 초과성과가 0 이상이라는 점은 대체로 기존연구에서 공통된 실증분석 결과라고 해석하고 있다.

Ibbotson and Chen(2006)에 의하면 1995~2006년간 헤지펀드 수익률은 CAPM 모형 수익률을 기준수익률로 했을 때 연 3.04%의 초과성과를 거둔 것으로 나타나는데, 본 연구의 실증분석은 헤지펀드를 운용전략에 따라 9개 그룹으로 나누어 실시된 것으로 초과성과는 운용전략에 따라 펀드간에 상당한 차이가 있는 것으로 나타났다. Long-Short 주식운용전략 펀드, 사건의존(Event Driven) 운용전략, 전환사채 차익거래 운용전략(CV arbitrage) 펀드 등이 유의한 초과성과를 거둔 펀드로 분석되는 반면, 나머지 운용전략 헤지펀드의 경우 초과성과가 양인 것으로 추정되었

1) 개별 헤지펀드의 수익률이 뮤추얼펀드보다 높은가에 대하여 시장위험에 기인한 베타수익률 대신 무위험 초과수익률인 알파수익률을 측정한다.

으나, 통계적 유의성은 없는 것으로 나타난다.

또한 Elinga and Faustb(2010)은 공매도와 파생상품 이용에 제한이 있는 emerging market에서 일부 헤지펀드의 경우 (+)의 유의한 알파가 나타나는 반면 대부분의 뮤추얼펀드가 벤치마크 대비 높은 성과를 나타나지 않으며, 헤지펀드가 자산 배분의 이동을 활성화한다고 보고하고 있다.

1990년대 자료를 사용한 Agarwal and Naik(2000), Liang(2001), Peskin, Urias, Anjilvel, and Boudreau(2000), Asness, Krail and Liew(2001) 등이 모두 헤지펀드 수익률과 주식시장지수수익률(미국 S&P기준)의 상관관계가 0.5 이하로 낮은 수준임을 보고하고 있으며, 1994년에서 2004년까지의 헤지펀드 자료를 사용한 Garbaravicius and Dierick(2005)도 비슷한 결과를 보고하고 있다.

그러나 주식시장수익률과의 상관관계는 헤지펀드 내에서도 운용전략에 따라서 상당한 차이가 존재하는데, Garbaravicius and Dierick(2005)에 의하면 공매도 우위 전략(Dedicated short-bias)이 −0.76의 상관관계로 가장 낮았고, Long-Short 주식운용 전략(Long-short equity)이 0.59로 가장 높은 상관관계를 보이는 것으로 연구하였다.

표 7-1 헤지펀드 알파수익률에 대한 연구

연구자	연구결과
Malkiel(1995)	• 뮤추얼펀드의 평균 알파수익률: -3.2%
Brown, Goetzmann, and Ibbotson(1999)	• 공매도를 제외한 모든 투자 전략에 대하여 유의한 양의 알파수익률
Ackermann, McEnally, and Ravenscraft(1999)	• 유의한 양의 젠슨 알파비율 • 1994−95년을 제외한 다른 모든 기간 6%~8% 범위
Liang(1999)	• 16개 헤지펀드 중 7개에 대해서 양의 유의한 알파수익률 존재 • 월별 -5.22%~1.26%의 범위
Agarwal and Naik(2000a)	• 연간 1.56%~10.20% 사이의 유의한 양의 알파수익률 존재
Agarwal and Naik(2000b)	• 투자 전략에 따라 -1.07%~1.31%의 알파수익률 존재
Caglayan and Edwards(2001)	• 헤지펀드의 25%가 유의한 양의 알파수익률 존재
Kouwenberg(2003)	• 양의 유의한 알파수익률 존재
Ibbotson, Roger and Chen(2005)	• 헤지펀드의 평균 알파수익률: 3.7%

▌표 7-1 헤지펀드 알파수익률에 대한 연구(이어서)

연구자	연구결과
Jagannathan, Malakhov, and Novikov(2006)	• 성과의 약 50%가 다음기간에도 지속됨
Kosowski, Naik and Teo(2007)	• 헤지펀드의 평균 알파수익률: 0.42%이나 유의적이지 못함 • 상층그룹의 헤지펀드: 1%~1.25%이며 통계적으로 유의적임 • 상위 헤지펀드의 성과는 단순히 운으로만 설명되지 않고, 헤지펀드 성과는 연도별(annual horizons)로 지속적임
Boyson(2008)	• 펀드별 규모와 운용기간에 따라 수익률의 지속성 차이 발생 • 규모가 작고 운용기간이 작은 펀드의 경우 수익률이 지속적이며, 규모가 크고 오랜 운용기간을 가진 펀드에 비하여 연간 9.6% 높은 성과를 보임
Fung, Hsieh, Naik and Ramadorai(2008)	• 1995년~2004년 사이를 대상으로 분석한 경우 2008년 10월~2000년 3월 사이 주가상승기에만 알파수익률 창출 • 알파수익률을 가지는 펀드의 경우 베타수익률만을 가지는 펀드에 비하여 환매 및 청산이 덜 이루어지고 자본 유입이 높음
Capocci(2009)	• 헤지펀드 수익률을 시스템적인 헤지펀드 선정 기준에 따라 분해 • 변동성을 고려시 알파수익률을 창출, 전통 투자지수에 비하여 높은 성과를 보임
Eling(2009)	• 실증 분석 통계적 분석방법과 헤지펀드가 사용하는 전략에 따라 성과 지속성이 차이를 나타냄
Elinga and Faustb(2010)	• 대부분의 뮤추얼펀드가 벤치마크 대비 높은 성과를 나타나지 않으며, 공매도와 파생상품 이용에 제한이 있는 emerging market에서 일부 헤지펀드의 경우 (+)의 유의한 알파 존재

헤지펀드의 시장효율성 제고효과에 대한 실증연구가 심도 있게 진행된 것은 아니지만, 헤지펀드가 시장변동성을 높인다는 증거는 발견되지 않는 것으로 연구되고 있다. 1997년 아시아 외환위기 이후 헤지펀드의 행태를 조사한 Eichengreen et. al(1998)은 헤지펀드는 positive feedback trading 전략을 사용하지 않으며, 군집행위의 가능성도 낮다고 보고하고 있으며, Fung and Hsieh(2000a)는 1987년 미국

주식시장 폭락에서 1997년 아시아 외환위기까지의 10년간 발생한 주요 사건을 중심으로 헤지펀드의 거래행태를 분석한 결과 positive feedback trading의 증거를 찾을 수 없다고 보고한 바 있다.

헤지펀드가 가지는 시스템리스크 유발 효과에 관하여 헤지펀드의 신뢰의 취약성은 신뢰위기의 발생사례에 근거하여 추정할 수밖에 없으나, 이러한 사례는 아직 알려진 바가 없고, Boyson, Stahel, and Stulz(2006)이 주가 폭락 등 주식시장의 불안이 헤지펀드의 신뢰위기로 연결되는지를 검증하였으나 증거를 발견하지 못하였다. 이론적으로 보면, 헤지펀드는 운용자산 내역이 불투명하다는 점에서는 Diamond and Dybvig(1983) 유형의 신뢰위기에 봉착할 가능성도 있으나, 환매가 상시적으로 가능한 것이 아니고, 투자자가 고액개인 또는 기관으로서 비교적 합리적 투자자라는 점은 신뢰위기의 가능성을 낮추는 요인이라고 주장하고 있다.

그러나 헤지펀드의 보유자산이 유동성이 낮아 헤지펀드가 공모펀드 등에 비하여 유동성 위험에 취약하다는 실증연구는 존재하는데, Getmansky, Lo, and Makarov(2004)는 헤지펀드의 수익률이 공모펀드, 주식 등 일반적인 투자자산에 비하여 시계열 상관관계가 높다는 점을 지적하고 이는 보유자산의 일부가 유동성이 낮아 시장가격이 수시로 발견되지 않기 때문이라고 주장하고 있다. Brown and Goetzmann(2001)은 헤지펀드 산업은 최소한 8개 정도의 상호 상이한 위험구조를 지닌 이질적 펀드로 구성된 산업이므로 특정 헤지펀드의 신뢰위기가 전체 헤지펀드 산업의 신뢰위기로 연결되기는 어렵다고 주장하며, 이론적으로는 상호 감염의 위험은 적다고 주장한다. 반면 전반적인 시장불안으로 유동성 위험이 상승하고, 유동성 위험은 헤지펀드의 특성으로 상호 감염의 가능성이 있는데, Boyson, Stahel, and Stulz(2006)는 이질적인 위험구조에도 불구하고 서로 상이한 운용전략의 헤지펀드 수익률 사이에 감염현상이 존재하는 것을 발견하였으며, 이는 유동성 위험에 대한 공통적인 취약성 때문인 것으로 해석하고 있다.

헤지펀드의 적극적인 행동주의에 대하여 Armitstead(2005)는 CEO에 대한 인신공격 및 비공식적인 공격으로 이어져 비판의 대상이 되기도 하지만, 외부 투자자에게 기업의 경영 실적 및 성과를 투명하게 공개하도록 함으로써 투자자가 안고 있는 비대칭정보(information asymmetry) 문제 해소에도 일정 부분 기여하고 있는 것으로 판단된다. 또한 뮤추얼펀드나 연기금 같은 대형 기관 투자자들은 헤지펀드가 선도적으로 주주행동을 벌인 기업에 적극적으로 지원함으로써 위험부담은 상대적으로 줄이면서 수익률은 높일 수 있는 전략을 구사하기도 한다고 밝히고 있다.

규제 수준에 대하여 Stulz(2007)은 헤지펀드 운용자산은 뮤추얼펀드 운용자산보다 과거 10년에 걸쳐 더 빠른 속도로 성장해 왔는데, 헤지펀드와 뮤추얼펀드는 동일한 경제적 역할을 하나, 뮤추얼펀드는 규제를 엄격하게 받지만 헤지펀드는 규제를 거의 받지 않아 왔다고 밝히고 있다. 향후 헤지펀드와 뮤추얼펀드의 실적차이는 좁혀질 것이며, 규제강화로 헤지펀드의 유연성이 제약되며, 또한 헤지펀드는 더욱 기관화 될 것이라고 주장하고 있다. 규제 설정시는 규제로부터 발생하는 이익과 비용을 고려할 필요가 있다. 헤지펀드 규제 체계에 대하여 Danielsson et al.(2005)은 헤지펀드의 활동으로 얻는 이익의 원천을 보존하면서 실패로부터 야기되는 잠재적 비용을 줄이도록 규제를 할 필요가 있으며, 이러한 시각에 입각한다면 소비자 보호를 위한 규제보다는 시스템리스크 방지를 위한 규제가 필요하다고 주장하고 있다.

제 8 장 헤지펀드와 프라임 브로커 산업

01 _ 프라임 브로커리지의 개념과 기능

02 _ 헤지펀드와 프라임 브로커와의 관계

03 _ 해외 프라임 브로커 현황

04 _ 프라임 브로커 관련 해외 규제 현황

8 헤지펀드와 프라임 브로커 산업

1. 프라임 브로커리지의 개념과 기능

헤지펀드가 1949년 Alfred Winslow Jones에 의해 처음 설정된 이후 프라임 브로커의 기본 개념은 1970년대 미국 브로커-딜러인 Furman Selz에 의해 제시되었다. 초기 프라임 브로커 업무는 포트폴리오 관리에 중점을 두었으므로 거래를 살펴보고 포지션을 정리하며 성과를 계산하는 등의 업무를 수행하면서 Morgan Stanley, Bear Stearns, Merrill Lynch, Lehman Brothers, and Goldman Sachs과 같은 대형 브로커리지 회사에서 이러한 업무를 수행하기 시작하였으며, Merrill Lynch 영국 지사가 최초로 미국 지역 이외에서 프라임 브로커리지 업무를 수행하였다.

1980년대 많은 프라임 브로커는 기초 채권 청산과 보관 및 주요한 주식 자산을 보유하였음에도 불구하고 프라임 브로커는 주식 기초 상품을 취급하며, 포트폴리오에 대한 보고 서비스를 제공함으로써 운용을 보조하는 역할을 담당하였다.

1990년대 이후 헤지펀드 성장에 따라 점점 타기관에 의존하던 서비스의 분산도가 커지면서 분산된 업무를 한 곳에서 중점 관리하기 위한 서비스로 프라임 브로커리지 산업이 발전하게 되었다. 다양한 종류의 채권, 외환, 선물 및 파생상품 등을 포함한 다양한 영역으로 서비스가 확대되고, 자본 소개 프로그램(capital introduction program)과 다중 역할의 전자 플랫폼(multi-functional electronic platform) 서비스가 도입되어, 상이한 자산 종류와 화폐 거래의 기반이 되고 있다.

헤지펀드는 각각의 투자전략 및 투자목적 달성 과정에서 일반 뮤추얼펀드에 비해 매매 빈도가 높으며 새로운 투자 아이디어 실현 과정 또한 타 펀드보다 유연하며, 유가증권 대여 및 대출 서비스를 통한 안정적 이자수익 획득이 가능하여 증권사의 신규 수익원으로 부상하게 됨에 따라 주요 증권사들이 프라임 브로커리지 산업에 경쟁적으로 진출하면서 헤지펀드와 프라임 브로커 모두에 있어서 양자의 관계는 차입-대출자의 관계에서 파트너의 관계로 발전하는 추세에 있다.

즉, 프라임 브로커는 자금 및 주식대여, 증권의 체결, 결제 및 보관 서비스 제공 이외의 법률 및 회계 자문서비스 등을 one-stop 서비스로 제공하는 만큼, 헤지펀드 산업발전에 따른 향후 프라임 브로커리지 사업이 유망할 것으로 전망된다.

(1) 프라임 브로커의 개념

프라임 브로커리지는 전통적으로 헤지펀드 거래의 종합적 결산 및 청산업무 중심이었으나, 증권업의 고수익 산업으로 부상하면서 여러 증권사들의 진입경쟁이 가속화되고 고객 요구가 증대됨에 따라 보다 세분화되고 폭넓은 서비스를 제공하게 되었다.

▌그림 8-1 헤지펀드에 제공되는 주요 프라임 브로커 서비스

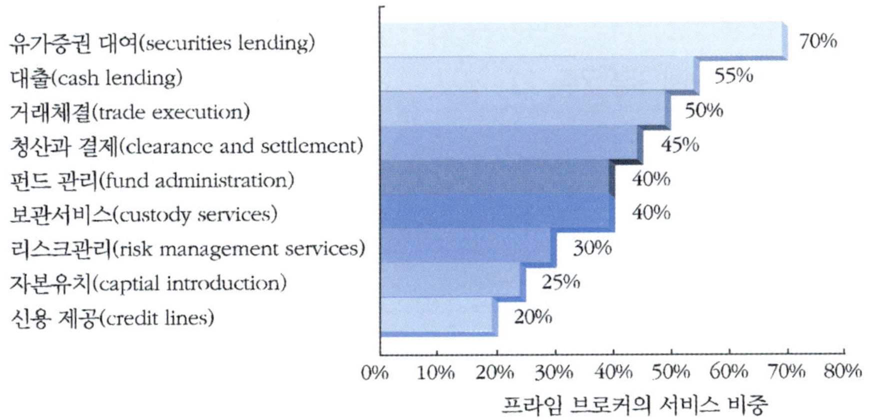

자료: IFSL.

프라임 브로커가 헤지펀드에 제공하는 주요 서비스는 유가증권 대여서비스(securities lending), 대출서비스(cash lending), 청산 및 결제 서비스, 리포팅 서비스 등이며, 기타 업무로는 거래체결, 리서치, 자본소개, 통합보고서 작성 등이다. ISFL(2007)에 따르면 프라임 브로커가 유가증권 대여, 대출, 거래체결 및 청산과 결제 서비스 등을 주요한 서비스로 제공하는 것으로 보고하고 있다.

(2) 프라임 브로커의 기능

프라임 브로커의 가장 큰 기능은 유가증권 대여(securities lending) 기능으로 헤지펀드가 공매도를 통하여 차익거래 전략을 가능하도록 필요한 증권을 대여 또는 중개하며, 증권 대여시 필요한 담보 및 증거금을 관리하고 공매도 결과를 정산해 준다. 주식대여란 주식의 장기보유자가 수수료를 받고 차후 같은 주식을 되돌려받는 조건으로 시장에서 매도자에게 주식을 빌려주는 제도로 헤지펀드가 공매할 수 있는 능력을 촉진시키는 데 가장 중요한 요소이며, 대차거래의 일반적 절차는 대여자의 대차동의로부터 시작되며 차입자(프라임 브로커 또는 헤지펀드)들은 담보를 제공하고 주식을 대차하며, 주요한 대여자는 외국인, 연기금, 수탁은행, 보험사, 자산운용사, 뮤추얼펀드, 증권사 등이며 담보로는 현금 또는 유가증권을 제공하고, 일반적으로 대여자는 일정 수수료를 수취하게 된다.

▌그림 8-2 증권 대여의 기본 구조

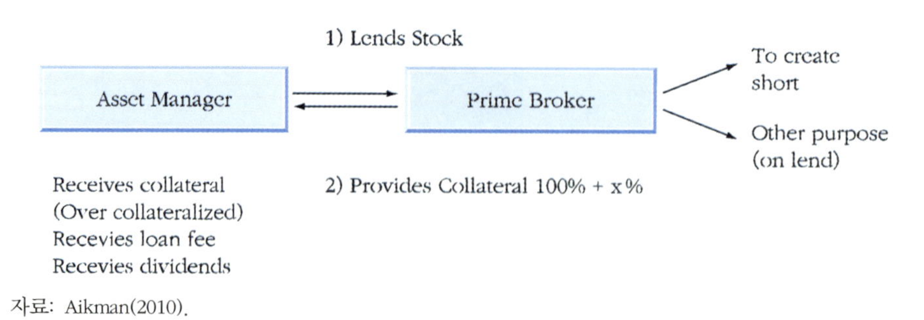

자료: Aikman(2010).

예를 들어 대여자인 자산운용회사가 프라임 브로커에게 증권을 대여하면, 프라임 브로커는 100%의 담보와 일정 수준의 수수료를 제공하고, 대여자는 담보 및 수수료를 수취하게 되며, 증권의 원소유주로서 주식에 대한 배당금도 수취하게 된다.

일반적으로 헤지펀드의 증권차입은 프라임 브로커가 대행한다. 프라임 브로커는 증권 대여자에게 일정 수수료를 지불하는데, 헤지펀드로부터 지불된 수수료 이상의 보상을 받는다. 프라임 브로커가 제공한 담보를 활용하는 대가로 증권 대여자는 프라임 브로커에게 일반적으로 일정수수료를 지불한다. 공급에 비해 대차 수요가 많은 거래를 'hard-to-borrow'(또는 special)거래라고 한다. 공매도에 따른 수입(주식매각대금)은 증거금이 충분할 경우 다른 주식 매입에 사용할 수 있으며, 공매도한 주식의 재매입 위험은 차입자가 부담한다.

특히, 증거금요건(margin requirement)은 헤지펀드 파산시 대여자가 자신을 보호할 수 있는 수단으로 증거금이 높을수록 보호장치가 강화된다. 경기 하강 시기를 대비하여 감독 당국은 증거금률이 지나치게 낮은 수준으로 떨어지지 않도록 할 필요가 있다. FSA(2011)은 프라임 브로커에 적용되는 평균 증거금률이 금융위기 이전에는 29% 수준에서 금융위기 이후 38% 수준으로 증가한 것으로 보고하였다.

더불어 헤지펀드 보유초과 담보(excess collateral)는 헤지펀드가 가진 잠재적 시스템리스크를 조절할 수 있는 요소 중 하나이다. 이외에 초과 담보에 대한 보관 계좌(custody accounts)의 사용 증가와 같이 헤지펀드의 현금관리 역량이 발전하고 있으며, 이러한 요소가 헤지펀드의 초과 담보에 영향을 미칠 수 있다. 또한 헤지펀드 초과 담보가 빠르게 변동하는 경우 거래상대방 리스크가 증가한다. FSA (2011)은 프라임 브로커가 기초요구 증거금의 약 90%를 평균초과 담보로 보유하고 있는 것으로 조사하였다.

프라임 브로커는 펀드가 다른 브로커와 실행한 거래를 결제하고 청산하는 거래수행서비스(execution)를 제공할 수 있다. 즉, 고객은 자금과 증권을 프라임 브로커의 계정에 유지하고, 체결 브로커에게 주어진 주문은 고객의 편익을 위해 프라임 브로커의 이름으로 된 체결 브로커의 계좌에서 실행된다. 이때 체결 브로커는 미국의 경우 DTC(Depository Trust Company)의 Institutional Delivery System(최근

▮그림 8-3 프라임 브로커 증거금 요건(margin requirement) 추이

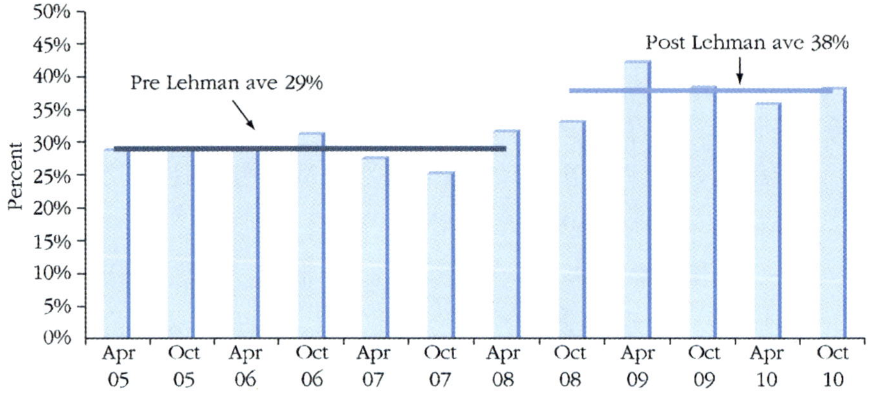

자료: FSA(2011).

▮그림 8-4 프라임 브로커 보유 평균 초과 담보율 추이

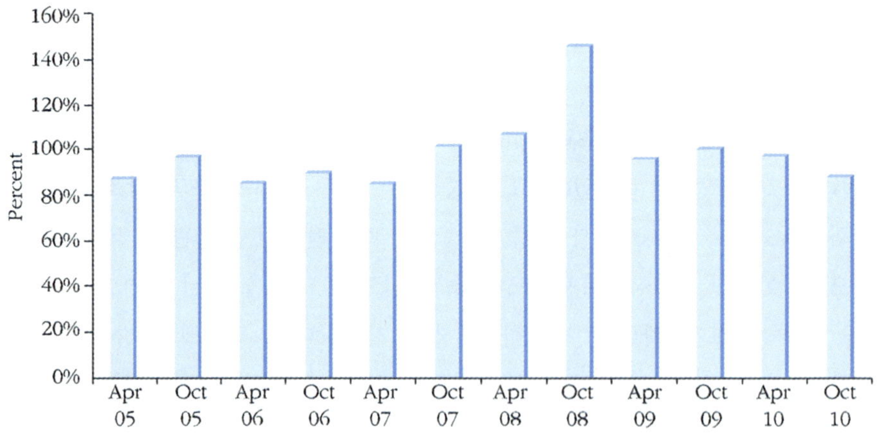

주 : 초과 담보(excess collateral)란 요구 증거금(margin requirement)을 초과해서 프라임 브로커 계정에 보유되어 있는 순주식으로, 기초 증거금(base margin)에 대한 담보 비중임.
자료: FSA(2011).

Omgeo Trade-Suite로 변경)를 통하여 프라임 브로커와 거래를 확인하는 역할을 수행하게 된다.

프라임 브로커는 회전율이 높은 헤지펀드의 매매로부터 매매수수료를 수취하며 헤지펀드는 프라임 브로커 또는 프라임 브로커의 계열사(또는 각종 이해관계인들)를 통해 수많은 거래상대방들과 거래를 수행할 수 있어 거래상대방 탐색비용을 감소할 수 있는 이점을 누리게 된다.

헤지펀드는 청산·결제 서비스를 제공할 수 있는데, 프라임 브로커 외의 체결 브로커들에게 프라임 브로커 명의로 된 계좌를 발급하고 수행브로커들은 헤지펀드 관련된 모든 거래 내역을 프라임 브로커에게 통보하며, 헤지펀드 매니저도 프라임 브로커에 거래 내역을 통보하며, 거래 내역이 모두 일치될 경우 프라임 브로커는 거래를 결제하고 수탁은행에 통보한다.[1] 해당 거래는 프라임 브로커의 현금 또는 마진 계좌(margin account)에 기록됨과 동시에 체결 브로커의 결제 불능 계좌(fail-to-receive/deliver)에 기록한다. 프라임 브로커는 동 정보가 체결브로커로부터 제공된 정보와 일치하면 최종적으로 동 거래를 확인하고, 동 거래는 NSCC(National Securities Clearing Corporation)에 제시되어 청산과 결제 절차를 밟게 되며, 프라임 브로커는 헤지펀드와 통상적인 방법으로 결제하게 된다. 프라임 브로커는 헤지펀드 매니저에게 거래체결 확인통지서를 발급하고 모두 적용 가능한 신용 및 Regulation-T 금액을 산정하는데, 이러한 기능을 통하여 헤지펀드의 다양한 포지션을 통합하여 펀드가 보다 효율적으로 자산을 이용할 수 있도록 해준다.

헤지펀드 수탁관리회사에게 회계·포트폴리오 정보·실시간 포트폴리오 추적·온라인 거래 추적 등 헤지펀드 운용자가 필요로 하는 다양한 정보를 제공하며, 일일정산시의 손실 및 이윤 가치평가 성과보고 포지션 정리 수익-비용 구조 등의 정보도 제공해준다.

프라임 브로커는 유가증권, 예금 등 헤지펀드 자산을 고유자산과 구분된 계좌에 보관하고 마진콜 등을 맞추기 위해 자본의 흐름을 통제하는 수탁서비스를 제공하는데, 이때 권리관계 등에 관한 서비스를 포괄하며, 해당 프라임 브로커사에서 수탁서비스를 제공하지 못할 경우 외주(outsourcing)가 가능하다.

프라임 브로커는 대부분 헤지펀드가 이용하는 레버리지를 위한 신용거래(margin finance) 서비스를 제공하는데, 신용거래(대출) 서비스는 헤지펀드 수익률

1) 만약 거래 내역이 상이하면 펀드와 주문을 실행한 브로커 사이에서 문제를 해결하도록 함.

▌그림 8-5 **청산결제업무 process**

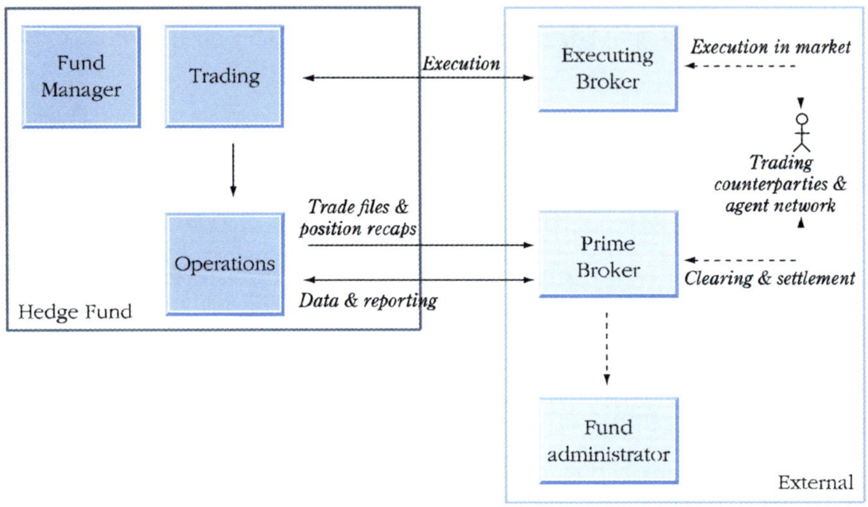

자료: Goldman Sachs.

극대화를 위한 레버리지 활용의 주요한 원천이 된다. 프라임 브로커가 헤지펀드의 레버리지를 확대시키는 방법은 첫째, 신용매수를 위한 자금을 대출하는 방법으로 증거금을 제공하는 방식으로 헤지펀드는 투자시 일정 부분을 프라임 브로커에게 직접 빌려서 투자하게 된다. 두 번째는 총수익스왑(Total Return Swap) 또는 managed account swap과 같은 파생상품을 사용하는 방법으로 프라임 브로커는 헤지펀드가 직접 관리하는 계좌를 개설해 주며, 헤지펀드는 계좌에 대해 거래결정권을 가지며, 프라임 브로커는 헤지펀드와 총수익스왑(total return swap) 포지션을 취하면서 스왑에 대한 증거금(margin)을 헤지펀드에 요구함으로써 레버리지 수준을 결정하게 된다. 헤지펀드의 위험에 따라 포트폴리오별로 대출가능(초기증거금) 수준을 정하며, 유지증거금 제도를 통해 레버리지에 대한 위험을 축소할 수 있다. 신용거래 서비스 제공을 위해서는 펀드의 위험 수준을 평가할 수 있는 노하우가 필요하며, 일반적으로 포트폴리오별로 스트레스 테스트와 VaR기법을 결합하여 평가한다.

이러한 주요 기능 이외에 프라임 브로커는 보고(reporting)서비스, IPO 및 신규발행 참여, 자금유치서비스(Capital Introduction), 통합보고서 제공, Start-up 서비스 및 Consulting, 리서치(research) 등의 다양한 서비스를 부가적으로 제공하기도 한다.

프라임 브로커는 수행 브로커를 통해 일어난 모든 거래 내역을 장부에 기록하고 통합 리포트를 작성하는 서비스를 제공하기도 한다. 보고서 내에는 보유량 · 배당금 · 기업 event · 세금 · 수익 및 손실 포지션 등 포트폴리오 관련 모든 정보를 포괄하여야 하며 일일 매매거래보고서 · 보유량 보고서 · 현금대차대조표 · 대출 기록표 등 헤지펀드의 모든 재무제표를 작성하며, 헤지펀드 운용자에게 회계, 포트폴리오 정보, 실시간 포트폴리오 추적, 온라인 거래 추적 등 헤지펀드 운용자가 필요로 하는 다양한 정보를 제공하는데, 프라임 브로커의 보고는 일일정산된 손실 · 이윤 보고, 가치평가, 성과 보고, 포지션 정리, 수익-비용 구조 등에 대한 정보도 포함할 수 있다.

헤지펀드가 여러 프라임 브로커를 이용하는 이유 중 하나로 신규발행주식을 이용한 투자전략 구사를 위해 IPO 과정에 대한 접근성을 높일 수 있다는 점을 들 수 있다. 이때 프라임 브로커가 신규 증권 발행의 주간사가 되는 경우, 신규 발행주식에 투자를 원하는 헤지펀드 운용자는 FINRA 규정에 따라 신규 발행시장에 참여할 수 있다.[2)]

헤지펀드 관련 국제 컨퍼런스 개최 등을 통해 헤지펀드와 잠재적 투자자를 연결 시켜주는 서비스 및 초기자본(seed capital), 사무 공간, 사무 지원, 기타 관리 서비스 등 초기서비스(incubation service)를 제공하기도 한다. UBS의 경우 해마다 미국, 영국을 비롯한 전 세계에서 30차례 이상의 여러 규모의 'UBS 투자자 포럼'을 개최하고, 헤지펀드가 원할 경우 로드쇼를 통한 해외순방으로 투자자 접견 기회를 제공한다.

프라임 브로커가 일반적으로 제공하는 계좌 정보 외에 프라임 브로커가 운영하고 보유하는 모든 거래 및 포지션에 대한 통합보고서를 제공하기도 하는데, 유

2) 미국의 경우 FINRA Rule은 restricted person으로 규정된 특정인에게만 신규 발행 주식을 판매할 수 있도록 규정하고 있으며, 발행시장에 참여하고자 하는 헤지펀드 운용자는 FINRA의 승인을 받아야 함.

가증권, 외환, 선물, 파생 등에 대한 통합 포지션 등을 제공함으로써 투자전략(종목)에 상관없는 총 익스포저를 손쉽게 파악할 수 있도록 해준다. 최근 헤지펀드들이 여러 개의 프라임 브로커를 사용하는 추세와 더불어 여타 프라임 브로커들의 보유 포지션을 통합하여 하나의 보고서로 작성하는 shadow report를 작성해서 제공하기도 한다.

더불어 프라임 브로커는 헤지펀드에 사무실, 법률자문, 일반사무서비스 등 헤지펀드 설립비용을 간접적으로 지원하는 등 펀드 life cycle에 맞는 컨설팅 서비스를 제공하기도 하며, 트레이딩 시스템, 회계시스템, 리스크 관리시스템 등 다양한 IT 솔루션 제공 및 헤지펀드에 리서치를 통한 기업경영정보, 중요event 등의 시장정보를 제공하기도 한다.

이상과 같이 프라임 브로커의 역할은 헤지펀드의 백 오피스 기능을 포함하여 거래의 실행과 운영의 핵심적 기능을 담당하고 있음을 알 수 있다.

▌표 8-1 프라임 브로커의 역할

기 능	내 용
유가증권 대여 (securities lending)	• 주식의 장기보유자가 수수료를 받고 차후 같은 주식을 되돌려받는 조건으로 시장에서 매도자에게 주식을 빌려줌
현금 및 신용대출 (margin lending)	• 헤지펀드에 현금 대출 또는 증거금 통하여 자금 대출
체결업무(trade execution)	• 거래 체결
청산결제업무(settlement)	• 헤지펀드 대리하여 청산결제 업무 수행
보관업무(custody)	• 펀드 자산 보관 • 보관 기능과 관련된 기타 사항 제공
보고업무(reporting)	• 헤지펀드 활동 관련 보고서 작성 • 헤지펀드 계좌 관련 장부 등 기록
발행시장참여 (access to securities offering)	• 발행시장의 참여
자본소개(capital introduction)	• 매니저와 잠재적 투자자를 만나도록 하며, 관련 미팅과 컨퍼런스를 스폰서
초기서비스(incubation service)	• 초기자본, 사무 공간, 사무 지원, 기타 관리 서비스 제공
컨설팅(consulting)	• 법률 자문 등 컨설팅 서비스 제공

2. 헤지펀드와 프라임 브로커와의 관계

헤지펀드와 프라임 브로커의 관계는 프라임 브로커와 헤지펀드 운용자에게 부과되는 법적요구조건에 의해 결정된다. 즉, 프라임 브로커와 헤지펀드의 관계는 자금조달(funding), 주식차입(stock borrowing), 최초 자본금(seed capital), 보관서비스(custody service), 자본 소개 프로그램(capital introduction programes) 등에 의해 결정되므로 프라임 브로커리지 계약(PBA)을 통하여 헤지펀드와 프라임 브로커의 관계를 정립하고 있다.

PBA는 신용(credit), 파산 사건(events of default), 증권 이자(security interest), 계약의 종료(termination), 거래감시(trading oversight), 자금모집의 비용과 조건(cost and terms of funding), 변제불능(act of insolvency), 프라임 브로커의 순자산가치(NAV) 산정 관련 사항, 증거금(margin) 관련 사항 등에 관한 계약을 다루는데, 일반적으로 펀드 모집자가 펀드 모집을 시작함과 동시에 헤지펀드 전략, 투자자 프로파일 작성, 투자대상시장 및 투자방법, 프라임 브로커 선정을 비롯한 여타 주요서비스 제공자 등을 결정하게 되고, 이 과정에서 입찰에 참가하는 프라임 브로커는 헤지펀드와 RFP(Request For Proposal)을 통해 잠정 법적 관계를 갖게 되며 프라임 브로커로 선정시 PBA를 통해 향후 제공될 모든 서비스 및 각종 사건에 대한 법적인 관계를 설정한다.[3)]

PBA는 크게 1994 SEC letter에 근거하는 미국모형과 미국 이외의 국가에서 사용하는 글로벌 모델 PBA가 존재하는데, 미국형 PBA와 글로벌 PBA간에는 규제 목적에 있어서 차이가 존재하지만, 기본적으로 전통적인 프라임 브로커리지와 새로운 서비스를 제공하는 프라임 브로커리지의 기준을 다루고 있다. 즉, 헤지펀드와 프라임 브로커 대출계약상의 다양한 관계들에 대한 기준을 제시하므로 이에 대한 검토가 필요하다.

글로벌 모델 PBA에서는 PBA의 참가 주체, 헤지펀드 활동에서 발생하는 여러

---

3) REP는 헤지펀드 요구사항을 정의하고 프라임 브로커가 입찰에 참여할 때 제시할 framework 을 제공함.

사건에 대한 정의, 프라임 브로커의 자산보유 방법, 충분한 현금보호 조항, 실사의무 조항, 담보, 면책, 유한책임, 증권이자 등에 대하여 여러 법적 문제를 다루고 있다. PBA에서는 헤지펀드 활동에서 발생하는 변제 불능(Act of Insolvency)과 같은 이벤트 및 자산(Asset), 채무불이행(Event of default), 증거금(Margin), NAV, NAV per share 등에 대하여 명확히 정의해야 한다. 예를 들어, 변제 불능의 경우 프라임 브로커는 이 개념을 가능한 넓게 해석하고 싶어하는 반면 헤지펀드는 설립회사가 속한 국가의 법적 관할 내로 제한되기 원하게 된다. 즉, 헤지펀드는 객관적이며 해당 관할권과 연계된 정의를 채택해야 하며, 헤지펀드 청산(close)시 프라임 브로커가 포트폴리오를 청산할 수 있게 하는 사건이 발생되지 않도록 해야 한다.

자산의 경우 일반적으로 프라임 브로커가 헤지펀드에 대해 보유하는 증권 및 현금을 의미하며, 프라임 브로커가 취하는 증권이자는 포트폴리오 전체가 아닌 증권이자(charge) 수취를 위해 요구되는 자산에 대한 이자를 말한다. 또한 채무불이행 사건 발생시 프라임 브로커는 운용을 중단하고, 증권이자 적용을 받는 자산을 매각(execute)하고 포트폴리오를 청산하여 잔액(the balance)을 헤지펀드에 돌려보낼 수 있는 권한(ability)을 갖게 되므로 채무불이행에 대해서도 프라임 브로커는 이 개념을 가능한 넓게 해석하고 싶어 하는 반면 헤지펀드는 좁은 해석을 선호한다.

따라서 채무불이행은 좁게(narrowly) 정의되어야 하며 포트폴리오를 합리적으로 청산하거나 관계를 종결할 수 있는 사건으로 제한되어야 하고, Cross Default를 막기 위해 그 정의에 주의해야 한다. 증거금의 경우도 이에 대한 정의, 계산방식, 계산주체 등이 중요한데, 프라임 브로커가 요구하는 증거금 예치는 의무이므로 어떤 사항이 의무이며 어떤 사항은 의무가 아닌지, 언제 추가 마진이 요구되는지 또한 모든 마진 관련 계산법 등에 대한 공개가 필수적이다. 특히 증거금은 일반적으로 전체 포트폴리오 자산이 아닌 프라임 브로커에 의해 보유되는(held) 자산가치의 하락시 추가적으로 요구된다.

NAV, NAV per share 등도 Offering Materials 이나 Article에 사용하는(또는 정의된) 용어를 포함하는데 그런 경우 그 정의는 다른 서류상의 정의와 동일해야 한다. 이 밖에도 PBA는 프라임 브로커사의 자산보유 방법(How are assets to be held)에 대한 내용, 충분한 현금보유(Use of excess cash) 조항, 선관의무(Fiduciary duties) 조항,

담보(Hypothecations) 조항, 면책(Indemnities) 조항, 유한책임(Limitations of liability) 조항, 협약 맺지 않은 제 3 의 보조 수탁인(Unaffiliated third-party sub-custodians)에 대한 조항, 증권이자(Security interest) 조항, 디폴트 상태에서의 권리 및 수행 조항(Rights on default/execution provisions), 자산운용자 관련 조항, 순자산가치감소 트리거(NAV decline triggers) 조항, 계약 종결(Termination) 조항, 진술 및 보증(Representations and warrants) 조항 등에 대한 규정을 명시적으로 제시해야 할 필요가 있다.

표 8-2 PBA에서 다루어야 할 조항

조 항	유의 사항
프라임 브로커사의 자산 보유 방법에 대한 내용	• 자산보유 방법은 프라임 브로커사의 유형 및 구조, 자산보유 시장 또는 자산의 종류, 프라임 브로커사가 활동하는 국가, 지사가 아닌 비계열(Unaffiliated) 제 3 사의 현금 또는 증권의 보유 여부와 관계됨 • 현금 및 증권은 일반적으로 헤지펀드 명의의 별도 분할계좌에 보관될 수 없고 프라임 브로커나 프라임 브로커가 지명한 회사(Nominee) 또는 하부 수탁인(Custodian)의 이름으로 보관 • 수혜 소유권(Beneficial Ownership)은 언제나 헤지펀드가 가지게 되며, 장부와 프라임 브로커의 기록은 헤지펀드의 소유권을 명확히 명시해야 함 • 프라임 브로커는 하에 현금을 보유하는 것을 선호 • 때로는 PBA에서 프라임 브로커가 펀드로부터 받아 보관하는 돈을 고객의 자금으로 취급하지 않아 보호 받을 수 없는 경우도 발생
충분한 현금보유 조항	• 헤지펀드는 프라임 브로커에 대한 증권이자 지급을 보장할 만큼의 충분한 현금을 관련 계좌에 보유하여야 하며 증거금률 상승에 대한 제약을 받지 않을 만큼의 충분한 현금을 보유하여야 함
선관의무 (Fiduciary duties) 조항	• 헤지펀드는 프라임 브로커가 선관의무를 부담하도록 해야 함 • 불가능 할 경우 프라임 브로커가 최소 일반 보호의무(general duty of care) 및 커스터디안 기능에 대한 의무를 강화하도록 해야 함
담보(Hypothecations) 조항	• 프라임 브로커의 수취가능 담보자산의 종류 및 해당자산의 최소 비율을 명시해야 함 • 프라임 브로커의 차입, 대여, 판매 혹은 전용 가능한 자산은 포트폴리오 내에서 증권이자를 부여할 수 있는 자산임(일반적으로 증권이자 부과 대상 증권 100%가 최대 벤치마크임) • 프라임 브로커는 재담보를 통해 수수료 또는 어떤 종류의 이익을 얻을 수 있도록 하는 조항을 요구하는 것이 일반적임

▌표 8-2 PBA에서 다루어야 할 조항(이어서)

조 항	유의 사항
담보(Hypothecations) 조항	• 헤지펀드는 자산을 담보로 하는 프라임 브로커가 "동등한 자산"(동일한 유형, 가치, 세부사항을 지닌 자산)을 반환할 것을 명시해야 함
면책(Indemnities) 조항	• 제 3 자에 의한 소송 제기시 자산이 적절한 범위 내에서 운용된 경우 운용 당사자를 보호할 수 있는 틀을 제공하며 그 손실에 대해 지정된 사람에게 변상을 요구할 수 있게 함 • 프라임 브로커는 이를 가능한 넓게 해석하고자 하는 반면, 헤지펀드는 제한적 해석을 선호
유한책임 (Limitations of liability) 조항	• 프라임 브로커 및 프라임 브로커 고용자, 디렉터 또는 프라임 브로커리지 수행 사무원 모두 직무유기 · 사기 · 고의적 과실 또는 PBA위반에 대해에 대한 책임이 있음 • 이 책임은 프라임 브로커가 직무를 위임한 제 3 의 프라임 브로커 계열회사(affiliates)에까지 적용되어야 함
협약 맺지 않은 제 3 의 보조 수탁인 (Unaffiliated third-party sub-custodians)에 대한 조항	• 프라임 브로커는 협약을 맺은 보조 커스터디안에 대해서는 책임이 부과되지만 협약 맺지 않은 제 3 의 보조 커스터디안에 대한 (변제불능 및 파산에 대한) 책임은 부담하지 않으려 할 것이며 헤지펀드는 그 반대 입장 • 협상 포인트는 프라임 브로커가 비협약 보조 커스터디안을 고용 · 감시하도록 하며, 제 3 자 비협약 보조 커스터디언으로부터 회수(recovery)시 프라임 브로커가 헤지펀드를 돕는 것에 동의하고, 제 3 자 비협약 보조 커스터디언에 대한 클레임을 할 수 있도록 하는 것임 • PBA에서 허용한다면 보조 커스터디안도 펀드의 자산을 담보로 직거래에 참여 가능하나 보조 커스터디안이 프라임 브로커와 무관한 제 3 자일 경우 이 부분은 펀드 이사회에서 결정할 사항임
증권이자 (Security interest) 조항	• 프라임 브로커는 포트폴리오 내의 자산에 대한 증권이자(charge)를 요구하는 것이 일반적임 • 대부분의 경우는 고정 증권이자를 요구[4)] • 고정증권이자와 변동증권이자의 조합을 통해서 프라임 브로커가 가장 큰 보호를 받을 수 있고, 디폴트 상태에 놓이게 됐을 때 헤지펀드에게는 가장 큰 이슈가 될 것임 • 증권이자 및 이행 · 공고 · 강화 방법은 관할 사법권마다 다름
디폴트 상태에서의 권리 및 수행 조항 (Rights on default/ execution provisions)	• 자금 조달 및 대출 중단 · 증권이자 구체화 · 포트폴리오 판매 및 유동화 · 수혜자(receiver) 지명 등에 대하여 프라임 브로커는 디폴트 상황에서 그들이 행사할 수 있는 몇 가지 옵션을 원하므로 협상점은 디폴트 상태 한계 범위(threshold amount)를 설정하는 것임 • 디폴트 시 프라임 브로커가 사용할 수 있는 방법은 사용가능한 현금의 이용 및 포지션을 처분(sell)하는 사항 등에 대하여 한계

4) 고정 증권이자는 특정 자산에 대한 증권이자를 의미하며, 변동 증권이자는 비고정 자산(증권 및 현금)을 기초로 한 이자를 의미함.

표 8-2 PBA에서 다루어야 할 조항(이어서)

조 항	유의 사항
디폴트 상태에서의 권리 및 수행 조항 (Rights on default/ execution provisions)	범위를 설정할 때 대부분 일정 고정량 또는 헤지펀드 NAV의 일정비중 이상의 금액을 포함함 • 헤지펀드 AUM 변동에 근거하여 그 금액이 재조정(reset) 될 수 있는 조항 포함
펀드매니저 관련 조항	• PBA는 펀드가 거래관련 권리를 펀드매니저에게 부여하며 프라임 브로커가 이 사실을 문서로 통보받을 것을 요구, 프라임 브로커는 펀드매니저의 지시에 따를 것을 요구 • 펀드매니저에 대한 계획에 변경사항이 있을 경우엔 프라임 브로커가 가장 먼저 이 사실을 통보받아야 함 • PBA는 법적 규제 · 미국 밖 주식의 거래 수탁 및 보유 · 거래 수행시 유의사항 · 청산 및 정산에 대한 대응방안 등을 포함시켜야 함 • 펀드는 펀드매니저의 지시에 의해 발생한 프라임 브로커의 손실에 대해서는 배상
순자산가치감소 트리거 (NAV decline triggers) 조항	• NAV 감소 트리거는 12개월(rolling 12M period)에 대해 일정한 비율만큼 헤지펀드 NAV(AUM)가 감소할 경우 상대방이 특정 권리를 행사하거나 그런 자산의 감소를 종료(termination) event로 선언할 수 있는 권리를 행사할 수 있도록 해주는 조항임 • NAV 트리거는 또한 NAV per Share 감소도 포함 • 일반적으로 NAV decline triggers는 PBA에서는 잘 명시되지 않으며 협상대상이 됨
계약 종결 (Termination) 조항	• 프라임 브로커는 특정 상황이 도래하지 않아도 프라임 브로커리지 계좌를 폐쇄할 수 있는 권리를 갖게 하는 일방적 종료 조항을 선호함 – 헤지펀드는 프라임 브로커에 대한 서비스 불만족 · 운용 전략의 변경 · 또는 다른 프라임 브로커를 사용하고자 할 경우 이 조항을 사용할 유인 발생 – PBA는 쌍방 종료(폐지) 조항을 포함해야 하며, 이때 폐지 이후에도 폐지 고지시부터 폐지까지 거래 및 포트폴리오 인수 · close out · 정보 전달(information feeds) 등이 지속되도록 조항을 명확히 해야 함 – 종결 후에도 기존 PBA 하의 프라임 브로커 책임(liability)은 지속됨
진술 및 보증 (Representations and warrants) 조항	• 프라임 브로커가 헤지펀드와 계약시 일련의 진술 및 보증(헤지펀드 설립의 유효성, PBA의 유효성 및 법적 합치성 등)이 중요한 것처럼 헤지펀드에게도 프라임 브로커로부터 그러한 진술 및 보증이 필요 • 진술 및 보증은 상호적이어야 하며, incorporation · valid existence · execution · enforceability · 특정 상황 발생시 공지(notification)에 동의하는 것 등 핵심 사항을 포함해야함
상호 마진, 상호 계산, 상호 디폴트	• 프라임 브로커는 PBA, ISDA, OSLA, GMSLA 등 다양한 계약을 맺음에 있어 cross margin, cross netting, cross default 조항을 포함하기 원함

▌표 8-2 PBA에서 다루어야 할 조항(이어서)

조 항	유의 사항
상호 마진, 상호 계산, 상호 디폴트 (Cross margin, cross netting and cross default) 조항	– 이러한 조항들은 프라임 브로커에게 큰 신용보호 효과를 가져다 주지만, 헤지펀드(특히 신설 헤지펀드)의 경우는 크로스 마진으로부터는 혜택을 받을 수 있지만 상위 세 가지를 다 허락하는 것은 큰 위험을 초래할 수 있음 – 디폴트 조항은 ISDA 또는 GMSLA가 종결(폐지)될 경우 이들 조항하에서 포지션이 정리될 수 있는 반면, 이때 PBA 자체가 종결되지 않도록 해야 함 – ISDA 내 해당 프라임 브로커와의 다른 문서에 대한 downward 종결은 가능 – 단, 다른 헤지펀드 상대방에 대한 계약은 유효
정보 방화벽 (Information barriers) 조항	• 프라임 브로커리지사는 헤지펀드에 많은 서비스를 제공하고 규제의 적용도 받는 기관으로서 헤지펀드는 프라임 브로커리지 부서가 취득하는 정보가 규정 내에서 자체적·자율적으로 해결(ring-fenced) 되어서 다른 부서로 유입되지 않도록 하는 것을 확증하기 원함 • 헤지펀드는 헤지펀드와의 거래 및 포지션에 대한 정보는 보안사항이며 risk credit compliance, 내부 감사 등에 대한 제한된 여건에서 시행되어야 함 • PBA 및 Offering Materials은 프라임 브로커가 적절한 법적·규제적 요구를 충분히 따를 수 있도록 방화벽(information barriers)을 운영한다는 것과 헤지펀드에 대한 정보 소유권이 보안사항이며 적절히 통제되는 것을 확증하는 조항을 포함해야 함
SLA(Service level agreement) 조항	• 헤지펀드는 서비스 제공자들의 수행 평가가 가능하도록 하기 위해 서비스 제공자들에게 SLA를 요구하며 정기 점검 조항을 포함 • SLA는 강제성을 띄기 위해 양측의 사인을 필요로 함

자료: Mark Berman(2009).

3. 해외 프라임 브로커 현황

최근 프라임 브로커들간의 경쟁 증가로 인하여 공급자 중심의 시장에서 수요자 위주의 시장으로 변하고 있다. 경쟁, 시장 변동성, 서비스 제공자에 대한 규제, 높은 수익에 대한 투자자의 요구 증대, 주주행동주의, 시장력(market force)으로 인하여 다수의 프라임 브로커를 이용하려 하고 있으며, 이로 인하여 투자자들이 헤지펀드가 일정 수준 이상의 운용자산을 보유할 것을 요구하며, 다수의 프라임 브로커에 의존하고 있다. 10억 달러 이상의 자산을 운영하는 헤지펀드의 56%는 4개 이상의 프라임 브로커를 쓰고, 28%는 7개 이상의 프라임 브로커를 쓰는 것으로 나타나고 있으며, 미국의 헤지펀드인 Amaranth Advisors LLC의 경우 거래액이 60억 달러에 달했는데 약 8개의 프라임 브로커를 이용했던 것으로 보고되고 있으며,[5] 또한 Merrill Lynch(2007)에 따르면 10억 달러 이상의 자산규모를 가진 헤지펀드의 약 3/4 가량이 2개 이상의 프라임 브로커를 이용하고 있으며, 이들 중 35%는 4개 이상의 프라임 브로커를 사용하는 것으로 보고하고 있다.

이러한 복수의 프라임 브로커를 이용하는 장점은 경쟁에 의해 서비스와 비용상의 혜택이 있고 거래가 드문 증권을 쉽게 구할 수 있다는 점이지만, 리스크 평가에 있어서는 불리하게 작용할 수 있다. 이러한 변화에 따라 프라임 브로커는

▌그림 8-6 복수의 프라임 브로커 이용 현황

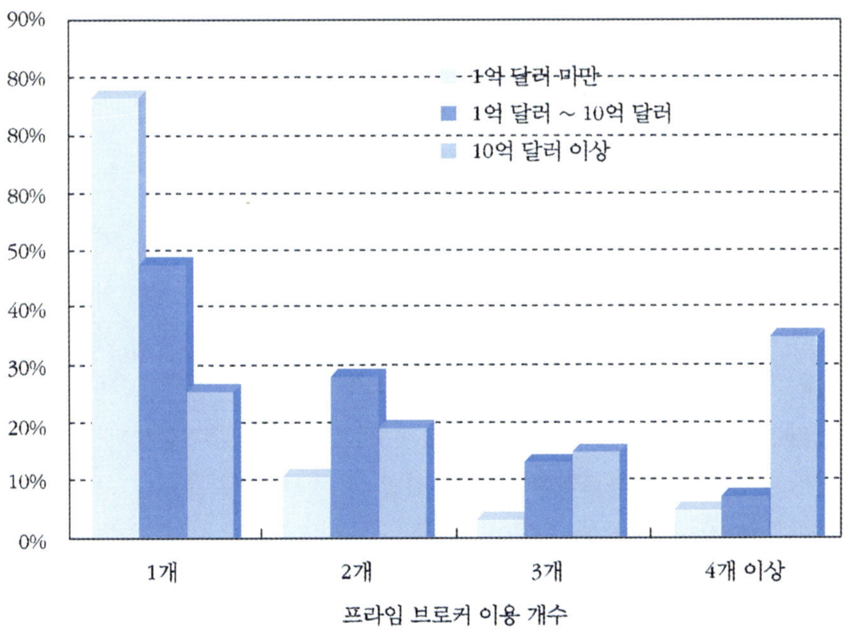

자료: Merrill Lynch(2007).

5) Berman(2007).

부가서비스(리서치 자료 제공, 세금 보고, 인터넷, 거래일과 결제일 상호 거래 및 결제 확인서비스 등)를 제공함으로써 헤지펀드 매니저들을 독점적인 관계로 만들려고 시도하고 있는데, 그럼에도 불구하고 규모가 큰 펀드는 거래상대방에 따른 위험을 줄이고 자기계정거래에 대한 비밀을 유지하고 여러 시간대에 속하는 지역의 거래를 결제하기 위하여 점차로 여러 개의 프라임 브로커를 이용할 것으로 예상되며, 이에 따라 주요 프라임 브로커의 파산에 따른 잠재적인 영향을 줄일 수 있었으나, 매일의 손익 상황이나 포지션 보고에 필요한 자료를 취합하여야 하기 때문에 헤지펀드의 프라임 브로커리지 관련 업무는 오히려 증가한 것으로 평가된다.

금융위기 이후 프라임 브로커 산업의 경쟁 증가로 인하여 초대형 프라임 브로커(major prime brokers), 대형 프라임 브로커(big prime brokers), 중형 프라임 브로커(mid prime brokers) 및 소형 프라임 브로커(mini prime brokers)의 4개 층으로 산업 구조가 분리되는 추세이다.

초대형 프라임 브로커의 경우 글로벌 프라임 브로커 사업영역을 유지하고 확장할 수 있는 자본 및 인프라를 보유하고 있는 프라임 브로커로 동 프라임 브로커는 대형 헤지펀드와 주로 관계를 맺고 있으며, 상대적으로 높은 수수료를 수취하고 있으며, 높은 수수료로 인하여 소형 헤지펀드가 대형 프라임 브로커와 관계를 맺기 어려워지고 있다. 초대형 프라임 브로커는 대형 헤지펀드와의 관계를 심화하고 시장 점유율을 보호하는 것이 주요한 사업 목적으로 특히 기관투자자 및 대형 헤지펀드는 그들 자산에 대한 수탁 다양화 및 안정성을 추구하므로 초대형 프라임 브로커와의 관계가 더욱 심화되고 있는 추세이다.

대형 프라임 브로커는 주로 대형 기관투자자로 구성되어 있으며, 대형 프라임 브로커는 주로 상위 헤지펀드의 두 번째 프라임 브로커로 활동하는 것이 일반적이며, 초대형 프라임 브로커에 비하여 선별적이지는 않고 초대형 프라임 브로커에 비하여 기술적 솔루션 및 자원이 미비한 상황이다.

중형 프라임 브로커는 100억 달러 정도의 고객 자산을 보관하며, 헤지펀드에 보관, 자본 조달 및 거래 관련 서비스를 제공하고 있으며, 각각 300여 개의 헤지펀드 고객을 보유하고 있으며 대부분의 헤지펀드는 규모가 2천만 달러~10억 달러 규모의 자산을 보유하고 있으며, 신규 헤지펀드 매니저에게 서비스를 제공하고 있다.

▌그림 8-7 금융위기 이후 프라임 브로커 서비스 시장

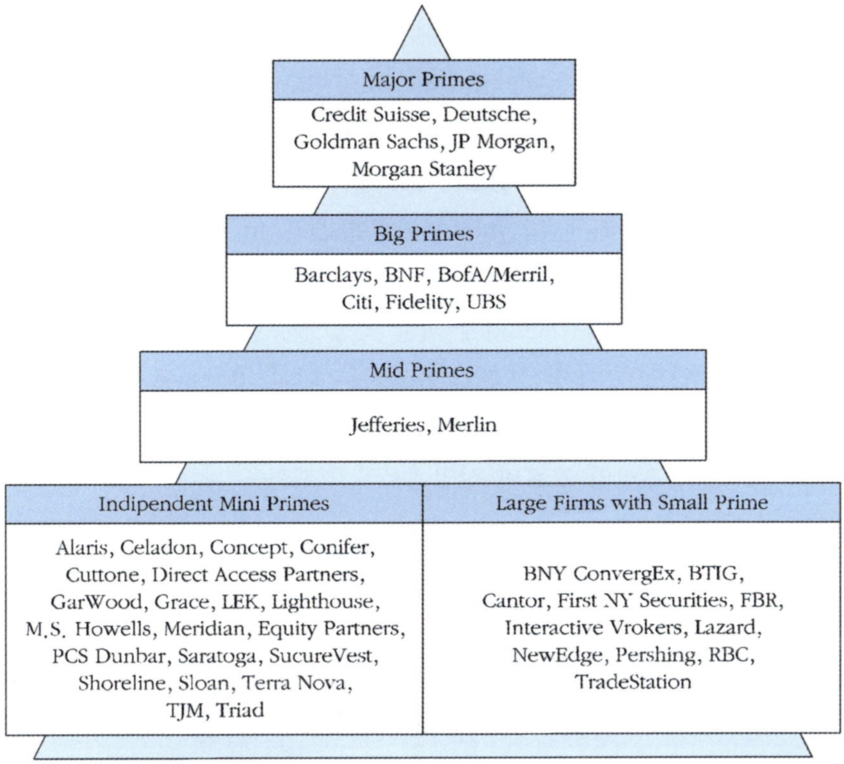

자료: Ron Suber and Aron Vermut(2010).

소형 프라임 브로커는 소형 독립 프라임 브로커와 소형 프라임 브로커 부서를 지닌 대형 회사로 나눌 수 있고, 두 그룹 모두 헤지펀드, 고액자산 보유가 및 일일 거래 고객들을 가지고 있으며, 소형 독립 프라임 브로커의 경우 고객 자산 10억 달러 이상을 가진 브로커는 없으며, 프라임 브로커 부서를 가진 대형 회사의 경우 300명 미만의 고객을 보유하거나 100억 달러 미만의 고객 자산을 보유하고 있다. 소형 독립 프라임 브로커는 자본 수준이 낮으며, 주로 체결브로커 또는 낮은 부가가치를 가진 체결브로커 상품을 취급하며, 소형 프라임 브로커 부서를 가진 대형 회사의 경우 현재 많은 자본력 및 사업 영역에 진출하고 있지는 않으며,

기술 플랫폼을 구축하는 경우 고객과의 보관서비스 관계를 확보할 수 있을 것으로 예상된다.

특히, 프라임 브로커리지 산업 내에서는 2008년과 2009년 금융위기를 거치면서 구조조정을 맞이하였는데, JP Morgan의 Bear Stearns의 인수, Barclays Capital의 Lehman Brothers 인수 및 Bank of America의 Merrill Lynch 인수로 인하여 산업 내 구조변화가 발생하였고, 이로 인하여 시장 점유율이 기존 투자은행에서 상업은행으로 이동하게 되었다. 2010년의 경우 JP Morgan(21.6%), Goldman Sachs(18.3%) 및 Morgan Stanley(15.9%)가 전체 프라임 브로커 시장의 약 56%를 점유함에 따라 대형 프라임 브로커에 의한 시장 집중현상이 과거에 비하여 심화되었음을 알 수 있으며, 대형 프라임 브로커는 이미 자산운용, 대주 및 수탁업무를 하여 왔고, 운용업무부터 백오피스 업무에 필요한 기술적·인적 인프라를 보유하고 있으므로 프라임 브로커 산업에서의 경쟁력을 지속적으로 유지할 것으로 예상된다.

특히, 금융위기를 거치면서 투자은행에 대한 투자자들의 불안감이 커지면서

▍표 8-3 프라임 브로커 산업의 시장 점유율 현황

회사명	2008년 1월	2009년 1월	2010년
Goldman Sachs	18.5%	19.1%	18.3%
JP Morgan	–	18.8%	21.6%
Morgan Stanley	20.0%	13.5%	15.9%
UBS	7.8%	6.9%	5.7%
Deutsche Bank	5.9%	6.6%	7.9%
Citigroup	4.2%	5.5%	4.9%
Credit Suisse	4.0%	5.5%	6.8%
Newedge Financial	–	2.8%	–
Merrill Lynch	2.9%	2.7%	3.6%
Others	36.7%	18.6%	15.3%
계	100.0%	100.0%	100.0%

주 : 2010년 Merril Lynch의 경우 Bank of America Merrill Lynch를 지칭함.
자료: TheCityUK.

일부 투자자들이 자산 수탁 측면에서 보다 안전한 유니버설은행(universal banks, 투자은행인 동시에 상업은행)을 선택하는 경향이 강해졌다.

Global Custodian은 2010년 6월 프라임 브로커의 고객을 상대로 2008년 이후 프라임 브로커 산업에 대하여 조사한 결과 Credit Suisse와 Deutsche Bank가 프라임 브로커 산업의 선두 주자로 자리매김하고 있으며, Goldman Sachs와 Morgan Stanley 역시 시장에서 주도적 역할을 담당하고 있다고 밝히고 있다.[6]

Credit Suisse의 경우 2003년 이후 새로운 전략을 추구한 이후 대형(the largest and most sophisticated) 헤지펀드 매니저 사이에서 좋은 평가를 받고 있으며, Deutsche Bank의 경우 Goldman Sachs와 유사하게 소형 헤지펀드 매니저 사이에 좋은 평가를 받고 있으며, Credit Suisse의 경우 50억 달러 이상 헤지펀드, 도

표 8-4 프라임 브로커 기업 순위

	기업명	점수(가중)[1]		기업명	점수(비가중)
1	Credit Suisse	6.06	1	Deutsche Bank	6.13
1	Deutsche Bank	6.06	2	Goldman Sachs	6.05
3	Morgan Stanley	6.02	3	Morgan Stanley	6.00
4	Goldman Sachs	6.01	4	Credit Suisse	5.97
	Global Overall	5.91		Global Overall	5.91
5	J.P. Morgan	5.86	5	BofA Merrill Lynch	5.87
6	BofA Merrill Lynch	5.85	5	J.P. Morgan	5.87
7	Newedge	5.74	7	Newedge	5.71
8	UBS	5.72	8	Citi	5.69
9	Citi	5.71	9	Barclays Capital	5.68
9	Barclays Capital	5.71	9	UBS	5.68

주 : 1) 가중 점수의 경우 각 프라임 브로커가 제공하는 다양한 서비스와 관련된 신용도 등을 반영하여 계산됨.
자료: Global Custodian(2010).

6) Global Custodian은 매년 전세계 프라임 브로커에 대하여 조사를 실시하고 있는데, 2010년 조사의 경우 2009년 영업중인 전세계 21개 프라임 브로커에 대하여 자산규모·지역·전략별로 11개 서비스(고객서비스, 운영, 자본조달, 신용거래, 주식대여, 보고, 기술, 헤지펀드산업 컨설팅, 자본소개, 가치평가, 평판)에 대하여 정성적인 평가를 실시하였으며, 이에 대하여 3,215개 응답자가 응답함. 조사에 대한 응답은 1점~7점으로 구분됨.

이치의 경우 1억 달러 미만과 10억~50억 달러 규모의 헤지펀드, Goldman Sachs의 경우 1억~10억 달러 규모의 헤지펀드 사이에서 높은 점수를 받고 있다. 소되고 JP Morgan, Credit Suisse의 시장 점유율은 다소 상승하였다. 그리고 기타 금융위기 이후 금융시장은 고객 자산에 대한 안전과 거래상대방 신용리스크(counterparty credit risk)에 매우 민감하게 반응하고 있는데, Credit Suisse와 Deutsche Bank를 제외한 다른 프라임 브로커는 주요 유니버설은행(universal banking) 그룹에 소유되고 있다. 점차 헤지펀드는 통합적이며 국제적인 상품을 제공하여 수익을 창출하는데 도움이 되는 보다 강하고 안정적인 프라임 브로커를 찾으려고 하고 있으며, 또한 많은 프라임 브로커가 금융위기 이후 고객서비스, 자본 과세 및 헤지펀드 컨설팅

▌표 8-5 주요 프라임 브로커의 헤지펀드 자산 규모별 서비스 현황

기업명	헤지펀드 자산규모 (달러)	고객 서비스	운영	자본 조달	신용 거래	주식 대여	보고	기술	컨설팅	자본 소개	가치 평가	평판	총점
Credit Suisse	1억미만	★		★		★		★	★	★	★	★	6.04
	1억-10억	★										★	5.83
	10억-50억	★	★	★	★	★	★	★		★	★	★	6.05
	50억-100억	★	★	★	★	★	★	★	★	★	★	★	6.15
	100억 이상	★	★	★	★	★	★	★	★	★	★	★	6.30
Deutsche Bank	1억미만	★	★	★	★	★	★	★	★	★	★	★	6.41
	1억-10억	★	★	★	★	★	★	★	★	★	★	★	6.08
	10억-50억	★	★	★	★	★	★	★	★	★	★	★	6.17
	50억-100억			★					★				5.67
	100억 이상	★		★	★					★		★	5.94
Goldman Sachs	1억미만	★	★	★	★	★	★	★	★	★	★	★	6.19
	1억-10억	★	★		★	★	★	★	★		★	★	6.10
	10억-50억		★				★	★	★	★	★	★	5.97
	50억-100억	★	★			★	★	★		★	★	★	6.08
	100억 이상								★			★	5.79

주 : ★의 경우 Best in Class를 의미함.
자료: Global Custodian(2010).

부문에서 새로운 사업 영역을 확보하기 위하여 고용을 늘리고 있는 추세이다.

아시아 지역에서도 헤지펀드 관련 서비스 산업으로서 프라임 브로커의 다변화 추세가 이루어지고 있다. 금융위기 이전 2007년에는 모건스탠리와 골드만 삭스가 아시아 헤지펀드 자산의 55% 가량을 차지하며 주요 프라임 브로커로 활동하였으나, 금융위기 이후 상기 2개 프라임 브로커의 시장 점유율은 45% 수준으로 감프라임 브로커의 비중이 6.89%에서 2010년 2.6%로 현격하게 감소하였는데, 이는 금융위기로 인한 대형 금융기관의 도산 이후 거래상대방 리스크(counter-party risk)에 민감해지면서 다수의 프라임 브로커와 다양한 관계를 맺고, 명성이 있고, 재정적으로 안전한 프라임 브로커를 선호하는 경향이 강화된 것으로 볼 수 있다.

헤지펀드 관련 펀드 관리회사의 경우도 기타 펀드 관리회사의 비중이 2007년 33.4%에서 2010년 21.5%로 감소하였는데, 이 역시 운용업자가 적절한 리스크 관리를 할 수 있으며 명성을 지닌 펀드 관리회사에 대한 선호도가 증가한 것에 기인한다.

▌표 8-6 아시아 헤지펀드 관련 프라임 브로커 시장점유율 현황

2007		2010	
회사	비중	회사	비중
모건 스탠리	26.6%	모건 스탠리	23.9%
골드만 삭스	26.5%	골드만 삭스	21.6%
UBS	9.2%	JP Morgan	16.9%
베어스턴	9.1%	Credit Suisse	9.0%
도이치 뱅크	7.5%	UBS	8.4%
Credit Suisse	6.6%	도이치 뱅크	7.9%
메릴린치	3.8%	Citibank	3.4%
citigroup	3.2%	Bank of America Merrill Lynch	3.3%
Fimay	0.5%	Barclay	1.5%
Man Financial	0.1%	Newedge	1.4%
기타	6.9%	기타	2.6%

자료: Eurekahedge(2010).

▌표 8-7 아시아 헤지펀드 관련 펀드 관리회사 시장점유율 현황

2007		2010	
회사	비중	회사	비중
HSBC	32.2%	HSBC	22.3%
CITCO	10.8%	State Street	20.3%
State Street	4.9%	CITCO	11.9%
Citigroup	4.1%	BNP Paribas Fortis	4.1%
골드만 삭스	3.4%	IFCE	2.9%
PNC	2.9%	다이와(Daiwa)	2.8%
JP Morgan	2.4%	Viteos	2.5%
모건 스탠리	2.0%	Citigroup	2.5%
Fortis	2.0%	SS&C	2.5%
Northern Trust	2.0%	Admiral	2.2%
기타	33.4%	기타	21.5%

자료: Eurekahedge(2010).

4. 프라임 브로커 관련 해외 규제 현황

(1) 미 국

미국의 프라임 브로커 산업은 1994년 미국 SEC의 시장규제부서에서 발행한 비조치의견서(No-Action Letter)에 의해서 공식적으로 탄생하였는데, 이는 1994년 SEC의 Division of Market Regulation에 의해 공표된 No-Action Letter(1994 Letter)에서 명시적으로 프라임 브로커를 규제하기 시작하였다. No-Action Letter는 프라임 브로커 위원회(Prime Broker Committee: PBC)의 제안에 응답하는 형식으로 1934년 증권거래법 적용에 관한 법적 이슈를 제시하며, 브로커-딜러(프라임 브로커)가 No-Action Letter에서 지정한 방식으로 서비스를 제공하는 경우 SEC가 미연방법 특정조항에 따라 다른 증권거래법에 따른 어떤 규제조치도 취하지 않을 것을 명시하면서 증거금, 공매도, 거래확인, 신용거래 확인에 대하여 법적 이슈를 제기하

고 입장을 정리한 후, SEC는 브로커-딜러들이 1994년 No-Action Letter 조항에 따른 업무제공시 SEC가 미국 연방증권법 조항에 의한 집행조치를 권고하지는 않을 것이라고 밝히고 있다.

따라서 미국의 프라임 브로커는 원칙적으로 SEC에 브로커-딜러로 등록을 해야 하며, 증권대여, 보관, 신용 대출 등의 다양한 서비스를 제공하고, 파산시 고객인 투자자를 보호하는 문제 등 연관된 문제가 다양하다. 따라서 프라임 브로커는 SEC, 자율규제기관인 FINRA, 그리고 개별 주의 증권규제당국의 규제 등 다양한 규제를 받게 된다. 우선적으로 프라임 브로커는 1934년 증권거래법에 따라 브로커-딜러로 등록해야 하며, 브로커-딜러에 준용되는 규제를 적용받는다. 파산과 관련된 고객의 권리보호를 위하여 1934년 증권거래법(Securities Exchange Act of 1934)은 Sec.7의 증거금요건, sec. 11(d)(1)의 증권의 신규발행에 대한 신용공여 조항, SEC Rule 10b-10상의 고객과의 거래확인, SEC의 Regulation SHO의 공매도 등의 적용을 받으며, 증권거래소(New York Stock Exchange: NYSE)와 FINRA의 관계규정이 프라임 브로커를 자율 규제한다. 또한 파산과 관련하여 SEC의 순자본규칙(SEC Rule 15c3-1)과 고객보호규칙(15c3-3) 이외에 미국의 연방파산법(U.S. Bankruptcy Code), 증권투자자보호법(Securities Investor Protection Act: SIPA)의 규정을 적용받게 된다.

미국에서의 프라임 브로커의 개념에 관하여 증권관련 법에서는 규정하고 있지 않고 있다. 다만, 1994년 No-Action Letter(1994 letter)에서 프라임 브로커리지의 정의 또는 업무 범위 등에 관한 내용에 대하여 논의되었는데, 프라임 브로커리지는 적극적 시장 참가자인 개인투자자와 기관투자자를 위하여 증권거래의 청산과 결제를 용이하도록 종합서비스회사(full service firms)에 의해 개발된 시스템이라고 명시하고 있다. 즉, 프라임 브로커리지는 프라임 브로커, 집행 브로커(executing broker), 고객(customer)로 이루어지며, 프라임 브로커는 고객의 요구에 따라 하나 또는 그 이상 다른 등록 브로커-딜러(집행브로커)가 집행한 고객의 거래를 청산하고 자금을 조달해주는 등록 브로커-딜러로 각각의 집행브로커는 고객이 프라임 브로커에게 또는 프라임 브로커에 의해 자금 또는 주식의 이전을 지시하여 이루어지도록 하여, 집행 브로커와 한 거래를 청산하고 지원하는 데 대한 동의서를 받게 되며, 고객은 프라임 브로커의 계좌를 통해 펀드와 증권을 관리한다.

집행 브로커가 지시한 주문은 고객의 이익을 위해 프라임 브로커의 명의로 집행 브로커의 계좌를 통해 이루어지는데, 고객이 거래일에 주문을 내면 집행 브로커는 고객 지시에 따라 집행 브로커가 주식을 매수 또는 매도하고, 거래일에 고객은 집행 브로커에 의해 수행된 거래를 프라임 브로커에게 통지한다. 거래는 프라임 브로커의 현금 계좌 또는 신용거래 계좌에 기록되며, 동시에 프라임 브로커는 집행 브로커는 집행 브로커의 '결제불능(fail-to-receive/deliver) 계좌에 거래를 기록하게 된다. 프라임 브로커는 고객에게 확인서나 통지서를 발행하고, 적용가능한 모든 Regulation T에 의한 신용거래량을 계산하는데, 집행 브로커는 중앙예탁기관(Depository Trust Company: DTC)의 투자자 결제시스템(Institutional Delivery System)[7]을 통하여 프라임 브로커에게 거래를 확인시킨 후 프라임 브로커는 거래정보가 집행 브로커로부터 받은 정보와 완벽하게 일치하면, 그 거래를 승인하며, 거래는 청산・결제를 위하여 보통의 결제절차에 따라 미국 증권청산회사(National Securities Clearing Corporation)에 제출될 것이고, 그 후 프라임 브로커는 통상의 방식으로 고객과 결제하게 된다. 프라임 브로커는 적어도 월단위로 계좌현황을 고객에게 통지하고, 통지서에는 그 기간 동안 이루어진 모든 주식거래와 그 결과인 고객의 주식 보유비율과 수지현황이 포함되어 있다.

1994 letter에서 제기한 주요 법적 이슈는 Regulation T의 적용, 신용규제(credit regulation), 고객확인(customer confirmation), 공매도, 투자자 보호(customer protection)와 순자본 규정(net capital rules)인데, 이 중 Regulation T, 신용규제, 고객 확인, 공매도에 대하여 규제 당국의 입장을 정리하였다.

1994 Letter는 Regulation T가 프라임 브로커 계약에 적용되는 경우에 관하여 규정하고 있는데, Regulation T는 브로커 또는 딜러가 특별히 다른 계좌에 포함되는 것을 허가받지 못하는 한, 어느 한 개인과의 모든 거래를 신용 계좌(margin account)에 기록할 것을 요구한다.

프라임 브로커의 고객을 위하여 효력이 발생된 주식 거래는 신용 계좌 또는 허용된 현금 계좌에 기록되어야 하며, 집행 브로커는 적어도 결제일가지 고객에

7) 현재 Omgeo TradeSuite인 결제조회시스템으로 미국 증권의 국내외 거래에 대해 거래 후 배분, 확인 및 승인절차를 제공하고 있음.

대한 신용 확장 또는 확장을 주선하므로 Regulation T는 집행 브로커가 고객을 자신의 고객으로 대우해서 현금 계좌 또는 신용거래 계좌에 거래를 기록해야 한다. 그러나 일반적으로 집행 브로커는 브로커-딜러 신용 계좌로 지정된 집행 브로커에 개설된 프라임 브로커의 계좌를 통해 통상의 결제 절차에 따라 프라임 브로커 거래를 결제하게 된다. 일반적으로 Regulation T에 따르면 고객의 신용매수와 공매도 포함시 집행 브로커는 신용거래 계좌에 최소한의 증거금(margin deposit)이 요구되는지 결정해야 하는데, 요구증거금(required margin account)은 증거금부족(margin deficiency) 발생 후 7 영업일[8] 이내에 집행 브로커에 개설된 고객 계좌에 예치되어야 하며, Regulation T는 마진콜을 맞추기 위하거나 또는 마진콜을 요구시점 이내에 맞추지 못하는 경우 500달러를 초과하는 증거금 부족을 없애기 위하여 EB가 증거금 계좌에서 증권을 매각하도록 요구하고 있다.

거래가 현금으로 이루어질 경우 집행 브로커는 제한된 신용조건으로만 고객으로부터 주식을 매수 또는 매도할 수 있다. 현금 계좌에 의한 거래는 매도된 모든 주식이 이미 지급되었고, 매수된 모든 주식이 매도 이전에 지급될 것이라는 고객의 계약을 브로커가 신의원칙에 따라 받아들일 것이 예상되므로 이 계좌로부터 거래일로부터 7영업일 이내에 고객의 매수를 위한 모든 현금 지급이 이루어져야 한다.

증권이 프라임 브로커에 인도되기 전에 고객이 증권에 대한 대가를 지급하지 않으면, 집행 브로커의 개설 계좌는 90일동안 동결되고, 만약 증권이 인도된 주식에 대한 지불을 위해 충분한 자금이 있는 현금 계좌에 예치되어 프라임 브로커에 인도되면, 90일 동결기간은 적용되지 않는다.

1934년 증권거래법 Section 11(d)(1)은 브로커이며 동시에 딜러인 자가 과거 30일 이내 '자신이 판매그룹 또는 공동인수단의 일원으로 참여하고 있는 증권의 신규 발행에 대한' 신용 확장·유지를 위해 직·간접적으로 확장·유지·주선하는 것을 금지한다.[9] 프라임 브로커 관계를 제외하고, Rule 11d1-1(a)는 두 번째 브로커(second broker)가 거래를 주선한 것이 아니면 두 번째 브로커의 신용계좌에

8) 1994년 letter 기준.

9) 일반적으로 이는 브로커-딜러의 고객은 판매단 또는 공동인수단 일원으로서 신규 발행에 대한 브로커-딜러의 참여를 완수한 후 30일 동안 그 브로커-딜러로부터 또는 그 브로커-딜러를 통해 신규발행 증권을 매수할 수 없음을 의미함.

자금 조달된 판매단으로부터 고객이 주식을 매수하는 것을 허용한다. 즉, 고객이 프라임 브로커와 신용 계좌를 개설한 관계에서, 일반적으로 고객은 프라임 브로커와의 신용 계좌를 통해 제공된 신용을 주선받은 것으로 간주되므로 프라임 브로커가 판매단이나 공동인수단의 일원이 아닌 경우 프라임 브로커가 공동인수단의 일원인 집행 브로커를 통해 증권 매수를 위하여 신용을 확장하는 것은 신용 확장이 집행 브로커에 의해 주선되지 않는 한 허용되며, 프라임 브로커가 독자적으로 또는 프라임 브로커가 체결 브로커와 공동으로 판매단 또는 공동인수단의 일원인 경우 집행 브로커로부터의 증권 매수를 위한 신용 확장은 어떠한 브로커의 신용 주선 없이도 가능하게 된다.

1934년 증권거래법 Rule 10b-10은 증권거래의 완료시 또는 그 이전 브로커 또는 딜러가 고객에게 거래의 확인서를 송부하도록 요구하고 있는데, 확인서는 송장(invoice)으로 제공되고, 고객에게 거래의 세부사항을 평가하고 확인할 기회를 제공하며, 거래확인서 송부 의무는 통상적으로 고객의 주문을 내는 브로커에게 있다.[10] PBA에서 집행 브로커는 고객으로부터 주문을 받지만, 일반적으로 프라임 브로커가 확인서를 발행한다. SEC는 집행브로커가 PBA에 따라 집행 브로커가 주문을 받은 개별 주문에 대한 확인서를 고객에게 송부하며, 이러한 확인서는 Rule 10b-10에 요건을 준수해야 할 것으로 간주하지만, 일반적으로 고객은 개별 확인서를 집행 브로커로부터 직접 송부받는 것을 선호하지 않고, 프라임 브로커로부터 단독으로 거래 통지서를 받는 것을 선호한다. 따라서 집행 브로커가 고객에 직접 거래확인서를 송부하는 대신, 집행 브로커는 고객의 문서화된 지식에 기초하여 프라임 브로커의 책임하에 고객에게 이러한 확인서를 보낼 수 있다. 집행 브로커의 서면 지시는 ① 명시적으로 집행 브로커가 프라임 브로커의 책임하에 고객에게 확인서를 보내도록 요구하며, ② 이는 PBA와는 분리된 수단이며, ③ 프라임 브로커나 PBA에 들어있는 조항은 아니며, ④ 지시사항이 제시되어 있는지 여부에 따라 차등적인 요금을 부과해서는 안된다. 거래 이후 당일에, 프라임 브로커는 PBA에 따라 집행 브로커에 의해 실행된 각 거래의 통지를 고객에게 보내게 된다. 프

10) 일반적으로 고객 주문을 내는 브로커는 규칙상 공시 요건을 준수할 때 필요한 정보의 대부분을 가지고 있음.

라임 브로커는 서명으로 Rule 10b-10에 따라 고객이 통지서에서 요구하는 모든 정보를 제공하도록 요구할 수 있으나, 프라임 브로커로부터 고객에게 가는 통지서는 고객이 이러한 정보를 제공할 수 없다면, 집행 브로커의 역량, 평균 가격으로서 거래가격의 지정, 주요 거래, 기록된 거래가격 등을 생략할 수 있으나, 통지서는 집행 브로커, 프라임 브로커와 거래에 있어서 그들의 역할을 확실하게 식별해줘야 하며, 프라임 브로커가 거래기준요금(transaction based fee)을 부과하는 경우, 통지서는 거래로 발생되는 요금액과 체결 브로커에 의해 부과되는 수수료(commission) 등을 명시해야 한다.

공매도와 관련하여 1934년 증권거래법 Rule 10a-1은 어떠한 개인이 본인 또는 타인의 계좌를 위하여 ① 직전 매도가 이하의 가격(minus tick)이며, ② 가장 최근의 마지막 가격보다 낮은 경우, 가장 최근의 매도가격(zero-minus tick)에 해당되는 주식의 공매도를 금지하고 있다. 또한 Rule 10a-1은 브로커-딜러가 매도(long) 또는 매수(short)를 기재하지 않고 매도 주문을 내는 것을 금지한다. 이에 대하여 FINRA와 NYSE는 고객의 공매도가 효력을 발생하기 전에 회원사에게 증권이 이용될 수 있으며, 결제일에 고객 인도를 위하여 증권이 차입될 수 있는 것을 확실하게 결정하도록 요구하며, 프라임 브로커는 공매도가 신용 계좌에 기록되어야 하고, Regulation T에 따른 증거금을 확보해야 하기 때문에 매도의 속성을 인지해야 한다.

이상과 같은 법적 문제와 더불어 1994년 letter는 1934년 증권거래법 적용과 관련하여 16개 조항을 제시하며, 이를 준수하는 경우 SEC는 특정 증권관련법을 통하여 별도의 조치를 취하지 않는다는 내용을 공표하고 있다.

미국의 증권산업금융시장협회(Securities Industry and Financial Market Association: SIFMA)는 Prime Brokerage Agreement(Form 150)와 Agreement for Prime Brokerage Clearance Services(Form 151)를 통하여 표준 PBA를 제시하고 있다. 프라임 브로커 계약에 대하여 1994년 Letter는 계약이 프라임 브로커와 집행 브로커와 관련된 각각의 고객과 개별적으로 이루어지도록 요구함에 따라 ① 프라임 브로커와 집행 브로커 사이, ② 프라임 브로커와 고객 사이, ③ 집행 브로커와 고객 사이에서 체결될 수 있으며, 이러한 종류의 계약 조건을 충족할 수 있는 표준계약서는 SIFMA가 마련하고 있다.

▌표 8-8 1994 No-action letter의 16개 조건

1	• 브로커-딜러는 자율규제기관(Self Regulated Organization: SRO)인 DEA(Designated Examining Authority)에 프라임 브로커로 활동하겠다는 것을 통지해야 함
2	• 프라임 브로커로 활동하고자 하는 브로커-딜러는 최소 150만 달러 이상의 순자본(net capital)을 보유해야 함
3	• 프라임 브로커 거래를 청산하는 집행 브로커로 활동하고자 하는 브로커-딜러 또는 집행 브로커를 대신하여 프라임 브로커 거래를 청산하는 브로커-딜러는 최소 100만 달러 이상의 순자산을 보유해야 함
4	• 고객이 프라임 브로커에게 최소한의 순주식(minimum net equity)으로 최소 50만 달러의 현금 또는 기존 주식시장(ready market)의 주식을 유지하고 있지 않다면, 프라임 브로커는 고객을 대신하여 프라임 브로커 거래를 결제할 수 없음[11)]
5	• 프라임 브로커 업무 개시 이전, 프라임 브로커와 자율청산회사(executing self clearing firm) 또는 집행 브로커로서 활동하는 소개 브로커(introducing broker)인 청산회사는 PBA에 관한 모든 당사자의 책임과 의무를 구체화하는 계약을 체결해야 하며, 계약서의 모든 책임과 의무는 1994년 letter에서 정해진 조건을 충족해야 함 – 프라임 브로커와 집행 브로커는 각각의 고객과 개별적으로 계약을 맺어야 함
6	• 프라임 브로커는 각 고객들이 고용한 체결 브로커와 같이 PBA를 통해 모든 고객을 확인하는 분리된 기록을 보존해야 함
7	• 모든 거래에 대하여, 고객과 집행 브로커는 계약규모, 관련된 주식, 주식수, 거래가 long/short 매도인지 또는 매입인지 여부를 거래일 다음 영업일 오전까지 프라임 브로커에게 통지해야 함
8	• 프라임 브로커는 집행브로커에 의해 수행되는 고객의 거래 각각을 결제할 책임을 지니며, 상기 7) 규정에 따라 프라임 브로커에 의해 즉각적으로 이를 통지받아 확인할 의무를 지님
9	• 프라임 브로커는 과거 3년 동안 모든 취소된 거래 내역과 개별 거래기록을 집행 브로커 및 개별 고객의 신원과 함께 보관해야 함
10	• 집행 브로커는 모든 공매도 조항을 준수해야 하며, 모든 공매도 실행에 앞서 집행브로커는 주식을 인도하기 위하여 차입할 수 있는지 결정해야 함
11	• 1934년 증권거래법의 Rule 10b-10에 따라 집행 브로커는 PBA에 따라 집행브로커가 수행한 모든 거래에 대한 거래 확인서를 고객에게 직접 보내야 함

11) 만약 개별 계좌가 최소한의 순주식으로 최소 10만달러의 현금 또는 기존 주식시장의 주식을 가지고 있다면, 프라임 브로커는 1940년 투자자문업자법 sec.203에 따라 등록한 투자자문업자에 의해 운용된 고객 계좌를 대신하여 프라임 브로커 거래를 결제할 수 있음. 또한 만약 계좌가 프라임 브로커의 또 다른 고객에 의해 구속력이 있으며 서면으로 상호 보증(cross guarantee)된 경우, 프라임 브로커는 최소한의 순주식으로 최소 10만 달러의 현금 또는 기존 주식시장의 주식을 유지하는 고객을 대신하여 프라임 브로커 계약을 결제할 수 있음.

표 8-8 1994 No-action letter의 16개 조건(이어서)

12	• 집행브로커는 PBA에 따라 집행 브로커에 의해 수행된 거래와 관련된 거래에 관련하여 1934년 증권거래법의 Rule 17a-3(A)(6), (a)(7), (a)(9)에서 요구하는 기록들을 보관・기록해야 함
13	• 프라임 브로커가 거래 취소시, 다음의 절차를 따라야 함 – 프라임 브로커는 거래 다음날 이미 보냈던 통지를 상쇄하기 위하여 취소 통지서를 보내야 함 – 집행 브로커는 즉각적으로 고객에게 대체 거래에 대한 신규 확인서를 보내야 함
14	• Rule 11(d)(1)은 집행 브로커가 과거 30일 이내에 판매단 또는 공동인수단의 일원이라면 ① 집행 브로커가 프라임 브로커를 위하여 고객에게 집행 브로커에 의해 매도된 증권에 대한 신용의 확장・주선하는 행위를 금지하며, ② 프라임 브로커가 고객에게 매도할 목적으로 집행 브로커를 위해 매도・주선한 증권에 대한 신용을 확장하는 것을 금지함[12)]
15	• 프라임 브로커는 Regulation T, Rule 15c3-1, 15c3-3, 17a-3 및 17a-4를 포함한 모든 목적을 위하여 고객을 자신의 고객으로 대우해야 함 – 단, 위에서 설명한 바와 같이 거래를 취소하거나 부인하지 않는 경우에 한함
16	• 브로커-딜러는 다른 브로커 딜러나 고객이 1994 letter의 규정을 준수하지 않는다는 것을 알면, 브로커-딜러는 다른 브로커 딜러 또는 고객과 프라임 브로커리지 활동에 참여하지 않을 수 있음

또한 미국에서 프라임 브로커는 브로커-딜러로 등록해야 하므로, 이에 적용되는 순자본요건, 고객보호요건 및 파산시 프라임 브로커 고객 자산에 대한 보호규제를 적용받는데, 순자본요건으로서 SEC Rule 15c3-1를 통하여 브로커 또는 딜러는 항상 일정비율 이상의 최소한의 순자본을 보유하고 유지하여야 하며, 프라임 브로커가 파산하는 경우, 고객이 현금이나 증권을 반환받을 수 있도록 하기 위하여, 브로커 또는 딜러는 자신의 책임을 초과하는 자본을 유지할 것을 요구하고 있다. 브로커-딜러는 영업과 관련하여 고객계좌를 위해 일정한 고객예탁금(free credit balances)으로부터 발생하는 펀드의 이용이 인정된다. 또한 자본요건으로 NYSE Rule 325에 의하여 거래소의 모든 회원은 SEC Rule 15c3-1에 의해 정해진

12) 그러나 ①과 관련하여 신용이 집행 브로커에 의해 주선되지 않았다면, 프라임 브로커는 고객이 이전에 독립적으로 설정한 신용거래 계좌에서 증권에 대한 신용을 확장할 수 있음으며, ②와 관련하여 Rule 11(d)(1)-1(a)에 따라 프라임 브로커가 그 매도를 주선하지 않았다면, 프라임 브로커는 집행 브로커에 의해 매도된 주식에 대하여 프라임 브로커 계좌에서 신용을 확대할 수 있음.

순자본요건을 준수해야 하며, 거래소 Rule 325의 추가적인 요건을 준수해야 한다.[13)]

고객보호요건으로 SEC Rule 15c3-3에서는 브로커 또는 딜러는 고객 계좌를 위하여 신속하게 주식을 실제로 점유하여 유지하거나 완전히 인도된 주식과 고객 계좌로 이체된 초과신용 주식을 통제하도록 규정하고 있다. 일반적으로 신용 계좌에서 자산 잔고의 140%까지는 신용증권(margin securities)라고 명명되며, 초과신용 주식(excess margin securities)이란, 완전히 지급되지 않았지만, 고객 계좌의 총부채 균형의 140%를 초과하는 한도의 시장가치를 가지며, 브로커가 신용주식이 되지는 않을 것이라고 확인해 주는 주식으로 신용증권은 증권회사가 사용할 수 있으며 자금조달 목적으로 사용 가능하며, 초과신용증권은 분리하여 고객의 자산으로 표시되어야 한다. 그리고 브로커 또는 딜러는 고객의 독점수익을 관리하기 위하여 특별 관리 계좌를 개설할 수 있는데, 이는 브로커 또는 딜러의 다른 계좌와 분리되어야 하고, SEC Rule 15c3-3a에서 제시된 공식에 따라 최소한의 균형을 유지해야 하며, 브로커 또는 딜러는 고객을 보호하기 위하여 고객의 자산을 자신의 자산과 분리해야 한다. 또한 NYSE는 SEC Rule 15c3-3에 규정된 조건을 유지하기 위하여 고객보호에 관하여 상세한 규정을 구비하도록 요구하고 있으며, FINRA도 SEC Rule 15c3-3에 의한 고객보호요건을 충족하기 위하여 구체적인 규정을 구비하고 있다.

미국에서 자산을 보유하고 있는 미국의 프라임 브로커들의 고객은 1979년 증권투자자보호법(Securities Investor Protection Act: SIPA)에 의한 보호를 받게 되는데, SIPA는 모든 브로커들이 증권투자자보호공사(Securities Investor Protection Corporation: SIPC)의 회원이 될 것을 요구한다. SIPC는 브로커-딜러가 고객을 위하여 채무를 이행하지 못하는 경우, 고객이 투자은행(브로커-딜러)에게 맡긴 현금과 증권을 반환받는 것을 보장할 책임을 지니며, 이때 등록된 증권의 포지션을 보호하는데, 개인당 보호한도는 US 50만 달러(현금의 경우 US 10만 달러)이다. SIPA에 의해 파산이 이루어지기 위해서는 우선 SEC 또는 SRO는 브로커-딜러가 재정적 위기에 처했음을

13) 거래소 회원은 일정한 경우 거래소에 24시간 이내에 순자본의 감소를 통지해야 하며, SEC Rule 15c3-1의 요건을 충족시키는 위하여, NYSE는 상세한 규정을 구비해야 함.

SIPC에 통지한 후 SIPC는 법원에 보호명령신청서를 제출하는데, SIPC가 보호명령을 신청하기 위해서는 브로커-딜러가 파산하거나 고객(투자자)에게 자신의 채무를 이행하지 못할 위험이 처해 있어야 하고, 지급불능상태에 있고 파산절차의 대상이어야 하거나 또는 적용되는 규제를 준수하지 않았어야 한다. 보호명령이 발효되고 재산관리인이 지명되면, 법원은 동일한 관할권에 있는 파산법원에 모든 청산절차의 이송을 명령하게 된다.

SIPA에 따른 청산절차의 목적을 달성하기 위하여, 브로커 딜러의 자산은 고객 명의 증권, 증권업자 명의 주식 및 보유 현금 및 일반 자산으로 구분해야 하는데, ① 고객명의로 등록된 주식과 채권을 포함한 증권은 고객에게 반환되거나 그 고객을 대리하여 다른 증권회사에 양도되며, ② 증권업자 명의로 보유된 주식과 채권을 포함한 고객을 위하여 보유된 현금과 기타 증권은 고객들 사이에 비례하여 분배되며, ③ 일반 자산은 SIPC의 예비기금으로 지급한 후 고객의 잔여 무담보채권과 청산비용을 지급하기 위하여 이용된다. 따라서 SIPA에 따른 브로커가 파산하고 그 후의 청산을 하는 경우, 고객명의로 등록된 증권은 다른 투자은행에 양도되고, 고객명의로 등록되지 않은 현금과 증권으로 브로커가 고객의 이익을 위하여 보유하는 경우, 고객은 브로커가 실제로 보유하는 현금과 증권의 전체합계에 대한 일정비율을 수령하게 된다.

미국 연방파산법(Bankruptcy Code)에 의한 주식브로커 청산절차는 재산관리인이 모든 증권을 매도하여 고객(투자자)에게 현금을 분배할 것을 요구하는 반면, SIPA의 파산법에 의하는 경우, 고객자산은 자산의 집합체로 구성되고, 전체 자산이 고객의 전체 순지분을 지급하기에 충분하지 않으면, 고객들은 자신들 각자의 순지분에 따른 채권에 비례하여 전체 자산을 공유하게 되므로, 일반적으로 SIPA에 의한 절차는 고객(투자자)이 증권을 반환받는 데 유리하다.[14)]

---

14) 미국의 일부 프라임 브로커들은 초과부족액를 부담하기 위해 고객자산보호회사(Customer Asset Protection Company: CAPCO)에 추가적인 보험을 드는 경우도 있음.

▌표 8-9 미국의 PB 관련 주요 법규

관련 법규	내 용
Regulation T	• 1934년 제정 증권거래법과 관련된 증거금 규칙 • 브로커-딜러가 특별히 다른 계좌에 포함될 것을 승인받지 못하는 한 어느 한 개인과의 모든 거래를 신용거래 계좌에 기록할 것을 요구 • 고객의 신용매수 또는 공매도 관련시, 집행브로커는 신용거래계좌에 최소한의 증거금이 필요한지 결정 • 이때 요구되는 증거금은 7영업일 이내에 집행브로커에 개시된 고객계좌에 예치
SEC Rule 10a-1	• 직전 매도가 이하의 가격 또는 가장 최근의 다른 가격보다 낮은 경우 공매도 금지 • SEC는 인도 실패 방지 및 무차입 공매도 남용을 막기 위해 2005년 1월 3일부터 효력이 발생한 Regulation SHO 채택
SEC Rule 10b-10	• 브로커-딜러는 증권거래 실시 시점 또는 그 이전에 고객에게 거래확인서 의무적으로 송부
SEC Rule 11d-1	• 신용발행에 대한 신용공여 • 브로커이면서 동시에 딜러인 자가 과거 30일 이내 자신이 판매단 또는 공동인수단의 일원으로 참여하고 있는 증권의 신규발행에 대한 신용의 확장 및 유지를 위해 직·간접적으로 확장, 유지 또는 주선하는 것을 금지
1994년 Prime Broker No-Action Letter	• 프라임 브로커가 준수해야 할 16개 조항 공표
표준 프라임 브로커 계약서(PBA)	• 증권산업시장협회(Security Industry and Financial Market Association)는 표준 프라임 브로커 계약서를 제시 • Prime Brokerage Clearance Services Agreement (Form 151) : 프라임 브로커가 프라임 브로커 서비스를 제공하는 데 있어 관계 설정을 위하여 프라임 브로커와 고객간의 계약 • Prime Brokerage Agreement (Form 150): 프라임 브로커와 집행 브로커 간의 계약서
순자본요건	• SEC Rule 15c3-1에서 브로커-딜러의 경우 일정비율 이상의 최소 순자본 보유 의무화 • NYSE Rule 325의 자본요건상 모든 회원의 경우 정해진 순자본 요건 준수 요구
고객 보호 요건	• SEC Rule 15c3-3상 초과신용 통제 의무와 고객보호 목적으로 고객과 자신의 자산 분리 요구 • NYSE Rule 402와 NASD Rule 3140의 고객보호요건에서 고객보호에 관한 규정 구비 요구
증권투자자보호법상 투자자보호	• 일반적으로 브로커-딜러는 SIPA에 의해 청산시 고객 자산을 보호받으며, 일반적 무담보 채권자보다 우선권을 갖음

(2) 영 국

영국의 경우 프라임 브로커는 FSA(Financial Services Authority)에 의한 투자회사(investment firm)로 규제를 받으며, 프라임 브로커 고객의 현금과 자산에 관한 규칙은 FSA의 Client Assets Sourcebook(CASS)에서 규정하고 있다.[15] 이때 CASS의 고객자금규칙(Client Money Rules: CASS 7)과 고객보호규칙(Custody Rules: CASS 6) 등의 규칙이 규제 대상이 되는 회사(firms)에 적용되므로 프라임 브로커 역시 준용·적용된다.

영국 FSA는 최근 글로벌 금융위기에서 제기되었던 투자자보호 문제와 Lehman Brothers International Europe(LBIE)의 파산 등 다수의 금융기관 파산을 경험하면서 금융기관의 파산시 시장의 안정성을 확보하고 고객자산을 보호할 필요성이 있다고 판단하였다. 특히, 미국의 경우 1970년 증권투자자보호법(Securities Investor Protection Act)을 통해 재담보 자산에 대한 고객보호규칙 등이 규정되어 브로커-딜러 파산의 경우 적용할 수 있는 일정한 절차와 방법이 규정되어 있었던 반면, 영국의 경우 증권의 재담보[16]가 고객의 자산 수준과 관계없이 무제한으로 허용되었을 뿐만 아니라 유럽에서 LBIE의 파산시 고객보호를 위해 이용할 수 있는 규정이 실질적으로 미비했던 것으로 평가된다.

이에 따라 고객자산보호 기준을 높이고, 시장의 신뢰성 향상 및 금융안정성 향상할 목적으로 CASS[17]에서 고객자산규칙과 관련된 규정을 수정하고, 프라임 브

15) CASS 규칙은 고객의 자금(money)과 고객자산(assets)을 구별하고 있는데, 일반적으로 고객의 자산은 증권을 말함.

16) 증권회사로부터 차입한 자금을 사용하여 신용 계좌에서 증권을 구입한 경우, 그 증권은 증권회사에 대출의 담보로 사용되고 이러한 과정이 고객 증권의 담보화(hypothecations)라고 할 수 있는데, 증권회사가 신용 계좌의 고객에게 대출을 제공하는 경우 증권회사는 고객의 부족 자금(debit balance)을 증권회사 자체의 운영자금으로 메워야 하는 경우가 발생할 수 있음. 이러한 경우 운영자금의 부족을 메우기 위해 거의 대부분의 증권회사는 신용 계좌의 고객의 증권을 담보로 은행으로부터 자금을 차입함. 즉, 증권회사가 고객의 부족 자금을 메워주기 위해 고객 증권을 사용하여 은행으로 자금을 차입하는 과정을 재담보(rehypothecations)라고 함.

17) FSA 감독규정 중 영업표준(Business Standard)에서는 ① COBs(Conduct of Business sourcebook), ② ICOBs(Insurance: Code of Business sourcebook), ③ MCOBs(Mortgage and Home Finance: Code of Business sourcebook), ④ BCOBS(Banking: Conduct of Business sourcebook), ⑤ CASS (Client Assets), ⑥ MAR(Market Conduct) 등 각 업종별 영업행위준칙(Code of Business)을 마련하

로커리지에 대한 규정을 신설하여 프라임 브로커 거래에서의 재담보 관련 공시와 투명성 향상, 고객자산과 자금의 보호 수준 상향 조정, CASS 운영 감독 강화 등을 주요 내용으로 입법화하였다.

우선적으로 프라임 브로커는 자본요건 지침 및 사업 준칙의 대상이 된다. 2007년 1월부터 시행된 자본요건지침(Capital Requirement Directive)에 따라 영국법 규제를 받는 프라임 브로커는 발전 지향적 운용 능력과 사업 부도시 손실을 완화시킬 수 있는 능력을 보여줄 사업계획을 수립할 의무를 지닌다. 또한 영국 FSMA 2000에 따라 '공인된 자'(authorized person)로서 프라임 브로커는 FSA 사업준칙(Principles for Business: PRIN)의 대상이 된다. 따라서 PRIN에서 규정하고 있는 성실성(integrity), 기술, 주의와 신의성실(skill, care and diligence), 관리와 통제(management and control), 재무상의 건전성(financial prudence), 이익 충돌(conflicts of interest) 등의 규제를 준용·준수해야 한다. 또한 PRIN 10(Clients' assets)은 회사가 고객 자산에 대하여 적절하게 보호할 것을 요구하며, 이러한 보호의 한 부분으로 보관규정(custody rule)은 안전보관자산을 보호하기 위하여 적절한 규정을 취할 것을 요구하고 있다. 프라임 브로커리지 회사는 CASS 1A.3.1에서 정한 개인을 고용해야 하며, 안전보관 자산에 대한 책임을 지닌 회사의 매니저 각각은 회사가 일일 보고 의무와 CASS 6.5.1에서 정한 기록 보고의무 등을 준수할 수 있는 적절한 시스템과 조절력을 보유하도록 충족해야 한다.

보관규칙(Custody Rule) (CASS 6)은 보관규칙이 적용되는 경우(CASS 6.1), 고객자산의 보유(CASS 6.2), 안전한 예치와 제 3 자에게 예치된 자산의 주선(CASS 6.3), 안전 보관자산의 이용(CASS 6.4), 그리고 기록·계좌와 조정(CASS 6.5) 등을 규정하고 있다.

보관규칙은 투자회사가 고객 자금에 대하여 하나 또는 그 이상의 은행과 분리된 고객 계좌에 예치하도록 요구하고 있으며, 고객의 자산을 보호하기 위한 적절한 조치를 취할 것을 규정하고 있는데, 프라임 브로커의 자산과 고객 자산을 분리된 계좌에 보관해야 하며, 고객의 자산을 보호하기 위해 적절한 조치를 취할 것을 규정한다. 보관계약(custody agreements)에서의 일반적 담보권(general liens) 사용

고 있음. 이 중 CASS는 고객자산의 관리방법 및 담보방법 등에 관하여 규정하고 있음.

이 금지되는데, 보관기관에 예탁된 고객의 자산에 대해 관련되지 않은 그룹의 채무로 인하여 담보권(general liens)이 행사되는 것을 금지하였다. 특히, FSA는 고객의 비현금자산을 보관하는 부보관기구를 지정하는 프라임 브로커가 보관기구 또는 부보관기구에 대한 그룹의 부채 등에 대하여 일반적·일괄적 유치권을 사용하거나 계약 조항의 협상 과정에서 이러한 문제로 대금 지급이 지연되는 상황 등을 문제로 인식하여 보관계약에서 일반적 유치권의 사용을 제한하는 규정을 도입하였다. 단, ① 특정 고객과 고객의 안전 보관 자산에 제공되는 보관 서비스의 결과로 정상적으로 발생되는 수수료와 부채와 관련된 유치권, ② 국제 주식 보관기구, 중앙 주식 보관기구와 주식결제시스템상 고객 거래의 결제 목적으로 발생되는 유치권, ③ 역내 규정과 시장 관행상 고객의 이익 극대화의 결과로 관할권 내에서 발생한 유치권에 대해서는 예외가 적용된다.

그리고 동일 그룹 은행에 대한 고객자금 예치 관련 규정을 신설할 예정인데, 현재 CASS에서는 회사가 고객자금의 예치 기관과 자금 보유에 대한 각종 사항의 선정 및 정기적 검토 등에 신중하고 기술적인 접근을 하도록 요구하고 있으며, 이와 더불어 고객별 전체 예금의 최대 20%까지 동일 그룹 은행(intra-group bank) 계좌에 예치하도록 하는 방안이 제기되었다.[18)]

고객자금규칙(Client Money Rule)(CASS 7)은 고객자금규칙의 적용과 목적(CASS 7.2), 고객자금의 정의(CASS 7.2), 고객자금의 요건(CASS 7.3), 고객자금의 분리(CASS 7.4), 제 3 자로의 고객자금 이전(CASS 7.5) 및 고객자금의 기록과 계좌 등의 규정(CASS 7.6) 등을 포함하고 있다. 고객자금규칙은 FSA의 규제를 받는 프라임 브로커가 보유하는 고객의 펀드를 보호하는 것을 목적으로 하며, 특히 프라임 브로커가 파산 절차의 대상이 된 경우 중요한 역할을 담당한다. 고객자금규칙에서 규정된 서비스를 제공하는 과정에서 고객자금을 받는 프라임 브로커는 신탁에 이를 보유하고, 이를 분리하여 은행 또는 자격을 갖춘 MMF(Money Market Fund) 계정에 예치해야 하지만, 이러한 고객자금보호는 고객자금이 명확하게 확인되는 경우에만 보호될 수 있다.

---

18) 이는 동일 그룹 내 전염효과로 발생되는 피해를 차단하기 위한 규정으로, LBIE의 경우 고객자금의 50%를 그룹 은행인 Lehman Brothers Bankhaus AG에 예치한 것으로 보고하고 있음.

신설된 프라임 브로커리지(CASS 9) 규정은 프라임 브로커리지 규칙이 적용되는 경우(CASS 9.1), 고객에 대한 프라임 브로커의 일일 보고(CASS 9,2), PBA 공시 부록(CASS 9.3)의 규정을 두고 있으며, 2011년 3월 1일부터 시행되었다.

CASS 9.1은 본 규정의 적용범위에 대하여 규정하고 있는데, ① CASS 6 (Custody Rule)이 적용되며, ② 프라임 브로커리지 회사(prime brokerage firms)에 적용되는데, 본 규정은 FSA에 허가받거나 영국에 설립된 프라임 브로커리지 사업체 및 CASS의 적용을 받는 non-EEA 지역에서 영업하는 프라임 브로커의 영국지사에도 적용된다. 상기 규정과 관련하여, 프라임 브로커 및 프라임 브로커 서비스(prime broker service), 프라임 브로커 계약(Prime Brokerage Agreement: PBA) 등의 관련 개념은 FSA Handbook Grossary에서 정의하고 있는데, 프라임 브로커 회사는 고객에게 프라임 브로커 서비스를 주요 업무로 제공하는 회사로 정의되며, 프라임 브로커 서비스는 PBA를 통해 프라임 브로커 회사에 자기 계정으로 안전보관자산(safe custody asset)을 사용할 권리를 부여하고, ① 자산의 보관(custody) 또는 자산의 보호 주선(arrange safeguarding) 및 관리, ② 청산 서비스, ③ 자본 소개, ④ 신용 금융(margin financing), ⑤ 유가증권 대여(stock lending), ⑥ 유가증권 차입(stock borrowing) 및 ⑦ 환매・역환매거래의 취급 등과 관련된 자금 조달을 수행하며, 이외 통합 보고와 기타 운용 지원 업무를 통합적으로 제공하는 서비스 공급자로 정의된다. 또한 프라임 브로커 계약((Prime Brokerage Agreement: PBA)이란 프라임 브로커 회사와 프라임 브로커 서비스에 대한 고객 간 계약으로 정의된다.

CASS 9.2은 고객에 대한 프라임 브로커의 일일보고의무를 규정하고 있는데, 회사는 서면과 같은 내구성 있는 수단을 통하여 프라임 브로커리지 서비스를 제공받는 고객 각각에게 설명서(statement)를 제공해야 한다. 이에 따라 매 영업일 보고하는 자산의 가치를 표시하며, 회사에 의해 보유된 안전보관 자산(safe custody asset)의 가치와 고객자금(client money) 금액에 대한 정확한 정보를 포함해야 한다.

설명서는 다음 영업일 종료 이전까지 고객에게 제공되어야 하는데, 특히 고객을 위하여 프라임 브로커리지 회사가 보유한 안전보관자산의 총가치와 고객자금의 총금액, 고객에 의한 현금 대출(cash loan)과 발생 이자, 고객을 대신하여 참여한 open short position에서 고객에 의해 재인도된 주식, 선물 계약에서 고객에 의해 지불된 현재 결제금액, 고객 대신 참여한 매도 포지션에 대하여 회사가 보유하고 있는 공매도 현금 이익, open 선물거래에 대하여 회사가 보유한 현금 증거금, 안전보관자산 또는 고객자금에 의해 보호받는 고객 대신 참여한 장외 파생상품 거래에서는 포지션 및 고객에 의해 보유된 다른 모든 안전보관자산, 고객의 안전보관자산에 대한 사용권(right of use) 행사를 포함하여 PBA에 따라 이루어진 거래에 대하여 기업이 보유한 총 담보물(collateral), 부차적 보관자(sub-custodian)이 보유한 자산을 포함하여 모든 고객의 안전보관자산의 소재, 고객은행 계좌(client bank account)와 고객거래 계좌(client transaction accounts)에 보유된 자금을 포함하여 고객자금을 보관하는 금융기관의 현황(list)에 대한 사항을 포함해야 한다.

CASS 9.3은 PBA 공시 부록(Prime Brokerage agreement disclosure annex)에 대한 사항을 규정하고 있다. 모든 PBA는 자기의 계정으로 안전자산보관의 사용권과 공시 부록(disclosure annex: PBA annex)을 포함해야 한다. PBA annex는 ① 프라임 브로커리지 회사가 사용할 수 있는 안전보관자산에 대하 계약상 제약 사항, ② 기초가 되는 제약 사항에 대하여 모든 관련된 계약상 정의, ③ 안전보관자산을 허용하는 PBA 세부 조항 리스트, ④ 프라임 브로커 파산시 안전보관자산에 대한 위험과 관련된 사항을 포함하여 프라임 브로커가 사용하는 경우 고객의 안전보관자산의 주요 위험 요인에 대한 설명 사항을 포함하여 안전자산보관의 사용을 허용하는 PBA의 주요 내용을 요약해서 제공해야 한다. 또한 계약 종료 이후 PBA의 조건이 수정된 경우 PB가 고객에게 PBA annex의 업데이트를 논의할 수 있도록 해야 한다.

더불어 새로운 운영감독 기능 제고를 위하여 CASS를 개정하고, 고객자금과

표 8-10 CASS의 신규 운영감독을 위한 기업 분류 기준

CASS 기업 유형	해당 연도 회사 보유 고객 자금 최대 금액	해당연도 회사 보유 안전보관 자산 최대 가치
소형	1백만 파운드 미만	1천만 파운드 미만
중형	1백만 파운드 이상~10억 이하	1천만 파운드 이상~1천억 파운드 이하
대형	10억 파운드 초과	1천억 파운드 초과

표 8-11 CASS의 신규 운영감독을 위한 기업 분류 기준

관련 법규	내용
투자회사로 규제: CASS 규정적용	• 영국의 프라임 브로커는 금융감독청에 의해 투자회사로 규제 • 프라임 브로커 고객의 현금과 자산에 관한 규칙은 금융감독청 Client Asset Sourcebook(CASS)에서 규정 • 고객자금규칙(Client Money Rule)(CASS7)은 프라임 브로커가 보유하는 고객의 펀드를 보호하는 것을 목적으로 하며, 프라임 브로커가 파산절차의 대상이 된 경우 중요한 역할 담당 • 보관규칙(custody Rule)(CASS6)은 프라임 브로커 자산과 고객자산을 분리할 것을 요구하고 있으며, 고객의 자산을 보호하기 위하여 적절한 조치를 취할 것을 규정 • 프라임 브로커리지(CASS9)에서 일일 보고 의무 및 PBA 부록의무를 부과함
자본요건 지침	• 2007년 1월부터 자본요건지침(Capital Requirement Directive) 시행 • 영국법의 규제를 받는 프라임 브로커는 발전지향적인 운용능력과 사업 부도시 손실을 완화시킬 수 있는 능력을 보여주는 사업계획 수립
사업준칙	• FSMA2000에 따라 공인된 자(authorized person)로서 프라임 브로커는 금융감독청의 사업 준칙 대상이 됨

자산의 반환(Client Money and Assets Return: CMAR) 규정을 신설하였는데, 2011년 1월부터 고객 자산 또는 자금을 보유한 FSA의 모든 승인회사(all FSA authorized forms)는 CASS 운영감독에 따라 고위급 관리자 또는 이사를 고용해야 한다. 고객자금 또는 자산을 보유하고 있으며, FSA 규제를 받는 모든 회사는 고위 관리직 및 임원에게 현금 등 고객의 자산을 보호·감독하는 새로운 통제기능(Client Assets Oversight Function: CF)을 부여하였는데, 회사는 새로운 기준에 의거하여 소형-중형-대형 CASS 회사로 분류되며, 중형·대형 회사의 경우, 2011년 8월 1일 이전에 CASS의 운영 감독 업무를 수행하기 위하여 CF10a 승인자(CF10a approved-persons)를 신청 또는 승인받아야 한다.

CMAR은 FSA가 고객 자금 또는 자산을 보유한 모든 회사에 적용하는 새로운 보고 체계로 중형·대형 회사의 경우 월별로 CF10a 승인 기능 보유자에 의해, 소형회사의 경우 반기별로 CASS 운영감독에 대한 권한을 지닌 사람에게 검토·승인을 받아야한다. 우선적으로 CMAR이 적용되는 기업은 2011년 6월까지 고객 자산 또는 자금 보유에 대한 보고서를 FSA에 제출해야 하며, 이를 통하여 기업 규모에 따라 고객자산 포지션과 보유 내역을 개괄적으로 제공해줄 것으로 기대된다.

(3) 홍 콩

홍콩의 경우 증권선물거래위원회(Securities and Futures Commission: SFC)의 Code of Unit Trusts and Mutual Funds에서 프라임 브로커를 규제하고 있다.[19)] Code of Unit Trusts and Mutual Funds의 8.7에서는 헤지펀드에 대한 규정 내용을 담고 있으며, 본 장에서 프라임 브로커를 규제하고 있다.

헤지펀드가 프라임 브로커를 지정하는 경우 ① 프라임 브로커는 신중한 규제의 대상이 되는 실질적인 금융기관이어야 하며, ② 헤지펀드 자산이 자금 조달을 목적으로 프라임 브로커에게 양도되는 경우, 그 자산은 언제나 프라임 브로커에 대한 펀드의 부채 수준을 초과하지 않아야 하며, 이때, 헤지펀드의 자산이 프라임 브로커에 의해 제공되는 자금 조달을 위하여 담보 또는 증권으로 이용되는 경우, 담보화(collateralization)와 연계된 위험, 프라임 브로커에 의한 자산의 유질(foreclisure) 또는 재담보(re-hypothecation) 및 헤지펀드와 투자자에 미치는 결과에 대해서는 모집서류(offering document)에서 공시가 이루어져야 한다. 또한 ③ 프라임 브로커에게 맡겨진 자산은 수탁자/보관자의 명의 또는 수탁자/보관자의 지시로 보유한 분리된 보관계좌(segregated custody account)에서 유지되어야 하며, ④ 헤지펀드의 모집 서류는 프라임 브로커의 프로파일과 프라임 브로커와 헤지펀드의 관계에 대하여 공시해야 하며, 이때, 헤지펀드가 프라임 브로커를 지정하기 이전에, 헤지펀드 또는 운용회사(management company)는 프라임 브로커에 대한 실사(due diligence)를 실시하고, 프라임 브로커의 적합성(suitability)과 경쟁력(competence)을 합리적으로 만족되어야 한다. 프라임 브로커의 프로파일을 공시하는 것 외에, 모집 서류는 헤지펀드와의 관계에서 프라임 브로커의 역할을 공시해야 하며, 프라임 브로커가 규제 대상이 되는지 여부, 규제 대상이 된다면 관련 관할권에서 프라임 브로커의 면허 지위(licensing status)에 대한 요약 설명 및 프라임 브로커와 펀드 사이의 어떤 이해상충

19) Code of Unit Trusts and Mutual Funds는 금융위기 이후 개정 작업을 거쳐 2010년 6월 25일 시행됨.

에 관한 위험은 모집 서류에 공시해야 한다. 또한 가치평가(valuation)와 관련되어 가치평가, 헤지펀드의 투자에 관한 평가방법, 평가기관의 신원과 자격, 헤지펀드 자산 평가에 있어 평가기관의 경험과 헤지펀드 운용회사와 기관의 관계, 가능하다면 프라임 브로커와의 관계도 모집 서류에 공시해야 한다.

제 9 장
헤지펀드 국내도입

01 _ 국내 사모펀드 제도

02 _ 헤지펀드의 국내 허용

03 _ 헤지펀드 발전을 위한 필요사항

9 헤지펀드 국내도입

1. 국내 사모펀드 제도

우리나라의 현행 법률 중 자본시장법에서 사모와 공모(모집, 매출)의 개념이 정의되고, 구체적으로 사모펀드로서 '사모집합투자기구'와 '사모투자전문회사' 및 적격투자자사모집합투자기구를 규정하고 있다. 특히, 2009년 3월, 2010년 2월 개정된 자본시장법 개정안은 새로운 유형의 사모펀드인 "적격투자자대상 사모집합투자기구" 및 "기업재무안정 사모투자전문회사"를 제도화하고 있는데, 적격투자자대상 사모집합투자기구는 기존의 사모집합투자기구의 투자자를 적격투자자로 제한한 헤지펀드형 사모펀드이며, 기업재무안정 사모투자전문회사는 기존 자본시장법상 사모투자전문회사에 대한 운용 제한을 완화하여, 기업인수 PEF를 넘어 메짜닌 PEF, 부실채권 PEF의 역할까지도 수행 가능한 사모펀드이다.

자본시장법 외 기타 산업발전법, 「중소기업창업지원법」, 「벤처기업육성에관한특별조치법」, 「부동산투자회사법」, 「선박투자회사법」, 「해외자원개발사업법」, 「문화산업진흥기본법」 등의 자본시장법 외 법률에서 사모펀드를 법제화하여 최근까지도 해당 법률에 의한 공모·사모펀드 또는 자본시장법상 사모투자전문회사를 이용하여 산업 정책적 목표를 달성하고자 하는 노력이 지속적으로 이루어지고 있다. 정책 당국자에게도 펀드 구조가 인기있는 수단이 되는 이유는 민간의 대규모 자본의 자발적 참여를 유인할 수 있다는 점인데, 자본시장법외 타 법률에서 자본시장법에 규정되지 않은 펀드의 형태도 존재하며, 자본시장법상 정의된 펀드를 준용하기도 한다.

국내 사모펀드 법제 및 규율 체계에서 자본시장법상 펀드 체계가 단순·명료하지 않으며, 자본시장법외 기타 법률까지 모두 고려할 경우, 매우 복잡·다양하며 유기적 연관 관계를 찾아볼 수 없고, 기능상의 중복·결여된 경우가 많아 경제, 금융 전문가도 쉽게 이해하고 접근하기에는 어려운 체계이다. 따라서 이하에서는 자본시장법을 중심으로 사모펀드 체계에 대하여 검토한 이후, 헤지펀드를 지향하고 있는 적격투자자사모집합투자기구의 규제변화를 살펴본다.

그림 9-1 국내 사모펀드 법제 및 규율 체계 개요

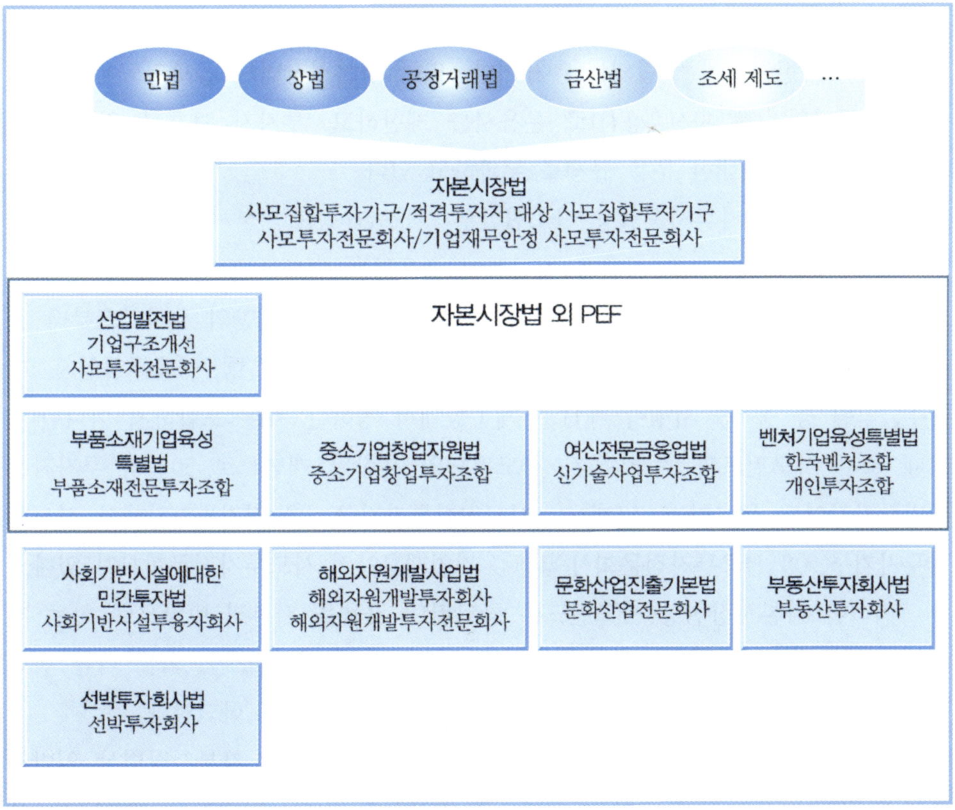

(1) 자본시장법의 사모펀드 체계

자본시장법상 “집합투자(舊 간접투자)”의 기본적 뼈대는 과거 증권투자회사법, 증권투자신탁업, 간접투자자산운용업법으로부터 이어져 오는 공모펀드의 체계를 포괄하였기에 자본시장법에서도 집합투자기구의 기본적 골격은 공모펀드 체계가 근간이 되고 있다. 그러나 실제적으로 자본시장법에서는 공모집합투자기구란 용어는 없고, 자본시장법의 집합투자기구가 펀드를 의미하는 용어이며, 기본적으로는 공모펀드를 의미하며, 과거 이들 법률에서 공모펀드는 투자신탁 및 투자회사로 한정되었으나, 현행 자본시장법에서는 투자유한회사, 투자조합, 투자합자회사 등 회사 형태에 대한 유연성을 확대했으나, 공모펀드의 주된 형태는 투자신탁 및 투자회사 범주에 한정되어 설립되는 추세이다. 또한 자본시장법의 공모펀드에 대해서는 집합투자업자(舊 자산운용사)로 운용사를 제한하고, 투자자 보호를 위한 각종 운용사 및 펀드에 대한 운용 규제를 부과하고 있다.

이에 반하여 자본시장법상 사모집합투자기구란 공모(자본시장법상 모집, 매출)가 아닌 사모의 방법으로 자금을 집합하여 운용하는 펀드로 집합투자기구가 사모의 요건을 만족하였을 때 부르는 명칭이며, 사모란 50인 미만의 투자자로부터 자금을 모으는 행위로 50인을 세는데 있어, 국가, 한국은행, 은행, 금융투자업자, 대주주, 임원 등 동 법 시행령 제11조 제1항에서 정하는 자는 포함하지 아니한다. 이때 소수 사모펀드와 적격 투자 사모펀드의 혼합된 개념으로 50인의 투자자는 일반투자자여도 무관하며, 크게 ① 사모집합투자기구, ② 적격투자자대상 사모집합투자기구, ③ 사모투자전문회사 및 ④ 기업재무안정 사모투자전문회사가 있다.

이러한 자본시장법상 사모펀드는 공모펀드 규율을 기본적 바탕으로 하는 자본시장법에 각 사모펀드가 단계적으로 추가·도입되면서 공모펀드와는 다른 방식(공모펀드 규제를 완화하는 방식)의 규제를 받은 형태로 제도화되었다.

사모집합투자기구, 적격투자자대상 사모집합투자기구는 자본시장법상 일반적 의미의 ‘집합투자기구’에 속하는 개념으로 운용사는 집합투자업자로 제한되며, 운용 규제가 공모형 집합투자기구에 비해 상당히 완화되어 있다. 적격투자자 사모집합투자기구 사모집합투자기구의 특수한 경우로 적격투자자만 사모 방식으로 투자할 수 있는 집합투자기구로 자본시장법상 적격투자자와 전문투자자는 서로 상당 부분 중첩되는 개념이지만 완전히 동일한 개념은 아니며, 일반 사모집합투자기구보다 규제가 크게 완화되어 있으나, 재산의 50% 이상을 구조조정대상 기업에 투자해야 하는 매우 강한 운용 규제가 적용되어 왔었다.

자본시장법에서 사모투자전문회사는 사모 방식으로 자금을 모집하는 사모펀드이지만, 사모집합투자기구, 적격투자자대상 사모집합투자기구를 포함한 집합투자기구와는 완전히 별개로 취급하고 있다. 이는 집합투자기구와는 달리 운용자 제한이 없다는 특징을 지니며, 주로 경영권 인수 또는 경영 참여를 목표로 하는 바이아웃투자를 하도록 고안되고 규제되는 기업인수형 펀드(buyout fund)의 역할을 담당하도록 제도화함에 따라 흔히 이를 PEF라고 부르나, 미국 시장에서 발달한 PEF는 이보다 더욱 포괄적인 개념이며 법률적 용어가 아니다. 더불어 기업재무안정 사모투자전문회사는 부실기업, 회생절차개시 기업, 파산 신청 기업 등 구조조정 및 부실기업에 투자하는 사모투자전문회사로 사모투자전문회사에 대한 일반적

▌그림 9-2 자본시장법내 사모펀드 체제의 기본 골격

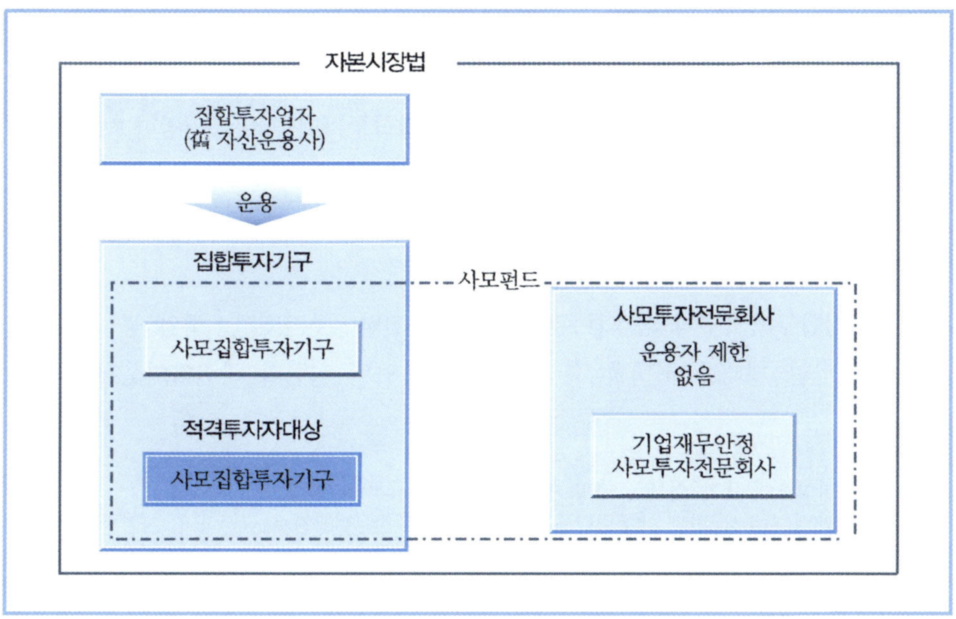

운용 규제를 보다 완화하여 메짜닌 펀드(mezzanine fund), 부실채권 펀드(distressed debt fund) 역할을 할 수 있도록 도입한 사모투자전문회사라고 할 수 있다.

자본시장법에서는 사모집합투자기구가 공모집합투자기구와 대등하고 대비적인 개념이 아니라, 집합투자기구의 특별한 경우로 취급하여 증권 또는 파생상품 운용제한, 파생상품 적용 특례, 피투자펀드에 대한 운용제한, 투자 광고, 자산운용보고서의 교부 등 마케팅 관련 규제 등을 적용배제하는 형태이다. 또한 자본시장법에서 사모투자전문회사는 집합투자기구와는 별개의 예외적 펀드로 취급하여 사모집합투자기구와 사모투자전문회사는 사모펀드이지만 제도상 서로 간의 연관성은 낮은 실정이다.

(2) 사모집합투자기구

현행법제하에서 자본시장법상 사모의 개념은 '새로 발행되는 증권의 취득의 청약을 권유하는 것으로서 모집에 해당하지 아니하는 것'이고, '모집'은 '대통령령으로 정하는 방법에 따라 산출한 50인 이상의 투자자에게 새로 발행되는 증권의 취득의 청약을 권유하는 것'으로 정의되어 있으므로 투자 권유를 받는 자의 총수가 50인 이상인지 여하에 따라 공모·사모 여부가 결정된다.[1] 따라서 사모집합투자기구는 집합투자증권을 사모로만 발행하는 집합투자기구로서 일정한 범위의 전문투자자[2]를 제외한 투자자의 총수가 49인 이하인 것을 말하며, 사모투자전문회사의 사원은 1인 이상의 무한책임사원과 1인 이상의 유한책임사원으로 하되, 사원의 총원은 49명 이하로 한다.[3]

사모집합투자기구의 형태와 관련하여 투자신탁·투자회사·조합 등 집합투자기구의 다양한 형태를 선택할 수 있으며, 사모펀드 설립과 관련하여 자본시장법

1) 자본시장법 제9조 제7항 및 제8항.
2) 금융투자상품에 대한 전문성 구비 여부, 소유자산 규모 등에 비추어 투자에 따른 위험 감수 능력이 있는 자로서 법과 대통령령에서 정하는 자를 전문투자자로 규정하며, 자본시장법 시행령 제14조 제1항에서 국가, 한국은행, 대통령령으로 정하는 금융기관, 주권상장법인, 그 밖에 대통령령으로 정하는 자를 이로 규정함.
3) 자본시장법 제 269조 제1항.

제249조의 예외에 해당하지 아니하여 자본시장법 제182조에 따라 집합투자기구의 등록의무가 있으므로 투자신탁이나 투자익명조합의 집합투자업자 또는 투자회사・투자유한회사・투자합자회사 및 투자조합은 집합투자기구가 설정・설립된 경우 그 집합투자기구를 금융위원회에 등록하여야 한다.

사모집합투자기구의 판매와 관련하여 투자매매업이나 투자중개업으로 금융위원회로부터 금융투자업 인가를 받은 경우에는 사모펀드를 투자자에게 직접 판매할 수 있으며,[4] 금융위원회로부터 금융투자업 인가를 받지 못한 경우에는 투자매매업자와 판매계약을 체결하거나 투자중개업자와 위탁판매계약을 체결하여서만 집합투자증권을 판매할 수 있다.[5] 사모펀드 판매시 주의의무와 관련하여 사모집합투자기구가 금융투자업자로서 직접적으로 또는 투자매매업자와 판매계약을 맺어 간접적으로 사모펀드를 판매하기 위하여 투자자에게 투자권유를 하는 경우에 투자자가 일반투자자인지 전문투자자인지 여부를 확인할 고객 조사의무를 지니며,[6] 사모집합투자기구 등이 위의 '고객 조사의무'에 따라 파악한 정보에 의할 때 고객이 일반투자자인 경우, 당해 일반투자자에게 적합하지 아니하다고 인정되는 투자권유를 할 수 없도록 금지하고 있다.[7] 또한 사모집합투자기구 등은 일반투자자에게 투자권유를 하지 아니하고 사모펀드를 판매하는 경우에도, 일반투자자로 확인되는 경우 당해 투자자의 투자목적・재산상황 및 투자경험을 파악하여 그에 비추어 당해 일반투자자에게 적합하지 아니하다고 인정되는 경우 이를 고지 및 확인 받아야 하며,[8] 그 밖에 사모집합투자기구 등은 투자권유를 함에 있어서 거짓의 내용을 알리거나, 불확실한 사항에 대하여 단정적 판단을 제공하는 등 부당권유행위를 하는 것이 금지된다.[9]

사모펀드 운용자와 관련하여 자본시장법 제249조의 예외에 해당하지 아니하여 자본시장법 제184조 제 2 항의 규정에 따라 투자신탁재산 또는 투자익명조합재산의 운용업무는 그 투자신탁 또는 투자익명조합의 집합투자업자가 이를 수행하

4) 자본시장법 제184조 제 5 항 단서.
5) 자본시장법 제184조 제 5 항.
6) 자본시장법 제46조 제 1 항, 제 2 항, 제46조의2 제 1 항.
7) 자본시장법 제46조 제 3 항.
8) 자본시장법 제46조의 제 2 항.
9) 자본시장법 제49조.

며, 투자회사 등의 집합투자재산 운용업무는 그 투자회사 등의 법인이사·업무집행사원 또는 업무집행조합원인 집합투자업자가 이를 수행하게 된다. 따라서 집합투자업자는 투자자유형 및 금융투자상품의 범위에 따라 일정규모의 최저 자기자본을 확보하여야 하며, 투자자보호가 가능하고, 집합투자업을 수행하기 위한 충분한 인력과 전산 설비, 그 밖의 물적 설비를 갖추어야 하며,[10] 집합투자재산의 보관·관리업무를 신탁업자에게 위탁하여야 하며[11]집합투자기구의 집합투자증권을 판매하고자 하는 경우 투자매매업자와 판매계약을 체결하거나 투자중개업자와 위탁판매계약을 체결하여야 한다.[12]

사모펀드 운용에 대하여 사모집합투자기구의 경우 법에 규정된 특수한 사정으로 인한 일시적 차입 이외의 금전차입이 전면 제한되고[13], 부동산에 대한 투자에 제한[14]이 있으며, 그 외 집합투자기구의 각 형태에 따라 투자신탁, 투자회사, 투자유한회사, 투자합자회사, 투자조합, 투자익명조합 등으로 나뉘어 그에 해당하는 각각의 법령 규정에 따라 펀드 운용방법이 일부 제한이 있다. 즉, 위험평가액한도 등 파생상품 투자와 관련한 제한, 집합투자증권에 투자하는 행위의 제한 등 펀드운용과 관련한 상당부분의 제한은 사모펀드의 경우 적용되지 아니하며,[15] 파생상품 매매에 따른 위험평가액이 각 집합투자기구의 자산총액에서 부채총액을 뺀 가액의 100분의 400 범위 이내에서 투자가 가능하다.[16] 또한 누구든지 증권시장에서 상장증권에 대하여 자본시장법에서 허용하는 특별한 경우가 아닌 한 결제불이행 위험이 있는 공매도를 할 수 없다.

사모펀드 평가 및 자산보관과 관련하여 사모집합투자기구의 경우, 자본시장법 제249조 및 제249조의2의 예외에 해당하지 아니하여 신탁업자에게 의무적으로

10) 자본시장법제12조 제 2 항.

11) 자본시장법 제184조 제 3 항.

12) 자본시장법 제184조 제 5 항.

13) 자본시장법 제83조 제 1 항, 제249조 제 1 항.

14) 부동산을 취득한 후 3년(국내부동산)과 집합투자규약에서 정하는 기간(국외부동산) 이내에 이를 처분하거나, 건축물 기타 공작물이 없는 토지로서 부동산개발사업 시행 전에 이를 처분하는 행위가 금지됨(자본시장법 제81조 제 1 항 제 2 호, 동법 시행령 제80조 제 7 항 각호, 자본시장법 제249조 제 1 항).

15) 자본시장법제249조 제 1 항.

16) 자본시장법 시행령 제271조 제 1 항, 제 3 항.

자산의 보관을 위탁하여야 한다.[17] 다만 공모펀드에 적용되는 신탁업자의 감시의무[18]는 자본시장법 제249조 및 제249조의2의 예외에 해당하여 신탁업자는 감시의무를 부담하지 아니한다.

우리나라 전체 자산운용산업은 공모펀드가 주도적 역할을 담당하고 있는데, 공모펀드는 2005년 123조 7천억 원(전체 펀드 중 60%)에서 2011년 5월 188조 8천억 원(전체 펀드 중 62%)로 1.5배 증가하였다. 반면 사모펀드의 경우 전체 펀드 시장의 37% 수준으로 대부분 사모집합투자기구로 설정되어 있으며, 2005년 80조 5천억 원에서 2010년 말 115조 원으로 1.5배 성장한 것으로 파악된다.

(3) 한국형 헤지펀드 도입 이전의 적격투자자 사모집합투자기구

적격투자자만을 대상으로 하는 사모집합투자기구는 집합투자증권을 적격투자자만을 대상으로 사모로 발행하는 집합투자기구 중 사모투자전문회사를 제외한 집합투자기구를 말하는데, 적격투자자란 국가 및 외국 정부, 금융기관, 금융관련공사 등을 적격투자자로 구분하여 별도로 규제하고 있다.[19]

표 9-1 국내 펀드 시장 현황

연도	공모펀드	사모펀드			총계
		PEF	일반사모펀드	계	
2005	123,769(60.6%)	–	80,577(39.4%)	80,577(34.9%)	204,346
2006	143,299(61.1%)	–	91,316(38.9%)	91,316(38.9%)	234,615
2007	203,250(68.6%)	1,238(0.4%)	91,972(31.0%)	93,210(31.4%)	296,460
2008	232,931(64.8%)	1,302(0.4%)	125,254(34.8%)	126,556(35.2%)	359,487
2009	224,640(67.7%)	1,699(0.5%)	105,541(31.8%)	107,240(32.3%)	331,880
2010	197,501(62.7%)	2,521(0.8%)	115,161(36.5%)	117,682(37.3%)	315,183
2011.5	188,875(62.3%)	–	–	114,085(37.7%)	302,960

주 : 설정원본 기준으로 ( )는 전체 대비 비중임.
자료: 금융투자협회.

17) 자본시장법 제184조 제 3 항.
18) 자본시장법 제247조.
19) 자본시장법 제249조의2, 시행령 제271조의2 제1항.

적격투자자만을 대상으로 하는 사모집합투자기구의 경우 투자신탁·투자회사·조합 등 집합투자기구의 다양한 형태 중 선택할 수 있도록 하고 있고,[20] 설립과 관련하여 자본시장법 제249조의2 특례 규정에 따라 자본시장법 제182조의 규정은 적용되지 아니함에 따라 이는 등록의무를 지니지 않는다. 그러나 자본시장법 제249조의2 제 6 항에 따라 보고의무를 지니므로 적격투자자대상 사모집합투자기구인 투자신탁이나 투자익명조합의 집합투자업자 또는 적격투자자대상 사모집합투자기구인 투자회사 등은 적격투자자대상 사모집합투자기구가 설정·설립되거나 그 밖에 대통령령으로 정한 사유가 발생한 경우에는 그 날부터 1개월 이내에 대통령령으로 정하는 바에 따라 금융위원회에 보고하여야 한다.

판매와 관련하여 적격투자자만을 대상으로 하는 사모집합투자기구가 투자매매업이나 투자중개업으로 금융위원회로부터 금융투자업 인가를 받은 경우에는 사모펀드를 투자자에게 직접 판매할 수 있으며,[21] 금융위원회로부터 금융투자업 인가를 받지 못한 경우에는 투자매매업자와 판매계약을 체결하거나 투자중개업자와 위탁판매계약을 체결하여서만 집합투자증권을 판매할 수 있다.[22]

판매시 주의의무와 관련하여 사모집합투자기구와 마찬가지로 금융투자업자로서 직접적으로 또는 투자매매업자와 판매계약을 맺어 간접적으로 사모펀드를 판매하기 위하여 투자자에게 투자권유를 하는 경우에 투자자가 일반투자자인지 전문투자자인지 여부를 확인하여야 하며,[23] 고객 조사의무에 따라 파악한 정보에 의할 때 고객이 일반투자자인 경우, 당해 일반투자자에게 적합하지 아니하다고 인정되는 투자권유를 할 수 없도록 금지하고 있다.[24] 또한 일반투자자에게 투자권유를 하지 아니하고 사모펀드를 판매하는 경우에도, 일반투자자로 확인되는 경우 당해 투자자의 투자목적·재산상황 및 투자경험을 파악하여 그에 비추어 당해 일반투자자에게 적합하지 아니하다고 인정되는 경우 이를 고지 및 확인 받아야 하며,[25] 투자권유를 함에 있어서 거짓의 내용을 알리거나, 불확실한 사항에 대하여

20) 자본시장법 제 9 조 제18항.
21) 자본시장법 제184조 제 5 항 단서.
22) 자본시장법 제184조 제 5 항.
23) 자본시장법 제46조 제 1 항, 제 2 항, 제46조의2 제 1 항.
24) 자본시장법 제46조 제 3 항.
25) 자본시장법 제46조의 제 2 항.

단정적 판단을 제공하는 등 부당권유행위를 하는 것이 금지된다.[26]

적격투자자만을 대상으로 하는 사모집합투자기구 운용자와 관련하여 현행 자본시장법에서는 일부 경우를 제외하고는 자본시장법 제249조의 예외에 해당하지 아니하여 자본시장법 제184조 제 2 항의 규정에 따라 투자신탁재산 또는 투자익명조합재산의 운용업무는 그 투자신탁 또는 투자익명조합의 집합투자업자가 이를 수행하며, 투자회사 등의 집합투자재산 운용업무는 그 투자회사 등의 법인이사·업무집행사원 또는 업무집행조합원인 집합투자업자가 이를 수행하게 된다. 따라서 자본시장법 제249조의2의 예외에 해당하여 같은 법 제184조 제 3 항, 제 4 항 및 제 6 항의 규정이 적용되지 아니하므로, 집합투자재산의 보관·관리업무를 신탁업자에게 위탁하여야 하는 것은 아니며, 다만, 자본시장법 제184조 제 5 항은 적용되므로 집합투자증권을 판매하고자 하는 경우는 투자매매업자와 판매계약을 체결하거나 투자중개업자와 위탁판매계약을 체결하여야 한다.[27]

표 9-2 자본시장법상 적격투자자대상 사모펀드 적용 배제 조항

내 용	조 항	비 고
투자광고	법제57조	
집합투자증권 판매 특례 중 일부	법제76조	• 환매연기 통지를 받은 경우 판매 금지(2항) • 펀드 등록 전 판매나 광고 금지(3항) • 펀드 운용실적에 연동한 판매수수료나 판매보수 금지 • 판매수수료 및 판매보수 한도 제한(5항, 6항)
자기집합투자증권의 투자제한	법제82조	
금전차입 등의 제한	법제83	
펀드의 수시공시	법제89조 법제186조②	
펀드에 관한 보고	법제90조 법제186조②	• 분기영업보고서제출, 펀드결산서류제출, 인터넷홈페이지 공시 등
펀드의 집합투자규약을 인터넷 홈페이지에 공시	법제91조③ 법제186조②	

26) 자본시장법 제49조.
27) 자본시장법 제184조 제 5 항.

표 9-2 자본시장법상 적격투자자대상 사모펀드 적용 배제 조항(이어서)

내 용	조 항	비 고
환매연기 등의 통지	법제92조	
집합투자기구의 등록	법제182조	
집합투자기구종류 표시문자(증권, 부동산, 특별자산, 혼합자산, 단기금융) 사용	법제183조①	
집합투자기구의 업무수행 중 일부	법제184조	• AUM을 신탁업자에 위탁(3항) • 자기신탁 금지(4항) • 일반사무관리 위탁(6항)
자기집합투자증권의 취득제한	법제186조	• 의결권제한 준용은 예외(법제87조)
신탁계약의 체결 중 일부	법제188조	• 신탁계약의 변경 및 수익자총회 (2항) • 신탁계약 변경 공시, 통지(3항)
투자(유한, 합자)회사, 투자조합 정관 또는 조합계약의 변경	법제195조, 제211조①, 제216①, 제222조①, 제227조	
투자회사 이사의 구분	법제197조	
투자회사 법인이사 중 일부	법제198조	• 이사회결의사항(2항) • 이사회보고의무(3항)
투자회사의 감독이사	법제199조	
투자회사의 이사회	법제200조	
투자유한(합자)회사, 투자(익명)조합 등록 전 사원가입제한	법제207조⑤, 제213조⑤, 제218③, 제224조③	

적격투자자만을 대상으로 하는 집합투자기구의 운용의 경우 일정한 한도 내에서 금전차입, 채무보증, 담보제공을 할 수 있고[28] 자본시장법 제81조 제 1 항에서 정하는 집합투자업자의 자산운용 제한규정은 집합투자재산을 부동산에 운용하는 경우,[29] 파생상품의 매매에 따른 위험평가액이 각 집합투자기구의 자산총액에

28) 자본시장법 제249조의2 제 1 항, 제 3 항, 제 4 항.
29) 자본시장법 제81조 제 2 항.

서 부채총액을 뺀 가액의 100분의 100을 초과하여 투자하는 행위[30]를 제외하고 적용되지 아니하며, 결제불이행 위험이 있는 공매도를 할 수 없다.[31]

펀드의 평가 및 자산보관과 관련하여 적격투자자만을 대상으로 하는 집합투자기구의 경우, 자본시장법 제249조 및 제249조의2의 예외에 해당하지 아니하여 신탁업자에게 의무적으로 자산의 보관을 위탁하여야 하며,[32] 다만 공모펀드에 적용되는 신탁업자의 감시의무는 자본시장법 제249조 및 제249조의2의 예외에 해당하여 신탁업자는 감시의무를 부담하지 아니한다.

표 9-3 적격투자자만을 대상으로 하는 집합투자기구 운용과 관련한 자본시장법상 제한

자산운용	자본시장법상 제한
자산운용 제한의 완화 (자본시장법 제249조의2 제 1 항)	자본시장법 제81조(같은 조 제 1 항 제 1 호 마목·같은 항 제 2 호는 제외)의 적용을 제외함으로써 원칙적으로 자산운용상 제한이 없음 다만, 1) 파생상품 매매에 따른 위험평가액이 각 집합투자기구의 자산총액에서 부채총액을 뺀 가액의 100분의 100을 초과하는 행위(자본시장법 제81조 제 1 호 마목, 동시행령 제80조 제 6 항), 2) 부동산을 취득한 후 3년(국내부동산)과 집합투자규약에서 정하는 기간(국외부동산) 이내에 이를 처분하거나, 건축물 기타 공작물이 없는 토지로서 부동산개발사업 시행 전에 이를 처분하는 행위는 제한됨(자본시장법 제81조 제 1 항 제 2 호, 동시행령 제80조 제 7 항 각호)
자금차입 허용 (자본시장법 제249조의2 제 3 항, 동시행령 제271조의2 제 2 항)	집합투자업자가 적격투자자 대상 사모집합투자기구의 집합투자재산을 운용함에 있어 집합투자기구의 계산으로 금전을 차입하는 행위를 허용. 다만, 차입금의 총액이 차입 당시 집합투자재산 총액의 100분의 300을 초과하는 경우에는 금전차입이 제한됨
채무보증 또는 담보제공 허용 (자본시장법 제249조의2조 제 4 항, 동시행령 제271조의2 제 3 항)	집합투자재산으로 해당 집합투자기구 외의 자를 위한 채무보증 또는 담보제공 행위를 허용. 다만, 채무보증액 및 담보목적물의 가액의 총액이 채무보증 또는 담보제공 당시 집합투자재산 총액의 100분의 50을 초과하는 경우에는 채무보증 또는 담보제공이 제한됨
공매도의 제한 (자본시장법 제180조 제 1 항)	자본시장법 제249조의2 제 1 항의 예외에 해당하지 아니하므로 공매도는 제한됨. 다만 결제불이행 위험이 없는 공매도는 허용(자본시장법 제180조 제 2 항 제 3 호)

30) 자본시장법 제81조 제 1 항 제 1 호 마목.

31) 자본시장법 제180조 제 1 항.

32) 자본시장법 제184조 제 3 항.

(4) 사모투자전문회사

사모투자전문회사는 2004년 12월 「간접투자자산운용업법」 개정을 통해 M&A 등 구조조정 촉진과 투자수단 다양화를 위해 도입되었는데, 소수 투자자로부터 자금을 조달한 후 기업의 주식 등에 투자하여 기업가치를 제고한 후 매각을 통해 고수익을 추구하는 합자회사 형태의 사모펀드로 소위 PEF로 불리고 있다.

현행 자본시장법에서 사모투자전문회사는 경영권 참여, 사업구조 또는 지배구조의 개선 등을 위하여 지분증권 등에 투자・운용하는 투자합자회사로서 지분증권을 사모로만 발행하는 집합투자기구로 다른 정함이 없는 한 원칙적으로 상법의 합자회사에 관한 규정이 적용되며, 형태와 관련하여 사모투자전문회사의 경우 합자회사의 형태만을 인정하고 있다.[33)]

PEF는 1인 이상의 무한책임사원(GP, General Partner)과 1인 이상의 유한책임사원(Limited Partner: LP)으로 구성되어야 하며, 사원총수는 50인 이하로 PEF지분을 취득한 다른 펀드 투자자수를 합산하고, 일반투자자로 전환불가한 전문투자자 수는 제외하여 산정한다. 또한 유한책임사원은 회사재산인 주식, 지분의 의결권 행사에 영향력을 행사할 수 없다. 사원출자에 있어 출자 목적물은 원칙적으로 금전으로 가능하되, 객관적 가치평가가 가능하고 타 사원의 이익을 해할 우려 없는 경우로 전 사원의 동의가 있는 경우 증권으로 출자할 수 있다. 또한 유한책임사원의 최소 출자가액은 펀드를 포함한 법인의 경우 20억 원이며, 개인의 경우 10억 원으로 출자제한규정으로 상호출자제한기업집단 소속 금융기관의 경우 30% 이내, 산업은행 또는 기업은행 출자의 경우 설립목적에 부합해야 한다.[34)]

사모투자전문회사는 자본시장법 제277조에 따라 자본시장법 제182조 및 사모투자집합기구 관련 규정이 적용되지 아니하나, 자본시장법 제268조에 따라 등기의무 및 등록의무가 있으므로 설립등기일부터 2주 이내에 금융위원회에 등록을 신청하여야 한다. 금융위는 등록신청서 접수 후 30일 이내 등록 여부를 결정하고 이를 문서로 통지하며, 사모투자전문회사등록부에 기재하며, 등록결정 내용을 홈

---

33) 자본시장법 제277조 제 2 항.
34) 자본시장법 269조.

표 9-4 사모투자전문회사에 대한 적용 배제 규정

구 분	내 용	조 항
자본시장법 적용배제	집합투자기구 등록	법 제182
	집합투자기구 종류표시 문자사용	법 제183-1
	집합투자기구 업무수행	법 제184-1~6
	집합투자업자. 신탁업자등의 연대책임	법 제185
	자기집합투자증권 취득제한	법 제186
	투자합자회사 관련규정	법 제213~217
	집합투자기구의 종류 등	법 제229~237
	평가위원회구성, 기준가산정, 공고	법 제238-2~5,7,8
	결산서류의 작성	법 제239
	외부회계감사 관련규정	법 제240-3~10
	회계감사인의 손해배상책임	법 제241
	최저순자산액미달사실 등	법 제243~251
	집합투자기구 등록 취소	법 제253
상법 적용배제	회사의 무한책임사원 제한	법 제173
	사원의 경업금지	법 제198
	사원의 퇴사권	법 제217-2
	지분압류채권자에 의한 퇴사청구	법 제224
	지배인 선임·해임	법 제274
	합명회사로의 조직변경	법 제286

페이지 공고해야 하며, 등록사항의 변경시 2주 이내 금융위 변경을 등록해야 한다.

사모투자전문회사의 판매 방식과 관련하여 사모집합투자기구 또는 적격투자자만을 대상으로 하는 사모집합투자기구와 달리 판매 방식에 대한 제한이 적용되지 아니하며,[35] 다만, 판매시 주의의무 관련한 규제는 사모집합투자기구 또는 적격투자자만을 대상으로 하는 사모집합투자기구와 동일 수준에서 이루어진다. 즉, 고객조사의무, 적합성의 원칙 및 적정성의 원칙의 규제를 받으며, 투자권유를 함에 있어서 거짓의 내용을 알리거나, 불확실한 사항에 대하여 단정적 판단을 제공

35) 자본시장법 제277조 제 1 항.

하는 등 부당권유행위를 하는 것이 금지된다.

사모펀드 운용자와 관련하여 자본시장법 제277조에 따라 자본시장법제 184조 제2항의 규정은 사모투자전문회사에 적용되지 아니하여 운용자(업무집행사원)의 자격 등에 관한 특별한 규제는 없는 실정이다. 금융투자업 인가에 관한 자본시장법 제11조는 사모투자전문회사의 업무집행사원이 사모투자전문회사재산의 운용 및 보관·관리, 사모투자전문회사 지분의 판매 및 환매 등을 영위하는 경우에 적용하지 아니하되,[36] 금융지주회사는 업무집행사원이 될 수 없다.[37]

사모투자전문회사 운용에 대해서는 경영권참여 목적의 운용만 허용하고 포트폴리오 투자는 원칙적으로 금지되는데, 투자 가능한 대상 및 그 방법, 투자 자산

▌표 9-5 사모투자전문회사 운용과 관련한 자본시장법상 제한

자산운용	자본시장법상 제한
투자가능 대상 자산 (자본시장법 제270조 제1항 각호)	1. 다른 회사의 의결권 있는 발행주식총수 또는 출자총액의 10% 이상 되도록 하는 투자 2. 10%에 미달하더라도 임원의 임명 등 주요 경영사항에 대하여 사실상의 지배력 행사가 가능한 투자 3. 이상의 목적과 관련하여 지분증권을 제외한 증권에 대한 투자 4. 투자대상기업이 발행한 증권에 대한 투자위험을 회피하기 위한 목적의 파생상품에 대한 투자 5. 「사회기반시설에 대한 민간투자법」에 따른 사회기반시설투·융자회사가 발행한 증권에 대한 투자 6. 투자목적회사의 지분증권에 대한 투자 7. 그 밖에 대통령령으로 정하는 투자
투자자산의 처분가능성 (자본시장법 제270조 제4항	사모투자전문회사는 위 1, 2의 경우 투자일로부터 6개월 이상 투자대상기업이 발행한 지분증권을 소유하여야 하며, 6개월 미만의 기간 중에는 그 지분증권을 처분하여서는 아니 됨
자금차입가능성 (자본시장법 제270조 제7항 본문)	① 사원의 퇴사에 따른 출자금을 지급하기 위하여 불가피한 경우, ② 운영비용에 충당할 자금이 일시적으로 부족한 경우, ③ 투자대상기업에 투자하기 위하여 필요한 자금이 일시적으로 부족한 경우 자금을 차입하거나 투자대상기업 또는 투자대상기업과 관련된 타인을 위한 채무보증을 할 수 있음
자금차입의 한도(자본시장법 제270조 제7항 단서)	차입금액 및 채무보증액의 합계는 재산의 100분의 10을 초과하지 못함

36) 자본시장법 제272조 제4항.
37) 금융지주회사법 제15조, 자본시장법 시행령 제297조 제1항.

▎그림 9-3 PEF 수 추이

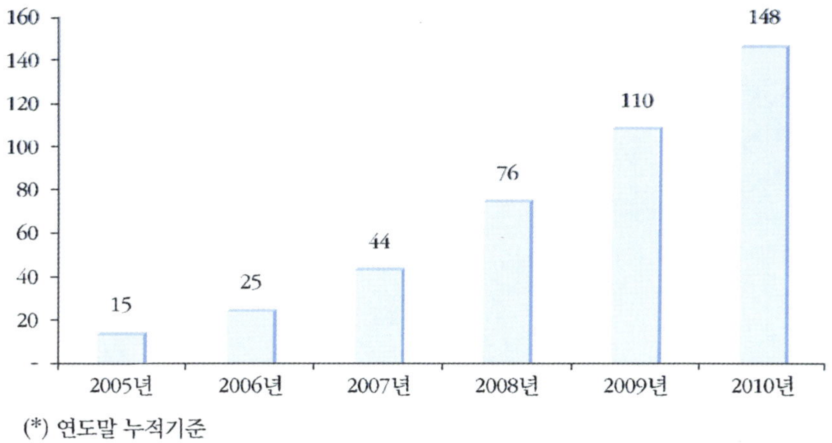

자료: 금융감독원.

의 처분 가능성 및 처분 방법, 자금 차입 및 채무보증이 가능한 경우 및 차입금액 및 채무보증액의 제한 등 펀드 운용의 전반적인 내용이 모두 법에 규정되어 있어 운용에 상당한 제한을 가하고 있는 실정이다.[38)]

펀드의 평가 및 자산보관와 관련하여 사모투자전문회사의 경우 신탁업자에 대한 자산보관 위탁의무가 없으며, 신탁업자의 감시의무가 적용 배제된다.

사모투자전문회사는 2004년 12월 도입이후 초기 준비기를 거쳐 2010년 말 현재 148사가 등록되고 투자약정액이 26.6조 원에 이르는 등 비약적으로 발전하고 있으며, 2011년 5월말 현재는 PEF수 167사, 투자약정액 28.9조 원에 이르고 있다. 특히, 글로벌 금융위기 과정을 겪으면서 투자 적기로 판단하고 최근 3년간 104사가 증가하여 2007년 말 대비 236%의 성장세를 보이고 있다.

PEF 출자약정액은 2007년 8조 9,757억 원에서 2010년 26조 6,303억 원으로 197% 증가하였고 출자이행액도 2007년 4조 3,395억 원에서 2010년 11조 1,988억 원으로 158% 증가하였다.[39)]

---

38) 자본시장법 제270조, 시행령 제292조.

39) 출자약정액은 PEF설립시 PEF의 사원이 투자하기로 약정한 금액이며, 출자이행액은 PEF의 사

▌그림 9-4 PEF 출자약정 · 이행 · 투자액 추이

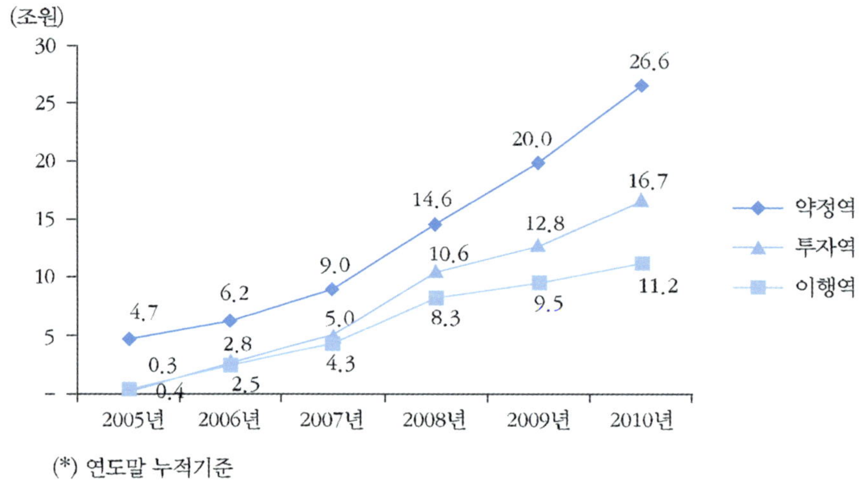

자료: 금융감독원.

PEF는 출자약정액을 기준으로 대형(3천억 원 이상), 중형(1천억 원~3천억 원 미만), 소형(1천억 원 미만)으로 나눌 수 있는데 2007년 이후 규모추이를 보면 PEF 시장이 규모별로 안정적인 균형성장을 하는 것으로 평가할 수 있다. 비교적 안정적인 소규모 기업을 투자대상으로 하는 소형 PEF가 가장 크게 증가하여 2007년

▌표 9-6 출자약정액 규모별 PEF 수 추이

	출자약정액	2005년말	2006년말	2007년말	2008년말	2009년말	2010년말
대형	3,000억원 이상	7	9	13	20	23	31
중형	1,000-3,000억원	4	6	13	20	23	38
소형	1,000억원 미만	4	10	18	36	64	79
계		15	25	44	76	110	148

주 : 대형의 경우 5천억 원~1조원 : 5개, 1조 원 이상 : 5개.
자료: 금융감독원.

원이 약정한 금액 내에서 실제 출자한 금액임. 투자금액은 PEF 사원의 출자금액과 차입금액을 합하여 투자대상물에 투자한 금액임.

그림 9-5 GP 종류별 현황

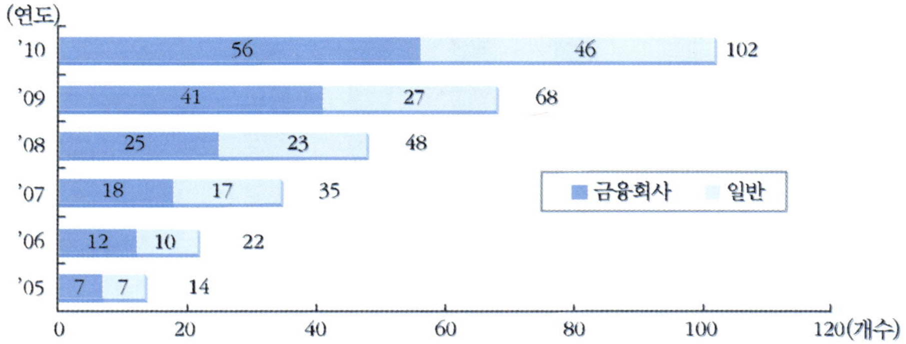

자료: 금융감독원.

18사에서 2010년 79사로 339% 증가하였고, 중·대형 PEF도 지속적인 증가세를 보이고 있는데, 중형 PEF는 2007년 13사에서 2010년 38사로 대형 PEF는 2007년 13사에서 2010년 31사로 증가하였다.

PEF의 투자자 구성을 보면 능력있는 GP참여와 투자자(LP)층이 확대되고 있는데, 무한책임사원의 경우 풍부한 투자경험과 전문인력을 다수 보유한 금융회사와 금융회사의 계열법인 등이 PEF운용을 담당하는 업무집행사원(GP)으로 참여하고 있다. 금융회사는 증권회사와 자산운용사의 참여(48%)가 높고, 일반법인은 금융회사 계열사 또는 금융회사 출신 등이 설립한 회사가 대부분이다.

또한 제도도입 초기 금융회사와 연기금이 80%를 차지했던 재무적 투자자인 유한책임사원(LP)은 그 비중이 축소되어 2010년 56% 수준으로 감소하였다. 반면 일반법인과 개인투자자의 참여비중이 2005년 19.6%에서 2010년 41%로 증가하는 등 투자자 저변이 지속적으로 확대되고 있다.

PEF의 GP 경험을 살펴보면 기존에 PEF를 설립한 경험이 있는 GP의 PEF 재설립이 매년 증가하는 등 투자경력(Track record)이 점차 축적되는 형태를 보이고 있는데, 특히 2010년에 설립된 대형 PEF 9사는 모두 투자운용 경험이 있는 GP에 의해 설립되었다.

그림 9-6 LP 종류별 비중 현황

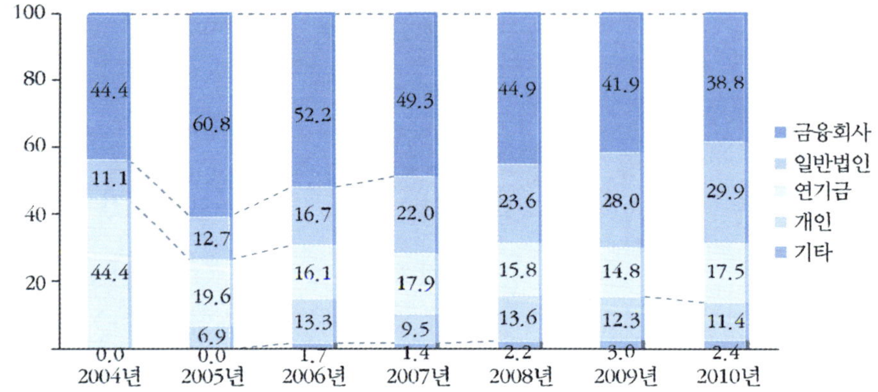

자료: 금융감독원.

표 9-7 GP의 PEF 재설립 현황

연 도	전체 PEF 등록수		재설립 PEF 수		비율(%)	
	(A)	대형	(B)	대형	(B/A)	대형
2004~2005	16	7	1	–	7	–
2006	12	3	6	2	50	67
2007	19	4	9	3	47	75
2008	32	7	23	6	72	86
2009	37	3	15	1	41	33
2010	46	9	36	9	78	100
계	162	33	90	21	56	64

주 : 제도도입 이후 '10년말 까지 등록된 건수 기준(이중 14건은 해산).
자료: 금융감독원.

PEF의 투자대상은 전통적인 국내 제조업체 중심(212사)에서 벗어나 2010년 말 현재 외국기업(25사) 등으로 확대되고 있다. 2004년~2007년 초기 단계의 해외투자의 경우는 미국 등 선진국 중심이였던 반면 2008년부터 중국 등으로 투자지역이 다변화되어 2008년 이후 해외투자 16건 중 미국 7건, 중국 3건, 대만 2건, 홍콩 2건, 기타 2건인 것으로 집계되었다.

표 9-8 투자대상기업 지역별 현황

	2005	2006	2007	2008	2009	2010	계
국내기업	8	39	40	51	41	59	238사
외국기업	-	2	7	5	2	9	25사
미 · 일 · 유럽	-	2	6	2	2	5	17사
기타	-	-	1	3	-	4	8사
계	8	41	47	56	43	68	263사

자료: 금융감독원.

PEF의 투자성과가 나타나고, GP에 대한 신뢰도가 높아지면서 2008년 이후 차입을 통한 Leverage투자가 점차 증가하고 있다. PEF는 투자목적회사(SPC)를 통해서만 차입(200%)이 가능한데, 실제 차입은 100% 내외에서 이루어지고 있으며, 다만, 소형 PEF는 상대적으로 투자위험이 작은 Deal-by-deal fund를, 대형 PEF는 Blind-fund를 중심으로 Leverage투자가 이루어지고 있는 실정이다.[40)]

2010년 말까지 2조 6,891억 원(원금기준 1조 8,381억 원)을 회수하는 등 일부 가시적인 투자성과가 나타나기 시작하였으나 현재의 금융시장 환경과 최근 3년 동안 PEF가 급증한 점을 감안할 경우 투자회수가 본격화되는 데는 시간이 다소 필요할 것으로 판단된다.

표 9-9 PEF 차입금 및 차입비율 추이

(누적, 조 원)

연 도	출자이행액(A)	투자액(B)	차입금(C=B-A)	
				차입비율(C/A)
2007	4.3	5.0	0.7	16.3%
2008	8.3	10.6	2.3	27.7%
2009	9.5	12.8	3.3	34.7%
2010	11.2	16.7	5.5	49.1%

주 : 차입금 규모는 총투자액에서 총이행액을 차감하여 산출한 추정치임.
자료: 금융감독원.

40) Deal-by-deal fund는 특정 기업을 투자대상으로 사전에 정하고 설립되는 PEF로 투자위험이 낮은 투자형태인 반면, Blind-fund 펀드는 PEF 설립시 투자대상을 정하지 않고 GP의 운용능력을 기초로 LP를 모집한 후 투자대상을 선정하는 투자형태임.

▌표 9-10 PEF 투자회수 현황

(단위: 억 원)

투자회수 연도	투자회수금액	투자원금
2005～2007	5,652	2,799
2008	3,449	2,749
2009	8,611	6,837
2010	9,179	5,996
계	26,891	18,381

자료: 금융감독원.

PEF가 기업인수(Buy-out)뿐만 아니라 구조조정기업의 증권, 부실채권, 영업권 등 경제적 가치가 있는 자산에 대한 포괄적인 투자가 이루어지는 등 다양한 형태로 활용되고 있으며, 최근에는 은행의 PF 부실채권 정리를 위해 「PF 정상화 Bank」가 PEF 형태로 추진되는 등 부실채권 정리를 위한 기구로서도 PEF의 역할은 증대될 것으로 예상된다.

2. 헤지펀드의 국내 허용

(1) 한국형 헤지펀드 도입

국내 헤지펀드 도입을 위해 적격투자자 사모집합투자기구를 도입하였으나, 구조조정 목적으로 자금의 50% 이상을 투자해야 되는 운용상의 제약이 걸림돌이 되어 실제적으로 자금이 모이지 않았다. 헤지펀드의 다양한 경제적 편익을 고려하여 운용상의 제약이 거의 없는 헤지펀드 도입을 금융당국이 추진하게 되었다. 금융당국은 현행 '적격투자자대상 사모펀드'에 대한 투자대상 제한 등 운용규제를 완화하고 필요한 감독상 보고의무 등은 강화하는 방향으로 '한국형 헤지펀드'를 도입하게 되었다. 더불어 헤지펀드에 증권대차·대출 등의 서비스를 제공하는 헤지펀드의 생태계인 '프라임 브로커'에 대한 규제 정비를 위하여 자본시장법 시행령 개정을 추진하게 되었다.

헤지펀드 도입방안으로 헤지펀드 가입자 범위 확대, 자산운용의 자율성·창의성 제고를 위한 투자대상 제한 폐지 및 금전차입 한도(펀드재산의 300% → 400%) 및 파생상품 거래제한(펀드재산의 100% → 400%) 완화하며,[41] 헤지펀드 운용업 인가단위 신설하고, 보고의무 등 감시·감독 강화를 주요 내용으로 하고 있으며, 프라임 브로커 업무 관련 업무 정의 및 규제체계 마련, 헤지펀드에 대한 신용공여 제한 완화, 펀드재산 보관·관리업무 규제정비 및 Chinese Wall 규제정비를 하게 되었다.

위험감수 능력이 있는 개인 등의 헤지펀드 투자를 허용하기 위하여 현재 적격투자자대상 사모펀드 가입자인 적격투자자는 은행, 보험사, 금융투자업자, 연기금·공제법인 등으로 제한하고 있으나, 다양한 투자기회 제공, 글로벌 헤지펀드 사례 등을 감안하여 5억 원 이상 투자하는 개인 등의 펀드 가입을 허용하고, 재간접펀드는 최소가입금액은 완화하고 분산투자 요건을 두게 되었다.

헤지펀드 운용과 관련하여 현행 적격투자자 대상 사모집합투자기구에 적용되는 구조조정기업에 대한 의무 투자비율(50%)을 폐지하여 증권·파생상품, 실물 등 경제적 가치가 있는 재산에 자율적·창의적으로 투자할 수 있도록 투자대상 제한을 폐지하고, 헤지펀드가 공매도·레버리지 등 다양한 전략을 활용할 수 있도록 현행법상 허용된 한도까지 관련 규제를 완화하여 헤지펀드가 공매도·레버리지 등 다양한 전략을 활용할 수 있도록 현행법상 허용된 한도까지 시행령의 개정을 통하여 관련 규제가 완화되었다. 궁극적으로 자산운용의 자율성·창의성을 제고하기 위하여 이러한 조치가 취해졌다.

헤지펀드 운용업무를 위한 별도 인가단위를 신설하여 '혼합자산 펀드'를 신설하되, 자기자본, 운용경험(Track Record), 전문인력 등을 갖춘 자산운용사·증권사·투자자문사에 한하여 운용을 허용한다. ① 헤지펀드 인가단위는 다양한 투자대상에 자유로이 투자할 수 있는 펀드 특성을 감안, 별도의 운용대상 제한을 받지

41) 특히, 파생상품 거래와 관련하여 파생상품 거래에 따라 발생할 수 있는 최대손실가능 금액인 위험평가액의 산정 기준을 합리화하고 있음. 현재는 기초자산·만기가 모두 동일한 파생상품의 반대거래에 한해 상계(Netting)를 허용하였으나, 파생상품의 만기가 상이해도 기초자산이 동일하여 실제 위험감소 효과가 있는 경우 상계를 허용하는 등 산정 방식의 개선이 필요함.

않는 '혼합자산 펀드'로 설정하도록 하며, 최저 자기자본으로 인력・설비 등 소요비용, 여타 자산운용업 인가단위의 자기자본 요건 등을 감안하여 60억 원으로 설정하도록 하며, ② 운용경험(Track Record)과 관련하여서는 자기자본, 일임재산・펀드 운용규모와 실적 등을 고려하여 결정하고, ③ 전문인력 요건으로 국내외 헤지펀드 운용경험이 있는 인력 등 3인을 구비하도록 하되, 전문인력을 체계적으로 양성하기 위해 금융투자협회 등에 교육과정이 개설되었다.

특히, 헤지펀드 운용사 및 전문인력의 기준에 대하여 기존 종합 자산운용사 중 공・사모펀드와 일임재산액 수탁고 합계액이 총 10조 원 이상인 경우 헤지펀드의 운용이 가능하며, 이때 수탁고는 헤지펀드를 운용하려는 시점(관련 서류제출일)의 수탁고(설정원본)를 기준으로 산정한다. 증권사는 자기자본 1조 원 이상으로 최근 사업연도말 이후 인가신청일까지의 자본금의 증감분을 포함하여 산정하며, 투자자문사는 일임재산액 5천억 원 이상으로 인가신청일의 계약고를 기준으로 산정하도록 한다.

운용인력 3인에 대한 기준으로 국내인력의 경우 ① 증권운용전문인력 시험에 합격하고, ② 2년 이상의 운용 경험을 갖추고,[42] ③ 금융투자협회의 헤지펀드 관련 교육을 이수한 경우 헤지펀드 운용전문인력으로 인정한다. 해외인력의 경우 ① 해외에서 2년 이상 헤지펀드 운용경험과 ② 협회의 교육이수 요건이 필요하다.

특히, 성과보수를 받는 헤지펀드와 다른 펀드 등을 함께 운용할 경우 발생할 수 있는 이해상충을 방지하기 위해 헤지펀드 운용인력의 다른 펀드 및 투자일임재산 운용 등을 금지하고, 투자 관련 정보를 공유하는 행위를 차단하며, 더불어 투자자 모집을 위해 헤지펀드를 비롯한 사모펀드의 명칭・운용성과・투자전략 등을 직접・간접으로 광고하는 행위 등도 제한하도록 하고 있다.

글로벌 규제강화 논의 등을 반영하여 헤지펀드 운용자의 감독당국에 대한 보고의무를 강화하도록 하는데, 운용의 자율성 제고에 상응하여 투자자보호, 시스템리스크 방지 등을 위해 필요한 세부 보고사항 등을 구체화하여 펀드 운용자는 금융위가 정하는 기준에 따라 주된 운용전략, 투자대상 자산의 종류, 차입 및 파생상품 현황 등을 분기별로 보고하도록 한다.

---

42) 4년 이상의 운용 경험시 증권운용전문인력 시험 합격요건 배제.

시행령 개정 과정에서 프라임 브로커 업무 관련 규제를 정비하고 있는데, 프라임 브로커는 헤지펀드에 종합적인 서비스를 제공하는 전담중개업자로 증권대여, 자금지원(Financing), 헤지펀드 재산의 보관·관리(Custody), 매매체결·청산·결제(Clearing), 펀드투자자에 대한 보고(Reporting) 등을 수행하는 자로 별도로 정하되, 구체적으로 시행령상 규정된 증권대차·신용공여(Financing)·헤지펀드 재산 보관·관리(Custody) 업무 이외에 보관·관리하는 펀드재산의 매매주문·결제 등 처리(Clearing), 헤지펀드의 설립·운용 관련 자문업무 등을 포함하도록 한다. 핵심 업무인 신용공여, 펀드재산 보관·관리 업무를 포함하여 2개 이상의 업무를 연계·제공하도록 하며, 전담중개부서에서 기존 증권회사 내 전문투자자(해외 소재 헤지펀드 등) 대상 증권대차, 장외파생상품(SWAP 등) 등의 거래네트워크를 활용할 수 있도록 하고 있다.

또한 자기자본·위험관리능력 등을 갖춘 증권회사에 한해 프라임 브로커 업무를 수행할 수 있도록 별도 기준을 설정하도록 하는데, 프라임 브로커의 기준에 대하여 시행령에서 자기자본, 위험관리능력 등을 감안하여 전담중개업자 요건을 정하도록 함에 따라 회계기준에 따른 자기자본 규모는 3조 원 이상으로 하되, 후순위채 등 보완자본은 자기자본에 포함되지 않도록 하며, 헤지펀드에 대한 신용공여, 증권대차 등에 따른 담보관리·평가(Collateral Management) 등이 가능하도록 위험관리 체계 및 내부통제 조직·인력 등 시스템을 구축하도록 하며, 고유재산운용·기업금융 등의 부서와 분리 운영하여 이해상충방지체계를 구축하도록 한다.

헤지펀드에 대한 신용공여 제한 완화 방안으로 현행법상 헤지펀드 등에 대해서는 예탁증권담보융자(투자자의 예탁증권을 담보로 한 금전융자)만 제공할 수 있으나, 헤지펀드에 대한 ① 신용거래융자, ② 집합투자재산으로 보관·관리되는 증권담보융자 등을 허용하고, 헤지펀드의 재산을 보관·관리하는 프라임 브로커가 증권대차·대출 등 다른 프라임 브로커 서비스를 제공할 수 있도록 프라임 브로커의 고유재산과 그가 보관·관리하는 헤지펀드재산 간의 거래 등을 예외적으로 허용한다.

헤지펀드에 대한 신용공여 관련 관리·감독의 일환으로 전담중개업자의 개인 및 헤지펀드에 대한 총신용공여 한도를 자기자본의 범위 이내로 제한하지만, 증권

재담보시 증권회사의 자기자본이 직접 투자되지 않는 점 등을 감안하여 헤지펀드 재산인 증권 등을 시장에서 재담보로 활용하여 헤지펀드에 신용공여한 금액은 위 신용한도 산정시 제외하도록 하고 있다. 또한 헤지펀드에 대한 신용공여·담보관리 등 현황을 금감원장이 정하는 절차·방법에 따라 보고할 의무를 부과하도록 한다.

또한 보관·관리(Custody) 산업적 측면에서 자산보관·권리관리 업무에 대한 규모의 경제 효과 등을 감안하여 프라임 브로커의 펀드재산 보관·관리업무 중 일부(증권의 실물보관, 권리관리 등)에 대해서는 펀드재산의 보관·관리 업무를 수행하는 다른 신탁업자(은행, 증권금융 등)에게 위탁하는 것을 예외적으로 허용한다.

더불어 현재 증권대차·거래집행 등(투자매매·중개업)과 펀드재산 보관·관리

▌표 9-11 헤지펀드/프라임 브로커 도입안 주요내용

구 분	주요 내용
헤지펀드 가입자격	• 기존의 전문적인 투자자 외에 위험감수능력이 있는 개인(5억 원 이상 투자) 등으로 확대
펀드 운용규제	• 구조조정기업에 펀드재산의 50% 이상을 투자해야 하는 운용제한 폐지
금전차입 한도	• 펀드재산의 400%까지 허용
파생상품 거래 제한	• 파생상품 거래에 따른 위험평가액(최대 손실가능금액)을 펀드재산의 400%까지 허용
운용자 진입규제	• 별도의 헤지펀드 운용 인가단위 마련 – 자기자본, 운용경험, 전문인력 등을 갖춘 기존 자산운용사·증권사·자문사에 한하여 허용
보고의무	• 글로벌 감독강화 논의 등을 선제적으로 반영하여 세부적인 보고사항 등을 구체화 – 금전차입·파생상품 매매 현황, 주된 운용전략, 투자대상자산의 종류 등
프라임 브로커 규제 정비	• 프라임 브로커 업무를 별도로 정의 • 프라임 브로커의 헤지펀드에 대한 신용공여 제한을 완화(신용거래융자, 보관·관리하는 증권담보 융자 등) • 프라임 브로커 업무의 일종인 펀드재산 보관관리 관련 현행 규제를 정비 – ① 고유재산-펀드재산간 거래의 허용, ② 펀드재산 보관·관리 업무 중 일부의 제3자(은행 등)에 대한 위탁 허용 등 • 프라임 브로커 부서 내에서는 정보교류차단의 예외를 인정하되, 여타 부서와는 엄격히 분리 – 투자매매·중개업(증권대차, 거래집행 등)과 신탁업(펀드재산 보관·관리) 등 예외 사항으로 인정

(신탁업)가 정보교류차단 규제대상인데, 프라임 브로커 업무 수행에 따른 정보교류 차단을 합리화할 필요가 있으므로 프라임 브로커의 경우, 매매·중개업무와 펀드 재산 보관·관리 등 신탁업무를 한 부서에서 동시에 수행할 수 있도록 할 예정이다. 다만, 증권회사 내 다른 부서와 프라임 브로커 부서는 엄격히 분리토록 하여 이해상충을 방지하고, 프라임 브로커와 헤지펀드 업무는 내부 겸영시 상당한 이해상충이 발생할 우려가 있어, 子회사 형태의 헤지펀드 운용사 설립이 바람직할 것이다.

이러한 한국형 헤지펀드의 도입을 통하여 우리나라 금융시장에서 자생적 헤지펀드가 육성되면, 금융벤처로서 시장 성장 및 효율성 제고를 선도할 수 있으며, 새로운 대체투자 시장의 창출로 자산운용산업의 양적 성장을 도모할 수 있을 것이다. 또한 과도한 레버리지 활용 등으로 인한 시장 교란 및 시스템리스크 발생 우려는 선제적 규제, 감시·감독으로 철저하게 차단하게 되면, 헤지펀드는 시장에 유동성을 확대하고, 시장 효율성 및 가격형성 기능을 제고할 수 있으므로 금융시장의 효율성을 제고시킬 수 있을 것이다. 더불어 금융산업 자체로서 미래 신성장 동력 산업 기능을 수행하며, 특히 헤지펀드가 중점적 역할을 수행할 수 있으므로 금융산업의 성장과 발전에 기여하며, 연관 산업·인프라 성장을 통한 산업구조 고도화 및 전문인력 육성을 추구할 수 있을 것이다.

그러나 우리나라 국내 규제체계에서는 공모펀드 위주의 펀드 규율체계하에 펀드의 특수한 경우(소수투자자, 적격투자자)로 사모펀드를 규정하면서 규제를 상대적으로 완화하고 있는 형태이며, 사모집합투자기구, 적격투자자 사모집합투자기구, 사모투자전문회사, 기업재무안정 사모투자전문회사)에 대해서는 일부 또는 대부분의 규제를 배제하되, 추가적 운용 방법에 대한 제한이 있는 형태이다. 따라서 사모펀드는 회사 형태, 투자자, 투자전략, 투자기간, 이익분배구조 등이 공모펀드와 크게 다른 서로 별개의 '대등'한 개념으로 인식하고 취급하여 공모펀드와는 별개의 규제체계를 구축할 필요가 있다.

(2) 사모펀드의 발전 방향

한국형 헤지펀드의 도입 이후, 중장기적으로 사모펀드 제도의 발전을 위한 지속적 논의가 필요하며, 이에 대한 방향을 제시하고자 한다.[43)]

자본시장법내에서도 사모집합투자기구, 적격투자자 사모집합투자기구, 사모투자전문회사, 기업재무안정 사모투자전문회사 등 다양한 유형의 사모펀드가 법제화되어 있으나, 이들 기능과 역할이 중복되면서도 각 유형별 특성으로 인한 한계가 있어, 이들 모든 유형의 장점을 취합한 통합된 사모펀드 제도로 정비할 필요가 있다. 더불어 기타 자본시장법 외 타법률에서 규정하는 사모펀드들도 일단 펀드의 법적 근거는 자본시장법으로 통합하는 것이 바람직하므로 기본적 규제에 있어서는 자본시장법을 준용하되 각 법률에서의 추구하는 정책목표 달성에 기여하는 펀드는 유형을 막론하고 지원하는 시스템을 갖출 필요가 있다.

다양한 유형의 사모펀드 관련 규제 통합을 통하여 감독의 질 제고를 통한 금융소비자의 편익 증대를 추구할 수 있을 것이며, 사모펀드의 자금 모집 및 운용상의 효율성을 제고할 수 있을 것으로 기대된다.

우선적으로 자본시장법 내 사모펀드를 통합하여 규제하되, 기타 법률에 존재하는 사모펀드는 각각 해당 법률에서 규제하도록 하는 방안이 바람직하다. 기타 법률의 사모펀드에 대한 규제체계를 자본시장법으로 통합할 경우 사모펀드의 특정산업 지원 성격이 퇴색할 가능성이 있으므로 개별법은 투자대상 산업 활성화를 위한 사모펀드 운용방법과 사모펀드에 대한 종합지원만을 규정하고, 사모펀드의 전반적 규제(설립절차, 판매규제 등)는 자본시장법이 담당하는 것이 바람직하고, 현행 자본시장법에서 사모집합투자기구, 적격투자자 대상 사모집합투자기구 및 사모투자전문회사를 일원화하는 방안으로 규제체계의 틀을 마련해나가야 할 것이다.

개선방향을 전반적으로 제시하면 다음과 같다. 사모펀드의 정의와 관련하여 현행법제하에서 사모집합투자기구, 적격투자자만을 대상으로 하는 사모집합투자기구, 사모투자전문회사(한국형 PEF) 등을 개별적으로 규정하고 있으므로 자본시장법 내 사모펀드를 통합하여 규제하도록 해야 할 것이다. 다만, 기타 법률에 존재하는

43) 노희진 외(2010), 사모펀드 제도 선진화 방안 참조.

사모펀드는 개별법에서 투자대상 산업 활성화를 위한 사모펀드 운용방법과 사모펀드에 대한 종합지원만을 규정하고, 사모펀드의 전반적 규제(설립절차, 판매규제 등)는 자본시장법이 담당하는 것이 바람직하다.

사모펀드의 형태와 관련하여 자본시장법에서는 사모집합투자기구와 적격투자자만을 대상으로 하는 사모집합투자기구의 경우 투자신탁·투자회사·조합 등 집합투자기구의 다양한 형태 중 선택할 수 있도록 하고 있으나, 사모투자전문회사의 경우 합자회사의 형태만을 인정하고 있다. 사모펀드에 관한 설립·운용상의 규제를 통일적으로 하더라도 사모펀드는 투자자의 필요에 따라 여러 형태로 설립될 수 있어야 하며, 이를 통하여 사모펀드의 활성화를 기대할 수 있으므로 일원화된 규제체계에서 사모집합투자기구의 경우와 같이 다양한 형태를 유지하여 투자자의 선택에 맡기도록 할 필요가 있다.

사모펀드의 설립과 관련하여 자본시장법에서는 적격투자자만을 대상으로 하는 사모집합투자기구 이외의 다른 사모펀드의 경우, 펀드 자체의 등록을 의무화하고 있다. 적격투자자만을 대상으로 하는 사모집합투자기구의 경우 등록의무를 부과하지 않으나 보고의무는 부과하고 있는 실정이다.

사모펀드의 설립과 관련하여 다양한 규제가 제시될 수 있다. 허가는 법령에 의한 일반적 금지행위(허가 유보부 상대적 금지)를 특정한 경우(허가 요건을 갖추어 신청한 경우)에 해제함으로써 적법하게 일정한 행위를 할 수 있도록 해주는 행정행위이며, 인가는 제 3 자(신청인)의 법률행위를 보충하여 그 효력을 완성시키는 형성적 성격을 갖는 행정행위, 허가의 대상은 사실행위와 법률행위가 포함되나 인가의 대상은 법률행위라는 점, 수정 인·허가의 가능성 등에서 허가와 구별되나, 실무적으로 구별의 실익이 크지는 않다. 또한 등록은 행정기관의 '확인'이라는 요식행위를 필요로 하지만, 사인이 일정한 기준을 충족하면 행정기관은 그러한 확인을 해 주어야 할 의무를 부담하고, 신고란 사인이 행정기관에게 일정한 사항에 대하여 알려야 할 의무가 있는 경우에 그것을 알리는 것이며, 면제는 법령에 의해 일반적으로 부과되는 작위·급부·수인 등의 의무를 특정한 경우에 해제하여 주는 행정행위이다.

이러한 다양한 설립 규제 방안 중 사모펀드에 대하여는 가급적 완화된 규율을 적용할 필요가 있다. 사모펀드에 대하여 등록을 면제해 주는 입법례를 살펴보면, 미국은 헤지펀드, PEF 등 사모펀드는 1940년 투자회사법(Investment Company Act of 1940)에 의하여 SEC 등록의무 규정이 면제되며, 영국의 경우에도 헤지펀드 및 사모투자펀드 자체는 감독·규제 대상에서 제외하고 있으나, 최근 금융위기를 계기로 이러한 등록 의무 면제에 대한 개정이 이루어지고 있다. 미국의 경우 글로벌 금융위기 이후 행정부 및 의회 등을 중심으로 헤지펀드 등 사모펀드의 SEC 등록 의무화 및 공시 강화 등을 중심으로 한 규제 강화가 진행되었으며, 특히 자산규모가 일정 수준 이상의 펀드만을 대상으로 하고 있고, 규제의 중점은 펀드 자체보다는 펀드의 운용사에 두어 감독 강화와 사모펀드를 통한 모험자본의 활성화를 도모하고 있다. 또한 EU의 경우 글로벌 금융위기 이후에도 헤지펀드 및 사모펀드 자체에 대하여 특별히 감독·규제를 하지 않되, 일정 규모 이상의 사모펀드 운용사에 대한 인가제 적용에 추가하여 감독을 강화하고 있다.

따라서 사모펀드가 시스템리스크를 증폭시킬 수 있거나 전염 효과를 가져올 가능성을 고려하여 사모펀드 제도 통합 후 당분간은 펀드 자체의 사전 등록제 또는 일정 규모 이상의 펀드에 대한 등록제가 필요할 것이다. 특히 사후보고제에 의하여 감독기구의 사모펀드 설립에 대한 통제가 어느 정도는 가능하지만 우리의 감독 역량 등을 감안할 때 일정 수준으로 사전 통제가 필요한 점 등을 감안할 때 모든 펀드 또는 일정 규모 이상의 펀드에 대해서는 사전 등록의무를 부과하는 것이 필요하다.

사모펀드 투자자와 관련하여 사모집합투자기구의 투자자(및 투자권유를 받는 자) 총수는 49인 이하일 것으로 규정하고 있으며, 금융투자상품에 대한 전문성 구비 여부, 소유자산 규모 등에 비추어 위험 감수 능력이 있는 자로서 법과 대통령령에서 정하는 자를 전문투자자로 규정하고 있다. 또한 자본시장법에서는 국가 및 외국 정부, 금융기관, 금융 관련 공사 등을 적격투자자로 구분하여 별도로 규제하고 있는데, 현행 자본시장법상 적격투자자 요건은 너무 좁게 규정되어 있어 투자자보호 측면에만 중점을 두고 사모펀드의 활성화라는 목표는 상대적으로 도외시한 것으로 판단되며, 투자자보호를 위한 사모펀드 운용사에 대한 규제, disclosure 의무 강화 등의 조치로 보완할 수 있을 것이다.

더불어 미국의 경우 ① 500만 달러 이상의 투자잔고를 가진 개인과 기업 또는 2,500만 달러 이상의 투자잔고를 가진 기관투자자가 '적격투자자'에 해당하고, ② 순자산이 100만 달러 이상이거나 직전 2년간 연소득이 매년 20만 달러를 상회하거나 또는 부부 합산 연간소득이 30만 달러를 상회하는 개인은 특정투자자로 분류되어 100명 이하로 구성되는 '소수투자자'가 될 수 있는 반면,[44] 홍콩의 경우 헤지펀드 투자시 최소투자금액 기준으로 5만 홍콩달러를 적용하고 있다. 즉, 사모펀드 관련 자본시장의 발전단계상 일정 수준의 자격을 갖춘 투자자에게는 투자위험을 스스로 감내할 수 있도록 법적 규제가 이루어져야 할 것이고, 일반투자자도 일정한 금액 이상을 투자하는 경우 또는 일정 기간 투자경력이 있는 경우 투자자 보호의 필요성이 상대적으로 적을 수 있다.

그러므로 사모펀드의 투자자는 '전문투자자 또는/및 49인 이하의 일정 자격을 갖춘 일반투자자(사모적격투자자)'로 그 자격요건의 확대를 고려할 필요가 있다. 사모적격투자자의 자격요건을 설정하는 데 있어 보유 금융투자자산 기준 또는 연간소득 및 일정한 질적 요건 등의 기준을 적용하되, 투자자 기준을 완화하더라도 사모펀드 운용사에 대한 규제, 공시의무 강화 등 다른 측면에서의 투자자보호를 추구해야 할 것이다. 또한 일정자격을 갖춘 일반 투자자 수의 확대도 검토할 필요가 있다.

현행 사모펀드 판매방식 규제는 사모집합투자기구 또는 적격투자자만을 대상으로 하는 사모집합투자기구가 투자매매업이나 투자중개업으로 금융위원회로부터 금융투자업 인가를 받은 경우에는 사모펀드를 투자자에게 직접 판매할 수 있고, 금융위원회로부터 금융투자업 인가를 받지 못한 경우에는 투자매매업자와 판매계약을 체결하거나 투자중개업자와 위탁판매계약을 체결하여서만 집합투자증권을 판매할 수 있으며, 이러한 판매방식에 대한 제한은 사모투자전문회사에 대해서는 적용되지 않는 이원화된 체계이다. 사모펀드 가입요건이 엄격하지 않는 한 사모펀드 판매과정에서 판매자 자격을 제한하지 않으면 투자자 보호가 충분히 이루어지지 않을 가능성이 있지만, 집합투자업자가 직접 출자자를 모집하는 경우에도 투자중개업자 또는 투자매매업자로서의 인가를 요구하는 것은 사모펀드의 활성화의

44) 노희진 · 김규림(2008).

측면에서 바람직하지 않다. 따라서, 집합투자업자가 직접 출자자를 모집하는 경우에는 별다른 제한을 두지 않고(또는 투자중개업 또는 투자매매업 자격을 취득하도록 하되 요건을 완화하여 설정), 제3자에게 위탁하여 출자자를 모집하는 경우에는 투자매매업자 또는 투자중개업자 또는 이에 준하는 자격을 갖춘 자를 통하여 판매하도록 한다.

더불어 현행 사모펀드 판매시 고객조사의무, 적합성의 원칙, 적정성의 원칙 및 부당권유행위 금지 규정이 준수되어야 한다. 그러나 사모펀드의 투자자 범위를 제한적으로 설정한다면, 동 투자자들은 투자로부터 발생하는 손실 위험을 당연히 감수할 수 있어야 하고, 따라서 공모펀드와 마찬가지로 적합성 원칙 등을 모두 적용하는 것은 적절치 않다. 또한 사모펀드 투자자에 대하여 투자자보호 원칙을 완화한다고 하더라도 당해 투자자가 사모펀드 투자자 자격을 인정받을 수 있는 자인지 여부에 대해서는 최소한의 조사가 필요하다. 따라서 사모펀드의 판매주체는 고객이 사모펀드 투자적격을 갖추고 있는지 여부에 대한 고객 조사의무는 수행하도록 하되, 적합성 원칙 등은 그 적용을 배제하도록 하는 것이 바람직하다.

사모펀드 운용자에 대하여 현행 자본시장법에서는 사모집합투자기구, 적격투자자만을 대상으로 하는 사모집합투자기구, 사모투자전문회사 개별적으로 운용자 규제를 부과하고 있다. 자본시장법상 사모집합투자기구와 적격투자자만을 대상으로 하는 사모집합투자기구는 집합투자업자로서 금융위원회의 인가를 필요로 하나, 사모투자전문회사(PEF)는 운용자 자격 규제가 없다.

금융위기 이후 미국과 유럽을 중심으로 헤지펀드, PEF 등의 운용사에 대한 등록의무를 통하여 감독권한을 확보하고 투명성을 확보하고 있는데, DFA를 통하여 원칙적으로 사적 펀드 투자자문사를 SEC에 등록하도록 하고 있으며, 영국에서 대체투자펀드(alternative investment fund)의 운용사(manager)는 FSA의 인가대상으로 되어 있고, 2009년 4월 EU에서 내놓은 대체투자펀드 운용사에 대한 감독지침(EU Directive) 제안에서도 EU 내에서 영업하고자 하는 대체투자펀드 운용사는 감독당국의 인가를 받도록 하고 있다. 즉, 사모펀드 운용자에 대한 등록의무를 부과하여 펀드 운용상의 투명성과 감독 권한을 보유하는 것이 타당할 것이다. 그러나 사모펀드 운용자에 대하여 등록 요건을 적용하더라도 등록 기준을 비교적 엄격하게 설정한다면 자유로운 사모펀드의 운용 및 운용사의 활동을 저해할 수 있으므로 사모펀드에 대한 감독가능성 확보의 측면 및 운용자에 대한 정보를 미리 입수하여 자격미달로 판명된 자 또는 과거 관련 법령을 위반한 전력이 있는 자는 운용자의 자격을 사전에 박탈함으로써 투자자를 보호한다는 측면에서 사모펀드의 운용자의 등록의무를 부과하는 것이 타당하다.

그러나 모든 사모펀드 운용사에 대하여 일괄적인 규제를 가하기보다는 전문투자자 대상 집합투자업자, 투자일임업자 및 자문업자 요건을 고려하여 등록요건을 결정할 필요가 있다. 등록과 더불어 사모펀드 운용자에게 집합투자업자로서 적용되는 보고의무 규정을 적용하여, 운용하고 있는 사모펀드에 대한 현황(운용규모 및 운용실적, 차입금, 주요 투자대상별 자산구성현황 — 다만, 관련 정보의 악용가능성을 배제하기 위하여 구체적인 포지션이 나타나지 않도록 함)을 감독기구에 보고하도록 함으로써 감독의 실효성을 추구하여야 하며, 특히 레버리지 활용 비율이 높을 수 있는 펀드와 같이 시스템리스크를 내포하고 있는 사모펀드 운용자의 경우 보고의 빈도와 범위를 강화하는 방안을 고려할 필요가 있다. 운용자 규제시 근본적으로 고려해야 할 사항은 PEF의 운용자 규제는 제도적으로 없지만, 시장의 투자자들이 시장의 원리에 따라 규율한다는 사실이다.

사모펀드 운용과 관련하여 현행 자본시장법에서는 사모집합투자기구, 적격투자자만을 대상으로 하는 집합투자기구 및 사모투자전문회사 별로 각기 상이한 운용규제를 부과하고 있다. 특히, 사모집합투자기구의 경우 법에 규정된 특수한 사정으로 인한 일시적 차입 이외의 금전차입이 전면 제한되고,[45] 파생상품 매매에 따른 위험평가액이 각 집합투자기구의 자산총액에서 부채총액을 뺀 가액의 100분의 400 범위 이내에서만 투자할 수 있으며, 적격투자자만을 대상으로 하는 집합투자기구의 경우 차입금의 총액이 차입 당시 집합투자재산 총액의 100분의 400을 초과하는 경우에는 금전차입이 제한되며, 파생상품의 매매에 따른 위험평가액이 각 집합투자기구의 자산총액에서 부채총액을 뺀 가액의 100분의 400을 초과할 수 없도록 규제하고 있다. 사모투자전문회사의 경우 경영권참여 목적의 운용만 허용하고 포트폴리오 투자는 원칙적으로 금지되며, 차입금액 및 채무보증액의 합계는 재산의 100

45) 자본시장법 제83조 제 1 항, 제249조 제 1 항.

분의 10을 초과하지 못하며, SPC를 이용하는 경우 200% 이내에서 가능하다.

이러한 개별적 사모펀드 운용 제한을 일원화할 필요가 있는데, 사모펀드의 경제적 영향력, 해외 사모펀드와의 경쟁력 확보 문제 등을 고려하면 사모펀드의 설립뿐만 아니라 그 운용에 관하여도 규제를 단순화·완화하여야 할 필요가 있기 때문이다. 원칙적으로 사적 계약에 기반한 사모펀드의 자유화를 위해서는 그 설립뿐만 아니라 운용에 대하여도 이 원칙을 일관되게 적용하여야 그 실효성을 확보할 수 있고 나아가 사모펀드의 자산운용에 관하여 규제를 원칙적으로 폐지하는 것이 타당하다. 즉, 외국 사모펀드와의 역차별이 생기지 않도록 사모펀드에 관하여 자산운용 제한을 원칙적으로 폐지하되, 대기업계열 사모투자전문회사와 같이 특별한 규제의 필요가 있는 경우에만 예외적으로 규제하는 방향이 되어야 할 것이다. 펀드 자체에 대한 규제 자유화로 인하여 발생할 수 있는 문제점인 시스템 리스크, 투자자보호, 대기업 집단의 제도 남용 등과 관련해서는 펀드 운용자에 대한 감독 강화, 관련 시스템의 구축 및 재정비, disclosure 의무의 강화, 투자자의 자격요건(전문투자자 요건, 소수투자자 요건 등) 설정 등을 통하여 적절히 통제하여 부정적 효과를 최소화 할 수 있으므로 사모펀드의 자유로운 운용을 보장하여 사모펀드를 활성화시킬 필요가 있다.

특히 운용상 중요 수단으로서의 차입과 파생상품 관련 운용 제한에 대해서 사모펀드 전체에 관하여 일률적으로 차입한도 및 파생상품에 대한 투자제한 수준을 설정·적용하도록 하는 방안을 채택해야 할 것이되, 이때 시장교란의 우려 및 글로벌 논의동향 등을 감안하여 자금차입에 대한 보고의무와 파생상품거래 규모 등에 대한 보고의무를 사모펀드 운용업자에게 부과할 필요가 있다.

사모펀드 평가 및 자산보관과 관련하여 사모집합투자기구와 적격투자자만을 대상으로 하는 집합투자기구의 경우, 신탁업자에 대한 자산보관 위탁의무를 지니되, 신탁업자의 감시의무를 지니지 않는다. 그러나 사모투자전문회사의 경우 신탁업자에 대한 자산보관 위탁의무가 없으며, 신탁업자의 감시의무도 없는 이원화된 형태이다. 사모펀드의 경우도 투자자 보호의 필요성이 있으며, 신탁업자에게 자산보관을 맡긴다고 해서 투자자의 익명성이 침해되지 않기 때문에 사모펀드의 경우에도 공모펀드와 동일하게 자산보관을 신탁업자에게 의무적으로 위탁하도록 할 필요가 있다. 그러나 신탁업자의 감시업무는 사모펀드의 자율적 선택사항으로 하는 것이 바람직하며, 사모펀드 자산평가의 중요성을 고려할 때 신탁업자를 통한 동 자산평가의 적정성에 대한 확인 의무를 부과하도록 할 필요가 있을 것이다.

3. 헤지펀드 발전을 위한 필요사항

(1) 시스템위험 대응

사모펀드를 통한 시스템 위험의 확대와 전이를 방지하기 위하여 사모펀드 관련 주요 정보에 대해 감독당국으로의 보고의무를 도입하여야 한다. PEF의 경우 시스템위험과의 관련성이 낮으나 헤지펀드와 PEF의 구분이 운용전략상의 구분으로서 명확한 차별성 부여가 쉽지 않으므로, 혹시 발생할 수 있는 규제차익행위(regulation arbitrage)를 방지하기 위하여 전체 사모펀드에 통일적으로 보고의무 규제를 부과해야 하며, 사모펀드의 보유자산, 차입규모, 차입상대방, 투자자 등의 정보를 세부적으로 정하여 감독당국에 정기적으로 보고하도록 의무화할 필요가 있다.

보고주체는 사모펀드의 운용업자로 하되 일정 규모 미만 사모펀드의 경우 통합보고도 허용하고 프라임 브로커에 의한 보고 대행도 허용하도록 하여 사모펀드 운용업자가 운용조직 중심의 소규모 조직체일 가능성을 감안하여, 보고의무 수행이 최소한의 규제비용 범위 내에서 가능하도록 해야할 것이며, 사모펀드 운용전략은 운용업자의 지적재산으로서 각 운용업자의 경쟁력 결정요인이므로 최대한 노출이 되지 않도록 통합보고도 허용해야 할 것이다. 그러나 대형 사모펀드로서 해당 펀드의 존립이 시장충격을 야기할 우려가 있는 경우 별도 보고를 의무화하거나 또는 감독당국의 검사권을 별도로 정해야 한다.

보고자료는 대외비로 관리하며 사모펀드산업 전체 통합자료에 한하여 일반대중에게 공개될 수 있도록 법규화하되, 사모펀드의 지적재산 보호를 위하여 감독당국에 집중되는 보고자료가 무분별하게 공개될 위험을 차단하도록 하며, 감독당국은 보고정보를 기반으로 정기적으로 시스템위험에 대한 효과를 분석하고 대응 방안을 도출할 필요가 있다.

사모펀드 산업의 전체 운용자산이 일정 규모 이상으로 성장할 경우 자율규제 단체(금융투자협회)를 통하여 관련 지수, 운용업자별 운용성과 등을 작성하여 정기적으로 공표하여 사모펀드로의 투자자 자금유입과 유출이 신뢰할 수 있는 과거 운용자료(track record)에 근거하여 이루어질 수 있도록 정보인프라를 형성할 필요가 있는데, 미국 등 선진국의 경우 민간의 상업적인 DB회사에 의하여 구축되고 있지만, 시장자율의 인프라 구축은 상당한 시일이 소요될 것이고 그 사이 정보비대칭이 시장을 지배할 위험이 있기 때문이다. 따라서 자율규제 단체가 정보인프라 제공기관으로 기능하도록 유도하며, 구체적으로는 감독당국에 보고된 자료를 기반으로 지수와 운용업자별 운용성과 계산에 필요한 자료를 금융투자협회에 제공하여 인프라를 구축하도록 하거나 또는 감독당국으로의 정보보고를 자율규제 단체에 위임하여 자율규제 단체가 사모펀드 산업정보를 관리하는 대행기구 역할을 하는 방안도 검토할 수 있을 것이다.

공매도를 중요한 운용전략으로 사용하는 펀드에 한하여 차입규제를 도입하되 법시행 이후 그 실효성을 신중히 검토할 필요가 있는데, 차입규제를 완화하여 도입하되, 차입규제는 일부 운용전략 헤지펀드의 존립을 불가능하게 할 가능성이 있다는 점을 인식하여 향후 차입규제의 필요성을 계속하여 검토하도록 할 필요가 있을 것이다.

(2) 사모펀드의 투자자보호

사모펀드의 투자자를 보호하기 위한 방안이 모색될 필요가 있다.[46] 일반투자자의 사모펀드에 대한 직접 참여는 펀드의 투자자 및 감독당국에 대한 정보 제공의 부족으로 투자자 보호의 문제를 야기할 수 있으며, 펀드 포트폴리오 평가의 정확성, 사모펀드 운용자와 투자자의 이해 상충 문제도 존재할 수 있어 투자자 보호를 위한 조치가 확보될 필요성이 있다.

46) 노희진(2009), 노희진, 김규림(2008).

그러나 원칙적으로 사모펀드는 사적 계약에 기반한 계약이기 때문에 사모펀드와 관련된 투자 정보 및 설명서 등이 대중에서 공개될 필요는 없지만, 계약 당사자인 투자자들에게 충분한 정보 제공을 보장해야 할 것이다. 현행 사모투자전문회사의 경우 정관에서 정하는 바에 따라 이익의 배분순서, 배분율 등을 자유롭게 정할 수 있어 투자자평등원칙의 전면 예외를 허용하고 있으며, 투자자들 사이에 불평등이 존재할 수 있는 상황에서 투자자들을 보호하기 위하여 투자자들의 합리적 판단을 돕고자 제3자에 의한 자산가치 평가 등 관련 규제 및 포트폴리오 가치평가의 공정성 확보 방안을 마련할 필요가 있고 펀드규약 등에 따라 이러한 정보들을 자율적으로 제공하도록 할 필요성이 크다. 사모펀드 운용사로 하여금 관리하는 모든 사모펀드의 리스트, 중요 투자자산, 공매도 거래내역, 유동성 관리, 리스크 유형 및 사모펀드별 연차보고서 등을 정기적으로 감독당국에 보고하도록 하는 한편(일부 또는 정부를 투자자에게 공시), 운용사의 투자정책, 투자자산 평가 및 예탁·보관, 리스크 관리 정책, 수수료, 투자 관련 비용 등에 관하여 투자자에게 정보를 제공하도록 함으로써 이중적으로 투자자보호가 이루어지도록 하는 것이 바람직하다.

그리고 자본시장법상 고객 조사의무, 적합성의 원칙 및 적정성의 원칙을 엄격히 시행할 필요가 있다. '고객 조사의무'란 미국 연방증권법 제정 이전인 1909년 뉴욕증권거래소가 채택한 "Know-your-customer" rule에서 유래된 것으로서, 투자권유를 함에 있어, 권유받는 투자자가 일반투자자인지 전문투자자인지 미리 확인하여야 하고, 만일 일반투자자일 경우에는 투자자의 투자목적·재산상황 및 투자경험 등을 파악하여 이와 관련된 기록을 유지·관리하여야 하는 자본시장법상의 의무[47]를 말하며, '적합성의 원칙'이란, 위의 '고객 조사의무'에 따라 파악한 정보에 의할 때 고객이 일반투자자인 경우, 당해 일반투자자에게 적합하지 아니하다고 인정되는 투자권유를 할 수 없도록 금지하는 것[48]이다. 또한 '적정성의 원칙'이란 투자권유를 수반하지 아니한 금융투자상품의 판매의 경우에도, 일반투자자로 확인되는 경우 당해 투자자의 투자목적·재산상황 및 투자경험을 파악하여 그에

47) 자본시장법 제46조 제 1 항, 제 2 항, 제46조의2 제 1 항.
48) 자본시장법 제46조 제 3 항.

비추어 당해 일반투자자에게 적합하지 아니하다고 인정되는 경우 이를 고지 및 확인 받아야 하는 것으로[49] 이러한 자본시장법상의 의무 및 원칙들을 엄격히 집행하도록 지도하고, 필요할 경우 위 원칙위반시 재제 수위[50]를 한층 강화시킨다면 사모펀드의 투자자를 더욱 보호할 수 있을 것이다.

사모펀드의 경우 투자자 자격을 제한하는데 있어 투자자의 수입규모, 소득규모를 고려하여 투자자의 자격을 구분하여 설정하고 그에 따라 투자 여부를 제한할 필요성이 크다. 개인투자자의 사모펀드 투자는 일정한 수준의 수입 또는 재산 소유자에 대해서만 허용하고, 향후 기관투자자의 투자가 정착된 이후 점진적으로 허용 범위를 넓히는 방안도 고려해 볼 수 있다.[51]

다만, 사모펀드의 투자자 자격을 원칙적으로 적격투자자 내지 일정한 기준을 충족하는 소수투자자로 제한하고 그러한 자격 제한을 전제로 펀드 운용 등에 있어서도 규제를 완화한다면, '고객 조사의무' 이외의 '적합성의 원칙' 및 '적정성의 원칙'은 사모펀드에 대해서는 적용하지 않거나, 기준을 완화시켜 적용할 수 있을 것이다.

그러나 각종 사기 불법적 행위 등의 방지를 위한 불건전 영업행위를 금지하는 규정[52]은 당연히 적격투자자 대상 사모펀드의 경우에도 적용되어야 할 것이

49) 자본시장법 제46조의2 제2항.

50) 현행법상의 원칙을 위반할 경우 이는 불건전영업행위에 해당하여 5천만 원 이하의 과태료가 부과됨(자본시장법 제449조 제1항 제29호, 제71조 제7호, 동법 시행령 제68조 제5항 제13호, 금융투자업규정 제4-20조 제1항 제5호 라목).

51) 연강흠, 헤지펀드: 成長過程, 現況, 問題點.

52) 집합투자업자는 대통령령으로 정한 특별한 사정이 없는한 다음의 어느 하나에 해당하는 행위를 하여서는 아니 됨(자본시장법 제85조, 제249조 제1항).

1. 집합투자재산을 운용함에 있어서 투자대상자산의 가격에 중대한 영향을 미칠 수 있는 매수 또는 매도 의사를 결정한 후 이를 실행하기 전에 그 투자대상자산을 집합투자업자 자기의 계산으로 매수 또는 매도하거나 제3자에게 매수 또는 매도를 권유하는 행위.

2. 자기 또는 관계인수인이 인수한 증권을 집합투자재산으로 매수하는 행위.

3. 자기 또는 관계인수인이 인수업무를 담당한 법인의 특정증권 등에 대하여 인위적인 시세를 형성하기 위하여 집합투자재산으로 그 특정증권 등을 매매하는 행위.

4. 특정 집합투자기구의 이익을 해하면서 자기 또는 제3자의 이익을 도모하는 행위.

5. 특정 집합투자재산을 집합투자업자의 고유재산 또는 그 집합투자업자가 운용하는 다른 집합투자재산, 투자일임재산 또는 신탁재산과 거래하는 행위.

6. 제3자와의 계약 또는 담합 등에 의하여 집합투자재산으로 특정 자산에 교차하여 투자하는

다. 그리고 사모펀드 포트폴리오 평가의 정확성, 사모펀드 운용자와 투자자의 이해 상충 문제, 사모펀드의 변동성 및 유동성 정도, 사모펀드 투자대상 시장의 변동성 등에 대해서는 운용사에 대한 보고의무 부과 등 감독기능의 수행에 의하여 모니터링이 가능할 것이다.

(3) 대기업 집단의 사모펀드제도 남용 방지

대기업들의 구조조정 과정에 사모투자전문회사 등 사모펀드를 이용한 구조가 빈번히 활용된 바 있으므로,[53] 대기업들이 사모펀드를 이용하여 문어발식 기업확장 또는 기업지배구조의 왜곡을 시도할 경우 이를 예방하기 위하여 자본시장법과 「독점규제 및 공정거래에 관한 법률(이하 '공정거래법'이라 함)」의 측면에서 규제를 생각해 볼 수 있다.

또한 자본시장법에 의하여 투자한도 설정 등 운용상의 제한, 피지배회사 주주 등에 대한 보고의무 등 제한을 부과하는 방안을 고려해 볼 수 있다. 일반적으로 집합투자업자가 운용하는 투자재산으로 집합투자업자가 속한 계열사의 지분증권에 과도하게 투자하여 일종의 사금고화하거나 계열회사의 경영권을 유지하는 도구로 전락하는 것을 방지하고 투자재산의 건전성을 유지하기 위하여 집합투자재산으로 취득 가능한 계열사에 대한 지분비율을 제한하기 위하여, 자본시장법은 집합투자업자가 집합투자재산을 운용함에 있어서 특정한 경우를 제외하면, 대통령령으로 정하는 각각의 일정한 한도[54]를 초과하여 그 집합투자업자의 계열회사가

행위.

7. 투자운용인력이 아닌 자에게 집합투자재산을 운용하게 하는 행위.

8. 그 밖에 투자자 보호 또는 건전한 거래질서를 해할 우려가 있는 행위로서 대통령령으로 정하는 행위.

53) 김건(2009).

54) 일정한 한도란 다음을 말함(자본시장법 시행령 제86조 제1항).

1. 집합투자업자가 운용하는 전체 집합투자기구의 집합투자재산으로 계열회사가 발행한 지분증권(그 지분증권과 관련된 증권예탁증권을 포함한다. 이하 이 조에서 같다)을 취득하는 경우에 계열회사가 발행한 전체 지분증권에 대한 취득금액은 집합투자업자가 운용하는 전체 집합투자기구 자산총액 중 지분증권에 투자 가능한 금액의 100분의 10과 집합투자업자가 운용하는 각 집합투자기구 자산총액의 100분의 50.

발행한 증권을 취득할 수 없도록 하고 있다.[55](자본시장법 제84조 제 4 항)

자본시장법 제274조에 의하면 사모투자전문회사의 경우에도, 대기업집단이 지배하는 사모투자전문회사는 소송 대기업집단의 계열회사가 발행한 주식에 대한 투자 금지, 다른 회사에 투자하여 계열사가 된 경우 5년내 매각 등의 제한을 받고 있다.

그러나 자본시장법 관련 규정에 의하더라도 집합투자업자는 계열회사가 발행한 증권을 일정한 한도 이내에서는 취득할 수 있고, 사모투자전문회사는 이익배분 등과 관련하여 투자자평등원칙의 전면적 예외를 허용하고 있는바, 이러한 예외를 전 사모펀드에 확대 적용하게 할 경우 사모펀드라는 수단을 이용하여 위 규정의 취지를 우회적으로 회피하여 특정 이해관계인에 대한 증여, 계열회사에 대한 지원 등의 탈법적 행위를 할 가능성이 있다.[56]

어차피 사모펀드에 대한 운용 제한을 최대한 완화한다는 관점에서 보면 펀드의 투자대상 및 한도에 관하여 제한을 두는 것은 바람직하지 못하고 실효성을 거두기 어려울 수도 있으므로 투자대상 및 한도에 관하여는 제한을 두지 않고, 특정 회사의 지분을 일정 비율 이상 취득하거나 임원선임 등을 통하여 사실상 지배하는 경우에는 사모펀드의 운용사가 피지배회사의 다른 주주 및 당해 회사에 지배 사실을 통보하고, 투자(지배) 목적 및 전략, 투자성과 등의 정보를 제공하도록 하는 방안, 피지배회사와의 관계에서 이해상충을 방지하기 위한 정책의 수립 및 준수의무, 그리고 정보제공의무 등을 부과하는 방안 등을 고려해 볼 수 있을 것이다. 특히 사모펀드 운용자에게 보고의무 규정을 엄격하게 적용함으로써 사모펀드

---

2. 각 집합투자업자가 운용하는 전체 집합투자기구의 집합투자재산으로 계열회사가 발행한 증권에 투자하는 경우에는 계열회사 전체가 그 집합투자업자에 대하여 출자한 비율에 해당하는 금액. 이 경우 계열회사 전체가 그 집합투자업자에 대하여 출자한 비율에 해당하는 금액은 계열회사 전체가 소유하는 그 집합투자업자의 의결권 있는 주식수를 그 집합투자업자의 의결권 있는 발행주식 총수로 나눈 비율에 그 집합투자업자의 자기자본을 곱한 금액으로 한다.

55) (사)한국증권법학회, 자본시장법[주석서I], 제386쪽 및 자본시장법 제84조 제 4 항.

56) 기업인수목적회사(다른 법인과 합병하는 것을 유일한 사업목적으로 하는 법인)의 경우 집합투자 관련 규정을 적용받지 아니하므로(자본시장법 시행령 제 6 조 제 4 항 14호) 이를 이용하여 대기업집단의 계열회사 부당지원의 가능성도 배제할 수 없으나, 기업인수목적회사는 투자자를 '사모'의 방법이 아니라 '모집'을 통하여 주권을 발행하는 회사를 말하므로 본 논의에서는 제외함.

에 대한 현황(운용규모 및 운용실적, 차입금, 주요 투자대상별 자산구성현황, 투자재원 등)을 감독기구에 보고토록 한다면 사모펀드에 대한 지배를 통하여 기업지배구조의 왜곡, 계열사 부당지원 등의 문제점을 사전적·사후적으로 상당 정도 통제할 수 있을 것이다.

(4) 프라임 브로커의 육성

국내의 경우 프라임 브로커리지 업무는 매우 생소한 분야이므로 프라임 브로커리지 업무에 앞서서 프라임 브로커와 헤지펀드의 법적 관계에 대한 정비가 필요하다. 프라임 브로커 제도를 도입하는 경우 프라임 브로커는 헤지펀드에게 주식대여 등의 종합서비스를 제공하는 역할을 하므로 헤지펀드 도입근거 조항과 관련하여 프라임 브로커 개념을 정비할 필요가 있다.

프라임 브로커 업무를 영위하기 위해서는 일정 수준의 자본 및 리스크 관리능력, 기술적 인프라 등의 지원체계가 필수적인 만큼 프라임 브로커는 금융투자업자 중 일정한 자격을 갖춘 자로 한정하는 적격성 기준의 마련이 필요한데, 자본요건 또는 일정한 신용등급 및 업무에 필요한 기술적·인적 역량 충족시 프라임 브로커 영업을 할 수 있도록 자격 요건을 설정할 필요가 있으며, PBA 체결의무, 고객 거래에 대한 기록·보관 의무 및 결제 의무 등 프라임 브로커의 의무 사항을 설정할 필요가 있다.

프라임 브로커와 헤지펀드가 법적관계를 정립하는 PBA의 마련이 필요한데, PBA는 파산에 관한 결의(act of insolvency), 프라임 브로커가 헤지펀드에 대해 보유하고 있는 증권이나 현금 등 자산, 채무불이행 사항, 순자산가치(NAV) 및 산정 관련 사항, 담보금(margin) 관련 사항 등을 포함하고 있으므로, 국제적 정합성을 가지고 있는 PBA 가이드 라인 제시가 필요하다. 이를 통하여 헤지펀드와 PB간의 명확한 역할을 분담하며, PB compliance의 구체적 내용을 정리하고, 수탁은행의 책임, 권한 및 한계 등을 명확히 하며, 일괄청산 매커니즘(close out netting mechanism), 재담보 제한 등과 같은 쌍방의 공평한 credit risk 제어 장치 및 방법 등 세부적인 사항을 포괄해서 정립해야 한다. 이에 대하여 감독당국은 계약서의 준수 여부를 감독할 필요가 있을 것이다.

또한 고객 자산보호를 위한 조치를 마련할 필요가 있는데, 이를 위하여 자산재담보와 담보의 상한을 설정해야 한다. 자산재담보는 프라임 브로커의 고객인 헤지펀드가 프라임 브로커에게 제공한 담보를 프라임 브로커가 자신의 목적을 위한 담보로 이용할 수 있음을 의미하므로 PBA에서 당사자 사이에 자산 재담보에 대하여 자유롭게 정할 수 있으나, 프라임 브로커 파산시 프라임 브로커 고객 자산의 보호를 위하여 자산재담보 규정을 설정하는 것이 필요하다. 자산재담보에 대한 적절한 공시를 통하여 투명성을 확보하고, 일정 비율까지만 담보로 제공할 수 있도록 담보 상한을 마련하되, 헤지펀드의 신용을 평가하는 절차 및 프라임 브로커가 확보해야 하는 증거금 또는 담보의 가치를 결정하는 절차를 마련해야 한다. 이와 관련되어 투자자들이 PBA와 관련되는 위험을 이해할 수 있도록 공시를 강화해야 하는데, 이때 프라임 브로커의 신분, 헤지펀드에 제공하는 서비스, 보유하고 있는 자산 및 자산의 구체적이 범위와 성격, 프라임 브로커 파산시 헤지펀드의 손실 가능성에 대한 위험 등의 내용을 포함해야 할 것이다.

한국형 헤지펀드 도입시 헤지펀드에 자금조달 등의 기능을 활성화하기 위해서 프라임 브로커의 역할을 강화할 필요가 있고, 특히 프라임 브로커의 주요 역할은 증권 대여를 통한 공매도와 헤지펀드의 레버리지를 위한 대출 업무가 될 것이므로 이를 위한 현행 공매도 및 대출 제도의 개선이 필요하다.

결제불이행에 대한 우려로 공매도 자체를 원칙적으로 금지하기 보다는 그 문제점을 최소화시키며 자율적인 자산운용이 가능하도록 하기 위하여 무담보공매도(naked short sale)는 허용되지 않는 것이 바람직하며, 사전적으로 차입 증권이 확인된 covered short sale[57)]이 활성화되어야 할 것이다. 펀드의 공매도를 활성화시키기 위해서는 펀드가 공매도거래에 참여할 수 있는 여건이 조성되어야 하며, 그 일환으로 펀드의 대차거래허용 수준을 완화시키는 방안이 고려되어야 한다. 실질적으로 기관투자자와 외국인의 매도물량 보유 여부에 관한 확인절차가 이루어지는 시스템을 확보하고 회원뿐만 아니라 위탁자에게도 명시의무 등을 부여하여 공

57) 정상적으로 주식을 빌려서 파는 것으로 normal short sale이라고도 함. 원칙적으로 주식이 없는 상태에서 매도할 수 없으나 대주에 대한 약정을 한 상태에서 매도가 가능함.

매도 규제의 실효성을 제고하도록 해야 한다. 외국인의 경우는 결제의 시차 등을 고려할 때 공매도에 관한 정확한 포지션 계산이 곤란한 경우가 있으며, 구체적인 판단기준에 대한 지침 및 공매도 여부를 결정하기 위한 순포지션 계산 방식도 명확하지 않은 실정이므로 순수공매도 여부에 대한 확인 방법 및 순포지션 계산방식 등에 대한 지침이 마련될 필요가 있다.

더불어 금융투자회사의 헤지펀드에 대한 자금지원 기능이 허용되어야 하는데, 현재 신용 계좌를 통하여 자금대여 가능하나, 레버리지 규모가 큰 전략 수행시 현행 신용공여 제도상 제약이 존재한다. 즉, ibation을 위한 금융투자회사의 헤지펀드에 대한 자금대여 기능 허용이 필요하고, 현금, 상장 주식, 협회등록주식, 채권, 간접투자증권, 기업어음 이외 담보 대상을 확대하고, 리스크 관리 차원에서 이행책임 기관과 대여자의 리스크 관리를 위하여 차입자의 신용 정기적 평가 및 차입자 신용에 대한 조기경보시스템을 구축할 필요가 있다.

시장 유동성 제고 및 자금조달 비용 축소 및 효율적 자산배분 등 레버리지의 경제적 측면을 고려할 때 헤지펀드에 대해 자유로운 금전차입을 허용하고 프라임 브로커에게 자유로운 금전대출을 허용하는 방안을 고려해야 할 것이다. 금융감독 측면에서는 레버리지가 과도할 경우 시스템리스크 유발 가능성이 존재하므로 헤지펀드의 유의미한 수준의 정보공개 금융기관 위험관리시스템 개선 건전한 해결 메커니즘 확립 등을 통한 시스템리스크 관리 방안 필요하며, 헤지펀드의 위험성을 모니터링하기 위한 방안으로 차입 규모에 대한 감독당국의 정보 집적이 필요하므로 한국형 헤지펀드 운용자가 차입비율을 감독당국에 보고하도록 의무화해야 할 것이다. 이를 통해 헤지펀드의 차입 규모가 전반적으로 급격히 증가하면, 금융당국은 자금을 대여하는 프라임 브로커 등 일반 금융기관에 대한 건전성 규제 강화를 통해 시스템리스크를 예방할 수 있을 것이다.

프라임 브로커를 위한 인프라 측면에서 프라임 브로커의 결제기능이 통합되어야 하는데, 현재는 주문체결회사와 결제회사가 동일하나, 다른 금융투자회사를 통해 주문체결된 경우라도 프라임 브로커가 통합하여 결제 이행할 필요가 있기 때문이다. 따라서 PB와 EB간 Matching System을 마련하되, PB와 EB간 결제자료 확정, 불이행시의 처리방법 등 결제문제 명확화해야 하며, 프라임 브로커가 보유

▌그림 9-7 헤지펀드별 매칭 및 기관결제

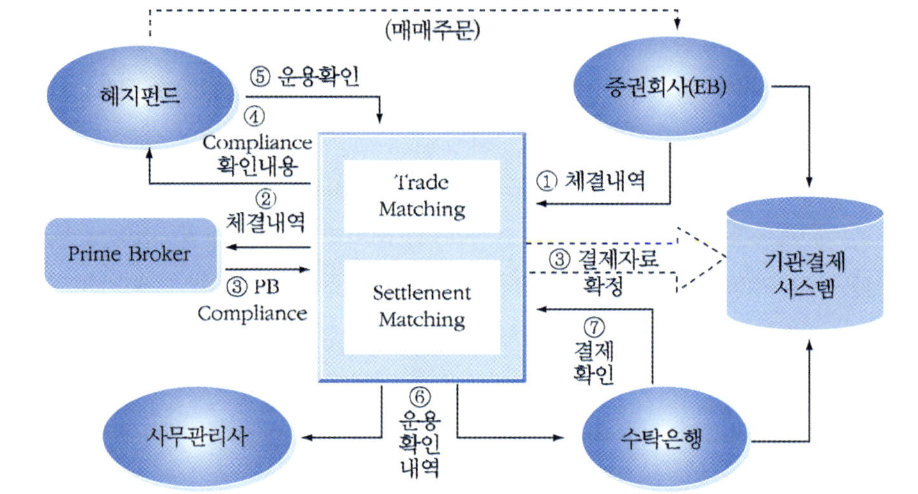

자료: 예탁결제원.

하는 헤지펀드의 운영 결과로 발생한 포트폴리오와 수탁은행 보관자산 간 잔고 비교시스템 및 기존 펀드넷을 통한 헤지펀드, PB, 사무관리사, 보관은행간 Communication Net-Work를 제공해야 할 것이며, 이를 위하여 주식 이외의 금융상품이 추가되는지의 여부, EB에 대한 위탁 계좌 개설과 관련된 명의 개설 문제, PBA 내용 중 헤지펀드와 PB간의 명확한 역할 분담 및 수탁은행의 책임, PB와 EB 간 결제문제(결제자료 확정, 불이행시의 처리방법 등) 등의 문제에 대한 검토가 요구된다.

헤지펀드와 프라임 브로커 산업은 고도화된 투자전략 및 제반 규제 등에 대해 깊이와 넓이를 겸비한 자본시장 전문 인력을 필요로 하는 분야이다. 헤지펀드 설립 초기에는 한국물 중심으로 헤지펀드가 운용된다 할지라도 점차 전체적 국제 포트폴리오를 구성하고 있는 대형 헤지펀드에 대한 서비스를 수행하기 위해서는 국제금융시장 전반에 대한 이해 및 담당 파트에 대한 전문적 지식을 소유한 자본시장 전문 인력이 필요하다. 또한 기존의 해외 주요 증권사와의 경쟁을 피할 수 없으므로 기존의 프라임 브로커리지 전문지식을 보유한 인재를 영입하거나 증권업계 차원에서 수준 높은 프라임 브로커 전문 인력 육성에 대한 투자를 지속해야 하므로 보다 장기적 안목 필요하고, 프라임 브로커는 잠재적으로 공매도나 차입 및 대출 서비스에 집중할 수 밖에 없으므로 투자은행 사업영역에서 레포(repo), 외환 등의 영역에서 활동해야 하므로 각종 금융상품에 대한 리스크 관리 역량이 필요하다. 특히, 프라임 브로커는 헤지펀드에 레버리지나 공매도를 제공하기 때문에 시장위험에 항상 직면하게 되고, 프라임 브로커는 대여 가치 이하로 주식 가격이 하락할 위험과 헤지펀드의 부도 위험 및 프라임 브로커가 동시에 수탁은행 역할을 수행하는 특정 펀드가 파산하면 잠재적인 이해상충이 발생할 수 있으며, 운영위험(operational risk)과 평판리스크(reputational risk)도 지니게 된다.

리스크평가 능력, 실사(due diligence) 능력 등 헤지펀드에 대한 내실 있는 서비스 제공을 위한 서비스 인프라 역량 강화 및 프라임 브로커의 건전한 업무 영위 차원에서 이를 제고할 필요가 있으며, 헤지펀드에 대한 실사 점검 대상은 레버리지 사용 정도 및 위험도 측정, 레버리지 사용에 따른 수수료 비용 등 헤지펀드 매니저의 투자전략이나 펀드 운용팀, 펀드 인프라, 매니저의 도덕성 등 광범위하므로 프라임 브로커의 전문성이 요구된다.

전반적 프라임 브로커리지 서비스에 대한 효율성을 제고하기 위해서는 시스템 측면에서의 기술적 지원이 필요하므로 신용리스크 평가시스템, 대차거래시스템, 결제시스템, 내부리스크 관리시스템 등을 구축하여 프라임 브로커리지 전반에 대한 전문적 서비스 제공 역량이 강화되어야 하며, 주요 서비스 제공을 위한 시스템 구축 외에도 사설전자거래소인 다크풀(dark pool) 서비스 등 서비스 강화차원에서의 시스템 구축도 가능하다. 다크풀(dark pool)은 거래소시장 시작 전에 기관투자가의 대량주문을 받아 매수·매도 주문을 체결하고 이를 시장종료 후 거래소에서의 산출된 거래량가중평균가격(Volume Weighted Average Price: VWAP)으로 매매를 체결하는 시스템으로 이 시스템을 통하면 투자주체와 투자종목 및 수량 등 매매정보가 시장종료 후 체결보고시까지 시장에 공개되지 않아 익명성이 보장되어 기관투자자 전용 거래시스템으로 이용되고 있다.[58] 미국의 경우 대다수의 증권사

58) 다크 풀 서비스 제공전략은 크게 자사의 다크 풀에 의존하는 모형과 복수의 다크 풀과 연동

들이 기관투자가 유치를 위해 다크 풀 서비스를 제공하고 있으며, 기관투자자들의 경우 최근 거래소 등에서 거래를 하기 전에 다크 풀에서의 집행가능성을 먼저 타진하는 사례가 증가하는 것으로 보고되는 만큼 이를 이용하여 프라임 브로커의 서비스 시스템을 고도화하여 구축할 수 있을 것이다.

하는 모형 두가지로 나누어 볼 수 있는데, 자사의 다크 풀에만 의존하는 모형은 투자가로부터의 주문을 자기매매 주문에 의해 처리하는 등 내부 다크 풀의 유동성을 높여 수익을 추구하는 형태로 Goldman Sachs 및 UBS가 이에 해당되며, 복수의 다크 풀에 연동하는 모형은 자사의 다크 풀에만 의존하기보다 다수의 외부 다크 풀과 연동함으로써 더욱 많은 유동성을 확보함에 따른 수익을 추구하는 형태로 Credit Suisse가 이에 해당됨.

제 10 장 헤지펀드 운영자의 윤리의식 제고 및 리스크 관리

01 _ 헤지펀드 운영의 실패 사례

02 _ 헤지펀드 운영자의 윤리의식

03 _ 리스크 관리

10 헤지펀드 운영자의 윤리의식 제고 및 리스크 관리

1. 헤지펀드 운영의 실패 사례

헤지펀드는 일반적으로 레버리지를 사용하는데, 헤지펀드 실패시 이러한 레버리지를 제공한 일반 금융기관에게 손해가 전가되며, 금융시장을 불안정하게 만들어 레버리지 통제에 대한 논의가 촉발되었다. 대형 헤지펀드가 도산하게 되면, 금융시장의 불안정을 야기시키는 요소가 될 수 있고 많은 투자자들이 피해를 입게 된다. 헤지펀드의 실패 사례를 살펴보면 헤지펀드 운용자의 윤리의식이나 내부 리스크 관리의 중요성이 부각된다.

헤지펀드가 대규모의 레버리지를 사용할 수 있는 이유는 헤지펀드가 다양한 전략 및 증권시장 및 파생상품시장에서 다양한 상품을 이용할 때 헤지펀드와 관련된 거래 기관 및 대형 금융기관이 이 신용 및 결제 서비스를 제공하기 때문이다. 역사적으로 금융시장에 큰 위험을 초래했던 사건들은 호황기에 금융기관 및 이해관계자들의 시장 규범이 원활히 작동하지 않은 채 위험관리나 윤리의식이 해이해지면서 위기가 확대된 사례에서 발견된다.

헤지펀드의 대표적 실패 사례로 Long-Term Capital Management(LTCM)을 들 수 있다. LTCM은 1994년 Salomon Brothers 출신의 저명한 트레이더인 존 메리웨더(John Meriwether)에 의해 설립된 펀드로 차익거래(Arbitrage) 전략을 추구하면서 1994년부터 1998년까지 매년 40% 수준의 상당한 성과를 거뒀다. 주로 각국 국채의 가격 차이를 이용하였는데, 고평가 국채를 팔고 저평가 국채를 매입하는 기법을 사용하여 고수익을 창출하였고, 이를 위해서 대형 포지션과 레버리지를 동원해야만 했다. 1998년 펀드의 자산은 약 50억 달러였으며, 레버리지를 통해 1,000억 달러 이상을 운용하였고, 보유하고 있던 포지션의 전체 가치는 1조 달러 이상이었던 것으로 파악되고 있다.

LTCM 파산의 배경은 1997년 아시아 금융위기 이후 1998년 5월, 6월 각각 -6.42%, -10.14%를 기록하면서 4억 6천만 달러의 손실을 입은 후, 1998년 러시아 금융시장이 혼란기에 접어들 당시 펀드는 러시아 시장의 상황이 단기간에 회복될 것으로 확신하고 러시아 국채(GKO)에 막대한 포지션을 보유하고 있었으나, 8월 러시아 정부가 채무불이행을 선언하면서 펀드가 손실을 입기 시작하였는데, LTCM은 270억 달러를 투자자들에게 반환하는 한편 펀드 손실을 만회하기 위하여 기존 전략과 다른 주식 변동성 투자 등 익숙하지 않은 투자를 감행하였고, 이로 인하여 레버리지 비율은 25배까지 증가했던 것으로 보고되고 있다. 또한 우량종목과 비유량종목간 스프레드가 줄어드는 방향에 투자하였으나 러시아 모라토리엄 선언으로 오히려 스프레드가 증가하여 1998년 8월말 펀드 순자산은 23억 달러, 부채포함 총자산이 1,070억 달러로 레버리지가 무려 45배로 치솟았는데, 펀드 손실이 누적적으로 발생하면서 레버리지 비율이 증폭하였다. 펀드가 입은 총 손실규모는 약 40억 달러에 달하며, LTCM의 파산이 전세계 금융시장의 위기로 확산될 가능성이 제기되면서 연방준비은행이 개입하여 12개의 은행 및 금융기관들로 하여금 약 36억 달러 규모의 구제금융을 출연하도록 하여 수습 국면을 맞이하였다.

또 다른 실패사례로 Amaranth Fund를 들 수 있다. Amaranth Fund는 2000년 Nicholas Maounis에 의해 설립된 펀드로 주로 에너지 트레이딩을 하고, 샌디에이고 노동자 퇴직연금(The San Diego Employees Retirement Association)과 같은 대형 연금 등으로부터 기금을 모집하였다. 2006년 초 74억 달러 규모였던 운용자산 규모는 같은 헤 8월에 총 가치가 92억 달러에 이르렀으나, 한달 후인 9월에 35억 달러로 폭락하면서 펀드가 청산되었다.

Convertible arbitrage 전략을 주로 사용한 Amaranth fund가 2005년 저조한 수익률을 기록하던 와중, Amaranth Fund를 대표하는 펀드매니저였던 Brian Hunter는 천연가스 선물거래를 통해 허리케인 카트리나로 인한 피해로 천연가스 가격이 폭등한 2005년에 10억 달러 이상의 막대한 수익을 실현했다. Hunter는 신임을 받게 되어 전체 운용자산의 절반 이상을 운용하게 된다. 이후 회사 전략은 에너지 거래에 집중하게 되었고, Hunter는 다음해에 다시 막대한 규모의 레버리지를 통해 천연가스 가격 상승에 엄청난 액수의 배팅을 했으나, 천연가스 재고량 증가와 또 한 차례 예상되었던 허리케인의 위협이 줄어들면서 천연가스 가격은 2주 동안 지속적으로 하락하여 펀드가 손실을 입게 되었다. 최종적으로 불과 한달 정도 기간 동안 90억 달러의 운용자금 중 64억 달러 규모의 손실을 기록하였고, 샌디에이고 노동자 퇴직연금은 총 1억 7천 5백만 달러를 투자하여 50%의 손실을 입게 되었다.

로이터 통신 보도에 따르면 Amaranth Fund는 펀드의 에너지 포트폴리오를 Citadel Investment Group과 JP Morgan Chase에 매각되었으며, 최종적으로 2006년 10월 Fortress Investment Group를 통해 자산을 청산하였다. 2007년 7월 25일 CFTC는 Amaranth Advisors LLC와 Hunter를 천연가스 선물 시세조작 혐의로 고소하였고, Federal Energy Regulatory Commission도 Amaranth Advisors LLC와 Hunter, Matthew Donohoe를 시장조작 혐의로 고소하였다.

2008년 금융위기 증폭의 단초가 된 Bear Sterns 계열의 헤지펀드도 눈여겨 보아야 할 실패사례이다. 투자은행인 Bear Stearns 소속의 투자운용사인 Bear Stearns Asset Management가 2개의 대형 헤지펀드 High Grade Structured Credit Strategies Enhanced Leverage Fund와 High Grade Structured Credit Strategies Fund를 2007년 설정・운용하였다. 동 펀드들은 주로 부채담보부채권(CDOs: Collateralized Debt Obligations)에 투자했으며, 2007년 5월 기준으로 약 200억 달러 규모의 운용자산을 보유하고 있었다. 동 펀드는 서브프라임 채권시장에 대한 합리적인 전망에 실패했으며, 과도한 레버리지를 시도한 반면 이에 대응할 수 있는 충분한 자체 유동성을 확보하지 못했는데, 주택금융의 어려움이 곧 해결될 것이라는 전망하에 여러 종류의 각종 부채들을 기반으로 하는 CDOs 중에서도 특히 주택담보대출 비중이 높은 곳에 투자했다.

그러나 국채금리 인상과 이에 따른 모기지 금리 인상으로 주택담보대출에서 전반적으로 연체와 부도율이 높아졌고, 이로 인해 CDOs 가격이 하락하였고, 투자한 자산의 가격이 내려가자 펀드에 차입을 해 준 Merrill Lynch, JP Morgan 등 금융기관들에 의해 마진 콜(Margin Call)에 걸렸으나, 펀드가 이를 잘 이행하지 못하자 동 금융기관들이 담보로 잡고 있는 자산의 일부를 공개시장에서 또는 Bear Stearns에 직접 매각 등을 통해 처분하려는 시도를 하게 되었다. 마진 콜에 대응하기 위해 Bear Stearns가 펀드 중 하나에 16억 달러를 지원했으며, 차입을 해 준 금융기관들의 자산처분 압박을 막기 위해 두 헤지펀드 중 하나에 32억 달러를 추가 지원하기로 결정하였고, 2007년 7월 Bear Stearns Asset Management는 투자자들에게 편지를 통해 High Grade Structured Credit Strategies Fund가 운용자산 총가치의 90% 손실을 기록했으며, High Grade Structured Credit Strategies Enhanced Leverage Fund는 투자자금의 거의 전부를 잃었음을 통보하고, 이어 2007년 7월 31일부로 두 펀드 모두 파산을 신청하였다.

헤지펀드의 대표적 사기사건으로 Madoff 사기사건을 들 수 있다. 2008년 미국 월가는 대규모 금융 피라미드 사기 사간에 휘말린 바 있는데, Bernard L. Madoff Investment Securities(BMIS)의 Bernard Madoff가 2008년 12월 12일 SEC로부터 폰지스킴에 의한 금융사기로 기소되었다. 일반적 폰지 스킴이 연 20% 이상의 고수익을 보장하며 단기간에 그치는 반면, Madoff는 연 10% 내외의 안정적인 수익률을 오랜기간 유지하였으며, 상류층 유대인 및 금융기관을 상대로 피해규모가 640억 달러에 달하는 것으로 조사되었다.

Madoff는 미국 증권업계에서 거래량 기준 10위 이내를 유지하는 증권회사를 운영하면서 헤지펀드 부문은 미등록 펀드로 약 24명의 인력을 유지하였으며, 1992년 자신의 거래 전략을 우량주식 선정과 옵션을 통한 헤지전략으로 설명하였으나, 투자자들에게는 굉장히 난해한 투자기법으로 포장하며 투자자들이 이익금을 인출할 경우 펀드에 재참여를 못하도록 하여 가급적 인출을 자제하였다.

Madoff는 NASDAQ 증권거래소 이사장의 경력을 이용하여 미 정부 감독당국과 긴밀한 관계를 유지하는 한편 16년간 SEC 및 다른 감독기관으로부터 8번의 감사를 받았으나, 특별한 문제없이 감사를 통과하였고, 일반적으로 헤지펀드의 경우 독립된 증권회사 및 선물회사를 통해 거래하고 제3자가 거래보고서를 감사할 수 있지만, Madoff의 경우 본인의 증권회사를 통해 거래하여 노출되지 않았다. 미국 주식시장이 폭락하던 2008년 12월 폰지 스킴으로 인한 자금 부족을 겪으면서 고객들이 약 70억 달러를 인출하려고 하였으나, 신규 자금을 유치하지 못하였고, 2008년 12월 증권사기 혐의로 체포되었다. 체포될 당시 BMIS가 운용하고 있던 500억 달러 자산은 거의 남아있지 않은 상태였던 운용회사의 선관주의 의무 및 충실의무를 위반하고, 펀드 선정과정에서 투자하기 적정한 펀드였는지가 쟁점이 된 바 있다.

2. 헤지펀드 운영자의 윤리의식

위의 사례에서 보다시피 헤지펀드 운용전문인력의 도덕적 해이(moral hazard)가 발생하거나 금융윤리에 반하는 행동을 하게 되면, 금융시장의 전반적 시스템리스크에 영향을 미칠 수 있다. 또한 운용전문인력뿐만 아니라 헤지펀드 거래 관계기관에 종사하는 금융인 및 감독당국의 윤리의식 부재 또는 시장규율 작동 미비로 개별 펀드의 부실이 금융시장 전반의 문제로 확산될 수도 있다. LTCM의 경우에도 거래기관이 LTCM에 관대한 신용조건을 제시하는 등 시장규율이 제대로 작동하지 않았다. 감독기관의 조사에 따르면 대형 금융기관들조차 LTCM의 위험을 충분히 파악하지 못하였으며, LTCM의 도산으로 초래될 유동성 위험에 대해서도 거의 대비하지 못한 것으로 밝혀졌다. 즉, 호황기에 누렸던 이익이 지속될 것으로 기대하고 금융거래의 복잡성 및 상호 연관성이 증대함에 따라 금융기관의 연쇄적 위험가능성을 과소 평가한 것이다. Amaranth Fund의 파산이나 Madoff 사기사건의 경우에도 윤리의식의 부재가 대형사고의 주요한 원인임을 보여주고 있다.

윤리는 사회 구성원간의 관계에 있어서 책임과 의무를 설정하는 기준으로 법적으로 행동하는 것만으로 사회 구성원간의 책임과 의무를 다하는 것으로 생각할 수 있지만, 윤리적 행위에 대한 사회규범이 모두 성문화되어 있지 않으므로 성문법체계하에서 불법적인 행동이 아니라 하더라도 때로는 비윤리적 행위가 될 수 있다.

증권윤리는 금융윤리의 한 부분이라고 할 수 있다. 증권 영역의 다양성 때문에 포괄적인 하나의 윤리 기준을 설정하는 것은 어렵지만, 이와 관련하여 두 가지 측면을 생각해 볼 수 있다. 즉, 증권시장에서의 거래 행위와 증권산업에서의 계약 행위 관련 윤리이다. 증권시장에서는 일반 상품시장과는 달리 정보에 의해 순간적으로 수요와 공급, 즉 매도와 매수가 변화하고 가격이 변동하기 때문에 불공정거래가 발생할 수 있는 요인이 일반 상품시장보다 훨씬 높다. 또한 증권산업에서는 고객의 대리인 역할을 하는 증권산업 종사자로 인해 이해상충 문제 발생의 소지가 있다. 결국 시장에서의 교환행위에 대한 공정성과 효율성, 대리인이나 전문가로서 지켜야 할 의무에서 발생하는 윤리적 이슈가 증권윤리의 근간을 이룬다.[1)]

증권윤리가 필요한 이유는 금융권에서 신뢰가 상실되게 되면 시장 참여자를 감소시켜 시장의 효율성이 저하될 것이므로 윤리적 행동이 금융시장의 신뢰를 유지하기 때문에 바람직한 행위가 된다.

금융은 다른 사람의 자산을 관리하는 것과 연관되어 있으며, 그 과정에서 잘못을 저지르기 쉽다. 주식브로커, 은행원, 재무자문가, 펀드매니저, 보험대리인과 같은 금융산업에서의 전문가는 그들이 서비스를 제공하는 고객에 대하여 전문가로서의 책임감이 필요하다.

자산을 다른 사람에게 맡기는 행위는 엄청난 신뢰를 필요로 한다. 신뢰받지 못하는 주식브로커나 보험대리인은 신뢰받지 못하는 의사나 변호사처럼 그 서비스를 받으려고 하는 사람이 거의 없을 것이다. 금융 스캔들은 우리가 신뢰를 해야 하는 기관과 종사자들이 스캔들에 포함되기 때문에 충격적이다. 우리나라 증권시장에서의 불공정거래의 빈번한 발생은 증권산업의 신뢰성을 저하시켜 투자자들이 시장을 외면하게 하는 주요 요인이 된다.

증권영역에서의 많은 윤리적 문제는 법과 규정에 포함되어 있다. 그러나 법에서 모든 공정성에 관한 사항을 규율할 수 없기 때문에 증권산업 종사자가 스스로 이러한 원칙을 지키려는 노력이 필요하다. 이러한 노력은 투자자 보호와 직결되므로, 시장에서 이러한 노력을 평가하는 메커니즘이 작동하게 되면, 증권회사 스스로 윤리의식 제고를 위한 노력을 강화할 것이다.

금융시장 규제의 주요 목적은 공정성을 확보하는 것으로 참여자들이 공정성

---

1) Boatright(1999)는 금융윤리의 기준으로 공정성과 효율성, 수탁자와 대리인의 의무 및 전문가의 의무를 들고 있다.

에 대한 신뢰가 있을 경우에만 시장이 효율적일 수 있다. 효율성 자체에 내재하는 윤리적 가치가 있는데, 시장이 공정하다는 인식이 있을 경우만 사람들이 시장에 참여하게 될 것이므로 공정성은 효율성의 목적을 달성하는 수단으로서의 가치를 지닌다.[2] 그러나 공정성의 확보를 위해 시장 참여자의 비용을 너무 크게는 할 수 없다. 예를 들면 상장기업의 공시를 기업에 너무 큰 부담이 가는 수준으로는 할 수 없을 것이다. 이러한 경우에 공정성은 효율성과 상충되는 측면이 있기 때문에 양자간의 균형이 이루어져야 한다. 양자간의 균형을 찾는 일은 정책적 의사결정 사항이다. 특히, 공정성의 확보를 위해 동등한 정보의 입수가 필요하고 불공정한 행위인 사기와 조작이 방지되어야 한다.

대리인 관계는 대리인(agent)으로 불리는 일방이 주인(principal)으로 불리는 상대방의 이익을 위해 활동하는 것을 동의하는 경우 발생하는 관계이다. 대리인 관계의 주요 문제는 주인이 대리인의 활동을 감시하기 어려울 때에 발생하며, 집합투자기구의 경우 자금을 투자하는 투자자와 이를 운용하는 운용전문인력간 주인-대리인 문제가 발생할 소지가 많다. 대리인의 주요 의무 중 하나는 이해상충의 회피이다. 이해상충은 금융 서비스 모든 분야에 존재하고 금융윤리의 주요 관심사항으로 이다. 대리인은 그들의 서비스에 대해 대가를 받는다. 즉 다른 사람이 그들의 충성심을 산다는 것이다. 이해상충은 대가를 지불하였으나 서비스가 제대로 제공되지 않을 경우에 발생한다. 주식브로커에게 대리인으로 대가를 지불한 고객은 사심 없는 서비스를 기대할 권리가 있고, 고객의 이익에 앞서 자신의 이익을 앞세우는 브로커는 동의된 서비스를 제공하는 데 실패하는 것이다.

이해상충은 어떤 사람이 손해를 입는 것과 상관없이, 개인적 이득을 위해 신뢰를 바탕으로 얻은 지위를 남용한다면 발생할 수 있다. 고객이 거래 목적으로 제공한 정보를 브로커가 자신의 거래를 위해 이용한다면 이해상충이 발생한다. 대리인은 고객의 동의 없이 정보를 사용하는 것뿐 아니라 그 정보를 공개해서도 안되므로 비밀 준수 의무가 요구된다.

금융서비스 제공에 있어서 전문성이 필요한 경우가 있으므로 전문가로서의 의무의 기반은 금융윤리와 관련이 있다. 금융산업에 종사하는 모든 사람들을 전문

2) Boatright(1999).

가라고 할 수는 없을 것이나 전문적인 금융서비스를 고객에게 제공해 주는 영역이 존재한다. 의사, 변호사, 공인회계사와 같은 전문가들은 정보의 비대칭성 때문에 외부에서 감시하기가 어렵다. 따라서 전문가의 윤리가 전문가를 대리인으로 고용하는 주인을 보호하기 위해 더욱 중요하다. 전문가의 특징은 단순히 가치 있는 기술만 보유하는 것이 아니라 습득을 위해 다년간의 훈련이 필요한 전문화된 지식을 보유하고 있으며, 높은 수준의 조직화와 자율규제를 설정하며, 전문가의 지식은 중요한 사회적 필요성이 있고 전문가는 그들의 지식을 공익을 위해 사용하도록 위임된다. 즉, 전문가는 조직화를 통해 높은 수준의 자기 통제가 허용되는 대가로 공익을 위해 그 지식을 사용한다. 이러한 보장 없이는 사회는 그러한 독립적인 자기 규제를 허용하지 않을 것이다.

전문가의 기준에는 기술적인 수준의 능력뿐만 아니라 윤리적 수준이 포함된다. 윤리적 수준은 일반적으로 전문가의 윤리강령에 제시된다. 그것은 전문가의 자율규제 메커니즘일 뿐만 아니라 공중서비스에 있어 전문가의 위임에 대한 명백한 의무이다. 윤리강령은 전문가의 선택 사항이 아니라 전문가의 특성에 내재하는 의무이다.

금융투자업과 관련하여 증권시장의 공정성을 위해 정보 제공의 측면에서의 공시에 관한 사항과 불공정거래 방지 차원의 내부자 거래, 시세 조종, 기타 사기 행위가 자본시장법 및 하위 규정에서 규제되고 있으며, 특히 대표적으로 자본시장법 제71조에서는 불건전 영업행위를 금지하고 있다.

자본시장법 제71조에서는 투자자로부터 금융투자상품의 가격에 중대한 영향을 미칠 수 있는 매수 또는 매도주문을 받거나 받게 될 가능성이 큰 경우 이를 체결시키기 전에 그 금융투자상품을 자기의 계산으로 매수 또는 매도하거나 제3자에게 매수 또는 매도를 권유하는 행위를 금지하고 있는데, 이는 선행 매매를 금지하는 규정으로 볼 수 있다. 특히 헤지펀드 운영자의 경우에 헤지펀드 매니저가 증권회사에 개인 계좌를 개설하고, 특정 유가증권 매매에 관한 운용정보를 이용하여 유가증권을 매매하게 되면, 이러한 법상 규정을 위반하게 될 것이다.

또한 자본시장법에서는 조사분석자료를 투자자에게 공표함에 있어서 그 조사분석자료의 내용이 사실상 확정된 때부터 공표 후 24시간이 경과하기 전까지 그 조사분석자료의 대상이 된 금융투자상품을 자기의 계산으로 매매하는 행위, 조사분석자료 작성 당당자에 기업금융업무와 연동된 성과보수를 지급하는 행위, 투자권유대행인 및 투자권유자문인력이 아닌 자에게 투자권유를 하게 하는 행위, 투자자로부터 금융투자상품에 대한 투자판단의 전부 또는 일부를 일임받아 투자자별로 구분하여 금융투자상품을 취득·처분 또는 운용하는 일임매매 등이 금지된다.

또한 우리나라의 경우 금융투자회사 임직원의 직무윤리에 대하여 표준 윤리강령을 규정하고 있다. 윤리기준으로 신의성실과 충실의무를 이행하고 법규를 준수해야 한다. 행위 준칙으로 임직원은 업무 수행의 독립성과 객관성을 유지해야 하며, 이를 유지하기 위해 합리적 주의를 기울여야하며, 이해상충 방지를 위하여 노력하고 미공개 중요정보의 이용행위나 시세조종행위 등의 불공정거래 행위를 하여서는 아니 되며, 합리적 주의를 기울이면 알 수 있는 불공정거래에 관여하여서도 아니 된다. 또한 직무에 부합하는 전문능력을 유지·향상 시키기기 위해 노력하여야 한다.

고객에 대해서 고객의 이익을 최우선시 하며, 고객의 최대 이익과 시장의 건전성을 위해 전문가로서 최선의 주의를 기울여야 하며, 투자를 권유하는 경우, 고객의 투자목적, 투자경험, 위험을 감수하고자 하는 정도 등을 정확하게 파악하여 적합한 투자를 유도하도록 적합성을 유지해야 한다.

또한 임직원은 업무 수행상 공정성을 유지하고, 고객과의 거래에 있어 중대한 영향을 미칠 가능성 상황에 대하여 고지하고 고객이 이를 이해할 수 있도록 설명할 의무를 지닌다. 또한 투자정보 제공 또는 투자권유시 정밀한 조사·분석에 기초한 자료에 의하여야 하며, 합리적이고 충분한 근거를 가지고, 개인적 의견과 객관적 사실을 명확히 구별하여야 하며, 고객으로부터 위임받은 업무에 대한 결과의 보고 및 기록 의무를 자기고 있다. 임직원은 고객정보를 누설하거나 부당하게 이용하여서도 안된다.

따라서 헤지펀드를 포함한 운용전문인력 역시 이에 준하는 선량한 관리자로서의 주의, 운용능력 유지 및 발전, 투자수행시 적절한 주의, 불공정거래행위의 금지, 이해상충 방지를 위한 노력 등을 제시하고 있으며, 행위기준으로 투자자 보호, 전문성, 독립성, 불공정거래행위, 법령 준수 등을 준수해야 한다.

미국의 경우 금융산업에 있어 CFP(Certified Financial Planner)와 IAFP(International Association of Financial Planners and Chartered Financial Analysts)는 윤리강령을 만들었고 강행절차를 포함하는 윤리 규정을 만들었다. 전문가 조직의 회원들은 그 조직의 윤리강령을 준수하도록 요구된다. 그들은 윤리강령을 준수하지 않을 경우 징계를 받거나 자격 정지가 되거나 회원 자격이 박탈될 수 있다. 모든 윤리강령은 전문가로서의 공중 서비스에 대한 책임을 강조하고 그러한 이상을 구현하는 데 있어 성실성(integrity), 객관성(objectivity), 능력(competence), 근면성(diligence), 비밀보장(confidentiality)과 이해상충의 회피를 강조한다. 우리나라의 경우도 과거 한국증권업협회, 자산운용협회, 증권분석사협회 등에서 증권인 및 자산운용전문가를 위한 윤리강령을 만든 바 있으나, 형식적이고 선언적이었다.[3] 증권산업에 종사하는 모든 종사자를 전문가로 인식하기는 어려울 것이나, 타인의 재산을 직접 관리·운영하는 등 고객의 재산에 영향을 미치는 증권산업 종사자에게는 전문가로서의 윤리가 필요하고, 그러한 윤리강령을 어겼을 경우에는 전문가의 지위를 유지하는 데 제재를 가할 필요가 있다.

3. 리스크 관리

리스크는 미래수익의 불확실성 또는 미래에 발생할 손실 가능성으로 헤지펀드는 일반적인 펀드의 리스크와 함께 헤지펀드 전략을 수행하는 과정에서 고유한 리스크 요인을 가지고 있는데, 이는 헤지펀드가 레버리지를 사용하고 유동성이 낮은 자산과 공매도 전략을 수행하기 때문이다. 특히, 헤지펀드는 레버리지를 이용하여 수익을 증가시키는데, 이때 수익 가능성을 높임과 동시에 리스크를 증가시킬 수 있으므로 헤지펀드가 가지는 리스크에 대한 철저한 관리가 필요하다. 또한 프

3) 증권인 윤리강령은 고객재산에 대한 선의의 관리자로서 책무, 공정한 거래원칙 준수, 투자자 보호, 고객의 정보 보호, 법령 준수 등 5개항을 지키도록 노력한다는 내용이고, 자산운용전문가 윤리강령은 고객재산보호, 효율적 운용, 정보누설금지, 자율성, 법령 준수 등 5개항을 선언하고 있으나 실행 기준과 위반시의 제재원칙이 없으며, 증권분석사의 경우에는 행위 기준이 포함되어 있으나 위반시의 제재원칙이 없다.

라임 브로커는 헤지펀드에 자금이나 증권을 대여하고 이를 상환받지 못할 위험에 대한 관리가 필요하다.

일반적으로 리스크를 성격에 따라 분리하게 되면, 우선적으로 시장리스크(market risk)를 살펴볼 수 있다. 이는 주가, 금리, 환율 및 상품가격 등 시장요인이 불리하게 변동하여 금융자산의 가치가 하락할 리스크로 시장상황의 변동으로 인하여 투자자가 기대했던 수익을 얻을 수 없게 되는 리스크이다.

신용리스크(credit risk)는 계약당사자들 중 일방이 자신의 지급의무를 수행하지 않을 경우 발생할 수 있는 손실리스크로 대출거래, 스왑거래, 옵션거래 및 자금결제과정에서 거래상대방의 계약불이행으로부터 발생하는 손실리스크를 포함하는 개념이다. 신용리스크는 헤지펀드와 헤지펀드와 관계된 금융기관 관계에서 중요한데, 특히 베어스턴스의 파산 사례와 같은 관계금융기관의 부도 여파가 증폭되면서 이 부문의 리스크관리가 중요 이슈로 등장하고 있다.

운영리스크(operational risk)는 임직원의 실수, 정보시스템 및 내부통제시스템의 결함 등의 내부프로세스 실패와 외부환경 변화나 외부사건 등으로 직접 또는 간접적으로 손실이 발생할 리스크로 한도초과, 미승인거래, 사기거래, 후선업무부서에서의 부적절한 기표 및 기록, 기본적인 내부회계 통제의 미비, 업무에 미숙한 직원, 불안정적인 전산시스템, 정치적 혼란, 정부정책 및 제도의 변동 등으로 발생한다.

이외에도 헤지펀드가 당면한 리스크는 법률리스크(legal risk), 평판리스크(reputation risk), 금리리스크(interest risk), 유동성리스크(liquidity risk) 등이 있다. 법률리스크는 계약 당사자가 다른 계약 당사자에 대하여 계약을 강제할 수 없을 때 발생할 수 있는 손실리스크로 계약상대방이 적정한 권한 없이 계약을 체결하는 경우와 계약 자체의 잠재적인 불법성으로 발생할 수 있는 손실리스크를 포함하며, 계약서 또는 법 해석상의 오류나 위법거래행위, 규제사항의 변화 등으로 손실이 발생할 수 있는 리스크이다. 헤지펀드의 경우 PB와의 계약관계, 고객과의 계약관계와 같은 부분에서 주요 법률리스크가 발생할 수 있으며, 이는 사전적·상시적인 모니터링 체계 구축을 통하여 일정 부분 해소할 수 있다. 평판리스크는 헤지펀드, 운영자 또는 펀드매니저, 운영사와 계약관계를 맺고 있는 프라임 브로커의 이미지가 악화되면서 이로 인하여 개별 주체들이 경제적 손실을 입을 리스크로 특히 헤지펀드 매니저가 지속적으로 낮은 수익률을 보이는 경우 투자자들이 원금을 회수할 수 있으며, 프라임 브로커의 평판이 나빠진 경우 헤지펀드와의 계약관계를 유지할 수 없게 되므로 이에 대한 관리가 필요하다.

금리리스크는 금리의 변동에 따른 현금흐름의 불확실성 증대로 인한 순이자소득의 감소와 자본금의 시장가치가 감소하는 리스크로 보통 트레이딩 포지션(자산부문 비중이 큼)의 시장가치의 하락으로 인한 손실리스크를 측정하는 데 중점을 두는 반면, 금리리스크는 비트레이딩 부문의 자산과 부채, 부외거래 등 모든 포지션에서 발생할 수 있는 금리변동으로 인한 손실리스크를 말한다. 이는 헤지펀드 운용에 있어 발생할 수 있으며, 특히 헤지펀드는 레버리지 사용을 통해 부채가 증폭될 수 있으므로 금리갭 분석, 듀레이션갭 관리 등을 통해 금리리스크를 측정·관리할 필요가 있다.

유동성리스크는 자산의 소유자가 자산을 신속하게 적정가격으로 매도 또는 양도할 수 없어서 손실이 발생할 수 있는 리스크로 특히 헤지펀드의 경우 운용과 조달기간이 불일치하거나 예기치 않은 자금의 유출 등으로 유동성 부족이 발생하여 평상시보다 현저히 높은 자금조달비용을 부담하거나 기술적 지급불능(technical insolvency)에 빠질 경우에도 발생할 수 있으므로 일반적인 펀드와 마찬가지로 보유기간분석, 시장회전율 통계, 유동성갭관리 등을 통해 이를 관리할 필요가 있다.

표 10-1 헤지펀드의 리스크

전통적 펀드와 헤지펀드의 공통 리스크	헤지펀드 관련 주요 리스크
시장리스크	투자가능한도(capacity) 리스크
투자리스크(투자결정 및 리서치 적정성 등)	레버리지
운영리스크(운용인력의 수준, 운용인력의 도덕성, 내부통제시스템 등)	유동성
법률 리스크	정부 규제
평판 리스크	포트폴리오 투명성
운영 리스크	위험관리 수단
	파생상품, 공매도 등의 투자 방식

다른 투자기구와 마찬가지로 헤지펀드 역시 시스템리스크(Systematic risk)와 비시스템리스크(Non-systematic risk)를 야기하는데 헤지펀드는 이 두 가지 요소에 대한 관리가 무엇보다 필요할 것이다. 첫 번째로 시스템리스크는 일반적으로 개별 증권회사, 시장 또는 결제시스템의 붕괴 등으로 인하여 금융산업 전체가 손실을 입게 되는 리스크로 한 금융기관의 재무적 곤경이 다른 금융기관을 연쇄적으로 쓰러뜨리는 도미노효과를 발생시킬 수 있으며, 투자자간의 신뢰의 위기로 시장 전체적으로 유동성이 부족해질 수 있다. 즉, 투자기구가 그 역할을 제대로 수행하지 못함에 따라 다른 투자기구들 역시 각각의 기능을 제대로 수행하지 못하는 상황으로 치닫게 되는 위험을 의미하는데, 이러한 상황의 발생은 극단적인 경우 자본시장은 물론 실물경제까지 불안정하게 되는 금융위기를 촉발시키는 원인이 되기도 한다.

헤지펀드가 점차 금융시장에서의 주요 참여주체로 성장함에 따라 금융당국은, 어느 한 헤지펀드의 실패로 인해 해당 펀드에 대규모 투자를 집행한 대형 금융기관이나 나아가서는 관련 금융시스템 전체의 붕괴 현상이 초래되는 등의 헤지펀드가 야기시킬 수 있는 시스템리스크와 그 파급효과에 대한 우려를 표명하고 있다.

한편 바젤위원회는 헤지펀드의 레버리지에 의존하는 운용으로 인해 마진 콜에 대응하기 위해서 헤지펀드가 기보유하고 있는 유가증권을 어쩔 수 없이 매도함에 따라 시장상황을 악화시키는 경우, 헤지펀드가 유사한 포지션들을 보유하고 있거나 유동성이 좋지 않은 유가증권에 투자함에 따라 어쩔 수 없이 유가증권을 매도하게 되어 시장상황을 악화시키는 경우, 프라임 브로커가 헤지펀드에 대해 먼저 마진 콜을 행사하는 경우 또는 헤지펀드가 갖는 단기 고수익 추구 성향으로 인해 리스크 수용 정도가 점차 심화되는 경우 헤지펀드가 시스템리스크를 야기할 수 있다고 지적하였다.

또 다른 유형의 리스크는 특정 펀드 자체에만 국한되는, 이른바 비시스템리스크인데, 이는 내부사취 등과 같은 헤지펀드 운영상의 리스크(운영리스크)를 의미한다. 이는 투자자나 펀드에 차입을 해 준 은행 등 금융기관에 직접적으로 영향을 미치게 되는데, 미국이나 영국과 같은 국가의 감독당국은, 헤지펀드에 대한 투자가 대규모 기관투자자나 일부 전문투자자(sophisticated investors)에 국한되기 때문에 이들 헤지펀드들에 대한 실사(due diligence)를 투자자들이 직접적으로 실행하도록 하며, 부당행위를 취한 내부인의 경우 형사고발 조치를 당하게 된다.

일반적으로 펀드의 리스크 관리 목표는 투자자 이익 극대화라고 할 수 있으며, 헤지펀드의 경우 다양한 자산에 분산투자하는 전략을 취할 수 있으므로 이러한 분산 투자로 인하여 시장 관련 리스크를 상당부분 축소시킬 수 있다. 무엇보다 단순한 분산투자에 더하여 전략간 적정한 자산 배분 및 펀드 선택이 필요하다.

또한 금융회사가 투자자에게 중대하고 심각한 손실을 초래한 Madoff 금융사기사건의 사례에서 보듯이 운영리스크 관리가 금융투자회사뿐만 아니라 금융시스템의 건전성에 중요한 요소가 되므로 헤지펀드에 대한 실사 등이 철저하게 수반되어야 할 것이다.

사전적으로 헤지펀드는 투자가이드 라인을 설정하고, 투자가이드 라인에 적합한지에 대한 적합성을 평가하며, 정량적·정성적 평가를 실시하고, 이에 대한 실사를 거쳐야 할 것이다. 또한 사후적으로 주기적인 미팅 및 컨퍼런스 콜을 통하여 상황 파악을 하며, 실적을 업데이트를 하고, 이에 맞추어 전략변화, 자산배분의 변동을 관찰하며, 기준가를 통한 분석을 실시할 필요가 있다. 그러나 헤지펀드를 포함한 사모펀드의 경우 사전 리스크관리를 중점적으로 할 필요가 있다. 일반 뮤추얼펀드의 경우 시황이나 운용사에 대한 문제 감지시, 대부분 즉시 환매가 가능한 구조이므로 위험을 회피할 수 있으나, 헤지펀드의 경우 환매 주기가 길기 때문에, 환매를 신청해도 실제 자금회수 기간이 길어질 위험이 있기 때문이다. 즉, 헤지펀드의 경우 시장 위험 이외에 운영위험에 대한 관리와 이에 대한 모니터링이 무엇보다 중요하며, 운용상의 위험 최소화가 이루어져야 한다. 이를 위해서는 투자철학, 리스크 관리 철학, 운영자의 성향 등 서면 실사와 현장 실사를 통해 이를 파악하여 최소화하는 방법이 가장 좋으며, 이를 위해서는 투자자의 실사가 이루어져야 할 것이다.

부 록

1 국가별 헤지펀드 규제

1. 세계 각국의 전반적 헤지펀드 규제환경

IOSCO는 2006년 3월 20개의 기술상임위원회 위원(SC5)대상으로 호주, 브라질, 캐나다(온타리오), 캐나다(퀘벡), 프랑스, 독일, 홍콩, 아일랜드, 이탈리아, 일본, 저지, 룩셈부르크, 멕시코, 네덜란드, 포르투갈, 스페인, 스위스, 영국, 미국(CFTC), 미국(SEC) 등 개별 법제하에서의 헤지펀드의 전반적 규제 환경을 조사하였다. 동 보고서는 2003년 IOSCO의 헤지펀드에 관한 보고서에서 제시한 헤지펀드의 특성을 확장하였으나, 헤지펀드에 관하여 공식적이고 법적 정의를 채택하고 있지 않다.

헤지펀드의 규제 방법에 관하여 그 방식은 각 법제하에 상이하게 발전하고 있으며, 대부분의 법제하에서 등록되거나 허가받은 간접투자증권의 헤지펀드 전략 사용은 법제별로 상이하게 적용되고 있음을 시사하고 있다. 헤지펀드에 부과되는 투자 제한은 법제별로 상이한데, 예를 들면, 프랑스는 차입을 제한하는 반면, 네덜란드와 독일은 이에 대하여 제한을 두지 않고 있다. 또한 대부분의 회원국에서는 헤지펀드와 운용자에 대하여 다양한 규제를 하고 있는 것으로 나타나고 있다. 헤지펀드의 판매와 관련하여 소매화(retailization)가 상당 수준 이상으로 진행되지는 않았으나 향후 진전될 가능성이 있으며, 헤지펀드와 관련한 사기가 발생하나 심각한 정도는 아니라는 결론을 내리고 있다. 다음 표에서 개별 회원국의 개별 법제관련 답변 내용을 전반적으로 요약 정리한다.

부록 1-1 세계 각국의 전반적 헤지펀드 규제환경

항 목	법제별 현황			
	Y	N	N/A	Y/N
가. 일반사항				
1) 등록 헤지펀드의 존재	15	2	3	–
2) 헤지펀드의 다양한 10가지 전략 허용	9	2		9[1)]
나. 헤지펀드의 정의				
3) 헤지펀드가 정의되는가?	0	20	0	–
4) 헤지펀드와 집합적 투자펀드(Collective Investment Fund: CIF)의 정의와 다른가?	1[2)]	14	5	–
5) 헤지펀드, PEF, 벤쳐캐피탈과 future fund를 구분하는가?	13	7	–	–
6) 단일 전략펀드인 헤지펀드와 펀드 오브 헤지펀드가 구분되는가?	9	10	1	–
다. 운용자, 펀드, 증권규제				
7) 헤지펀드 운용자가 규제되는가?	17	2	1	–
8) 사모펀드와 공모펀드 운용자 규제가 상이한가?	6	10	4	–
9) a) 헤지펀드 자체가 규제되는가?	16	3	1	–
b) 헤지펀드의 등록이 요구되는가?	13	5	1	1
10) 헤지펀드가 차입, 공매도, 파생상품의 사용에 있어 구체적으로 제약받는가?	9	7	3	1
11) 공모시 등록되어야 하는가?	16	1	3	–
12) 헤지펀드 증권이 거래소 상장 허용되는가?	12	5	3	–
13) a) 광고 허용여부?	15	4	1	–
b) 펀드 등록여부와 관련 있는가?	7	11	2	–
라. 판매적격성/판매제약				
14) 소매판매가 허용되면, 등록브로커가 충족할 면허 요건이 있는가?	4	10	6	–
15) 소매판매시 브로커에게 요구되는 다른 제한이 있는가?	9	7	4	–
마. 소매 헤지펀드 정보 공개				
16) 소매투자자에게 최소정보공개범위를 지닌 판매각서(offering memorandum)의 제공의무가 있는가?	16	–	4	–
17) 투자한도, 차입 규모, 투자집중, 공매도나 다른 전략을 공개할 의무가 있는가?	15	2	3	–
18) 소매투자자에게 구체적 경고 의무가 있는가?	13	2	5	–

▌부록 1-1 세계 각국의 전반적 헤지펀드 규제환경(이어서)

항 목	법제별 현황			
	Y	N	N/A	Y/N
바. 소매 헤지펀드의 보고 의무				
19) 소매투자자에 대한 실적의 정기보고서 제시 의무가 있는가?	13	2	5	–
20) a) 소매투자자에 대한 연간 재무보고서 송부 의무가 있는가?	14	1	5	–
b) 재무보고서가 US GAAP(Generally Accepted Accounting Practice)나 국제회계 기준의 일치 여부?	5	8	7	–
21) 재무보고서의 감독 당국제출 여부?	14	1	5	–
22) a) CIS(Collective Investment Scheme) 보고의무와 일치여부?	12	2	6	–
b) CIS보다 더 빈번?	3	9	8	–
23) a) 헤지펀드나 CIS의 가치평가 문제 있는가?	6	11	3	–
b) 운용자에 대한 가치평가에 관한 구체정책이 있는가?	10	8	2	–
24) 프라임 브로커 규제 의무가 있는가?	10	7	3	–
사. 검사와 제재(enforcement)				
25) 헤지펀드나 운용자의 검사가 요구되는가?	18	1	1	–
26) a) 헤지펀드 관련 고객 불평 여부?	5	5	10	–
b) CIS 불평 여부?	4	6	11	–
27) 과거 5년간 헤지펀드에 대한 규제 조치가 있는가?	7	9	4	–
28) 헤지펀드에 대한 민사고소 유무?	2	9	9	–
29) 기타 다른 문제가 있는가?	12	5	3	–

주 : 1) 일부전략 허용
2) US(SEC)
3) Y : Yes, N :: No, N/A : Not Available

자료: IOSCO(2006).

2. 국가별 최소 요구자본금

개별 국가에서는 헤지펀드 운용회사 설립시 물적 규제 중 하나로 최소요구자본금을 요구하고 있으며, 이에 대한 개별 국가의 현황을 제시한다.

부록 1-2 주요 국가별 헤지펀드 운용회사 설립 시 최소요구 자본금 현황

국가명	헤지펀드 운용회사 설립 시 최소요구 자본금
미 국	해당사항 없음
영 국	5만파운드 및 연간 지출비용의 25%
프 랑 스	12만 5천유로+운용자산규모의 0.02%(운용자산규모가 2억 5천유로를 초과하는 경우에 한함) 및 연간 지출비용의 25%
스 위 스	1백만스위스프랑~1천만스위스프랑(운용자산규모에 따라 상이함)
싱가포르	해당사항 없음
홍 콩	최소 납입자본금, 5백만홍콩달러~3천만홍콩달러/ 최소 유동자산, 1십만홍콩달러~1천 5백만홍콩달러(운용회사 성격과 활동영역에 따라 상이함)

자료: PricewaterhouseCoopers(2006).

3. 국가별 관련 세제

많은 헤지펀지는 설립시 케이만 제도, 버진 아일랜드 등의 조세 회피지역에 역외 헤지펀드를 설립하고, 역내에서 이를 운용하는 형태를 띄고 있다. 이러한 이유는 주요 국가에 헤지펀드 자체 또는 헤지펀드 운용회사에 대하여 조세를 부과하기 때문이다. 따라서 주요 국가의 헤지펀드 또는 헤지펀드 운용회사에 대한 조세 부과 현황을 제시한다.

부록 1-3 주요 국가별 헤지펀드 및 헤지펀드 운용사에 대한 세제 현황

국가	헤지펀드 과세	헤지펀드 운용사에 대한 과세
미국	• 투명과세(tax transparent) 적용됨	
영국	• 회사형투자신탁 등의 형태로 인가 받은 펀드들의 경우 거래수입에 대해서만 20% 과세율 적용하되 자본이익(capital gain)에 대해서는 면세 적용함 • 비인가 단위형 투자신탁(unit trusts)의 경우 22% 과세율 적용함	• 기업형태의 운용사(corporate managers)의 경우 30% 과세율 적용함 • LLP 형태의 펀드운용사의 경우 최대 41%까지 한계 과세율(marginal tax rate) 적용함
프랑스	• 투명과세(tax transparent) 적용됨	• 일반적인 기업 과세율 적용함
스위스	• 펀드 형태에 따라 투명과세(tax transparent) 혹은 불투명과세(opaque)가 적용될 수 있음 • 불투명과세가 적용되는 경우는 기업 기준으로 과세하며, 투명과세가 적용되는 경우는 펀드 차원에서는 비과세임	• 헤지펀드 운용사가 지불이 지정되어 있는 주(州)에 따라 16%~25%의 과세율을 적용함
싱가포르	• 신규 설정된 펀드의 경우 최초 12개월 동안 비과세 혜택 적용함	• 최소 3명 이상의 전문 운용인력이 싱가포르에서 펀드를 운용하는 경우, 펀드운용이나 투자자문 서비스 제공을 통한 수입에 대해 10% 과세율 적용함
홍콩	• 싱글펀드, 비과세/ 펀드오브헤지펀드, 17.5% 과세율 적용함	• 17.5% 과세율 적용함

자료: PricewaterhouseCoopers(2006).

4. 국가별 마케팅 관련 규제

헤지펀드를 포함한 사모펀드는 원칙적으로 투자능력을 갖춘 소수의 투자자를 대상으로 발매하는 것을 원칙으로 하는 만큼, 원칙적으로 공공을 대상으로 판매 또는 마케팅을 할 수 없으며, 이를 투자자에게 판매하는 경우에도 일정한 제한을 가하고 있다. 아래 표에서는 헤지펀드의 마케팅에 관한 주요국 규제 현황을 제시한다.

부록 1-4 주요 국가별 헤지펀드 마케팅 관련 규제 현황

국가	헤지펀드 마케팅 관련 규제 개요	허용 마케팅 채널	서비스 제공자 입지 관련 규제
미국	• 증권거래위원회 규정, State/Blue Sky Regulation, 증권업협회 규정 등에 의해 미국 내 헤지펀드 판매에 대해 제재를 가하고 있음 • 대다수의 헤지펀드 및 펀드오브 헤지펀드는 사모방식에 의해 판매되고 있음	• 사모방식	해당사항 없음
영국	• 공식적으로는 헤지펀드가 공모에 의해 판매될 수 없으나, 재간접펀드 형태로 영국 증시에 상장하는 방식을 통해 소매 시장을 대상으로 하는 헤지펀드 상품들이 다수 존재함	• 은행/Wrap/사모방식/투자운용사 등	해당사항 없음
프랑스	• 헤지펀드 상품들은 OPCVM Agreés a Regles d'Investissement Allégées 혹은 OPCVM Contractuels 등의 규정 상 규제를 받으며, 개인투자자를 포함한 다양한 투자자들에 대한 마케팅이 허용됨	• 펀드판매회사/Wrap/사모방식/투자운용사 등	EU 권역 내 은행을 수탁은행으로 지정해야 함
스위스	• 펀드오브헤지펀드의 경우 개인투자자의 투자에 대한 제약이 없음 • 투자자와의 임의 계약을 통한, 은행 및 기타 전문 자산운용회사들의 헤지펀드 및 펀드오브헤지펀드 판매가 허용되고 있음	• 은행/ 펀드판매회사/Wrap/투자운용사/기타금융기관 등	국내펀드의 경우 국내 수탁은행 및 사무수탁회사를 임명해야 함
싱가포르	• 운용회사가 사모방식의 마케팅을 하기 위해서는 투자자문 라이선스 및 대리인 라이선스를 취득해야 함 • 공모방식의 헤지펀드 마케팅을 위해서는 투명성, 약관, 운용회사 사업경험 및 다양성 등의 사항에 대해 금융자문업자법(Financial Advisers Act: FAA)이 규정하는 가이드라인을 충족시켜야 함	• 사모방식 • 역외헤지펀드: PB나 역외 자산을 취급하는 펀드 판매회사	
홍콩	• 공모방식의 헤지펀드 마케팅을 위해서는 SFC의 허가를 받아야 함	• 공모펀드: 은행/펀드판매회사/기타금융기관 등 • 사모펀드: 사모방식/ 기타 금융 기관 등	해당사항 없음

자료: PricewaterhouseCoopers(2006).

2 정책적 논의사항

1. 국제기구

(1) G8

2007년 6월 선진 8개국(Group of Eight: G8) 재무장관 회담에서 헤지펀드의 규제 방안을 논의한 결과, 헤지펀드의 활동과 연계돼 잠재적으로 나타나는 구조적 위험 및 포지션 청산이 일시에 이루어질 경우의 금융위기 발생 가능성 등 헤지펀드가 국제 금융시장의 안정성을 위협할 가능성이 높고 규제가 필요하다는 데 동의하였다. G8 의장국인 독일은 이번 회의를 통해 헤지펀드 규제를 법제화할 것을 주장했으나 미국, 영국 등이 이에 반대함으로써 국제 금융시장에서 영향력을 확대하고 있는 헤지펀드를 '예의 주시할 필요'가 있다는 성명을 발표하는 선에서 논의가 마무리 되었을 뿐만 헤지펀드의 규제 방안에 대한 합의는 이루어지지 않았다.

G8 재무장관들은 "헤지펀드 업계의 급격한 성장과 헤지펀드가 사용하는 거래 방식이 점점 복잡해지고 있는 상황을 감안해 이에 따른 영향을 예의주시할 필요가 있음을 재확인했으며, 헤지펀드의 활동과 연계돼 잠재적으로 나타나는 구조적 위험과 운용상의 위험을 평가하기가 점점 복잡하고 어려워지고 있다"고 밝힘으로써 헤지펀드가 국제 금융시장의 안정성을 위협할 가능성이 높고 규제가 필요하다는 것에는 합의하였다. 의장국인 독일은 헤지펀드가 자본시장을 교란하는 것을 방지하기 위해 헤지펀드 운용에 제한을 가하고 아울러 데이터베이스를 구축해 헤지

펀드의 위험성을 파악할 수 있는 시스템을 갖추는 방안을 추진하며 헤지펀드의 투명성 제고를 통해 시장 제재를 강화할 필요가 있다고 주장하며 헤지펀드 운용에 대한 감시, 감독을 법제화하는 방안을 제의하였다. 그러나 미국과 영국은 헤지펀드 산업의 입장을 고려해 헤지펀드에 대한 규제는 시장 기능에 맡겨야 한다는 입장을 고수하여 실질적 규제 방향은 각국의 금융시장 발전 정도에 따라 상이한 입장을 취하였다.

(2) IOSCO

IOSCO는 헤지펀드에 대한 시스템리스크 예방과 헤지펀드 시장의 자체적인 투명성 강화를 권고하며, 시스템리스크 예방을 위해서 헤지펀드의 위기 촉발 가능성에 대한 스트레스 테스트 실시, 헤지펀드의 유동성 공급 가능성 평가, 헤지펀드와 거래하는 금융기관의 위험관리 강화 등의 필요성을 주장하고 있다.

IOSCO는 2003년 2월 '개인투자자의 헤지펀드 투자로부터 생기는 규제 및 투자자 보호에 관한 사항[1]'이라는 보고서를 공표하였다. 여기에서는 헤지펀드와 관련된 감독상의 과제 중 헤지펀드에 투자하는 개인투자자 보호에 초점을 맞추고 있다. 그 중에서 개인투자자에 대한 헤지펀드의 판매를 인정하고 있는 나라에 있어서 규제 감독상의 주요 논점으로 ① 개인투자자가 헤지펀드의 리스크나 상품의 복잡함을 충분히 이해하고 있지 않으며, ② 헤지펀드의 운용자가 펀드를 적절히 운용하고 또한 그것을 명확하게 투자자에게 설명하는 능력 혹은 프로세스를 가지지 않을지도 모른다는 점 등 두 가지를 들었다.

이에 대한 대응 지침으로써 ① 투자자는 헤지펀드가 어떠한 리스크를 가지고 있는지 알 수 있어야 하며, 그러기 위해서 헤지펀드는 그 투자 전략의 상세한 내용을 소개해야 하는 점, ② 리스크, 투자 전략, 조직 관리나 자산평가는 복잡하고 특별한 기술이 필요하기 때문에 감독당국은 헤지펀드의 운용자 및 그 내부 통제 프로세스에 의해 주위를 기울여야 한다고 지적하고 있다. 또한 동 보고서는 개인투자자의 헤지펀드 투자는 크지 않으며 집합투자기구에 적용되는 기존의 규제·

1) IOSCO(2003).

감독 구조는 헤지펀드에 의해 제기되는 투자자 보호에 관한 과제에는 대체적으로 유연하게 대처하는 것이 가능하다는 결론을 내리고 있다. 헤지펀드는 공매도, 비용 구조 등 규제상의 중요한 과제를 제기하는 일이 있지만, 이것들은 헤지펀드 고유의 과제라기보다는 보다 광범위하게 검토되어야 할 것이라 주장하였다.

또한 IOSCO는 2007년 3월 「헤지펀드 포트폴리오의 가치평가」에 대하여 발표하였다. 본 보고서에서는 헤지펀드의 세계자본시장에서 차지하는 역할이 증대되고 있으며, 헤지펀드 포트폴리오 전략과 내재 상품의 복잡성, 헤지펀드에 있어 금융상품 평가의 중요성 때문에 헤지펀드 포트폴리오의 가치평가를 중시하고 있다. 현재 헤지펀드 규모는 1조 5천억 달러에 달하고 차입 사용에 따라 그 규모와 역할이 점점 커지고 있다. 더욱이 헤지펀드는 기관투자자와 전문 개인투자자(sophisticated individual investor)의 투자대상이 되고, 지속적인 상품의 변화와 혁신을 통해서 전세계 금융시스템에서 부각되고 있다. 헤지펀드의 중요성이 증가하는 것과 더불어 복잡하고 비유동적인 금융자산을 평가하는 데 어려움이 존재하는데, 유동성이 있는 시장이 존재하지 않거나 불완전한 자료를 사용하는 가치평가모형을 사용하는 경우 등에 이러한 문제가 생긴다.

헤지펀드는 순자산가치, 금융 보고, 실적 보고, 보수, 담보 필요액, 리스크 프로파일 등 금융상품 가치평가에 영향을 미치고 있다. 특히 이해상충의 문제는 헤지펀드 가치평가의 어려움을 가중시킬 수 있다.

잠재적 이해상충은 평가 과정에 적극적 역할을 하는 운용자에게서 발생한다. 가치평가시 복잡하고 비유동적인 상품을 포함하는 경우 운용자에게 실질적으로 의존할 수밖에 없으며, 운용자는 특정 금융상품의 유일한 정보의 원천이다. 더욱이 운용자는 펀드의 투자 포트폴리오의 가치평가와 관련한 정책과 과정을 디자인하고 수행할 수 있다. 예를 들어 운용자는 펀드 포트폴리오의 가치에 근거한 자문수수료와 실적보수를 받으며, 펀드의 지속적 성공에 관심을 갖는다. 따라서 운용자는 펀드 가치평가에 영향을 미칠 수도 있고 유인(incentive)도 갖게 되며, 헤지펀드의 차입에 의해 평가 오류(error)가 심화될 수 있다. 실제 이해상충은 헤지펀드 운용자와 헤지펀드자체와 투자자들 사이에서 발생한다. 운용 주체의 실체는 규율하는 법규에 따라 다른데, 예를 들어 운용자가 설립하고 운용을 하는 영국이나 미국 같은 법제하에서는 케이맨 제도와 같은 또 다른 역외지역에 헤지펀드를 설정하기도 한다. 역외지역의 법제는 전형적으로 운용자에게 독립적인 이사회를 갖기를 요구하지만, 그 이사들은 일반적으로 운용자에 의해 선정되고, 이사회가 헤지펀드의 운용 주체로 역할하도록 되어 있지만, 실제적으로는 운용자가 헤지펀드를 통제하게 된다.

다른 법제하에서는 헤지펀드 운용자가 헤지펀드의 운용 주체로 역할한다. 예를 들어 미국 주에 따라 헤지펀드를 합자회사나 유한책임회사로 설정하고, 운용자나 운용자와 연관 있는 사람이 무한책임사원으로 활동한다. 미국 주법에 따르면 무한책임사원이 헤지펀드의 운용 주체로 책임을 진다. 다른 역외지역에 단위형 투자신탁(unit trust) 형태로 설정되는 경우, 헤지펀드의 수탁자가 동일한 역할을 하게 된다. 기술적으로나 법적으로 운용자가 수탁자에 의하여 펀드를 운용하도록 임명되지만, 운용자에 의해 수탁자가 선정되는 것도 일반적이다. 운용자는 수익자(unit holder)의 동의 없이 수탁자를 배제하는(remove) 권한을 가질 수 있다. 프랑스, 독일, 아일랜드, 스페인, 스위스와 같은 경우 CIS 규제체계와 비슷한 규제체계를 갖는데, 이때 헤지펀드는 헤지펀드의 자산운용회사의 이사회가 운용 주체가 된다. 이에 따라 잠재적·실질적 이해상충 문제를 극복하기 위하여 IOSCO는 헤지펀드 가치평가에 관한 정책 확립 등 헤지펀드 가치평가에 대한 9가지 원칙을 제시하였다.

(3) EU

유럽의회는 2004년 1월 '헤지펀드 및 파생상품의 미래에 관한 유럽의회 결의'를 공표하였다.[2] 이 결의에서 ① 차입 등을 이용함으로써 모든 시장환경하에서 절대수익을 추구하는 대체 투자 수법이 다양해지고 있으며 ② 투자자에게 선진적인 투자 상품이 제공되어 선택의 기회가 증가하고 개인투자자가 직접 헤지펀드에 투자할 수 있는 환경하에 있으나 투자자에게 헤지펀드의 수익성이나 리스크에 대해 알리는 것이 필요하며 ③ 적절한 위험관리 부재로 전세계 금융시스템에 미치

2) The European Parliament(2003).

는 영향 등 시스템리스크가 확대될 위험성이 있음을 지적하였다. 유럽의회는 유럽위원회(European Community: EC)에 대해 헤지펀드의 투자 관행에 관한 포괄적인 보고서 작성을 요청하였다. 구체적으로는 많은 헤지펀드가 역외에서 설립되어 EU의 규제하에 있지 않음으로써 EU 역내의 금융기관이 역외 헤지펀드에 대한 여신을 보다 투명하게 하도록 EU 수준의 규제 도입을 요청하고 있다.

헤지펀드를 기존의 집합투자지침을 개정해서 규제해야 할지 또는 새로운 지침을 제정해서 규제하는 것이 효과적인지에 대한 의견과 해당 규제가 헤지펀드 이외의 대체 투자 펀드를 커버해야 할 것인지에 대한 의견을 요청하였다.

더불어 유럽의회는 EC에 대하여 EU가맹국의 각 감독당국과 공동으로 마켓 타이밍(market timing) 관행이나 그로 인한 아시아와 유럽의 장기펀드투자 이익의 감소 여부를 조사하여 필요에 따라서는 그에 대한 대응을 검토하도록 요청하였다.[3)]

또한 CESR(The Committee of European Securities Regulators)은 2004년 11월 제7회 시장참가자 자문 패널 회합을 통해 헤지펀드에 대하여 논의했다. 본 회의에서는 특히 투자자 보호와 펀드 오브 펀드를 통해 개인투자자의 투자가 증가하고 있는 헤지펀드 활동에 대해 논의하였다. 최종적으로 본 회의는 헤지펀드는 유익한 투자수단이지만 유럽 전체 수준에서의 규제가 필요하다는 결론에 이르렀다. 그러나 헤지펀드가 더욱 발전하는 데 있어 방해가 되지 않는 수준의 규제가 필요할 것이라도 언급되었다. 본 패널에서 거론된 논의로부터 펀드 오브 헤지펀드에 대해서는 헤지펀드 선택시 자산실사(due diligence) 의무 부과, 부적격자산에 대한 경고를 포함한 모니터링 프로세스의 실시, 다양한 규제를 실시하고, 헤지펀드 투자자 문업에 대한 규제, 보수 구조의 투명화 등의 기본 규제를 도입해야 한다는 결론에 이르렀다. 한편으로 규제 수단이 효과적으로 움직이기 위해서는 국제적으로 의견일치가 필요하다고 보고 있다. 또한 헤지펀드가 개인투자자에게 판매되는 경우 수익성, 차입, 리스크, 보수 등 관련 정보가 투자자에게 정확하게 전달될 필요가 있

3) IOSCO(2005)에 따르면 마켓 타이밍이란 일반적으로 집합투자기구의 거래 장소와 집합투자기구에 포함된 증권의 시장이 다르므로 거래와 순자산가치의 계산 시점에 차이가 발생하여 그 사이 상장에 영향을 주는 사건이 생긴 것과는 별도로 순자산가치가 최근 시장가치의 변화를 반영하지 못하는 상황을 유리하게 이용한 재정거래라고 정의하고 있음.

다고 강조하였다.

유럽의회는 2005년 7월 EC는 투자신탁과 자산운용 회사, 투자자 보호, 유럽 펀드 업계의 특징 변화와 아울러 헤지펀드를 포함한 대체 투자에 대해 언급한 「EU 지역 투자 펀드의 EU 체계 개선에 관한 그린 페이퍼[4]」를 공표하였다. 헤지펀드나 사모투자전문회사를 포함한 대체투자는 자산 운용자에게 다양한 투자 기회를 제공하고, 투자자에 의해 높은 수익과 시장의 유동성을 가져오는 동시에 보다 복잡한 전략으로 투자자에게 투자신탁보다 높은 리스크를 가져온다. 또한 헤지펀드는 현재 그 규모가 비교적 작기 때문에 시스템리스크의 중대한 원인이라고 보는 견해는 없지만, 차입의 활용, 급속한 성장 및 투명성의 결여는 헤지펀드가 시장에 주는 부정적 영향에 관한 우려를 증가시키고 있다.

본 논의에서는 ① 규제가 통일되어 있지 않은 것이 시장의 접근에 어떠한 영향을 주는지, ② 투자자 보호나 시장 적합성이라는 관점에서 헤지펀드 등에 연관된 특유의 리스크가 있는지, ③ 공동의 사모펀드 규제를 도입함으로써 기관투자자에 대한 역외(cross-border) 판매의 장애요인이 어느 정도 제거될 수 있는지에 대해서 시장의 의견을 요구하고 있다. 이에 대하여 본 페이퍼는, ① EU 현행 투자신탁 규제는 유럽시장 발전을 가져왔고, ② 시장 발전의 기회를 상실할 우려가 있으므로 개선의 여지가 있으나, ③ 현재 입법상의 근본적인 수정을 필요로 하는 사례는 없다고 결론내리고 있다. 게다가 역외 개인투자자에 대한 리스크가 높아지고 있다는 명확한 증거가 없고 시장참가자로부터 시장 접근에 대한 장애요인을 제거하라는 요구도 나타나지 않는다고 발표하였다.

그러나 EC는 헤지펀드의 개인투자자 판매나 투자은행 부문에 있어서의 익스포저 증가, 헤지펀드가 금융상품 시장의 기능에 주는 영향에 대해서 계속 주시할 예정이므로 본 페이퍼의 의견이나 관계자와의 의견 교환을 근거로 하여 최종적으로 현행의 규제를 강화해야 할 것인지를 검토할 예정이다.

---

4) European Central Bank(2005).

(4) IMF

국제통화기금(International Monetary Fund: IMF)은 감독당국이 해야 할 일은 헤지펀드의 운용과 시스템리스크에 대한 헤지펀드의 잠재적인 영향을 정확하게 이해하는 것으로, 주요 금융시장에서는 헤지펀드 업계의 기관화가 진행되고 있기 때문에 기관투자자의 협력을 얻어 헤지펀드의 활동과 잠재적인 시스템리스크에 대한 감시·감독이 가능하다고 지적하고 있다.

IMF는 2004년 9월 「글로벌 금융 안정화 보고」를 공표하였다.[5] 본 보고서의 「헤지펀드 업계의 발전과 실무」 부분에서는 헤지펀드 업계의 발전, 거래상대방 익스포저와 위험관리, 차입의 이용과 측정, 공시와 투명성이라고 하는 문제가 시장에 어떠한 영향을 미치는가에 대해 언급하였다. 기관투자자는 포트폴리오 분산화의 관점으로 헤지펀드의 투자를 계속 증가시키고 있고, 은행 및 프라임 브로커는 1998년 이후 헤지펀드에 대한 익스포저 관리를 향상시키고는 있지만, 그들이 헤지펀드의 리스크를 모두 파악할 정도의 정보가 공시되고 있는지는 불분명하다고 지적하고 있다.

IMF는 보고서에서, "감독당국이 해야 할 일은 헤지펀드의 운용과 시스템리스크에 대한 헤지펀드의 잠재적인 영향을 보다 바르게 이해하는 것으로서 반드시 헤지펀드를 규제하는 것은 아니다"라고 언급하고 있지만, 투자자 보호가 규제·감독상의 중요한 문제가 되는 감독당국에 있어서는 시스템리스크에만 주목한 규제·감독이 충분한지 논의되고 있다.

또한 2005년 4월에 공표한 '글로벌 금융 안정화 보고'에서는 헤지펀드의 2004년 운용 실적은 2003년과 비교하여 좋지 않았음에도 불구하고 투자자, 특히 기관투자자가 전통적인 투자 상품과 상관성이 낮은 투자대상에 수익을 요구했기 때문에 신규 자금이 헤지펀드에 계속 유입되었으며, 헤지펀드 업계가 계속 성장함에 따라 보다 한층 기관화될 것이라고 지적하고 있다.[6]

또한 업계 단체인 CRMPG Ⅱ도 "감독당국이 금융기관을 통한 정보 수집을

---

5) IMF(2004).
6) IMF(2005).

통해 헤지펀드를 직접 규제하는 것에 준하는 정보를 상당 부분 얻을 수 있다"라고 언급하고 있지만, 헤지펀드 관계자 자신의 위험관리 능력상 간접적인 정보 수집만으로 충분하다고 할 수 있을지, 더불어 헤지펀드를 취급하는 업자를 보다 직접적으로 규제하는 방법이 필요할지에 대해서도 논의를 거듭해오고 있다. 더욱이 헤지펀드와 증권회사 사이의 유착관계 때문에 대형 헤지펀드의 파산은 증권회사에도 충격을 준다. SEC의 관심사는 투자자 보호와 광범위한 금융시장에 대한 시

▌부록 2-1 국제기구의 헤지펀드 규제에 관한 정책 논의

국제 기구	논의 연도	논의 내용	규제적 시사점
G8	2007	• 헤지펀드의 규제 필요성 • 헤지펀드에 대한 직접규제와 프라임 브로커를 통한 간접규제	• 프라임 브로커를 통한 헤지펀드 규제 강화
IOSCO	2003	• 헤지펀드의 소매화가 향후 진행될 가능성이 있음 • 소매투자자 보호 • 소매 헤지펀드의 공시의무 강화	• 소매투자자 보호 강화
	2007	• 헤지펀드 포트폴리오의 가치평가 정확성 제고 • 가치평가에 관한 9가지 원칙 적용	• 헤지펀드 가치평가와 규율 확립
EU	2004.11	• 헤지펀드에 대한 유럽전체차원에서의 규제필요 • 헤지펀드 발전에 방해되지 않는 수준의 규제 필요 • 펀드 오브 헤지펀드와 헤지펀드 투자자문업에 대한 기본 규제 도입 • 소매투자자에 대한 정보전달 의무 강조	• 헤지펀드의 적정규제 필요 • 소매투자자 보호를 위한 규제 필요
	2007.11	• EU 국가별 금융상품지침 적용 • 헤지펀드 운용자와 기존 펀드 운용자의 동일한 규제 적용	• 헤지펀드 운용자 규제 강화
IMF	2005	• 감독 당국의 헤지펀드 영향 이해 필요 • 기관투자자의 협조로 시스템리스크에 대한 감시감독	• 시스템리스크 파악을 위한 간접규제 필요
CRMPG Ⅱ	2005	• 헤지펀드의 규제 방향 • 금융기관을 통한 간접규제	• 금융기관을 통한 간접규제 필요
MFA	2005	• 헤지펀드 운용자를 위한 건전한 실무지침 • 투자자 보호	• 투자자 보호 필요

스템리스크의 발생이다.

이러한 상황 속에서 헤지펀드와 관련된 각국의 규제 동향을 보면 크게 ① 헤지펀드 취급업자의 등록, ② 일반투자자에 판매되는 헤지펀드의 등록으로 나눌 수 있다. 영국 및 홍콩의 경우 헤지펀드 취급업자의 등록을 의무화하고 있으며, 독일은 일반투자자에 판매되는 헤지펀드를 등록하도록 요구하고 있다. 또한 일본은 펀드의 설정·운용자 및 판매자에 대해 감독하고 있다. 그러므로 일본, 영국 및 홍콩은 ①의 규제 방식을 따른다고 볼 수 있다.

구체적으로 투자자 보호의 관점에서 일반투자자에 판매하는 헤지펀드에 대한 최저 투자금액 제도의 도입, 편입 자산에 대한 일정 제한, 당국의 인가, 헤지펀드의 역외 판매의 경우 감독당국 간 협력 체제 등을 마련하고 있는 나라도 있다. 또한, 일반투자자에 헤지펀드를 판매하는 업자 인가시 자본금이나 담당 운용자의 투자 경험 등의 조건을 부과하고 있는 곳도 있다.

헤지펀드에 관해서 각국 감독당국은 시장규율에도 높은 관심을 가지고 있다. 헤지펀드의 시장규모 확대에 따라 헤지펀드와 헤지펀드를 상대하는 파생 거래나 여신을 상대하는 프라임 브로커 쌍방의 리스크가 높아지고 있다. 이로 인하여 시세의 변동 등에 의해 시장에 큰 영향을 미칠 수도 있다는 인식을 강하게 가지고 있는 감독당국도 있다.

2. 민간단체

(1) CRMPG II

CRMPG II는 미국의 주요 금융기관의 간부로 구성된 단체로 제랄드 콜리건 전 뉴욕연방은행 총재가 의장을 맡고 있으며, 글로벌 금융시스템의 효율성, 유효성 및 안정성을 촉진하기 위한 정책을 민간의 입장에서 검증 및 제시하고 있다.

1999년에 CRMPG II의 전신인 CRMPG I은 헤지펀드 규제에 대해 감독당국이 금융기관을 통해 정보를 수집하는 것은 헤지펀드를 직접 규제하는 것에 준하는 정보를 얻을 수 있다고 결론지었다.

1999년 이후 헤지펀드의 수나 규모가 커지고, 그 복잡성이 증가하는 등 헤지펀드를 둘러싼 환경이 크게 변화하였고, 헤지펀드를 직접 규제하는 나라도 생겼다. CRMPG Ⅱ는 간접적인 규제에 이점이 있다고 하였고, ① MFA가 2005년에 공표한 '건전한 실무 지침'에 나타난 실무 지침을 헤지펀드가 자주적으로 이용하고, ② 감독당국과의 협력 아래 금융기관을 통한 보고 체제의 구축이 가능한지를 검토하는 그룹의 소집을 제언하였다.

2005년 7월 CRMPG Ⅱ는 '더 나은 금융안정을 위한 민간영역의 전망'이라는 보고서를 통해 거래상대방 리스크 관리와 직접적 관계가 없으나 무시할 수 없는 요소의 하나로서 '헤지펀드의 공적인 감시'를 지적하고 있다.[7] 이는 새로운 상품의 등장 등에 의해 금융 실무의 복잡성이 높아지고 있는 것을 배경으로 발생 확률이 지극히 낮은 금융시스템 전체에 중대한 영향을 미칠 수도 있는 리스크에 대해 금융시스템의 효율성이나 유효성을 해치는 일 없이 적절한 대응을 해 가는 관점을 지향하며, 시장참가자로서의 헤지펀드 규제나 거래상대방인 금융기관 위험관리의 본연의 자세에 대하여 제언을 행하고 있다.

따라서 금융기관과 헤지펀드 거래에 대해서도 헤지펀드의 시가 정보취득 및 취득 과정에서의 적절성, OTC 거래 이행의 확실성, 거래상대방 리스크의 관리, 이해상충 회피 등의 내부 관리나 금융기관의 거래 실태가 시장의 안정성에 미칠 수 있는 잠재적인 영향 등에 대해서 계속적으로 상황을 주시해 나갈 필요가 있을 것이다.

(2) MFA

MFA는 1991년에 미국에서 설립되어 현재 약 1천명의 회원을 보유하는 헤지펀드를 포함한 대체투자 업계를 전문으로 하는 세계적인 회원 조직이다. MFA(2005)에서는 헤지펀드 운용자를 위한 건전한 실무 지침을 공표하였는데, 이 지침은 2003년에 공표한 지침을 개정한 것으로, 헤지펀드 운용자에 의한 건전한 비즈니스 관행

7) CRMPG Ⅱ(2005).

의 추진과 투자자 보호를 위하여 작성되었다.[8)]

이 지침에서는 ① 거래의 내부 관리, ② 투자자에 대한 책임, ③ 평가 방침과 절차, ④ 리스크 감시, ⑤ 규제상의 관리, ⑥ 거래 실무, ⑦ 업무 지속 및 문제시 극복 계획 등 일곱 분야에서 지침을 제시하고 있다. 이것은 헤지펀드 운용자가 그 실무를 행할 때 지침을 제공하는 목적으로 책정되어 헤지펀드 운용자가 제시된 지침을 평가하고 이용하는 것으로 헤지펀드 운용자 자신의 비즈니스 관행을 강화하여 투자자 보호 강화로 연결되는 것을 기대하고 있다.

3. 규제당국

(1) Department of the Treasury외 3개 기관

Department of the Treasury et al.(1999)은 LTCM의 사태를 통하여 한 금융기관의 위험이 다른 금융기관에 전이되고 종국적으로 시장 전체에 시스템리스크를 야기할 수 있는 가능성이 있으므로 이를 해결하기 위한 정책을 제안하였다.

LTCM은 국제금융시장이 점차 안정되어 무위험자산(미국국채)과 위험자산 간 이자율 스프레드가 좁혀질 것으로 예상하고 이자율 스프레드에 대규모 포지션을 보유하였으나 러시아의 모라토리엄 선언에 따라 1998년 8월~9월중 금융시장이 불안정해지면서 스프레드가 커지자 대규모 손실 발생하였다. LTCM의 사정이 악화되면서 거래기관이 신용공여조건을 강화하고 추가담보를 요구함에 따라 유동성 사정이 더욱 악화되어. 1998년 9월 23일 뉴욕연방준비위원회의 주선으로 14개 은행 및 증권회사가 LTCM 지원을 위한 컨소시엄을 결성, LTCM에 약 36억 달러를 출자하여 경영권을 인수하게 되었으며, 이후 LTCM의 경영이 점차 정상화되어 1년 후 은행단들은 지원자금을 상환받고 2000년 초 LTCM은 청산하게 되었다.

---

8) 본 지침에서는 헤지펀드를 사모형식으로 판매되지만 넓게는 일반투자자가 구입할 수 없는 프로투자운용회사(헤지펀드 운용자)에 의해 운용되는 투자수단이라고 정의하고 있으며, 이는 펀드 오브 헤지펀드를 대상으로 하지 않았음.

LTCM이 26대 1의 높은 차입[9](자산 1,250억 달러, 자본금 48억 달러)를 유지하고 있었음에도 신용공여 금융회사는 LTCM이 도산하더라도 피해가 없을 것으로 예상하여 신용관리가 불충분했던바, 이는 투자자, 신용공여자, 거래상대방 전반의 거래행위에 대하여 효과적인 감시 및 위험관리가 되지 못한 것으로 평가된다.

LTCM 사건은 개별 금융회사의 과도한 차입으로 인해, 한 금융회사의 문제가 기타 금융회사로 전이되어, 금융시장 전체의 시스템리스크를 가져올 수 있음을 보여준 사건이다. 차입은 금융시스템에 보다 높은 이윤 창출이라는 긍정적 역할을 수행할 수도 있지만, 금융회사가 고객과 거래상대방에게 너무 많은 제공할 경우 문제를 야기할 가능성이 높으며, 시장 존중의 경제시스템에서는 차입을 통제하는 데 원칙적으로 시장 원리에 의존한다.

이러한 사태에 대하여 이 보고서에서는 헤지펀드와 관련하여 정보 공개, 위험관리 개선에 대하여 정책적으로 제언하고 있다. 정보공개와 관련해서는 헤지펀드에 대하여 의미 있는 정보가 보다 빈번하게 공개되어야 하며, 금융기관을 포함한 공적 기업은 헤지펀드를 포함해서 차입비중이 높은 기관에 대한 여신 현황 및 노출 정도에 관하여 추가적 정보를 공시해야 한다고 제언하고 있다. 그리고 위험관리와 관련되어서는 금융기관은 거래상대방 리스크 관리를 개선해야 하며, 규제당국은 피규제기구의 위험관리 시스템의 개선을 권장해야 하며, 자본적합도(capital adequacy)에 관하여 리스크에는 더 민감하되(more risk-sensitive) 신중한(prudent) 접근법을 개발할 필요가 있다고 권고하고 있다. 더불어 규제당국은 증권회사와 선물회사의 규제받지 않은 관계회사에 대한 리스크 평가 권한을 확대하고, 규제당국의 역외 금융센터가 국제기준 부합을 촉진하도록 강력한 인센티브를 갖아야 한다고 권고하고 있다.

(2) SEC

SEC(2003)에 의하면 헤지펀드의 실제 투자자는 적격투자자 요건을 일반적으로 충족시킨다. 적격투자자 요건은 소수투자자 사모의 특정 투자자 요건보다 재무적 측면에서 더 엄격하기 때문에 헤지펀드 투자자는 실제적으로 특정투자자 요건을

9) 파생상품 투자 고려시 차입 규모가 40배 이상 되는 것으로 추정됨.

능가하는 투자자들이 투자하고 있다고 밝히고 있다. 이 보고서에서는 향후 헤지펀드 성장에 따른 문제점과 이를 해소하기 위한 대책을 제시하고 있다.

헤지펀드 성장에 따른 우려사항은 다음과 같다. 첫째, 미국의 경우 등록면제 조항을 이용하는 헤지펀드들은 SEC에 대한 보고의무 및 투자자에 대한 공시의무를 갖지 않게 된다. 따라서 헤지펀드의 운용 규모, 운용주체 등 헤지펀드와 헤지펀드 자문업자에 관한 정확한 정보가 없고, 투자자들 역시 투자자문업자와 헤지펀드의 운용에 관한 기본적인 정보를 얻지 못하므로 투자자에게 제공되는 정보의 적절성을 확인할 규제적 수단을 확보하기 어렵다. 결과적으로 SEC는 헤지펀드와 헤지펀드 거래관행에 대하여 단지 간접정보만 가지게 되어 헤지펀드 관련 정책적 대응에 한계를 갖는다. 또한 SEC의 정보부족으로 헤지펀드의 사기가능성이 SEC에 제보된 이후에 사기나 다른 잘못된 행위를 확인하게 되므로 사기와 기타 부절절한 행위에 대한 예방적 활동을 할 수 없다.

둘째, 헤지펀드 포트폴리오 증권 평가의 어려움이다. 헤지펀드의 포트폴리오에 대한 헤지펀드 자문업자의 평가의 적절성에 대한 검증이 이루어지지 않는다. 성과에 대한 실적급의 유인을 가지는 헤지펀드 자문업자는 포트폴리오 가치평가에 대한 개입을 통하여 성과를 왜곡할 수 있다. 외부 관리기관이나 평가기관을 사용하는 경우에도 자문업자는 가격평가에 있어 자신의 판단을 주장할 수 있고, 유동성이 적은 자산에 투자함으로써 이러한 우려가 심화될 수 있다. 등록된 펀드 오브 헤지펀드의 순자산가치 산정 역시 동일한 문제가 있다. 왜냐하면 헤지펀드 포트폴리오의 순자산가치에 대한 독립적 평가가 쉽지 않기 때문이다.

셋째, 헤지펀드에 내재하는 리스크 요인을 제대로 이해하지 못하는 비전문투자자인 소매투자자가 헤지펀드에 직접 투자하는 경우에 투자자 보호 장치가 미흡하다.

넷째, 헤지펀드 자문업자와 헤지펀드 사이의 이해상충 문제이다. 일부 고객계좌 관리에 있어 혜택을 주는 side-by-side 문제와 프라임 브로커와의 관계에서 이러한 문제가 나타날 수 있다. 헤지펀드 자문업자가 헤지펀드 투자자가 됨에 따라 이해상충 문제가 발생할 수 있으며, 헤지펀드 자문업자가 프라임 브로커의 선정시 프라임 브로커 선정의 공정성이 보장되지 않고 그 결과는 모든 헤지펀드 투자자에게 미치게 된다.

이러한 우려사항의 해결책으로 다음사항이 제시된다. 헤지펀드 운용자는 등록의 이득과 부담을 고려하여, 헤지펀드 운용자등록을 요구한다. 개별 헤지펀드의 개별 투자자를 운용자의 개별 고객으로 간주하면 대부분의 대행 헤지펀드 운용자는 등록하게 되고, 등록 헤지펀드는 SEC에 대한 보고의무와 투자자에 대한 공시의무를 부과받는다. 등록으로 인하여 사기의 감소, 투명성의 증진, 소매고객 증가 등의 이득이 생긴다. 등록을 하게 되면 정기조사 및 검사대상이 되어 금융감독당국은 헤지펀드에 관한 기본적이고 중요한 정보를 제공받을 수 있게 된다. 예를 들어, 헤지펀드 자문업자의 등록을 통하여 운용하는 헤지펀드 수, 헤지펀드 운용금액, 헤지펀드 자문업자를 통제하는 사람들을 포함한 모든 헤지펀드 자문업자에 관한 실제적인 정보를 모을 수 있을 것이다. 헤지펀드 자문업자의 거래활동을 직접적으로 검사할 수 있게 되면, 사기 및 부적절하거나 합법적이지 못한 거래행위를 더 쉽게 적발할 수 있다. 등록 투자자문업자로서 헤지펀드 자문업자 역시 자문업자의 사업관행과 원칙에 관한 과거 경험, 필요 기록의 유지, 고객자산의 안전한 보호 등에 관한 정보를 SEC와 투자자에 대하여 제공해야 된다. SEC는 이러한 자문업자에 대한 정기적 준법감시를 통하여 제기되는 우려사항에 관한 감시활동을 할 수 있다.

또한 등록 운용자는 투자자가 75만 달러 이상을 동일 운용자에게 투자하거나 150만 달러의 순자산가치가 없는 경우에는 실적보수를 부과할 수 없기 때문에 헤지펀드 직접투자에 대한 최소 투자요건을 효과적으로 증가시킬 수 있다. 종합적으로 등록으로 인하여 사기의 감소, 투명성의 증진 및 이로 인한 소매고객의 증가 등의 이득이 기대된다.

반면 등록의 비용은 규제기관과 헤지펀드 산업 모두에게 규제비용을 증가시킬 수 있다는 점이다. 강제등록으로 인하여 SEC는 다른 감독 업무와 별도로 시간과 예산을 확보해야 하고, 이는 투자자의 손해로 연결될 수 있다. SEC의 감독 인력 부족 고려시 헤지펀드에 대한 규제 강화는 높은 기회비용을 수반하게 될 것이다. 자문업자 등록은 SEC에 등록하고 있지 않은 헤지펀드에 추가적 비용을 발생시킬 수 있는데, ① 전자 자료 제출(electronic filing)에 따른 비용, ② 자문업법상의 기록 보존 시스템 구축비용,[10] ③ 준법감시 규제에 부합하기 위한 지출비용 등 등록 관련 세 종류의 비용 부담이 증가할 수 있다. 그 이외 사항으로, 프라임 브로커의 자본제공 진행에 대한 감시, 헤지펀드의 베스트 프랙티스(practice) 개발에 의한 이해상충 문제 해결 및 투자자의 리스크리턴 프로파일 인식의 양상을 위한 헤지펀드 투자자에 대한 교육 증진 등을 제시하고 있다.

SEC(2004)는 투자자 보호와 증권시장 건전성 유지가 감독당국의 주요한 책무이며, 헤지펀드 산업에 대한 적절한 규제조치가 필요하다고 주장하고 있다. 헤지펀드는 시장의 효율성과 유동성 증진에 기여하며, 시장의 움직임과 상관관계가 작아 위험의 분산의 기회를 제공하는 긍정적 측면이 있다. 그러나 헤지펀드 성장에 따라 사기 행위가 증가하고 있으며, 운용자의 실적에 대한 과다 평가, 불필요하거나 공시되지 않은 보수의 지급, 고객자산 평가의 오류 등으로 투자자 보호에 문제가 있고, 헤지펀드 실적급의 지급은 가치평가의 오류를 유발할 유인이 생긴다. 특히, 펀드 오브 헤지펀드의 경우 펀드 자산의 대부분이 헤지펀드에 투자하는 등록회사이고, 2만 5천 달러의 최소 투자한도를 설정하고 있으나 최소 투자금액이나 투자자 자격 요건은 증권법이나 SEC가 규제하지 않고 있으므로 일반투자자에 대한 보호 필요성이 생긴다. 또한 고령화 시대로 감에 따라 은퇴자금이 헤지펀드로 가는 것도 규제의 필요성을 유발하고 있다. 따라서 감독당국은 헤지펀드의 합리적 활동을 저해하지 않는 수준에서 투자자 보호의 책무와 금융시장에서의 헤지펀드의 역할에 대한 균형 있는 시각을 가지고 규제를 실시해야 한다. 헤지펀드 운용자에 대한 정보와 규제에 대한 관찰이 필요하며, 헤지펀드 투자자문업자를 등록하게 함으로써 투자자와 증권시장을 보호할 필요가 있다.

(3) FSA

FSA(2002)에 따르면 영국에 소재한 헤지펀드 매니저는 FSMA에 의한 규제를 받고, 헤지펀드의 역내 설정시 소득과 자본 이득에 관한 법인세 부과 등으로 역외에 설정하는 경우가 대부분이다. 그러나 펀드는 역외에 존재하지만, 펀드 운용자,

10) 대부분의 경우 프라임 브로커가 구축함으로 추가적 비용발생 안할 수 있음.

프라임 브로커 및 투자자는 역내에 존재하므로, FSMA의 규제를 받게 된다. 일반적으로 인정되는 헤지펀드의 정의가 미비한 것은 모든 종류의 헤지펀드 규제를 받는 CIS의 범위를 설정하는 것이 가능하지 않음을 의미한다고 밝히고 있다. FSA의 The UK Lisiting Authority에 따르면 헤지펀드의 특성상, 특히 공매도 전략이 상장을 위한 기준에 부합되지 않으므로, 개별 헤지펀드가 현재 상장기준에 따라 상장하기는 어렵지만, 펀드 오브 헤지펀드는 매도 전용(long only) 기준에 의하여 헤지펀드 포트폴리오에 투자하기 때문에 상장이 가능하다. 대부분의 국가에서 소매투자자에게 헤지펀드 마케팅시 규제를 두고 있는데, 이는 비전문적 투자자에 대한 적합성 우려 때문으로 미국의 경우 특정 투자자(accredited investor)에게 한정하여 마케팅이 가능하다. 이러한 헤지펀드에 대한 규제 변화는 비용 증가가 수반하므로 금융소비자의 편익과 비용을 고려해서 결정할 필요가 있다고 주장하고 있다.

FSA(2005b)에서는 헤지펀드가 시장 유동성과 효율성을 증진시키고 투자은행 수익의 주요 원천이 된다고 밝히고 있다. CSFB의 평가에 따르면 수익 중 250억 달러가 헤지펀드로부터 창출되는데 이 금액은 총 수익 중 1/8에 해당되고, 190억 달러는 거래 영업으로부터 60억 달러는 프라임 브로커리지로부터 발생한다고 보고하고 있다. 영국의 경우 헤지펀드 운용자는 FSMA 37조(managing investments)와 53조(advising on investments)에 의해 규제를 받는데, 약 200개의 회사가 헤지펀드 전문 운용/자문회사이고 100개의 전통적 투자운용/자문사가 헤지펀드 업무를 추가한 것으로 추정된다. 일반적으로 영국에서 운용되는 헤지펀드의 독립적 가치평가는 제3의 관리자에 의해 행해진다. 일반 공모펀드와는 달리 헤지펀드는 펀드의 가치평가 객관성을 담보하는 독립적 보관기관이나 신탁인(trustee)의 사용이 강제되지 않아, 헤지펀드 운용자가 스스로 가치평가를 할 때에는 이해상충이 생길 수 있다.

헤지펀드가 가진 위험으로 대형 헤지펀드나 다수의 중형 헤지펀드가 파산시, 시장의 붕괴를 초래할 수 있으며, 헤지펀드가 특정상품이나 특정시장에 집중 투자하여, 투자자산을 한꺼번에 처분시 유동성 미스매치와 불균형시장을 초래할 수 있음을 지적하고 있다. 전통적 VAR Model에 의해 파악되지 않는 리스크가 존재하며, 이러한 리스크는 유동성리스크, 신용리스크와 특히 극단적인 경우에 발생하는 long-tail 리스크를 포함하고 스트레스 테스트가 이러한 리스크를 파악하기 위해 점점 더 많이 사용되고 있다.

또한 헤지펀드의 거래확인 지연 및 통보되지 않는 거래 할당과 같은 운영위험이 존재하므로 위험관리는 헤지펀드의 필수 영역이라고 주장한다. 또 다른 헤지펀드의 위험으로는 헤지펀드의 내부자 거래와 시장 조작의 가능성인데, 인센티브 구조, 규제적 감시와 통제의 미비로 운용자의 사기 가능성이 존재하고, 전통적 운용자보다 헤지펀드 운용자는 자금 세탁방지 책무에 취약할 수 있다. 그리고 가치평가 방법론의 취약성 및 이해상충으로 인한 시장의 신뢰저하를 가져올 잠재적 위험이 존재한다. 그러나 규제당국은 이러한 위험을 완화할 정보가 부족하므로 하므로 정기적인 헤지펀드의 거래상대방으로서의 조사를 실시하고, 헤지펀드 운용자와 거 상대방에 대한 헤지펀드의 시장행위를 사전 감시하며, 거래보고를 목적으로 거래상대방으로 헤지펀드보다 헤지펀드 운용자를 고려할 필요가 있다고 권고하고 있다. 리스크 완화를 위해 헤지펀드 이슈에 관해 시장 참가자들과 비감독적 대화를 하며, 헤지펀드 운용자와 다른 운용자의 좀더 분명한 구분에 의해 감독할 필요가 있으며, 헤지펀드 가치평가를 개선할 필요가 있다고 밝히고 있다.

FSA(2006a)에서는 영국이 헤지펀드 운용자에게 매력적인 지역으로 남아 있게 하는 데 FSA가 중요한 역할을 수행했다고 밝혔다. 헤지펀드는 유동성의 주요 원천이고 시장 효율성을 상당히 증가시킬 수 있으며, 헤지펀드 운용자 감독팀을 만들어 위험관리를 지도하고 있으며, 향후 가치평가에 관한 규제가 필요하며, 프라임 브로커에 대한 정기적 검사가 이루어질 것이라고 밝히고 있다.

FSA(2006b)는 헤지펀드가 가지는 핵심적인 리스크는 시장의 붕괴와 헤지펀드 거래상대방에 대한 신뢰의 손상이라고 주장하고 있다. 또한 헤지펀드의 내부자 거래와 시장 조작, 거래확인의 지연과 비통보 거래활동과 같은 운영 위험 및 공시되지 않은 이면계약 발행으로 인한 투자자들에 대한 차별적 대우 등이 존재한다고 주장한다. 그러므로 헤지펀드에 대하여 내재하는 리스크를 파악하고 완화하는 방안을 찾기 위해 필요시 규제당국이 개입하여 규제하는 것이 바람직하다고 주장한다. 특히 신흥 시장(emerging market)에 있어서 나타나는 헤지펀드의 리스크는 헤지펀드가 잠재적 유동성 위험을 안고 있지만 변동성을 증가시켰다는 증거는 찾기 어려우므로 감독당국은 헤지펀드 시장참여자의 사기를 저하해서는 안 되고 거래

행위의 공정성 확보와 헤지펀드의 위험을 최소화하는 차원에서 개입해야 한다고 주장하고 있다. FSA는 2005년 10월 헤지펀드 전문팀을 설립하여 헤지펀드 운용자와 프라임 브로커 서비스를 제공하는 증권회사를 감독하여 리스크를 관리하고 있으며, 헤지펀드에 대한 신용공여와 위험관리 시스템 개선을 공조하고 있다. 더불어 FSA는 헤지펀드와 관련된 시장 오용의 방지, 신용파생상품시장에서 은행을 통한 국제 공조, 가치평가의 지침 및 이면 계약 관련 정보의 공개 지침 등을 마련하고 있다.

FSA(2006c)에서는 헤지펀드의 정의가 명확하지 않아 논의의 대상에 대한 불명확성이 있을 수 있으나, 감독당국의 건전성 감독과 금융소비자 보호라고 밝히고 있다. 즉, 헤지펀드의 규제 목적은 헤지펀드가 금융시장 안정에 영향을 미치는 위험의 정도를 나타내는 건전성확보, 소매고객이 헤지펀드에 직접 투자하도록 허용할 경우의 소비자 보호(consumer protection), 시장 오용을 방지하기 위한 시장행위 규제 등시장의 완전성(market integrity) 확보에 있다고 주장한다. 이를 위해서는 헤지펀드와 헤지펀드 운용자를 구분해야 하며, 규제의 대상은 헤지펀드가 아니라 헤지펀드 운용자, 판매자, 투자자이다. 헤지펀드의 건전성과 관련되어서 거래상대방인 프라임 브로커에게 전이되는 위험이 중요하므로, FSA는 프라임 브로커의 헤지펀드 노출 정도를 조사해야 한다. 소비자 보호의 주요 과제는 소매투자자의 투자허용 범위 문제인바, 자기 자신을 보호할 수 있는 HNW에게는 헤지펀드 투자허용이 필요하며 소비자 보호를 위해 헤지펀드 전략을 제약하는 것은 바람직하지 않으며, 소비자 보호를 위해 펀드 운용자와 보관자의 역할을 분담하고, 투자 헤지펀드에 대한 자산 실사의 원칙 설정, 이면 계약의 공개 등이 필요하다고 주장한다. 또한 시장 완전성 확보를 위해 내부 정보의 오용, 복잡한 상품의 가치평가 미비, 선호 고객(preferred client)에 대한 특혜 등의 문제를 해결해야하나, 이러한 사항은 헤지펀드만의 문제는 아니라고 밝히고 있다. 세 가지 규제적 목적인 건전성 위험 제어, 소비자 보호, 시장 완전성 달성을 위해 보수, 상환정책(redemption policy), 가치평가과정, 투자 전략, 관리, 투자자와 프라임 브로커에 대한 결과 보고에 대한 투명성 확보 등이 필요하다.

▌부록 2-2 규제당국의 헤지펀드 규제에 관한 논의

<table>
<tr><th>규제당국</th><th>연도</th><th>주요 내용</th><th>규제적 시사점</th></tr>
<tr><td>미국 Dept. of Treasury외 3개 기관</td><td>1999</td><td>• LTCM 사건은 한 금융회사의 문제가 다른 회사 및 금융시스템 위험으로 전이될 수 있음을 보여줌
• LTCM의 경우 투자자, 신용공여자, 거래상대방들은 LTCM의 전반적 거래행위에 대해 효과적인 감시를 하지 못했음
• 헤지펀드의 의미 있는 정보의 빈번한 공개 필요
• 금융기관을 포함한 공적기업은 헤지펀드를 포함한 차입비중이 높은 기관에 대한 금융상의 노출정도에 관한 추가적 정보 공시
• 금융기관의 헤지펀드에 대한 대출규모 공시 필요
• 규제대상기관의 위험관리 시스템 개선</td><td>• 헤지펀드의 정보 공개 필요</td></tr>
<tr><td rowspan="2">SEC</td><td>2003</td><td>• 헤지펀드에 실제적으로 특정투자자 요건을 능가하는 투자자가 투자하고 있음
• 포트폴리오 증권 평가의 정확성 우려
• 소매화에 따른 투자자 보호문제
• 이해상충의 문제
• 헤지펀드 운용자 등록의 이득과 부담의 정도를 고려하여 등록해야 함</td><td>• 헤지펀드 운용자 등록을 통한 규제 수단 마련</td></tr>
<tr><td>2004</td><td>• 헤지펀드 산업에 적절한 규제 필요
• SEC의 주요 책무는 투자자 보호와 증권시장 건전성 유지임
• 헤지펀드 투자자문업자 등록을 통하여 투자자와 증권시장 보호</td><td>• 헤지펀드 운용업자에 대한 규제 필요</td></tr>
<tr><td rowspan="4">FSA</td><td>2002</td><td>• 대부분의 국가는 소매투자자에게 헤지펀드 마케팅시 규제</td><td>• 소매투자자 판매시 규제 필요</td></tr>
<tr><td>2005</td><td>• 헤지펀드로 인한 시스템리스크 존재
• 규제당국이 이에 대처할 충분한 정보부족
• 헤지펀드 운용자가 스스로 가치평가시 이해상충 발생
• 헤지펀드 가치평가의 개선 필요</td><td>• 규제당국의 헤지펀드 관련 정보 수집 확대
• 헤지펀드 가치평가의 개선</td></tr>
<tr><td>2006a</td><td>• 가치평가에 관한 규제 필요
• 프라임 브로커에 대한 정기적 검토가 이루어질 것임</td><td>• 헤지펀드 가치평가의 규제 강화</td></tr>
<tr><td>2006b</td><td>• 헤지펀드 시장참여자의 사기를 저하하지 않으면서 거래행위의 공정성 확보와 헤지펀드의 위험을 최소화하도록 규제</td><td>• 위험관리 필요
• 투자자 보호 필요</td></tr>
</table>

부록 2-2 규제당국의 헤지펀드 규제에 관한 논의(이어서)

규제당국	연도	주요 내용	규제적 시사점
FSA	2006b	• 헤지펀드에 내재하는 리스크 파악과 완화 방안 마련 • 공시되지 않은 이면 계약 발행으로 투자자에 대해 차별 대우 가능	
	2006c	• 헤지펀드의 규제는 건전성 확보, 소비자 보호, 시장 오용을 방지하기 위한 시장 행위 규제 등 시장의 완전성 달성 차원에서 이루어져야 함 • 규제 대상은 헤지펀드가 아니라 헤지펀드 운용자, 판매자, 투자자임	• 적절한 정보 제공 메커니즘을 통한 투명성 확보 • 헤지펀드 운용자, 판매자, 투자자 규율 필요

참고문헌

〈국내 문헌〉

강정미, 2007, 사모투자전문회사(PEF)의 현황과 과제, 한국은행 『한은조사연구』 2007-12.

곽승주・김종훈・노희진・오세경・유인금・이현경, 2008, 『헤지펀드 투자전략 연구(2)』, 자본시장연구원 Working Report 08-03.

금융감독원, PEF 제도도입 6년의 평가와 향후과제, 보도자료, 2011 (6. 7).

금융연구원, 2007, 영국 금융감독청, 헤지펀드 개인판매규제 완화, 주간 금융브리프 16권 16호.

금융투자교육원, 『2011, 2011 헤지펀드운용 전문인력Ⅰ』.

금융투자교육원, 『2011, 2011 헤지펀드운용 전문인력Ⅱ』.

김경원, 2006, 사모펀드의 활성화를 위한 제도적 지원, 국회법제실 『법제현안』 제1006-19호(통권 제210호).

김 건, 2009, 사모투자전문회사의 설립 및 운용과 관련된 몇 가지 실무상 문제, 한국증권법학회 『증권법연구』 10권 2호.

김범준, 2009, 미국의 헤지펀드 규제에 대한 비판적 소고-2006년 Goldstein v. SEC 판결 이후의 동향을 중심으로, 『법학논총』 제33권 제1호.

김상수・노희진・변귀영・송홍선・오세진・유시용・장욱・진전용・진익・현종석, 2008, 『헤지펀드 투자전략 연구(1)』, 자본시장연구원 Working Report 08-02.

김영민・이명기・이현경・조영로・진익, 2007, 『헤지펀드 활용사례 및 시사점』, 자본시장연구원 Working Report 07-06.

김재칠 · 빈기범 · 박진모 · 김란영, 2009, 『펀드 규율체계의 바람직한 통합방향』, 자본시장연구원 조사보고서 09-02.

김철배 · 박정훈 · 박철영 · 서종균 · 안창국 · 영중식 · 장봉기 · 정철, 2005, 『간접투자해설』, 박영사.

노희진, 2011, 헤지펀드의 규제변화와 프라임 브로커 도입방안, 한국금융투자협회 공청회 발표 자료.

노희진, 2010, 사모펀드규율체계의 선진화 방안, 자본시장연구원 weekly 2010-30호.

노희진, 2009, 금융위기 이후 헤지펀드의 글로벌 규제 논의와 국내 도입 및 발전 방안, 자본시장연구원 『KCMI perspective』 Vol.1, No.2.

노희진, 2009, 프라임브로커의 역할과 국내발전방안, 자본시장연구원. weekly 2008-32호.

노희진, 2008, 헤지펀드의 국내 도입 방안, 서울대학교 금융법센터 『BFL』 28호 (2008년 3월호).

노희진, 2005, 사모펀드와 기관투자자의 관계, 『상장협연구』 춘계호 제51호, 45-78.

노희진, 1998, 『헤지펀드의 특성과 규제』, 한국증권연구원 이슈페이퍼 98-11.

노희진 · 김규림, 2008, 『헤지펀드의 국내 허용 방안』, 한국자본시장연구원, 연구보고서 08-02.

노희진, 빈기범, 신인석, 정의종, 2010, 『사모펀드제도 선진화방안』, 금융투자협회 용역보고서.

머니투데이, 거래 헤지펀드 '한국시장' 노린다, 2006 (5.29).

박승두, 2000, 미국 연방파산법상 자동정지제도와 채권자 보호제도, 한국산업은행 『산은조사월보』 536호, 84-105.

백흥기 · 정창수, 2006, 외국인 간접투자가, 과연 독인가, 현대경제연구원 『Global Management Insight』 06-03.

박삼철, 2009, 사모펀드 規制의 바람직한 모습, 『금융법연구』 제 6 권 제 2 호.

법제연구원, 2008, 헤지펀드에 대한 규제동향과 법적 과제, 워크샵 자료집.

빈기범, 2009, 사모펀드의 개념 및 국내 법제에 관한 이해, 자본시장연구원

weekly 2009-31호.

빈기범, 2009, 통합적 기업구조조정 시스템 구축 필요성, 자본시장연구원 weekly 2009-08호.

서정민 · 김남주, 2004, 최근 헤지펀드의 동향과 규제 논의, 한국은행『외환국제금융리뷰』 제 4 호.

서종군, 2007, 우리나라 사모펀드의 현재와 미래, 자산운용협회『투신』 제62호, 1-14.

서현우, 2007, 금융환경 변화와 펀드의 이해 - 자본시장통합법에 의한 집합투자기구를 포함하여,『금융법연구』 제 4 권 제 2 호.

성희활, 2003, 공매도 규제의 개선방안에 관한고찰-미국의 공매도 규제 개편동향을 중심으로, 증권거래소『주식』 제145호, 3-39.

송종준, 2006, 미국의 헤지펀드 규제와 법적 시사점,『증권법연구』 제 7 권 제 1 호, 49-99.

신한금융투자, 2011, 헤지펀드, 성장 잠재력을 보자, Korea Equity Research, Sector Report.

안남기, 헤지펀드 Amaranth 대규모 투자손실 발생 및 영향, 국제금융센터 memorandum, 2006 (10.4).

안남기, 최근 헤지펀드로의 자금 유입 재차 증가세로 전환, 국제금융센터 memorandum, 2006 (9.14).

안남기, 최근 국제 헤지펀드 업계 동향 및 특징, 국제금융센터 memorandum, 2006 (1. 16).

연강흠, 2007, 헤지펀드: 成長過程, 現況, 問題點,『상장협연구』 제56호.

유주선, 2009, 자본시장법상 헤지펀드 - 독일 투자법을 중심으로 -,『증권법연구』 제10권 제 1 호.

유주선, 2008, 독일 투자법에 관한 고찰,『상사판례연구』 제21편 제 3 권.

이병윤, 2005,『외국자본진출 확대의 영향과 대응방안-배당 및 투자에 대한 영향과 적대적 M&A위협을 중심으로 -』, 한국금융연구원 금융조사보고서 05-14.

이상복, 2009, 외국에서의 프라임 브로커 입법동향과 법적 시사점,『상사판례연구』

제22호 제 4 권, pp.437-481.

이상복, 2010, 프라임 브로커의 파산과 관련된 법적 쟁점과 그 시사점, 『비교사법』 제17권 1호(통권 48호), pp.527-560.

이종철・서정두, 2008, 『헤지펀드』, 이든디자인.

이중기, 2008, 사모주식펀드(private equity)의 규제: 영국의 경험을 중심으로, 『상사법연구』 제25권 제 4 호.

이영우, 1998, 『헤지펀드 운용실태와 국별 환투기 사례분석』, 대외경제정책연구원 조사분석 98-04.

이행규・채희석・이은영, 2010, 사모투자전문회사(Private Equity Fund)의 설립 및 등록 관련 실무상 제문제, 서울대학교 금융법센터 『BFL』 39호(2010년 1월호).

이호진・송원호・장국현・정삼영, 2006, 『헤지펀드에 대한 주요국 규제동향과 정책적 시사점』, 대외경제정책연구원 연구보고서 06-09.

임연하, 2005, 우리나라 사모펀드의 운영 현황 및 건전한 발전 방안, 금융감독원 『조사연구리뷰』 2005년 봄호.

임호열・박진호, 2006, 『헤지펀드의 최근 동향과 주요국의 정책대응』, 한국은행 조사연구 2006-6.

장근영, 2006, 미국의 투자자문업자법 상 헤지펀드 자문업자의 등록 - Goldstein 판결과 관련하여, 자산운용협회 『투신』 제59호, 1-22.

재정경제부, 2006a, 『자본시장과 금융투자업에 관한 법률안』

재정경제부, 『자본시장과 투자업에 관한 법률안』설명자료, 차관회의 설명자료, 2006b (12.28).

전승철・윤성훈・이병창・이대기・이현형, 2005, 투기성 해외자본의 문제점과 정책과제, 한국은행 『금융경제연구』 제213호.

정상철, 2009, 『문화산업전문회사 운용실태 및 개선방안 연구』, 한국문화관광연구원, 기본연구 2009-27.

정순섭, 2003, 『장외파생금융상품거래의 도산절차상 취급에 관한 법제도 정비방안』, 한국법제연구원, 현안분석 2003-7.

정순섭, 2005, 통합도산법상 금융거래의 특칙에 관한 연구-채무자 회생 및 파산에 관한 법률 제120조 제3항의 해석론을 중심으로, 『증권법연구』 제 6 권 2호.

주간조선, 스타 펀드운용자가 말하는 성공투자 전략, 심층리포트, 2007 (7.30).

주 EU대사관, 2009, 『EU 경제정책 동향 및 분석 Ⅱ』.

최민용, 2007, 헤지펀드의 도입과 규제에 관한 고찰, 『상사판례연구』 20편 3권.

최흥식, 『금융산업의 구조 변화와 시사점』, 한국금융연구원 21C 금융비전포럼 조찬회 강연자료, 2006 (5.25).

헤지펀드 T/F, 2007, 『국내 헤지펀드 도입방안』, 한국증권연구원 공청회 자료.

한국예탁결제원, 2010, 『Repo・증권대차 발전방안 연구: 주요국 시장 분석 및 시사점 도출을 중심으로』, 연구용역보고서.

한국증권법학회, 2009, 『자본시장법 주석서2』, 박영사.

〈외국 문헌〉

Ackermann, C., McEnally, R., Ravenscraft, D., 1999, The Performance of Hedge Funds: Risk, Return, and Incentives, *Journal of Finance*, Vol.54, pp.822-874.

Agarwal, V., Naik, N. Y., 2000a, On Taking the Alternative Route: Risk, Rewards, and Performance Persistence of Hedge Funds, *Journal of Alternative Investment*, Vol.2, pp.6-23.

Agarwal, V., Naik, N. Y., 2000b, "Performance Evaluation of Hedge Funds with Option-based and Buy-and-Hold Strategies," EFA 0373; FA Working Paper No. 300.

Aikman, J. S., 2010, *When Prime Brokers Fail: The Unheeded Risk to Hedge Funds, Banks, and the Financial Industry*, John Wiley & Sons, Inc

Almazan, A., Brown. C. K., Carlson. M., Chapman, A. C., 2004, Why constrain your mutual fund manager?, *Journal of Financial Economics*, Vol.73, Issue 2, pp.289-321.

Anson, M.,, 2006, *Handbook of Alternative Assets*, 2nd ed.

Anderson, J., Top Hedge Fund Managers Earn Over $240 Millions, New York Times, 2007 (April 24).

Anderson, J., Atop Hedge Funds, Richest of the Rich Get Even More So, New York Times, 2006 (May 26).

Armitstead, L., Saved by the Growing Power of Hedge Funds, Sunday Times, Business 14, 2005 (Mar. 13).

Banque de France, 2007, Special issue on hedge funds, *Financial Stability Review* No.10.

Bank of England, 2006a, *Financial Stability Report.*

Bank of England, 2006b, *Hedge fund and Financial Stability.*

Banks of New York, 2006, *Institutional Demand for Hedge Funds* 2, Thought Leadership Series White Paper.

Bernanke, B., 2006, "Hedge Funds and Systemic Risk." Remarks delivered at the Federal Reserve Bank of Atlanta's 2006 Financial Markets Conference--Hedge Funds: Creators of Risk?(May 16).

Boatright, R. John, 1999, *Ethics in Finance*, Blackwell Publisher.

Boyson, M., C. Stahel, and R. Stulz, 2006, "Is There Hedge Fund Contagion?" NBER Working Paper no. 12090.

Brown, S. and W. Goetzmann, 2001, "Hedge Funds with Style," NBER Working Paper, No.8173.

Brown, S. J., Goetzmann, W. N., Ibbotson, R. G., 1999, Offshore hedge funds: survival and performance 1989-1995, *Journal of Business*, Vol.72, No.1, pp.91-118.

Carhart, M., 1997, On The Persistence of Mutual Fund Performance, *Journal of Finance*, Vol.52.

Caglayan, M., Edwards, F., 2001, Hedge Fund Performance and Manager Skill, *Journal of Futures Markets*, Vol.21, No.11, pp.1003-1028.

CESR, 2004, Public Statement The Seventh Meeting of the Market Participants Consultation, CESR/04-684.

Chang, E. C., and W. G. Lewellen, 1984, Market Timing and Mutual Fund Investment Performance, *Journal of Business*, Vol.57.

Clair, C., "A Growing Role: Institutional Investor Jumping Big into the Hedge fund Market," Pensions and Investments 2002 (Feb. 18).

Cochrane, J., 2005, The Risk and Return of Venture Capital, *Journal of Financial Economics*, Vol.75.

Credit Suisse, 2010, *Prime Broker Services Overview.*

CRMPG Ⅱ, 2005, *Toward Greater Financial Stability: A Private Sector Perspective.*

Danielsson, J., Zigrand, J.P., Taylor, A., 2005, "Highwaymen or Heroes: Should Hedge Funds be Regulated?," FMG Discussion Papers dp518, Financial Markets Group.

Deloitte, 2009, *Evolving operating models within the Hedge Fund industry: How Hedge Funds are becoming the ultimate networked enterprise.*

Department of the Treasury, Board of Governors of the Federal Reserve System, Securities and Exchange Commission, Commodity Futures Trading Commission, 1999, *Hedge Funds, Leverage, and the Lessons of Long-Term Capital Management*, Report of The President's Working Group on Financial Markets.

Department of the Treasury, 2009, *Financial Regulatory Reform- A new Foundation: Rebuilding Financial Supervision and Regulation.*

Dominic Hobson, 2009, *An industry turned upside down*, Global Custodian.

Donaldson. H. W., 2004, *Testimony Concerning Investor Protection and the Regulation of Hedge Fund Advisers.*

Edwards, F., 1999, Hedge Funds and the Collpase of Long-Term Capital Management, *Journal of Economic Perspectives*, Vol.13, pp.189-210.

Eichengree, B., D. Mathieson, B. Chadha, A. Jansen, L.Kodres and S. Sharma, 1998, "Hedge Funds and Financial Market Dynamics," International Monetary Fund Occasional Paper, No.166.

Eisinger, J., Hedge-Fund Activism Wins Plaudits, But the Focus Is Really on Firms' Cash, Wall Street Journal, 2005 (Dec. 10).

Elton, E. J., M. J. Gruber, S. Das and M. Hlavka, 1993, Efficiency with Costly Information: A Reinterpretation of Evidence from Managed Portfolios, *Review of Financial Studies*, Vol.6, No.1, pp.1-22.

European Central Bank, 2009, *Hedge Fund, Financial Stability Review.*

European Central Bank, 2005, *Green Paper on the Enhancement of the EU*

Framework for Investment Funds.

Ferson, W. E., and R. Schadt, 1996, Measuring Fund Strategy and Performance in Changing Economic Conditions, *Journal of Finance*, Vol.51, No.2, pp. 425-461.

Financial Stability Forum, 2007, *Update of the FSF Report on Highly Leveraged Institutions.*

Frush, P. S., 2006, *Understanding hedge funds*, McGraw-Hill.

FSA, 2011, *Assessing the possible sources of systemic risk from hedge funds.*

FSA, 2010, Enhancing the Client Assets Sourcebook, Consultation Paper 10/9.

FSA, 2009, *The Turner Review: A regulatory response to the global banking crisis.*

FSA, 2006, *Hedge funds: A discussion of risk and regulatory engagement.*

FSA, 2005, *Wider range retail investment products: consumer protection in a rapidly changing world.*

FSA, Hedge funds, regulators, and emerging markets, Remarks by Hector Sants, Managing Director, wholesale & Instituional Markets, IOSCO Shanghai EMC Meeting, 2006 (Sep. 21).

FSA, Hedge funds; what should be the regulatory response?, Speech by Callum McCarthy, Chairman, SUERF(European Money & Finance Forum) 2006 (7 December).

FSA, 2002, *Hedge Funds and the FSA.*

Fung, W., and D. A. Hsieh, 2000, Performance Characteristics of Hedge Funds and Commodity Funds: Natural vs. Spurious Biases, *Journal of Financial and Quantitative Analysis*, Vol.35

Fung, W., and D. A. Hsieh, 2000, Measuring the market impact of hedge funds, *Journal of Empirical Finance*, Vol.7, pp.1-36.

Fung, W., and D. A. Hsieh, 1999, A Primer on Hedge Funds, *Journal of Empirical Finance*, Vol.6, pp.309-331.

Fung, W., and D. A. Hsieh, 1997, Empirical Characteristics of Dynamic Trading Strategies: The Case of Hedge Funds, *Review of Financial Studies*, Vol.10, pp.275-302.

Fung, W., Hsieh, A.D., Naik, N., Ramadorai, T., 2006, "Hedge Funds:

Performance, Risk and Capital Formation," AFA 2007 Chicago Meetings Paper.

G-20, 2009, *G20 Working Group 1 Enhancing Sound Regulation and Strengthening Transparency.*

Garbaravicius, T. and F. Dierick, 2005, "Hedge Funds and Their Implications for Financial Stability," European Central Bank Occasional Paper, No.34.

Global Custodian, 2011, *2010 Prime Brokerage Survey.*

Grossman, S. J., 1976, On the Efficiency of Competitive Stock Markets where Traders have Diverse Information, *Journal of Finance*, Vol.31.

Grossman, S. J., and J. E. Stiglitz, 1980, On the Impossibility of Informationally Efficient Markets, *American Economic Review*, Vol.70.

Gruber, M. J., 1996, Another Puzzle: The Growth in Actively Managed Mutual Funds, *Journal of Finance*, Vol.51.

Guizot, A., 2006, *The Hedge fund compliance and risk management guide*, Wiley Finance.

HedgeFund Intelligence, Fund of funds industry grows by 16% in six months, Press Relase, 2006 (Sep 11).

HedgeFund Intelligence, Global hedge fund assets surge to $1.5 trillion according to HedgeFund Intelligence research, Press Release, 2006 (Mar 27).

HedgeFund Intelligence, Asia-Pacific asset growth slows to 12% in the first half, Press Release, 2006 (July 19).

Hennessee Group LLC, 2006, *Hennessee Hedge Fund Review.*

Hennessee Group LLC, 2005, *Hedge Fund Investor Survey.*

Hennessee Group LLC, Full Committee hearing on the regulation of the hedge fund industry?, 2005 (July 15).

Hennessee Group LLC, Written Testimony of Charles J. Gradante, Hennessee release 8th annual, 2004 (July 15).

Henriksson, R. D., 1984, Market Timing and Mutual Fund Performance: An Empirical Investigation, *Journal of Business*, Vol.57, No.1, Part 1, pp.73-96.

Hedgeweek, 2007, *Asian Hedge Fund Services 2007.*

Herbst-Bayliss, S., Failed Amaranth trader woos investors for new fund, Reuters, 2007 (Mar 23).

Horwitz, R., 2004, *Hedge Fund Risk Fundamentals: solving the risk management and transparency challenge*, Bloomberg.

Ibbotson, Roger, G., Chen, P., 2005, Sources of Hedge Fund Returns: Alphas, Betas, and Costs, Yale ICF Working Paper, No.05-17, Yale University.

IFSL, 2007, *City Business Series*.

IFSL, 2011, *2010 hedge funds*.

IMF, 2005, Global Financial Stability Report-Market *Developments and Issuers*, pp.50-53.

IMF, 2004, Global Financial Stability Report Market *Developments and Issues*, pp.45-58.

Institutional Investor, 2002, The Hedge Fund 100, *Institutional Investor*, pp.43-52.

IOSCO, 2010, *Review of the Differentiated Nature and Scope of Financial Regulation-Key Issues and Recommendations*.

IOSCO, 2007, *Consultaion Report: Principles for the valuation of Hedge fund portfolios*.

IOSCO, 2006, *The Regulatory Environment for Hedge Fund a Survey and Comparison*.

IOSCO, 2005, *Best Practices Standards on Anti-Market Timing and Associated Issues for CIS*.

IOSCO, 2003, *Regulatory and Investor Protection Issues Arising from the Participation by Retail Investors in (Funds-of) Hedge*.

Ippolito, R. A., 1989, Efficiency With Costly Information: A Study of Mutual Fund Performance, 1965-1984, *Quarterly Journal of Economics*, Vol.104, No.1, pp.1-23.

Jagannathan, Ravi, Malakhov, A., "Novikov, D., 2006. Do Hot Hands Persist Among Hedge Fund Managers? An Empirical Evaluation," NBER Working Paper, No.W12015.

Jensen, M. C., 1968, The Performance of Mutual Funds in The Period 1945-1964, *Journal of Finance*, Vol.23, No.2, pp.389-416.

Jiang, G. J., T. Yao, and T. Yu, 2007, Do Mutual Funds Time The Market? Evidence from Portfolio Holdings, *Journal of Financial Economics*, Vol.86, Issue 3, pp.724-758.

Kaplan, S. and A. Schoar, 2005, Private Equity Performance: Returns, Persistence, and Capital Flows, *Journal of Finance*, Vol.60, Issue 4.

Klein, A., Zur, E., 2006, "Hedge Fund Activism," ECGI Working Paper Series in Finance.

Kosowski, R., Naik. N. Y., Teo, M., 2005, Do Hedge Funds Deliver Alpha? A Bayesian and Bootstrap Analysis, forthcoming in Journal of Financial University.unpublished working paper, London Business school.

Kouwenberg, R. 2003, Do hedge funds add value to a passive portfolio? Correcting for non-normal returns and disappearing funds, *Journal of Asset Management*, Vol.3, No.4, pp.361-382.

Lakonishok, J., A. Shleifer, and R. Vishny, 1992, "The Impact of Institutional Trading on Stock Prices," *Journal of Financial Economics*, Vol.32.

Lhabitant, F., 2002, *Hedge funds: Myths and Limits*, Wiley finance.

Liang, B., 2001, "Hedge Fund Performance: 1990-1999," *Financial Analysts Journal*, Vol.57.

Liang, B., 1999, On the Performance of Hedge Funds, *Financial Analysts Journal*, Vol.55, pp.72-85.

Limited and Practical Law Company, 2010, Trends in Prime Brokerage, *Practical Law The Journal*, pp.58-66.

Malkiel, B.G., 1995, Returns From Investing In Equity Mutual Funds 1971 To 1991, *Journal of Finance*, Vol.50, No.2, pp.549-572.

Mark Berman, 2009, *Hedge Fund and Prime Brokers*, Riskbooks.

MFA, 2005, 2005 *Sound Practives for Hedge Fund Managers.*

Pastor, L., and R. F. Stambaughm, 2002, Mutual Fund Performance and Seemingly Unrelated Assets, *Journal of Financial Economics*, Vol.63, Issue 3, pp.315-349.

PaulHastings, 2009, *Hedge Fund Report- Summary of Key Developments Thus Far in 2009.*

PaulHastings, 2009, *Private Fund Investment Advisers Registration Act of 2009 and Investor Protection Act of 2009 Pass House Financial Services Committee.*

RechtsanwaltAchimPütz, 2005, *The New Regulatory Framework for Hedge Funds in Germany, Frankfurt Meets New York.*

PWC, 2011, *AIFMD Impact on Service Providers.*

PriceWaterhouseCoopers, 2006, *The regulation, taxation and distribution of hedge funds in Europe Changes and Challenges*, 4th Edition.

Robert A. Jaeger, 2003, *All about hedge funds.*

Ron Suber and Aaron Vermut, 2010, *Post-Crisis: Hedge Funds, Custodial Risk and Prime Brokers*, Merlin Securities.

SEC, 2004, *Hedge Fund: Testimony Concerning Investor Protection and the Regulation of Hedge Fund Advisers.*

SEC, 2003, *Implications of the Growth of Hedge Funds.*

SFC, 2010, *SFC Handbook for Unit Trusts and Mutual Funds, Investment-Linked Assurance Schemes and Unlisted Structured Investment Products.*

SFC, 2005, *Consultation Conclusions on Consultation Paper on the Review of Chapter 8.7 of the Code of Unit Trusts and Mutual Funds.*

SFC, 2003, *Code of Unit Trusts and Mutual Funds.*

Shartsis Friese LLP, Hammer, D.L. Reiser, C.S., Geoffrey Haynes, G.W., Haynes, Koren, N.J., Koren, Caldwell, A.J., Frolik, J.J, Mickelson, C.E., Sacks, B.H., Milani, J.F., Dunn, H.E., 2005, *U.S. Regulation of Hedge Fund*, ABA Section of Business law.

Shleifer, A., 2000, *Inefficient Markets*, New York: Oxford University Press.

Smith, R., Regulators Review Complaints About Hedge Funds, Wall Street Journal, 2003 (Jan. 22).

Stefanini, F., 2006, *Investment strategies of hedge funds*, Wiley Finance.

Stultz. M. R., 2007, Hedge Funds: Past, Present, and Future, *Journal of Economic Perspectives*, Vol.21, No.2, pp.175-194.

The European Parliament, 2003, *European Parliament resolution on the future of hedge funds and derivatives.*

Tran, Q.V., 2005, *Evaluating Hedge Fund Performance*, Wilwy Finance.

Van Hedge Fund Advisors International LLC, 2005, *Hedge Fund Demand and Capacity 2005-2015.*

Wolfgang Kessler, Rolf Eicke, 2008, Germany's New Private Equity Act and 'Business Angels', *TAX NOTES INTERNATIONAL*, Vol.52, No.2.

金融庁(일본금융청), 2005, ヘジファンド調査の概要とヘジファンドをめぐる論占.

〈웹사이트〉

금융감독원	www.fss.or.kr
금융위원회	www.fsc.go.kr/
금융투자교육원	www.kifin.or.kr
금융투자협회	www.kofia.or.kr
법제처	www.moleg.go.kr
Absolute Return	www.absolutereturn-alpha.com
AIMA	www.aima.org
AIMA Hong Kong	hongkong.aima.org
Alternative Asset Center	www.aa-center.net
Asia Hedge Fund Association	www.asiahfa.com
Bloomberg	www.bloomberg.com
Connecticut Hedge Fund Association	www.cthedge.org
ESMA	www.esma.europa.eu
Eurekahedge	www.eurekahedge.com
European Commission	ec.europa.eu
Financial Stability Board	www.financialstabilityboard.org
FINRA	www.finra.org
FSA	www.fsa.go.jp
FSA	www.fsa.gov.uk
Global Custodian	home.globalcustodian.com
Greenwich Alternative Investment	www.greenwichai.com
Hedge Fund Association	thehfa.org
Hedge Fund Intelligence	www.hedgefundintelligence.com
Hedge Fund Research	www.hedgefundresearch.com
Hedge Fund Standard Board	www.hfsb.org
Hedgeweek	www.hedgeweek.com
Hennessee Group LLC	www.hennesseegroup.com
HFC	www.hedgefundsclub.com
Hong Kong Monetary Authority	www.hkma.gov.hk

IOSCO	www.iosco.org
KPMG	www.kpmg.com
North American Securities Administrators Association	www.nasaa.org
Pan Asia Securities Lending Association	www.paslaonline.com
SEC	www.sec.gov
SFC	www.sfc.hk
TheCityUk	www.thecityuk.com
Tremont Tass	www.tremont.com

찾아보기

헤지펀드의 이론과 실제

국문색인

영문색인

著者略歷

노희진

Univ. of Geogia. 경영학 박사
서울대학교 대학원 경영학 석사
성균관대학교 무역학과 졸업

산업은행 국제투자부 조사역, 산업증권 국제업무실장 및 뉴욕사무소장
성대 겸임교수, 동국대, 숭실대, 한성대, 서강대국제대학원 강사
카이스트 금융대학원 대우교수
자산운용 전문인력 및 재무위험관리사 자격시험 출제위원
한국 재무관리학회 편집위원 및 부회장, 한국 금융학회 이사
한국증권학회 이사
World Bank Consultant
헤지펀드 도입 T/F팀장, 재경부 정부소유주식매각산정 자문위원
대우증권 사외이사 겸 감사위원장
국토해양부 국민주택기금 여유자금운용위원
기획재정부 G20 전문위원
녹색성장위원회 T/F 녹색금융반장
금융투자협회 전문인력위원회 위원, 투자자 교육 자문위원
증권선물 거래소 KRP 운영위원
증권예탁 결제원 자문위원
LG생활건강 사외이사 겸 감사위원장
금융위원회 자금세탁방지정책 자문위원
사학연금공단 자금운용 자문위원
체육진흥공단 자금운용 자문위원
방사성폐기물관리기금 자산운용위원
신용보증기금 비상임이사
기업지배구조센터 기업사회책임위원회 위원
방송통신발전기금 운용위원
군인복지기금 투자실무위원
미래에셋증권 사외이사겸 감사위원장
대통령직속 녹색성장위원회 위원
중국사회과학원 방문학자
국민연금기금투자정책전문위원
자본시장연구원 선임연구위원

수상경력

2006.11 자본시장 발전 공로상(증권협회장)
2007.12 자본시장 발전 표창(재정경제부 부총리)
2009.11 자본시장 발전 특별공로상(아주경제신문)
2010.10 아시아 헤지펀드에 가장 영향력을 가진 인물 25인에 선정(홍콩 금융전문지 Asian Investor)

著書 및 論文

Efficiencies From Horizontal Mergers, Pacific BasinCapital Markets Research: Volume Ⅱ, University of Rhode Island(공저)
Linkages Between Cross-Listed Korean Stock Returns, E-Globalization and the Pacific Age, Proceedings of Pan-Pacific conference XIX, 2002(공저)
국내기업의 인수, 조세통람사(공저)
한국경제의 인프라와 산업별 경쟁력, 나남출판사(공저)
헤지펀드의 국제 동향 및 국내 도입방향, 상장
헤지펀드의 국내 도입방안, Business/Finance/Law(서울대 금융법센터)
기업의 사회적 책임과 사회책임투자, 상장협연구
헤지펀드의 국내 허용 방안, 한국증권연구원(공저)
자통법 도입에 따른 자율규제 개선 방안, 증권
헤지펀드의 영향과 프라임브로커의 역할 제고 방안, 증권금융
자본시장 자율규제 선진화 연구보고서, 자율규제 선진화 T/F팀
헤지펀드 주주행동주의의 영향, 기업지배구조리뷰 Vol. 39
해외 ETF 현황 및 국내 발전 방안, 증권선물
헤지펀드의 허용과 향후 발전 방향, 재무학회 증권연구원 공동 정책심포지엄
헤지펀드를 통한 채권투자활성화 전략, 증권학회 정책심포지엄
ETF 시장의 현황과 발전방안, 한국증권연구원 자본시장포럼
Big Bang in Capital Market, Jimoondang(공저)
글로벌 금융위기와 자본시장, 한국증권연구원(공저)
저탄소·자원순환경제사회 구축을 위한 환경 금융 활성화 방안, 한국환경정책평가원
기업의 사회적 책임과 사회책임투자, 기업지배구조리뷰 Vol. 45
글로벌 금융위기 이후 헤지펀드의 글로벌 규제논의와 국내도입 및 발전방안, Capital Market Perspective, 자본시장연구원
해외탄소배출권시장 동향 및 국내 육성 방향, 자본시장연구원(공저)
펀드경영론, 박영사
부자투자론, 신정(공저)
사회적 기업 육성을 위한 자본시장의 활용방안, KRX Market
중국 자산운용시장 전망, 중국금융시장포커스, 자본시장연구원
기후변화와 탄소금융, 자본시장연구원(공저)
녹색금융 발전방향과 추진 전략, 자본시장연구원
녹색금융론, 박영사
자본시장의 역할 강화가 필요한 분야에 관한 탐색적 고찰, 금융감독원 조사연구 Review
국내 금융시스템과 금융규제의 향후 방향과 자본시장의 효율성 제고, KRX Market
녹색성장을 위한 금융자본시장 역할과 정책과제, 한국경제포럼 제4권 제2호

헤지펀드의 이론과 실제

2011년 12월 5일 초판인쇄
2011년 12월 10일 초판발행
저 자 노 희 진
발행인 안 종 만
발행처 (주)박영사
서울특별시 종로구 평동 13-31번지
전화 (733)6771 FAX (736)4818
등록 1959. 3. 11. 제300-1959-1호(倫)
www.pybook.co.kr e-mail: pys@pybook.co.kr

저자와의 협의하에 인지첩부 생략함

정 가 25,000원 ISBN 978-89-6454-209-5